山東省優勢特色學科山東師範大學中國語言文學學科建設經費資助

山東省社會科學規劃研究重點項目"現代漢語量詞系統的生成、演化及其當代發展新趨勢研究"（20BYYJ03）成果

山東省高等學校青創科技計劃"出土文獻與古文字研究創新團隊"（2020RWC003）成果

山東省研究生教育教學改革項目"古文字與中華文明傳承發展工程視域的語言文獻類研究生課程思政建設研究"（SDYJG21102）成果

漢語量詞及其語法化專題研究

李建平 著

中國社會科學出版社

圖書在版編目（CIP）數據

漢語量詞及其語法化專題研究/李建平著 . —北京：中國社會科學出版社，2023.6

ISBN 978-7-5227-2183-5

Ⅰ.①漢⋯ Ⅱ.①李⋯ Ⅲ.①漢語—數量詞—研究 Ⅳ.①H146.2

中國國家版本館 CIP 數據核字（2023）第 123011 號

出 版 人	趙劍英
責任編輯	慈明亮
責任校對	史慕鴻
責任印製	郝美娜

出	版	中國社會科學出版社
社	址	北京鼓樓西大街甲 158 號
郵	編	100720
網	址	http://www.csspw.cn
發 行 部		010-84083685
門 市 部		010-84029450
經	銷	新華書店及其他書店
印	刷	北京君昇印刷有限公司
裝	訂	廊坊市廣陽區廣增裝訂廠
版	次	2023 年 6 月第 1 版
印	次	2023 年 6 月第 1 次印刷
開	本	710×1000　1/16
印	張	21
插	頁	2
字	數	330 千字
定	價	128.00 元

凡購買中國社會科學出版社圖書，如有質量問題請與本社營銷中心聯繫調換
電話：010-84083683
版權所有　侵權必究

目　录

漢語量詞語法化專題研究

漢語量詞語法化動因研究 …………………………………（3）
漢語動量詞系統産生的時代及其語法化動因 ………………（30）
類型學視野的拷貝型量詞歷時發展及其動因 ………………（46）

漢語量詞歷時興替研究

基於新出土文獻的泛指性量詞"枚""個"興替及動因研究 ………（67）
量詞"丙""兩"的語源及其歷時演變 ………………………（84）
春秋戰國時期齊國量制量詞的興替及其動因 ………………（97）

漢語量詞個案及其歷時演變研究

動量詞"行"産生的時代及其來源 ……………………………（117）
漢代"絭"之制度補正 …………………………………………（121）
秦漢簡帛中的度量衡單位"參" ………………………………（125）
基於出土文獻與傳世文獻互證的量詞"匹"語法化歷程
　　及其動因研究 ………………………………………………（129）
從新出土文獻看序數詞"第"産生的時代及其語法化歷程 ………（156）

漢語量詞史中的語料學專題研究

漢語個體量詞研究出土文獻語料二題 …………………………（169）
關於《高臺駱駝城前涼墓葬出土衣物疏》的幾個問題 ………（175）
也談動量詞"頓"產生的時代及其語源 ……………………（180）

出土文獻量詞專題研究

先秦兩漢魏晉簡帛量詞析論 ……………………………………（189）
先秦兩漢吳晉簡帛文獻稱數法研究 ……………………………（204）
先秦兩漢魏晉簡帛文獻中的新興量詞 …………………………（218）
從楚秦簡帛文獻看先秦漢語數量詞發展的地域特徵 …………（232）
從簡帛文獻看漢語量詞系統建立的時代 ………………………（242）
先秦兩漢糧食容量制度單位量詞考 ……………………………（254）

漢語量詞史斠補研究

漢語詞彙史視域的大型辭書量詞斠議 …………………………（271）
《辭源》（第三版）釋義斠補八題 ………………………………（287）
《兩漢時代的量詞》補正 …………………………………………（292）

漢語量詞研究綜述

………………………………………………………………………（299）

漢語量詞語法化專題研究

漢語量詞語法化動因研究*

量範疇是不同語言普遍存在的語法範疇，但祇有漢藏語系、南亞語系部分語言發展出了豐富的量詞並成爲這些語言的重要特點。漢藏語系中的量詞都不是先在的語法範疇，而是經歷了長期而複雜的語法化（Grammaticalization）過程；從殷商到現代豐富的歷史文獻，爲漢語量詞語法化歷程及其動因的研究提供了翔實的語料，使得量詞研究成爲漢語發展史研究中的重要課題之一。關於量詞的語法化動因問題，學界主要有以下六種觀點。

一是表量功能説。黄載君認爲"個體量詞的産生，可能起於表貨幣單位"①，強調表量功能是漢語量詞起源的根本動因。但在量詞系統中處於核心地位的個體量詞，表量功能並不突出，如"一人"和"一個人"表量上就没有明顯差異；也有學者認爲漢語量詞是受度量衡單位類化而來的，雖然類化在量詞發展中的確起到了重要的推動作用，但這並不能解釋度量衡單位爲世界絕大多數語言所共有，而其他諸多語言卻没有"類化"出量詞。

---

* 本文原刊於《西南大學學報》2016 年第 5 期；中國人民大學複印報刊資料《語言文字學》2017 年第 2 期全文轉載；《高等學校文科學術文摘》2016 年第 6 期主體轉載；《文學與中國俠文化文集》全文收録，西南師範大學出版社 2018 年版，第 203—226 頁。作者爲李建平、張顯成；爲國家社科基金項目"漢語量詞發展史及其語法化研究"（13CYY058）、國家社科基金重大項目"簡帛醫書綜合研究"（12&ZD115）階段性成果。刊發時限於篇幅，精簡了部分表格和例证。

① 黄載君：《從甲文、金文量詞的應用，考察漢語量詞的起源與發展》，《中國語文》1964 年第 6 期。

二是個體標記説。大河内康憲①、戴浩一②都認爲漢語中的名詞都是指物質的（stuff），語義是不可數的，要計數物質一定要把物質量化或離散成類似物體（body）的個體纔可數，數詞後的標記成分正是起到個化前一個名詞所指的作用。金福芬、陳國華③、張赬④認爲作爲個體標記是漢語量詞存在的根本原因，分類功能則是次要原因。但這一觀點無法解釋爲何在量詞成熟前的漫長歷史時期仍可精確稱數，爲何衹有漢藏語系與南亞語系中部分語言量詞特別豐富，並都經歷了一個漫長而複雜的語法化歷程。

三是範疇化説。對客觀事物進行分類，將其範疇化是量詞的重要功能之一，如形狀量詞中的"條"稱量條狀物，"塊"稱量塊狀物等。Erbaugh 認爲量詞通過給中心名詞分類增加其信息量，從而與其他同音詞區分開來，同時强調中心名詞⑤。但語法化程度最高、使用頻率也最高的泛指量詞選擇搭配的名詞可達數百個，這些名詞卻不具備共同特徵而成爲一類，可見範疇化並非量詞的根本功能，也不是量詞起源的根本動因。

四是修飾功能説。李若暉認爲量詞的産生是語言表達中修飾與表意要求綜合作用的結果⑥。這同樣無法解釋爲何量詞爲漢藏語系和南亞語系部分語言所特有，且泛指量詞雖不具備修飾功能，卻無論在量詞産生之初還是在量詞的發達階段都獲得了廣泛應用。

五是語言接觸説。Erbaugh 認爲漢語量詞不是自源的，而是由於與台

---

① ［日］大河内康憲：《量詞的個體化功能》，《日本近現代漢語研究論文選》，北京語言學院出版社 1993 年版，第 426—446 頁。
② 戴浩一：《概念結構與非自主性語法：漢語語法概念系統初探》，《當代語言學》2002 年第 1 期。
③ 金福芬、陳國華：《漢語量詞的語法化》，《清華大學學報》2002 年第 S1 期。
④ 張赬：《類型學視野的漢語名量詞演變史》，北京大學出版社 2012 年版，第 55 頁。
⑤ M. Erbaugh, "Taking Stock: The Development of Chinese Noun Classifiers Historically and in Young Children", Colette Craig ed., *Noun Classes and Categorization*, Amsterdam: John Benjamins Publishing Company, 1986, pp. 399–435.
⑥ 李若暉：《殷代量詞初探》，《古漢語研究》2000 年第 2 期。

語的語言接觸而產生的①。這與漢語量詞發展史的事實明顯不符。

六是清晰表意説。橋本萬太郎認爲漢語是單音節語言，同音詞多而又缺乏形態標記，使用量詞可以區别同音詞，並有一定的贅言性（redundancy）②；隨着漢語複音化的發展，量詞逐漸"個化"，直至像東幹語一樣祇剩下一個"個"字，量詞最終完全變爲"軀殼"。橋氏認識到了音節結構與量詞系統的關係，但從漢語發展史來看，量詞卻正是在漢語複音化的過程中產生的，"個化"趨勢並非量詞的消亡，而是量詞發達的標誌之一。

此外，李訥、石毓智提出句子中心動詞及賓語後謂詞性成分的變遷是量詞語法化的動因，並解釋了漢魏至元"數+量+名"結構的發展③，但對量詞起源的動因問題未涉及。戴慶廈通過對近20種藏緬語言的調查分析，提出數詞爲單音節的語言中量詞較發達，數詞爲多音節的語言中量詞不發達④，爲量詞研究開闢了新的途徑。石毓智説："漢語量詞的產生和發展的背後也有一個雙音化趨勢的動因。漢語的個體量詞，萌芽於兩漢，產生於魏晉，穩步發展於唐宋，牢固建立於宋元之際。"⑤ 但戴先生未涉及漢語量詞發展史，而石先生對量詞發展史的描述與事實不合。實際情況是，漢語個體量詞早在先秦即已產生，在兩漢迅速發展，在魏晉南北朝時趨於成熟。

系統的漢語量詞發展史研究是釐清量詞起源動因的基礎，而目前這方面遠遠不夠，特別是量詞從萌芽到初步發展的先秦兩漢斷代史研究不夠，制約了進一步的研究。先秦兩漢量詞研究首先受到研究資料的制約，傳世文獻多思想性、政論性資料，量詞使用頻率低，而"沒有材料，游

---

① M. Erbaugh, "Taking Stock: The Development of Chinese Noun Classifiers Historically and in Young Children", Colette Craig ed., *Noun Classes and Categorization*, Amsterdam: John Benjamins Publishing Company, 1986, pp. 399–435.
② ［日］橋本萬太郎：《語言地理類型學》，余志鴻譯，北京大學出版社1985年版，第90頁。
③ 李訥、石毓智：《句子中心動詞及其賓語之後謂詞性成分的變遷與量詞語法化的動因》，《語言研究》1998年第1期。
④ 戴慶廈：《藏緬語族個體量詞研究》，《彝緬語研究》，四川民族出版社1997年版，第355—373頁。
⑤ 石毓智：《漢語發展史上的雙音化趨勢和動補結構的誕生》，《語言研究》2002年第1期。

談無根,要建立科學的漢語量詞發展史那是永遠也不會辦到的"①。近年來的大量出土文獻特別是文書、醫書類文獻,爲量詞研究提供了良好的資料條件。通過對甲骨文、金文、簡帛文獻、碑刻文獻的系統整理,結合傳世文獻量詞研究,初步構建起漢語量詞發展史脈絡;同時綜合考察量詞豐富的漢藏語系、南亞語系諸語言與量詞不豐富的印歐語系、阿爾泰語系的量詞使用情況,本文認爲:量詞從萌芽到成熟的漫長而複雜的歷時演變中,其表量功能、分類功能、修飾功能、個體標記功能在不同歷時階段、不同方面對量詞發展起到了重要推動作用;但雙音化趨勢纔是誘發量詞產生的根本動因,並在量詞語法化歷程中始終起着推動作用。

一 漢語雙音化趨勢與量詞語法化的歷程

雙音化是漢語史的一條重要規律,王力把雙音化列爲漢語語法史最重要的五個變化之一②。石毓智認爲雙音化趨勢的意義遠遠超出了構詞法的範圍,對促進整個語法系統的改變起了關鍵作用③。雙音化進程早在甲骨文時代便已萌芽,春秋戰國至秦獲得初步發展,兩漢時期加快步伐,魏晉以後得到長足發展,逐漸取得絕對優勢地位。上古漢語以單音節爲主,隨着雙音化的發展,雙音節音步逐漸成爲漢語的標準音步。馮勝利認爲由於標準音步具有絕對優先的實現權,漢語中的"標準韻律詞"祇能是兩個音節④。現代漢語中雙音節詞占絕對優勢,在《普通話 3000 常用字表》中,雙音詞占 75% 以上;雙音詞在句法上也更爲自由,單音詞則受到很多限制⑤。由於數詞中使用頻率最高的基數詞從一至十都是單音節,在雙音節音步占據主導地位後,單音節數詞構成的"蜕化"音步並不具備優先實現權,要適應雙音化趨勢,數詞必須和其他成分組成雙音節韻律詞纔能自由使用,於是量詞開始了由名詞等其他詞類的語法化歷

---

① 劉世儒:《魏晉南北朝量詞研究》,中華書局 1965 年版,第 3 頁。
② 王力:《漢語語法史》,中華書局 1989 年版,第 2 頁。
③ 石毓智:《漢語發展史上的雙音化趨勢和動補結構的誕生》,《語言研究》2002 年第 1 期。
④ 馮勝利:《漢語的韻律、詞法和句法》,北京大學出版社 1997 年版,第 3 頁。
⑤ 呂叔湘:《現代漢語單雙音節問題初探》,《中國語文》1963 年第 1 期。

程。考察漢語量詞系統的發展歷程，可以發現量詞發展史與雙音化趨勢有着相同的歷史軌跡，雙音化趨勢構成了漢語量詞系統起源的動因，並在漫長的歷時演變中推動了量詞系統的建立、發展與成熟。

（一）殷商時期雙音化和量詞的萌芽

上古漢語中單音詞佔絕對優勢，但雙音詞早在殷代甲骨刻辭中就已存在。郭錫良以徐中舒主編《甲骨文字典》爲依據考察甲骨卜辭的詞彙構成發現：在 2857 個字頭、3899 條義項中，所舉複音結構不到 100 個，僅占總數的 2.6%①。按殷代複音詞的內容，大致分爲八類：神祇名稱、宗廟和神主名稱、宮室名稱、方國名稱、地名、職官名、人名、記時名稱。這八類複音結構大多是專有名詞，而且幾乎全是偏正結構，可見殷商卜辭時代是雙音詞的萌芽時代。

與雙音化萌芽相適應，殷代甲骨卜辭中量詞也已萌芽，邁出了量詞發展史的第一步。對於甲骨文中量詞的發展狀況，人們進行了較深入的研究，由於對文意理解、量詞界定等諸方面的差異，各家統計不盡相同。如果不包括時間量詞，各家統計差別並不大，總計有 10 個左右。

表1　　　　　　　　　殷代量詞簡表

研究者	量　　詞
黄載君	升、卣、朋、珏、豐、乂、人、丙、㷉、凸②
李若暉	卣、朋、玉、屯、丙、人、羌③
甘　露	升、卣、朋、丙、人、羌、師、旅、族、成④
張玉金	升、卣、朋、丙、屯、丨、骨、人、羌⑤

---

① 郭錫良：《先秦漢語構詞法的發展》，《漢語史論集》，商務印書館 2005 年版，第 143—165 頁。

② 黄載君：《從甲文、金文量詞的應用，考察漢語量詞的起源與發展》，《中國語文》1964 年第 6 期。

③ 李若暉：《殷代量詞初探》，《古漢語研究》2000 年第 2 期。

④ 甘露：《甲骨文數量範疇研究》，喻遂生、毛遠明主編《語言文史論集》，西南師範大學出版社 2000 年版，第 245—262 頁。

⑤ 張玉金：《甲骨文語法學》，學林出版社 2001 年版，第 19 頁。

萌芽期的殷代量詞系統有兩個特點：一是數量結構一般位於名詞之後，組成"名+數+量"結構，如"卣二卣""卣六卣"（《合》35355）。在原始語言中，"名+數+量"語序最先產生是可以找到理據的，從發生學來看稱數方式都源於記數行爲，因此在列舉時採用"名+數"結構；在"數+名"結構中數詞和名詞的結合非常緊密，共同充當句子成分，但"名+數"結構中當數詞單獨充當謂語時，數詞單音節的不和諧性便突顯出來，如現代漢語可以説"三人"，也可以説成"三個人"，但"人三"卻不符合語言習慣，必須説成"人三個"。因此，漢語量詞首先出現在"名+數"結構之後構成"名+數+量"結構，這符合漢語雙音化的趨勢。二是"拷貝型"量詞的產生，如"俘人十又六人"（《合》137反）、"羌百羌"（《合》32042）等。對後一個"人""羌"性質的認識，目前學界還有爭議，王力説："'人'是一般名詞，不是特別用來表示天然單位的。"① 多數學者認爲已具有量詞性質，管燮初説："後面一個人字的詞性已介乎名詞和量詞之間。"② 黃載君也認爲："第一個人是名詞，而數詞後加'人'就衹能屬於量詞了。"③ 雖然其語法化程度還很低，卻顯示出了量詞語法化的趨勢，量詞正是在這一特定語法結構中開始其語法化進程的。

（二）西周時期雙音化和量詞的初步發展

1. 雙音化的初步發展

程湘清考察《尚書·周書》中公認爲西周作品的《大誥》等13篇、《詩經》中《周頌》《大雅》的雙音詞，列出5類132個；西周末期《詩經·小雅》57個④。楊懷源統計西周金文複音詞412個，其中雙音節詞

---

① 王力：《漢語史稿》，中華書局1980年版，第234頁。
② 管燮初：《殷虛甲骨刻辭的語法研究》，中國科學院1953年版，第25頁。
③ 黃載君：《從甲文、金文量詞的應用，考察漢語量詞的起源與發展》，《中國語文》1964年第6期。
④ 程湘清：《先秦雙音詞研究》，程湘清主編《先秦漢語研究》，山東教育出版社1992年版，第45—113頁。

385個①。從數量上看，西周時期雙音詞明顯增多，雙音化得到初步發展。

2. 量詞的初步發展

與雙音化的進程相適應，西周金文量詞系統也獲得了初步發展。從歷時角度看，西周時期量詞的發展有四個特徵。

第一，數量迅速增多。管燮初統計西周金文中共有量詞33個②；潘玉坤③、趙鵬④的統計都是39個；雖然部分量詞還有爭議，但量詞數量無疑大大增加了。

表2　　　　　　　　　西周金文量詞簡表

研究者	數量	量詞
管燮初	33	匹、品、夫、人、叟、兩、鋝、鈴、豐、白、穀、乘、朋、束、邦、家、陣、孚、枡、卣、隦、秭、萄、鈞、里、弄、畮、田、職、羊、牛、邑、旅
潘玉坤	39	個體量詞：車、兩（車）、乘、匹、駁、羊、牛、鈴、鋝、旅、人、夫、伯；集體量詞：穀、束、秉、膿、羸、牆、具、秭、家；度量衡貨幣容器單位量詞：鈞、鋝、鈑、朋、兩（帛）、卣、枡、隦、畮、田、里；編制單位量詞：邑、里（户籍）；其他單位量詞：品、款、封、職
趙鵬	39	個體量詞：乘、匹、兩（車）、兩（帛）、鈑、人、夫、伯、牛、羊、駁、職、封、叔（款）；集體量詞：里、肆、堵、秉、束、兩（馬）、乘、具、珏、家、朋、旅；容器量詞：卣、枡（管）、車、隦、倉；度量衡及貨幣單位量詞：里、田、畝、鈞、秭、鋝、朋、品

---

① 楊懷源：《西周金文詞彙研究》，博士學位論文，四川大學，2006年，第59頁。

② 按，管先生文中對所列諸多量詞未作分類，參見管燮初《西周金文語法研究》，商務印書館1981年版，第178頁。

③ 潘玉坤：《西周金文語序研究》，華東師範大學出版社2005年版，第168頁。

④ 趙鵬：《西周金文量詞析論》，《北方論叢》2006年第2期。

第二，量詞分工進一步發展，使用日趨嚴格。甲骨文用量詞"丙"表示車馬之量，是一種綜合稱量法。西周金文各有專門量詞，車用"兩"，馬用"匹"，分工明確。甲骨文計量"鬯"時，量詞可用可不用，西周金文則必須使用容器量詞"卣"且無一例外。

第三，數量表示法中"名+數+量"結構大量使用。按趙鵬統計，西周金文中"名+數+量"結構總計已達 220 例；但數詞同名詞直接結合來表示數量仍然佔絕對優勢。

第四，西周量詞系統仍然體現出量詞萌芽階段的諸多特點：一是拷貝型量詞仍較常見，如《小盂鼎》(《集成》5.2839)："俘人萬三千八十一人，……俘牛三百五十五牛，羊廿八羊。"又："獲聝四千八百□聝，俘人萬三千八十一人，俘〔馬〕□□匹，俘車兩，俘牛三百五十五牛，羊二八羊。"《舀鼎》(《集成》5.2838)："凡用即舀田七田。"語法化程度很低的拷貝型量詞的存在，顯示出量詞萌芽階段的特點。二是典型的"數+量+名"結構仍未出現。值得注意的是《賢簋》(《集成》7.4104)"公命吏賄賢百畮糧"中的"百畮糧"，很多學者視爲漢語"數+量+名"結構的最早用例，但僅此一例，深入分析則可發現"畮"本是稱量土地的面積量詞，並不能與中心名詞"糧"搭配，所謂"百畮糧"意爲"一百畮地出產的糧食"，語義上相當於"百畮地之糧"，因此"數+量"結構和中心名詞之間並沒有直接的語法關係，並非嚴格意義上的"數+量+名"稱數結構。

(三) 春秋戰國至秦雙音化的發展和量詞系統的初步建立

春秋戰國時期，新概念大量湧現，一詞多義、詞義引申的方法已無法滿足人們的交際需要，於是，複音詞以其靈活的結構和足夠的容量迅速適應了人們日益增長的交際需要。隨着雙音詞在漢語中地位的確立，與此相適應的是漢語量詞系統在這一時期初步確立。

1. 雙音詞地位的確立

從傳世文獻看，按程湘清的統計，《論語》總字數 15883 個，總詞數 1504 詞，單音詞總計 1126 個，占 74.9%；複音詞總計 378 個（其中多音詞 3 個），占總數的 25.1%，而雙音詞占總數的 24.9%；《孟子》總字數

35402個，總詞數2240詞，單音詞總計1589個，占71%，複音詞總計651個（其中多音詞8個），占總數的29%，雙音詞占總數的28.7%[①]。

從出土文獻看，銀雀山漢墓出土《孫子兵法》《孫臏兵法》均成書於秦以前，具有更强的文獻真實性。《孫子兵法》總詞數738個，有單音詞565個，複音詞173個，其中雙音詞167個，已占總數的22.63%；《孫臏兵法》總詞數900個，單音詞668個，複音詞232個，其中雙音詞230個，三音詞2個，雙音詞占總數的25.56%[②]。

表3　　　　　　　　春秋戰國至秦雙音化發展簡表

文獻名	總詞數	單音詞	複音詞	雙音詞	雙音詞比例
論語	1504	1126	378	375	24.93%
孟子	2240	1589	651	643	28.71%
孫子兵法	738	565	173	167	22.63%
孫臏兵法	900	668	232	230	25.56%

綜合考察傳世文獻和出土文獻，春秋戰國時期雙音詞總體已占詞彙總量的25%左右。由於書面語在記載時往往趨於簡潔，可推測當時口語中漢語雙音詞所占比例應大大超過這一數量。春秋戰國至秦，雖然雙音詞在整個漢語詞彙系統中還沒有占據優勢，但雙音詞的地位已穩固確立。

2. 量詞系統的確立

隨着雙音詞地位的確立，量詞系統也在這一時期基本形成，主要體現爲以下四點。

第一，名量詞類系發展完備，量詞數量大大增加，特別是在量詞系統中處於核心地位的自然量詞數量大大增加。按何樂士考察，僅《左傳》中就有量詞69個，自然量詞、借用量詞、度量衡量詞、軍隊或地方編制

[①] 程湘清：《先秦雙音詞研究》，程湘清主編《先秦漢語研究》，山東教育出版社1992年版，第45—113頁。

[②] 苟曉燕、張顯成：《銀雀山漢簡〈孫子兵法〉〈孫臏兵法〉詞彙研究》，張顯成主編《簡帛語言文字研究》第1輯，巴蜀書社2002年版，第65—143頁。

量詞等各個小類都已齊備①。對這一時期量詞系統進行全面統計，名量詞總數已達207個之多，其中語法化程度最高的個體量詞有46個，集合量詞有52個，自然量詞總計達到98個；而且這些量詞往往具有較強的生命力，其中154個爲漢代及後世所沿用，占總數的74.4%。

表4　　　　　　　　　　春秋至秦名量詞數量簡表

量詞類別	個體量詞	集合量詞	借用量詞	制度量詞	總計
量詞數量	46	52	41	68	207
後世沿用	40	30	31	53	154

第二，"數+量+名"結構的產生與初步發展。在漢語量詞發展過程中，"數+量+名"結構的產生是一個很重要的轉變，可以説是一次飛躍，"因爲當數詞和單位詞放在普通名詞後面的時候，它們之間的關係是不夠密切的（《左傳》：'馬牛各十匹'，'各'字可以把單位詞和名詞隔開）；後來單位詞移到了名詞前面，它和名詞的關係就密切起來，漸漸成爲一種語法範疇"②，所以"數+量+名"結構的產生也是量詞系統建立的重要標誌之一。

典型"數+量+名"結構產生的時代對於量詞發展史研究具有重要意義。王力説："在上古時代，單位詞是放在名詞後面的。……但同時我們也注意到，就在先秦時代，容量單位詞已經可以用於名詞前面了。到了漢代，不但度量衡單位詞可以放在名詞的前面，連天然單位詞也可以放在名詞的前面。"③ 郭錫良也認爲，在先秦典籍中，"數+量+名"這一稱數構式衹能用於容量單位④。從傳世文獻看，"數+量+名"結構在《左傳》《論語》《孟子》《國語》《吕氏春秋》5種文獻中僅有25例，且基本限於度量衡量詞和借用的容器量詞，自然量詞能夠進入這一結構的

---

① 何樂士：《〈左傳〉的數量詞》，《古漢語語法研究論文集》，商務印書館2000年版，第318—351頁。
② 王力：《漢語史稿》，中華書局1980年版，第242頁。
③ 王力：《漢語語法史》，中華書局1989年版，第32頁。
④ 郭錫良：《從單位名詞到量詞》，《漢語史論集》，商務印書館2005年版，第34—38頁。

僅5例，如：

（1）君有楚命，亦不使一介行李告於寡君。（《左傳·襄公八年》）①

（2）一介嫡女，執箕帚，以咳姓於王宫；一介嫡男，奉盤匜，以隨諸御。（《國語·吴語》）

（3）力不能勝一匹雛。（《孟子·告子下》）

（4）嘗一脟肉，而知一鑊之味，一鼎之調。（《吕氏春秋·察今》）

對於以上用例的理解，學界多有爭議：例（1）、例（2）中的"介"，有學者認爲是"單獨"之義，是形容詞；例（3）中的"匹"，按清人朱駿聲《說文通訓定聲》說當爲誤字；例（4）中的"脟"，也可能是名詞"肉"的修飾語，"脟肉"指割下來的肉；以上均非量詞。出土文獻具有傳世文獻無可比擬的真實性，從出土的簡帛文獻來看這一時期"數+量+名"結構的產生以及量詞系統的確立，是没有疑問的。考察目前已公佈的14批戰國楚簡和6批秦簡，共有物量表示法2337例，量詞85個，其物量稱數構式情況如表5所示。

表5　　　　　　　　先秦簡牘數量表示法簡表

文獻名	Num+N	N+Num	Num+Adj	Num	Num+Cl	N+Num+Cl	Num+Cl+N	Cl	Cl+N	總計
楚簡	1095	67	21	3	24	192	62	0	23	1487
秦簡	328	62	5	38	273	106	2	29	7	850
總計	1423	129	26	41	297	298	64	29	30	2337
頻率	60.89%	5.52%	1.11%	1.75%	12.71%	12.75%	2.74%	1.24%	1.28%	100%
總計	1619				718					2337
頻率	69.28%				30.72%					100%

---

① 按，晉杜預注："一介，獨使也。"

秦簡中"數+量+名"結構僅有 2 例，楚簡中則達到了 62 例之多。秦簡 2 例中，量詞一爲描繪性量詞，一爲度量衡量詞。楚簡 62 例中，度量衡量詞僅 1 例，借用容器量詞 7 例，其餘 54 例均爲自然量詞。如：

(5) 三匹駒騮。(《曾侯乙墓簡》148)

(6) 裹定馭左殿：三真楚甲。(《曾侯乙墓簡》127)

(7) 旅公三乘迻（路）車。(《曾侯乙墓簡》119)

(8) 一兩緣𩎟屨；一兩絲紅屨；一兩䩕緹屨；一兩䋣屨。(《信陽楚簡·遣策》2)

數量結構和名詞之間也可以插入助詞"之"，如《上博簡·容成氏》44："是乎作爲九成之臺。"可見，早在戰國時期"數+量+名"結構就已經產生並獲得了初步發展，標誌着漢語量詞系統的初步建立。①

第三，名量詞使用頻率大大增加，但地域發展不平衡。從表 5 看，先秦簡牘文獻中使用量詞的用例達到 718 例，占 30.72%，量詞在數量表示法中的地位已經確立。另一方面，典型的"數+量+名"結構率先在楚簡中大量出現，體現出楚、秦兩地量詞發展的不平衡。

第四，動量詞系統的萌芽。無論從出土文獻還是傳世文獻來看，先秦時期典型的動量詞還没有産生，但是在秦簡中已經開始萌芽，有"步""課"兩個，如：

(9) 已齲方：見東陳垣，禹步三步。(《周家臺秦簡·病方及其他》326)②

(10) 今課縣、都官公服牛各一課。(《睡虎地秦簡·秦律十八種·廄苑律》19)

---

① 按，關於漢語量詞系統建立的時代，可詳參李建平、張顯成《從簡帛文獻看漢語量詞系統建立的時代》，《古籍整理研究學刊》2011 年第 1 期；人大複印報刊資料《語言文字學》2011 年第 7 期。

② 按，"禹步"，爲古代巫師作法的一種步法。詳參李建平、張顯成《漢語動量詞系統産生的時代及其語法化動因》，《漢語史研究集刊》第 21 輯，巴蜀書社 2016 年版，第 53—69 頁。

雖然其動詞性仍很強，但動量詞正是在這樣的語法框架中開始其語法化歷程的。

（四）兩漢雙音化的發展和量詞系統的初步完備

1. 雙音化的進一步發展

隨着兩漢時期社會政治文化的迅速發展，兩漢時期雙音化趨勢加快了步伐，我們對9種漢簡構詞法作了統計分析①。

表6　　　　　　　　漢簡構詞法情況簡表

文獻名	總詞數	單音詞	複音詞	雙音詞	雙音詞比例
奏讞書	157	110	47	44	28%
武威醫簡	517	289	228	207	40%
神烏賦	280	172	108	107	38.2%
御史書	155	86	69	68	43.9%
胥浦遺囑	77	54	23	22	28.6%
月令	342	169	173	164	48%
王杖詔令	169	102	67	64	37.9%
責寇	201	151	50	45	22.4%
懸泉書信	109	76	33	31	28.4%
總計	2007	1209	798	752	37.5%

從統計表看，雙音詞比例大大增加，達到了37.5%，部分文獻甚至達到48%。劉志生考察東漢碑刻文獻167篇約10萬字，發現複音詞總數達到了5167個②。由於書面語相對於口語總是趨於簡潔的，當時口語雙音詞數量應當已超過單音詞數量，在詞彙中佔據了優勢地位。

2. 量詞系統的初步完備

與雙音詞發展狀況相適應，漢語量詞系統也獲得了巨大發展，主要

---

① 張顯成等：《秦漢簡帛構詞法分析十二則》，參見張顯成主編《簡帛語言文字研究》第1輯，巴蜀書社2002年版，第162—190頁。

② 劉志生：《東漢碑刻複音詞研究》，博士學位論文，華東師範大學，2005年。

體現在以下三方面。

　　第一，名量詞數量大幅度增加。對兩漢出土文獻和傳世文獻中的量詞進行全面考察，發現兩漢時期名量詞迅速湧現，新生量詞達到 102 個，加上沿用自先秦的 154 個，量詞總數達到 256 個，其中個體量詞達到了 84 個，名量詞系統基本穩定。

表 7　　　　　　　　　兩漢名量詞數量簡表

量詞類別	個體量詞	集合量詞	借用量詞	制度量詞	總計
新興量詞	44	11	29	18	102
沿用量詞	40	30	31	53	154
總計	84	41	60	71	256

　　第二，名量詞的使用頻率迅速增高，使用量詞在數量表示法中逐漸佔據優勢地位。從量詞在數量表示法中的使用頻率來看，我們對 24 種漢簡中的稱數構式進行了全面統計[①]。

表 8　　　　　　　　　兩漢簡帛數量表示法簡表

稱數構式	Num + N	N + Num	Num	Num + Cl	N + Num + Cl	Num + Cl + N	Cl	總計
頻率	231	484	83	130	777	9	5	1719
總計	798			921				1719
比例	46.4%			53.6%				100%

　　按陳近朱對《居延新簡》中的數量表示法進行的窮盡性統計，不使

---

　　① 本文所考察 24 種漢簡為：焦山漢簡、蕭家草場漢簡、未央宮漢簡、清水溝漢簡、高臺漢牘、古人堤漢簡、甘谷漢簡、邗江漢簡、平山漢楬、花果山漢簡、海州漢牘、胥浦漢簡、東牌樓漢簡、羅泊灣漢簡、大墳頭漢簡、孫家寨漢簡、孔家坡漢簡、鳳凰山 8 號墓漢簡、鳳凰山 9 號墓漢簡、鳳凰山 10 號墓漢簡、鳳凰山 168 號墓漢簡、鳳凰山 167 號墓漢簡、鳳凰山 169 號墓漢簡、馬王堆 3 號墓漢簡。

用量詞的情況總計 1534 例,而使用量詞的情況則達到了 2746 例①。從上述統計看,在漢代簡帛數量表示法中,使用量詞的情況已經開始超過了不用量詞的情況,可見在數量表示法中使用量詞在漢代已經開始成為一種規範。

第三,動量詞系統正式確立。兩漢時期動量詞系統產生並迅速發展,新產生動量詞 16 個,其中專用動量詞 13 個,加上沿用自先秦的"步",總計達到 17 個。魏晉南北朝所見動量詞總計 18 個,其中 13 個沿用自兩漢,占 72%;可見兩漢時期動量詞系統已經建立起來並獲得初步發展。但是,兩漢時期動量詞的使用頻率還很低,多數祇有幾例,且多見於醫書和漢譯佛經等特定文獻中。

表 9　　　　　　　　　　先秦兩漢動量詞簡表

產生時代	數量	借用動量詞	專用動量詞
先秦	2（?）	步、課	
西漢	7	針、痏	過、壯、合、發、出
東漢	9	拳	遍、通、下、度、行、周、匝、反（返）

（五）魏晉以後雙音詞優勢地位的確立和量詞系統的完善

1. 雙音詞逐漸占據絕對優勢

魏晉六朝以後,雙音詞在詞彙中逐漸占據了優勢地位,按程湘清統計,南朝宋劉義慶《世説新語》中複音詞總數達到 2126 個,其中雙音節詞 1913 個,占複音詞總數的 90%②。無論數量還是頻率,魏晉六朝以後漢語中雙音詞的優勢地位都已得到確立。

---

① 陳近朱:《〈居延新簡〉中物量詞和稱數法探析》,碩士學位論文,華東師範大學,2004 年。

② 程湘清:《〈世説新語〉複音詞研究》,程湘清主編《魏晉南北朝漢語研究》,山東教育出版社 1992 年版,第 1—85 頁。

2. 量詞系統的基本完善

與雙音化發展相適應的是，"魏晉南北朝的名量詞在數量、種類、分工、使用、詞序各方面得到了空前的發展，可以說此時期已進入漢語名量詞的成熟階段"①。

從傳世文獻看，劉世儒對魏晉南北朝量詞進行了全面考察：名量詞217個，其中語法化程度最高的個體量詞達到123個，使用頻率也大大增加了；動量詞迅猛發展，總計22個，其中專用動量詞17個。"漢語名量詞發展到這一階段，基本上已經進入成熟時期了"②，動量詞"也得到了迅速而廣泛的發展，進入了初步成熟的階段"③。關鍵還在於，數量詞開始轉向以前附於中心名詞為原則，數量詞前置有幾個優點：A. 詞序一致，即與漢語"從"前"主"後的原則一致；B. 陪伴形態更為顯著；C. 成分更為確定，數量詞祇能是向心於中心的定語；D. 表達更為清楚。

從出土文獻看，考察旱灘坡晉墓木牘、南昌晉墓木牘、南昌吳高榮墓木牘、走馬樓三國吳簡、甘肅高臺晉牘、鄂城吳墓木刺、南昌火車站晉牘、香港中文大學藏晉牘8種魏晉簡牘，稱數結構196例均為"名+數+量"結構，可見在稱數中使用量詞已成為規範。

從隋唐五代到現代漢語，占據統治地位的雙音詞繼續調整完善，漢語量詞系統也在既有框架下進一步補充、調整，量詞體系和規範逐漸趨於完備。

（六）小結

綜上可見，殷代是漢語雙音化的萌芽時期，也是量詞從其他詞類開始語法化的萌芽時代；西周隨着雙音化的發展，量詞也得到了初步發展；春秋戰國雙音詞得到了進一步發展，相應的量詞系統初步建立；兩漢是雙音化發展的關鍵時期，雙音詞在詞彙系統中開始占據優勢，量詞系統

---

① 洪藝芳：《敦煌社會經濟文書中之量詞研究》，文津出版社2004年版，第25頁。
② 劉世儒：《魏晉南北朝量詞研究》，中華書局1965年版，第124頁。
③ 劉世儒：《魏晉南北朝量詞研究》，中華書局1965年版，第127頁。

確立，使用量詞的稱數構式第一次超過了不用量詞的構式；魏晉六朝以後，雙音詞確立了詞彙中的絕對優勢地位，量詞的使用也成爲一種規範。雙音詞和量詞在漢語中都不是先在的，但詞彙的雙音化和量詞語法化的歷程卻保持了很強的一致性，這説明二者的發展存在密不可分的關係：雙音化趨勢是漢語量詞系統建立的動因與推動力。

二　漢藏語系和南亞語系量詞產生與雙音化的關係

漢語量詞系統形成的動因在於雙音化趨勢和基數詞單音節間的矛盾，可見雙音化趨勢和基數詞單音節是量詞系統得以建立的兩個必要條件，缺一不可。從漢藏語系其他語言、南亞語系諸語言來看，在普遍的雙音化歷程中祇有基數詞爲單音節的語言，纔發展出了發達的量詞系統。

（一）漢藏語系

從漢藏語系來看，"大多數語言是由單音節向多音節發展"[①]，基數詞的音節數量和量詞的發達程度密切相關。戴慶廈對近20種藏緬語量詞與基數詞音節數量的研究爲此提供了有力證據[②]，在此基礎上，本文同時參考了《中國少數民族語言簡志叢書》《新發現民族語言叢書》，進一步對52種漢藏語系語言中基數詞的音節數量和量詞發展情況進行了系統考察，得到了如下發現。

苗瑤語族的苗語、布努語、巴哼語、炯奈語、佘語、勉語諸語言，侗台語族的壯語、布依語、傣語、侗語、水語、仫佬語、毛難語、佯僙語、拉珈語、黎語、村語、仡佬語、布賡語、木佬語，其基數詞都是單音節的，其量詞系統均比較發達，特別是個體量詞特別發達，量詞使用在數量表示法中具有强制性。

[①] 馬學良：《漢藏語概論》，民族出版社2003年版，第26頁。
[②] 戴慶廈：《藏緬語族個體量詞研究》，《彝緬語研究》，四川民族出版社1997年版，第355—373頁。

藏緬語族情況比較複雜，彝語支的彝語、傈僳語、拉祜語、哈尼語、基諾語、納西語、畢蘇語、卡卓語、柔若語、怒蘇語、土家語、白語，緬語支的載瓦語、阿昌語、浪速語、仙島語，羌語支的羌語、普米語都屬於量詞發達或准發達的語言，其基數詞都是單音節的，量詞的使用都有一定的強制性。與之相對應的是，景頗語支的景頗語、格曼語、達讓語、蘇龍語和藏語支的倉洛門巴語、錯那門巴語，以及羌語支的嘉戎語，基數詞往往不全是單音節的，其量詞系統一般都不發達，即使有部分個體量詞，其使用也不具有強制性①。藏語支的情況較爲複雜，藏語的基數詞都是單音節的，量詞系統卻很不發達，但是白馬藏語中的量詞則比較發達，反映了藏語量詞發展的不同歷史層次。

（二）南亞語系

南亞語系很多語言也有豐富的量詞系統，如孟高棉語族的德昂語、佤語、京語、倈語、克蔑語、布興語，越芒語族的越南語量詞都比較豐富，其基數詞也都是單音節的②。與此相對應，孟高棉語族的布朗語基數詞祇有 4、5、6 是單音節的，越芒語族的莽語基數詞 1 至 6 是單音節的，其量詞則相對不發達，量詞的使用沒有強制性。

表 10　　　　　　　　基數詞與量詞系統對照表

語系	語族	語言	基數詞單音節數量	量詞發達與否
南亞語系	孟高棉語族	德昂語/佤語/京語/倈語/克蔑語/布興語	9	+
		布朗語	3	-
	越芒語族	越南語	9	+
		莽語	6	-

---

① 按，景頗語支的獨龍語基數詞祇有 3 個是單音節的，但量詞比較發達，原因可能在於其雙音節基數詞都是帶詞頭的，而詞頭有脱落的趨勢，如基數詞 asɯm（三）、abli（四）在怒江方言中詞頭 a 都已脱落，數詞由雙音節變爲單音節，這與雙音化趨勢背道而馳，從而促進了量詞的發展。阿儂語的情況也是如此。

② 按，布興語的基數詞都是雙音節的，但早已失去了使用功能，僅存在於傳説中，實際使用的數詞均借自傣語。

续表

語系	語族	語言	基數詞單音節數量	量詞發達與否
漢藏語系	藏緬語族	彝語/傈僳語/拉祜語/哈尼語/基諾語/納西語/畢蘇語/卡卓語/柔若語/怒蘇語/土家語/白語/載瓦語/阿昌語/浪速語/仙島語/羌語/普米語/白馬語	9	+
		蘇龍語/倉洛門巴語/錯那門巴語	8	-
		景頗語	6	-
		達讓語	3	-
		格曼語	2	-
		嘉戎語	0	-
		藏語	9	-
	侗台語族	壯語/布依語/傣語/侗語/水語/仫佬語/毛難語/佯僙語/拉珈語/黎語/村語/仡佬語/布廣語/木佬語	9	+
	苗瑤語族	苗語/布努語/巴哼語/炯奈語/畬語/勉語	9	+

系屬未定的朝鮮語情況比較特殊，數詞有固有詞與漢字詞之分，xana（一）、tul（二）、set（三）、net（四）等是固有詞，il（一）、i（二）、sam（三）、sa（四）等則是漢字詞。其固有量詞是以雙音節爲主的，而借自漢語的量詞基本是單音節的。通常情況下，固有量詞與固有數詞組合，漢字量詞與漢字數詞組合。其固有數詞中，一、五、六、七、八、九等六個都是雙音節的，因此本身可以組成雙音節標準音步使用，也可以與雙音節的量詞配合使用，而漢字數詞則均爲單音節的，則要同單音節的漢字量詞結合構成雙音節音步配合使用。

最後，印歐語系的英語、德語、法語、西班牙語等，其基數詞基本上也是以單音節爲主的，但是也不屬於量詞發達語言，這可能與不同語言對音步的認知有關，"印歐語社團以音素爲語音感知基礎，漢語社團以音節爲語音感知基礎"①。印歐語語言學界的研究也體現了這一點，"在他

---

① 何丹：《試論漢語的音節結構與認知模式》，《中國文字研究》第1輯，大象出版社2007年版，第201—206頁。

們的音系理論中竟没有音節這一級語音單位,而是由音段直接構成詞音形"①。雙音節音步並非"標準"音步,因此没有發展量詞以構成標準音步的動因。由此也可以推測,在以音素爲感知單位的語言中,傾向於發展以音素爲單位的複數標記;而以音節爲感知單位的語言,則更傾向於發展以音節爲單位的量詞;因此,"從語言類型學的角度考察的結果顯示,一種語言不同時兼有複數標記和量詞系統"②。

三 從拷貝量詞和泛指量詞的興替看量詞語法化的動因

拷貝量詞和泛指量詞在量詞類系中最爲特殊:前者產生於量詞發展的初始階段,語法化程度最弱;後者則產生於量詞系統初步建立的階段,並在量詞成熟階段仍然廣泛使用,其語法化程度最高,源名詞的語義特徵幾乎消失殆盡。二者表量、分類、修飾等功能都很弱,祇有同數詞補足爲雙音節的標準音步纔是這兩類量詞的根本語法功能,其發展歷程正可以充分證明雙音化趨勢是量詞系統建立的根本動因。

(一) 拷貝量詞與量詞的起源

漢語中拷貝量詞早在甲骨文時代就產生了,"從名詞到量詞,是一個語法化的過程,拷貝型量詞的出現是這一語法化過程的第一步"③。緬語支、彝語支和藏緬語族一些語支未定的語言,如獨龍語、載瓦語、阿昌語、基諾語、傈僳語、拉祜語、哈尼語、納西語、怒語等,"已經萌生了發展個體量詞的語言需要。爲了滿足這種語言需要,最方便的方法便是拷貝名詞而造出大量的個體量詞,從而較快地解決了個體量詞缺乏的矛盾"。但這些語言爲何萌生了發展個體量詞的需要呢?根本動因就在於雙

---

① 王洪君:《漢語的特點與語言的普遍性》,《綴玉二集》,北京大學出版社1994年版,第303—314頁。
② 李豔惠、石毓智:《漢語量詞系統的建立與複數標記"們"的發展》,《當代語言學》2000年第1期。
③ 李宇明:《拷貝型量詞及其在漢藏語系量詞發展中的地位》,《中國語文》2000年第1期。

音化的趨勢。

首先，從漢語來看，基數詞都是單音節的，與甲金文時代就開始的雙音化趨勢是矛盾的，而這種不適宜性構成了變化產生的動機，不適宜的形式有必要做出調整，即對音節進行調劑。改變基數詞單音節形式最簡單、最直接的方法就是重複前面的名詞，組成數名結構共同修飾前面的名詞，即"名＋（數＋名）"結構，如《小盂鼎》（《集成》5.2839）："俘人萬三千八十一人……俘牛三百五十五牛，羊廿八羊。"在長期使用過程中，"數＋名"結構被重新分析（reanalysis）爲前面名詞的修飾語，其中的名詞與前面作爲中心語的名詞在語法功能上也有了差異，成爲拷貝量詞。

其次，漢藏語量詞萌芽階段普遍出現了拷貝型量詞，這與漢藏語普遍的雙音化趨勢是相適應的。上古漢語名詞絕大多數是單音節的，加上方塊漢字的不可分割性，"名＋數＋量"結構中的拷貝量詞祇能完全重複前面的單音節名詞，"數＋量"結構組成雙音節的標準音步；形式上的一致也導致了學界對拷貝型量詞是量詞還是名詞的爭議。但是，從其他量詞語言來看，拷貝型量詞與源名詞在功能上就有了明顯的差異，如當名詞是多音節時可以採用"半拷貝"的方式，即複製名詞的部分音節。

拷貝名詞前一音節稱爲前半拷貝，如：

(11) 哈尼語 $bu^{31}za^{31}$（罐）$tçhi^{31}$（一）→bu^{31}（$bu^{31}za^{31}$前一音節）（一個罐）

(12) 納西語 $khon^{33}lo^{33}$（洞）$ndɯ^{33}$（一）→$khon^{33}$（$khon^{33}lo^{33}$前一音節）（一個洞）

但是更多的方式是拷貝名詞的後一音節，即後半拷貝，如：

(13) 阿昌語 $a^{55}mu^{55}$（事情）ta^{21}（一）→mu^{55}（$a^{55}mu^{55}$後一音節）（一件事情）

(14) 基諾語 $ɑ^{44}vu^{33}$（蛋）thi^{44}（一）→vu^{33}（$ɑ^{44}vu^{33}$後一音節）（一個蛋）

（15）傈僳語 ɣɑ⁴⁴fu³³（雞蛋）thi³¹（一）→fu³³（ɣɑ⁴⁴fu³³後一音節）（一個雞蛋）

（16）納西語 sɯ³³dzɯ³¹（樹）dʐ³³（一）→dzɯ³¹（sɯ³³dzɯ³¹後一音節）（一棵樹）①

納西語中甚至還有全拷貝、前半拷貝、後半拷貝、省略拷貝均可的情況，如：

（17）全拷貝：dv³³phi³¹（翅膀）dɯ³³（一）dv³³phi³¹（翅膀）
後半拷貝：dv³³phi³¹（翅膀）dɯ³³（一）phi³¹
前半拷貝：dv³³phi³¹（翅膀）dɯ³³（一）dv³³
省略拷貝：dv³³（翅膀）dɯ³³（一）dv³³（翅膀）②

單純詞中的一個音節一般不能獨立充當句子成分，其作用衹是與數詞組成雙音節音步來調劑音節，至於拷貝哪個音節都不會影響這一語法功能。可見"半拷貝"的方式，更明確地體現出量詞的語法化與雙音化趨勢的密切關係。

（二）泛指量詞的興替與量詞的基本功能

泛指量詞幾乎沒有分類、表量、修飾等功能，這自然突顯出了其調劑音節的功能。漢語量詞史上的泛指量詞有"枚"和"個"兩個，二者的興替和"個化"的發展體現了調劑音步在量詞語法化歷程中的重要作用。

兩漢時代，隨着雙音詞在詞彙中優勢地位的初步確立，雙音節作爲標準音步也基本確立，單音節數詞的使用逐漸不再自由，需同量詞組成雙音節標準音步纔能更爲自由地充當句子成分。但量詞的發展相對滯後，絕大多數名詞還沒有專屬量詞，解決這一矛盾有兩種方式：一是採用拷

---

① 李宇明：《拷貝型量詞及其在漢藏語系量詞發展中的地位》，《中國語文》2000 年第 1 期。

② 木仕華：《論納西語拷貝型量詞的語法化》，李錦芳主編《漢藏語系量詞研究》，中央民族大學出版社 2005 年版，第 141—165 頁。

貝的方式，但拷貝量詞有很大的局限，一個名詞使用一種量詞很不經濟，大量同形同音現象模糊了名、量兩類詞的界限。另一種方式是採用泛指量詞。量詞"枚"由於其特殊的語義基礎迅速崛起，解決了雙音化趨勢與個體量詞缺乏的矛盾。王力認爲"枚"用作量詞源自其本義"樹幹"，雖然"現存的古書中，没有樹一棵爲一枚的例子"①。張萬起舉出《漢書》《後漢書》中的 4 例②，我們又舉出漢簡中的 3 例。但從漢文帝至漢景帝時期的鳳凰山漢簡看，西漢初期量詞"枚"已相當成熟，產生伊始就是泛指的，不存在從專指到泛指的過渡，因此其語源並非"樹幹"而是"算籌"義③。《左傳·昭公十二年》"南蒯枚筮之"唐孔穎達疏："今人數物云一枚兩枚，是籌之名也。""算籌"是計數的輔助工具而不區分具體事物，具備了泛指量詞的語義基礎。"枚"補足音步的性質在漢初簡牘中體現得很明顯，如鳳凰山 8 號與 167 號漢墓，時代均爲文帝至武帝之間。前者有簡 176 枚，當用量詞的情況 96 例，其中 16 例使用了專屬量詞（"乘" 2 例、"匹" 3 例、"艘" 1 例、"合" 9 例、"枚" 1 例）；80 例不用量詞。有趣的是，後者 62 例：17 例使用了專屬量詞（"人" 12 例、"乘" 1 例、"兩" 1 例、"匹" 1 例、"合" 2 例），8 例不用量詞，其他 37 例均用量詞"枚"。同時代同類文獻中，有的不用量詞，有的則 30 多種不同物品均用同一個量詞"枚"，可見泛指量詞"枚"的首要語法功能就是補足音步。

魏晉至唐，量詞的使用成爲規範，8 種魏晉簡牘 196 例稱數結構均爲"名+數+量"結構，無一例外。但量詞產生的速度顯然不能滿足語言的需要，因此泛指量詞"枚"的使用頻率在魏晉時期達到了頂峰，如吳高榮墓《遣策》木牘所計量事物幾乎全部用"枚"來稱量，如：

（18）故練袴一枚，故絹袴一枚，故絹袴一枚，故練袴一枚，故

---

① 王力：《漢語語法史》，中華書局 1989 年版，第 27 頁。
② 張萬起：《量詞"枚"的產生及其歷史演變》，《中國語文》1998 年第 3 期。
③ 按，關於量詞"枚"和"個"的語源及其歷時興替的詳細論述，可詳參李建平、張顯成《泛指性量詞"枚/個"的興替及其動因》，《古漢語研究》2009 年第 4 期；人大複印報刊資料《語言文字學》2010 年第 5 期。

練袴一枚，故練縠裙一枚，故絹縠襦一枚，故練兩襠一枚，故練單襦一故；故絹單襦一枚，故半艡縠縛一枚，故半艡縠縛一枚，故練縠縛一枚，故練縠縛一枚，故練小縛一枚，故練縠袴一枚，故練縠綺一枚，故縠裳二枚，故縠襦一枚，故早丘單一枚，故艡丘單一枚；故絹綬六兩枚，故裑屬一枚，故早**縛**一枚，故絹綬縛兩枚，故帛越褠一枚，故緒布褠二枚，故麻竦單衣一枚，故麻竦褠一枚，故麻布單綺一枚，故麻布丘單一枚，故緒布丘單一枚；故緒布單綺一枚，故艡被一枚，故練被一枚，故青布被囊一枚，故青緣一枚，故帛布二緉二枚，故帛布手巾三枚，故帛布□四兩，故帛纑不□一量，故絮巾二枚，故廚巾五枚；故粉囊兩枚，竟一枚，聶一枚，**䑛**二枚，香囊一枚，繡發囊二枚，青發囊兩枚，故青緅頭八枚，故縛頭五枚，故帛鱉□頭兩枚。指函一枚，**禮**二枚，大刀一枚，熏繒四束，金銀二囊，**翕**一枚，書刀一枚，研一枚，筆三枚；書□一枚，□□一枚，□□刷一枚，帥一枚，□具一枚，官紙百枚，漆□一枚，漆碗一枚，枕一枚，□衣一枚，□中糸一枚；金叉一枚，金□子一枚，官中筀一枚，金稱三枚，絹二□一枚。大凡百一十枚皆高榮許。（東吳高榮墓《遣策》木牘）①

該木牘 79 個稱數結構中使用量詞"枚"達到了 75 例之多，占總數的 95%。唐至五代，量詞系統進一步成熟，多數範疇有了專屬量詞並被普遍接受。專屬量詞除補足音步外，還有修飾、分類等功能，於是"枚"完成了其歷史使命，應用範圍逐漸緊縮。洪藝芳考察敦煌吐魯番文書量詞認為，泛指量詞"枚"在 3 世紀中葉到 6 世紀中葉具有很強的適應性，但以 6 世紀中葉為分水嶺而驟然下降，6 世紀中葉至 9 世紀中葉修飾的中心名詞僅有 9 個；敦煌文書中僅有 7 例②。量詞分工日趨細密，使得語言表達更為清晰、形象，但也造成了人們記憶的負擔，語言經濟原則要求使用具有較大普遍性的語言單位來承擔其核心功能——補足音步，語言

---

① 江西省歷史博物館：《江西南昌市東吳高榮墓的發掘》，《考古》1980 年第 3 期。又參見李均明、何雙全編《秦漢魏晉出土文獻散見簡牘合輯》，文物出版社 1990 年版，第 89—93 頁；《中國簡牘集成》第 17 冊，敦煌文藝出版社 2005 年版，第 1307—1316 頁。

② 洪藝芳：《敦煌吐魯番文書中之量詞研究》，文津出版社 2000 年版，第 183 頁。

中仍然存在對泛指量詞的需要，於是量詞"個"脫穎而出。

現代漢語中最常用的泛指量詞"個"，有"个""箇""個"三個來源。个是"介"的訛誤字，按清王引之《經義述聞·通説》"介"與"个"字隸書形體相近，書作"个"，"省丿則爲个矣"。《廣雅·釋詁》："介，獨也。""單獨"義對名詞没有太多要求，因此一經產生就是泛指的。箇，《説文·竹部》："竹枚也。"最早用於稱量"竹"，如張家山漢簡《算數書》71："八寸竹一箇。"個，洪誠認爲"是介字從泰部音變以後形旁取介、聲旁取箇另造的異體字，繼承介字作爲計數詞"①；魏晉以後三者合流。唐以前量詞"個"使用頻率很低，因爲無論"單獨"義還是"竹枚"義，在語法化過程中較"算籌"義的"枚"源詞義更强，對名詞的適應性就弱，語義滯留原則決定了在與"枚"競爭中處於弱勢。基於語言經濟原則，"枚"的强勢滿足了語言對泛指量詞的需要，也抑制了"個"的發展，因此雖然量詞"個"先秦已見，但到魏晉簡牘中"枚"達到125例，而"個"竟然未見。隋唐時代，隨着量詞系統的完善，"枚"的使用範圍迅速縮小。量詞分工日趨細密造成了人們記憶的負擔，經濟原則要求使用具有較大普遍性的語言單位來承擔其補足音步的基本語法功能。"個"在同舊質的"枚"的競爭中取得了優勢，唐代吐魯番文書中有41例，而中唐到五代的敦煌文書中則達到了206例，成爲唯一的泛指量詞②。宋元以後，使用頻率進一步增加，《朱子語類》中竟達

---

① 洪誠：《略論量詞"個"的語源及其在唐以前的發展情況》，《洪誠文集》，江蘇古籍出版社2000年版，第139—149頁。

② 按，漢語量詞的發展是長期而漸進式的，在這一過程中自然也會存在一些例外或反復，特別是在發展的過渡時期，如雖然多數中晚唐文獻中泛指量詞多用"個"而少用"枚"，但唐咸通十五年（公元874年）的法門寺《物賬碑》卻正好相反，如："寶函一副八重並紅錦袋盛：第一重真金小塔子一枚，並底儭（襯）共三段，内有銀柱子一枚。第二重珷玞石函一枚，金筐寶鈿真珠裝。第三重真金函一枚，金筐寶鈿真珠裝。第四重真金鈒花函一枚。第五重銀金花鈒作函一枚，重卌兩二分。第六重素銀函一枚，重卌九兩三錢。第七重銀金鈒作函一枚，重六十五兩二分。第八重檀香縷金銀稜裝鉸函一枚。""内疊子一十枚，波羅子一十枚，疊子一十枚。香案子一枚，香匙一枚，香爐一副並椀子，鉢盂子一枚，羹椀子一枚……真金鉢盂、錫杖各一枚。"這種用法可能與作者追求典雅的仿古或其行文習慣有關。參見韓偉《法門寺地宫唐代隨真身衣物賬考》，《文物》1991年第5期；洪藝芳《論法門寺唐代〈衣物賬〉中的個體量詞》，《漢學研究》2006年第2期。

到 5000 多例。泛指量詞的廣泛應用，突顯出補足音步在量詞發展中的重要性。

爲適應雙音化的發展而補足音步雖然是量詞最核心的語法功能，但不是唯一的語法功能，因此泛指量詞"枚"由於不具備其他語法功能而逐漸被專屬量詞所取代；泛指量詞"個"的興起正在於解決"枚"衰落以後量詞繁多給人們帶來的記憶負擔，但它同樣缺乏範疇化和修飾等語法功能，導致表意不夠明晰，過度泛用就會打破語言表達明晰性和趨簡性之間的平衡，適度原則必然會將其拉回到相對平衡的狀態。總之，量詞豐富多采同個化之間的"矛盾"是由語言發展明晰性與趨簡性的原則所決定的，這也反映了作爲量詞根本功能的補足音步和其他功能之間的互補性。

四 結語

徐通鏘談到語言演變的原因時認爲"其罪魁禍首往往就是語音"[①]，爲了適應語音簡化帶來的一系列問題，漢語走上了雙音化的道路，而基數詞單音節同雙音化趨勢的矛盾，促使漢語量詞系統的建立成爲必然。由於漢語的雙音化是一個漫長的漸進歷史過程，因此量詞的發展也是一個漸進的語法化過程。雙音化趨勢與基數詞單音節的矛盾是促成量詞系統建立的動因，二者缺一不可。從漢藏語系、南亞語系諸多語言的量詞使用情況來看，隨着雙音化的發展，祇有基數詞爲單音節的語言發展出了發達的量詞系統，而基數詞爲雙音節的語言和不存在雙音化趨勢的印歐語系諸多語言，則沒有發展出量詞範疇；從而產生了量詞語言與非量詞語言的對立。從拷貝量詞和泛指量詞的興替來看，無論在量詞的產生階段還是在量詞的完善時期，與單音節數詞組成雙音節的數量結構以調劑音步，始終是量詞的基本功能，也證明雙音化是量詞產生的根本動因。但調劑音步並非量詞的唯一功能，量詞一旦產生並進入句法結構，其語

---

① 徐通鏘：《結構的不平衡性和語言演變的原因》，《徐通鏘自選集》，河南教育出版社1993 年版，第 218—243 頁。

法功能就體現出了多向性，分類、修飾等功能也迅速產生，從而要求量詞系統更加豐富、更加細緻。語言經濟原則始終制約着語言各方面的發展，從而導致了量詞語言中專屬量詞豐富多采和泛指量詞廣泛應用的對立統一。

漢語動量詞系統產生的
時代及其語法化動因*

動量詞作爲漢語量詞系統的兩大部類之一，其產生時代及其語法化動因與機制一直是漢語史研究的重要問題。學界對動量詞的研究更多集中於對其產生時代的研究上，目前主要有四種觀點。

一是魏晉南北朝說。王力在《漢語史稿》首先提出了動量詞產生時代的問題，認爲漢語動量詞產生於唐代以後①；此後，劉世儒指出漢語動量詞系統"早在魏晉南北朝時代就已經產生了，並且已經大大向前發展了"②；王力在《漢語語法史》中接受了劉先生的觀點，認爲"行爲單位詞大約起源於南北朝時代，盛行在唐宋以後"③。

二是東漢說。洪誠最早提出，並舉出"遍""下""通"三個動量詞，前二者例證均很典型，④唯"通"之例證出自《後漢書》，而該書寫成於南朝宋，是否確爲東漢語料尚須斟酌；潘允中在其《漢語史語法概要》中採納了這一觀點⑤。

三是西漢說。唐鈺明認爲"真正的動量詞在兩漢還是出現了"，舉出

---

* 本文原刊於《漢語史研究集刊》第 21 輯，巴蜀書社 2016 年版，第 53—69 頁。作者爲李建平、張顯成。爲國家社科基金項目"漢語量詞發展史及其語法化研究"（13CYY058）、國家社科基金重大項目"簡帛醫書綜合研究"（12&ZD115）階段性成果。
① 王力：《漢語史稿》，中華書局 1980 年版，第 243 頁。
② 劉世儒：《魏晉南北朝量詞研究》，中華書局 1965 年版，第 8 頁。
③ 王力：《漢語語法史》，商務印書館 1989 年版，第 35 頁。
④ 洪誠：《王力〈漢語史稿〉語法部分商榷》，《中國語文》1964 年第 3 期。
⑤ 潘允中：《漢語語法史概要》，中州書畫社 1982 年版，第 120 頁。

"遍""下"兩個，"遍"之書證爲《黄帝内經》和《説苑》，"下"書證爲《風俗通義》和《居延漢簡》①。向熹又舉出"出""通""過"3個②。楊劍橋認爲"從傳世文獻來説，很難認爲西漢時代就已經產生了動量詞"，並據《居延漢簡》《居延新簡》用例提出"漢語的動量詞在西漢中期確實已經開始萌芽，祇是一直到東漢末期，動量詞的發展一直處在十分緩慢的過程中，等到魏晉以後，這種情況纔有了比較大的改觀"③，所舉動量詞有"下""通""周""發"4個，但《居延漢簡》《居延新簡》的寫定時代在西漢中後期至東漢中後期之間④，所列例證沒有經過細緻分辨其寫成時代，是否確屬西漢或有疑問⑤。

四是先秦説。傅銘第較早提出，所列動量詞有"匝"和"周"兩個⑥；楊伯峻、何樂士又舉出"巡"和"成"兩個⑦；吳伯芳又舉出《禮記》中的"終"⑧，葉桂郴、羅智豐贊同此説⑨。但是，劉世儒已經指出先秦文獻中的"匝"是名量詞；楊劍橋繼而指出"周""巡""成""終"等均爲動詞；均非動量詞。

"東漢説"自洪誠先生提出後，例證典型且時代明確而爲學界所廣泛接受；"西漢説"由於確切例證較少，且漢簡寫成時代未定，仍有爭議；"先秦説"隨着對其例證的深入辨析，逐漸爲學界所放棄。本文對先秦兩漢出土文獻與傳世文獻中的量詞系統全面整理與考察，認爲：動量詞系統在先秦時期已經萌芽，西漢時期獲得了初步發展，東漢時期進一步發

---

① 唐鈺明：《古漢語動量表示法探源》，《古漢語研究》1990 年第 1 期。
② 向熹：《簡明漢語史》（下），高等教育出版社 1993 年版，第 219 頁。
③ 楊劍橋：《漢語動量詞不產生於先秦説》，《語言研究》2009 年第 4 期。
④ 陳夢家：《漢簡綴述》，中華書局 1980 年版，第 9 頁。
⑤ 按，《居延漢簡》《居延新簡》中動量詞用例較爲多見，但對這些用例時代的判斷應當謹慎，《居延漢簡》大多爲西漢武帝末至東漢光武帝中期，亦見少量東漢中期簡，晚者爲漢和帝永元年號；《居延新簡》所見紀年簡最早爲漢昭帝始元五年（公元前 81 年），最晚爲東漢安帝永初五年（公元 111 年），漢宣帝時期最多。而出現動量詞的簡似未見明確紀年，而根據出地點相同簡中的紀年情況來看，往往爲新莽到光武帝時期的年號，因此並不能因爲該批簡牘多數爲西漢簡而斷定相關用例的時代屬於西漢時期。
⑥ 傅銘第：《關於動量詞"匝"和"周"》，《中國語文》1965 年第 1 期。
⑦ 楊伯峻、何樂士：《古漢語語法及其發展》，語文出版社 2001 年版，第 208 頁。
⑧ 吳伯芳：《關於動量詞的起源》，《語文輔導》1990 年第 1 期。
⑨ 葉桂郴、羅智豐：《漢語動量詞形成的原因》，《古漢語研究》2007 年第 3 期。

展,到魏晉南北朝進入了初步成熟的階段。

一　先秦時期：動量詞系統的萌芽期

動量詞大多由動詞語法化而來,這一過程是漸變的,在語法化的斜坡（cline）上範疇之間的界限是模糊的,因此萌芽期動量詞往往遺存了一定的動詞性。由於漢語缺乏形態標記,對動量詞的界定成爲量詞研究中的一個難點,對其產生時代的不同認識往往也與此有關。對上古時期動量詞的界定,應當綜合語法功能和語義標準：一是可以和數詞組成數量結構作動詞的定語或狀語；二是數量結構計量的是動作行爲的量；三是動量詞源語義的弱化[①]。

（一）先秦簡牘文獻中動量詞的萌芽

根據上述標準,典型的動量詞在傳世先秦文獻未見,但從出土文獻來看已經萌芽,僅見於秦簡,有"步""課"2個,前者6見,後者僅1見。

步,《說文·步部》："行也。"由動詞義語法化爲動量詞,多見於《周家臺秦簡》,如：

(1) 已齲方：見東陳垣,禹步三步。（《病方及其他》326 - 327）

(2) 操兩瓦,之東西垣日出所燭,先埋一瓦址下,復環禹步三步。（《病方及其他》329 - 330）

(3) 已齲方：見車,禹步三步。（《病方及其他》332 - 333）

"禹步三步"中的"步"在其他簡文中往往可以不出現,如《周家臺秦簡》335："病心者,禹步三。"簡345："禹步三,鄉（向）馬祝

[①] 關於動量詞的界定標準的討論,詳參李建平《先秦兩漢量詞研究》,中國社會科學出版社2017年版,第7—8頁。

曰。"可見，該句的中心動詞都是"禹步"，"數詞+步"置於動詞之後作補語。處於"動+數+量"框架中，"步"的動詞性開始弱化，並逐步語法化爲動量詞。從數量結構的語義來看，所謂"禹步"是巫師作法時的一種行步法，按晉葛洪《抱樸子·登涉》一"禹步"當今之"五步"，共舉足八次；按《玉函秘典》則當今"兩步"，共舉足三次①；那麼，"步"稱量的既非距離，也非通常動作之"一步"，而是動作"禹步"的次數。從動量詞本身語義上來看，"步"稱量"禹步"，已經有了擺脫動詞"步"語義限制的傾向，具有了動量詞的語法特徵。

課，本指動詞"考核"，用作動量詞表示考核的次數，僅1見：

（4）今課縣、都官公服牛各一課。（《睡虎地秦簡·秦律十八種·廄苑律》19）

該簡大意爲"現在對各縣、都官官有駕車用牛考核各一次"。"一課"同樣置於動詞"課"之後作補語，稱量"課"的次數，其動詞義仍未泛化，但在"動+名+數+量"的語法框架中，兩個"課"的語法性質也有了區別，後者的動詞義弱化，開始了語法化歷程。

在上述句子中，"步""課"的語法功能與動詞有了顯著的區別，但其動詞性仍很強，語法化程度不高，使用頻率還很低，動詞也正是在這樣的語法框架中開始了其語法化歷程，對於探討動量詞起源的時代、動因與機制具有重要意義，因此本文將其視作漢語動量詞的萌芽。總之，正如劉堅等所言："就多數情況而言，詞彙的語法化首先是由某一實詞句法位置改變而誘發的。"② "步"和"課"本來都是動詞，在"動₁（+名）+數+動₂"框架中存在兩個動詞，非中心動詞"動₂"的動詞性逐

---

① 按，晉葛洪《抱樸子·登涉》："禹步法：正立，右足在前，左足在後，次復前右足，以左足從右足併，是一步也。次復前右足，次前左足，以右足從左足併，是二步也。次復前右足，以左足從右足併，是三步也。如此禹步之道畢矣。"又，《玉函秘典·淵靜真人除三尸九蟲咒附禹步法》："閉氣，先前左足，次前右足，以左足並右足，爲三步也。"

② 劉堅、曹廣順、吳福祥：《論誘發漢語詞彙語法化的若干因素》，《中國語文》1995年第3期。

漸弱化，其稱量功能逐步增強，直至語法化爲動量詞。在此後的發展中，語義滯留原則（persistence）和頻率原則（frequency）制約着其語法化進程，適用範圍較窄、頻率低的"課"没有獲得發展，而使用範圍廣、頻率高的"步"則迅速發展爲典型的動量詞。

（二）先秦疑似動量詞辨析

學界先後提出的先秦時期動量詞有"匝""周""巡""成""終""行""發""徧（遍）"8個，逐一細緻分析其全部用例可見均非動量詞，有以下三類情況。

一是將名量詞混同於動量詞，包括"帀（匝）""終"兩個。匝，《莊子·秋水》："孔子游於匡，衛人圍之數匝，而弦歌不絶。"又《史記·高帝紀》："遲明圍宛城三帀。"劉世儒認爲："這個字眼兒是有兩面性的。在漢代，説它是動量詞，勿寧説它還是名量詞（如'圍三帀'其實就是'圍成三帀；如同説'圍成三重'，都是'成動式'中的名量足語，不是一般動補結構中的動量補語。）"動量詞稱量動作行爲的次數，而"帀（匝）"稱量的是圍繞的層數，當爲名量詞；可見，在動量詞起源時代的研究中應當嚴格區分同源的名量詞和動量詞。

終，多見於《禮記》，學界多引該書用例，如《大射儀》："小樂正立於西階東，乃歌《鹿鳴》三終。"亦見於《逸周書·世俘》："王入，進《萬》，獻《明明》三終。"從出土文獻來看，此類用法早在戰國楚簡已見，字多書作"夂"，通"終"，如《清華簡·耆夜》："王夜爵酬畢公，作歌一夂（終）曰《樂（樂）樂（樂）旨酉（酒）》……王夜爵酬周公，作歌一夂（終）曰《輶乘》……周公或夜爵酬王，作祝誦一夂（終）曰《明明上帝》。"李學勤先生認爲："古時詩均入樂，演奏一次爲一終，'作歌一終'便是作詩一首的意思。"① 黄懷信也認爲："一終，猶一曲、一首。"② 江林昌則提出："樂舞一次爲'一終'或'一成'，其於

① 李學勤：《清華簡〈耆夜〉》，《光明日報》2009 年 8 月 3 日。
② 黄懷信：《清華簡〈耆夜〉句解》，《文物》2012 年第 1 期。

詩則爲一章。'作歌一終'即是樂舞一成，也是作詩一章。"① 方建軍則認爲："'終'是音樂作品的一個獨立單位，'一終'可以是一首獨立的音樂作品，也可以是一部音樂作品之中的一個組成部分，在音樂上都是一個完整的單樂段結構。"② 綜合出土和傳世文獻"數詞＋終"結構，我們贊同方先生的觀點，無論是詩歌之一首還是詩歌的一個段落，"終"用作名量詞是無疑的。

二是將動詞混同於動量詞，包括"巡""行""發""周""成"五個。這情況也可再分爲兩類，首先是語意理解和動量詞判斷上的"以今律古"。巡，《左傳·桓公十二年》："使伯嘉諜之，三巡數之。"杜預注："巡，徧也。"學界或以爲相當於"徧"的動量詞，其實孔穎達疏："謂巡繞徧行之。"沈玉成譯爲："三次徧數了楚軍的人數。"③ 可見"三巡"爲先秦常見的"數＋動"結構。行，《吕氏春秋·孝行覽·長攻》："觴數行。"同"巡"一樣，"數行"也是"數＋動"結構。發，《左傳·哀公十六年》："必使先射，射三發，皆遠許爲。"何樂士認爲"'發'在這裡可以理解作動詞，也可理解作量詞。"④ 從歷時的角度來看，同時代文獻"發"未見動量詞用法，且"三發"視爲"數＋動"結構也文從字順。其次是句讀判斷問題。周，《禮記·昏義》："降出，御婦車，而婿授綏，御輪三周。"《小戴禮》四十九篇的作者，如孔穎達說"未能盡知所記之人也"，上起春秋，下迄西漢，所反應的語言下限當在西漢。楊劍橋認爲這類句子即使先秦已有，"周"也還具有動詞性。而且從語義來看動量詞"周"並不能與動詞"御"搭配，則該句當句讀作："降出，御婦車，而婿授綏；御，輪三周。"劉世儒所列類似用例，《左傳·定公九年》"親推之三"杜預注："齊侯自推喪車輪三轉。"亦當句讀爲："齊侯自推喪車，輪三轉。"顯然，"周"與"轉"均爲動詞。成，《吕氏春秋·長攻》："先具大金斗，代君至，酒酣，反斗而擊之一成，腦塗地。"當句讀

---

① 江林昌：《清華簡與先秦詩樂舞傳統》，《文藝研究》2013年第8期。
② 方建軍：《清華簡"作歌一終"等語解義》，《中國音樂學》2014年第2期。
③ 沈玉成：《左傳譯文》，中華書局1981年版，第34頁。
④ 何樂士：《〈左傳〉的數量詞》，《古漢語語法研究論文集》，商務印書館2000年版，第343頁。

作："反斗而擊之，一成，腦塗地。"則"一成"相當於"一擊"，爲"數+動"結構。

三是對語料寫成時代的分析有誤，包括"徧（遍）"。《墨子·備穴》："居版上，而鑿其一徧，已而移版，鑿一徧。"《備蛾傳》："以束輪，徧徧涂其上。"王力認爲："《墨子·備城門》以下諸篇非墨子所作，當系後人所僞託。"特別是從量詞的使用上來看，《墨子》一書《備城門》以前諸篇罕見，而之後的篇目中卻多有量詞使用，且往往爲先秦文獻所未見，可見《備城門》以下當爲秦末漢初語料，或漢初整理時有所整理加工①。

上述 8 個疑似動量詞較多爲學界引用，爭議也較大，故逐一辨明之，主張先秦説的學者還提出了其他一些例證，雖然都處在"動+數+量"結構中，但大多未被接受，如《左傳·僖公十五年》："晉侯圍原……退一舍而原降。"古以三十里爲一舍，"舍"当爲度制量詞。

總而言之，正如劉世儒所言："任何個別字眼兒的解釋，都不能超越這個時代的整個語法體系，否則'以今代古'，弄錯時代，就不免'乘興作説明'了。"②此外還應當注意的是，傳世文獻往往經過多次輾轉傳抄，會有一定程度的"失真"，對於祇出現在某種文獻，甚至是某一篇目中的個別例證，應當慎之又慎。

二 兩漢時期：動量詞系統的發展期

兩漢時期，動量詞獲得了進一步發展，共有動量詞 16 個，其中專用

---

① 按，關於《墨子》城守諸篇的時代，清代學者蘇時學首先把《備城門》以下諸篇目與秦相聯繫，認爲是商鞅等所作，後來欒調甫、蒙文通、岑仲勉、渡邊卓、陳直、李學勤等先生論證，其成書與西方墨相關的觀點已經獲得學界廣泛認可；張國艷從語言學角度論證該説，提出假設連詞記作"節"是秦國方言的特點，而"即"是六國方言中使用的字，漢代以後的文獻中書寫簡單的"即"取代了"節"；但秦彦士《墨子考論》中指出《鹽鐵論》記載漢代仍有墨者活動並"聚學講論"，因此不能排除這部分墨者對《墨子》的整理加工。參見史黨社《〈墨子〉城守諸篇研究》，中華書局 2011 年版，"前言"第 3 頁；張國艷《假設連詞"節""即"使用情況研究——兼考〈墨子·備城門〉以下諸篇的成書時代》，《廣西社會科學》2007 年第 1 期。

② 劉世儒：《魏晉南北朝量詞研究》，中華書局 1965 年版，第 265 頁。

動量詞"過""壯""合""發""出"和借用動量詞有"針""痏"7個在西漢已見，多數在東漢時期獲得了進一步發展；西漢末到東漢時期又產生了專用動量詞"通""下""遍""度""行""反""匝""周"和借用動量詞"拳"9個，大多使用頻率已經比較高。

（一）西漢時期的動量詞

西漢時期，動量詞系統已經獲得了初步發展。專用動量詞中"過""壯"語法化很早，但由於多見於中醫文獻，而未能爲語言學者所注意，如：

（5）八風四時之勝，終而復始，逆行一過，不可復數，論要畢矣。（《素問·玉版論要》）

（6）病風且寒且熱，炅汗出，一日數過，先刺諸分理絡脈。（《素問·長刺節論》）

唐人王冰注："過，謂遍也。"《素問》中此二篇屬於其主體部分，當成書於戰國到西漢之間，可見動量詞"過"的產生不晚於西漢，到東漢就更常見了，如《太平經·己部之八》："一過服人，即有重罪，長吏遂＜逐＞之不止也。"俞理明注："一過，一經，一次。"

動量詞"壯"爲中醫術語，宋沈括《夢溪筆談·技藝》："醫用艾一灼謂之一壯者，以壯人爲法。其言若干壯，壯人當依此數，老幼羸弱，量力減之。"醫書使用頻率很高，如：

（7）犬所齧之處灸之三壯，即以犬傷病法灸之。（《素問·骨空論》）

（8）灸寒熱之法，先灸項大椎，以年爲壯數；次灸橛骨，以年爲壯數。（《素問·骨空論》）

作爲《素問》主體部分，《骨空論》的成書亦不晚於西漢，此後醫書習見，如《金匱要略》《傷寒論》等，一直到現代漢語中醫艾灸仍稱

"一灼"爲"一壯"。

動量詞"出"雖然見於《史記》，但也均是與中醫相關的篇章，如：

（9）我之王家食馬肝，食飽甚，見酒來，即走去，驅疾至舍，即泄數十出。（《史記·扁鵲倉公列傳》）

動量詞"合""發"雖西漢已見，但使用頻率較低，語法化程度也較低。動量詞"合"，表示交戰次數，起源於"相合"義，古代兩軍對壘交戰一次稱爲"一合"，如：

（10）項王令壯士出挑戰，漢有善騎射者接煩，楚挑戰三合。（《史記·項羽本紀》）

發，《說文·弓部》："射發也。"由此語法化爲量詞，如：

（11）武王答拜，先入。適王所，乃克射之三發。（《逸周書·克殷》）

此外，《居延新簡》EPF16.47："第八隊（隧）攻候郭君與主官譚等格射各十餘發，虜復並塞百騎。"該例受到了學界廣泛關注，往往作爲西漢時代的例證，但因爲該簡沒有紀年，時代其實難以斷定，其下限當爲東漢中葉。

借自名詞的借用動量詞早在西漢醫學文獻中也已出現了，有"針""痏"2個，如：

（12）上踝五寸刺三針。（《素問·通評虛實論》）

（13）刺少陰於內踝上二痏，春無見血，出血太多，不可復也。（《素問·刺腰痛》）

劉世儒曾多次強調借用動量詞產生的重要意義，認爲"借用動量詞的興起，是動量詞更向前發展一步的標誌","這種内部小範疇的存在就說明動量詞在這個時代已經發展的不很簡單，並不僅僅衹是處於起源的時代而已"①。

值得注意的是，西漢時期産生的 7 個動量詞中"過""壯""針""痏""出"5 個都多用於醫學文獻。可見，與經傳典籍相比，醫學文獻的口語性更強，更能夠反映當時真實的語言狀況。這 7 個量詞都具有很強的生命力，一直沿用下來，爲後世漢語動量詞的發展奠定了堅實的基礎。

（二）東漢時期的動量詞

東漢時期，西漢産生並沿用下來的動量詞獲得了進一步發展，使用頻率進一步提高，尤其重要的是這一時期産生了大量新生動量詞，其中專用動量詞 8 個，借用動量詞 1 個。

動量詞"遍""通""下""度""行"在此時期一經産生就獲得了迅速發展，使用頻率均很高，體現了東漢時期動量詞系統的進一步發展。動量詞"通"，劉世儒所舉最早書證爲曹操《船戰令》②，其實它在兩漢簡帛中常見，寫成於西漢中期至東漢早期的《額濟納漢簡》3 見，《居延漢簡》（及新簡）中則達到 19 見，如：

(14) 四月庚戌平旦，眾騎，亭舉地表下一苣火再通，日中復舉。（《額濟納漢簡》EPC36）

(15) 二十日、晦日舉墜上一苣火一通。（《居延漢簡》428.6）

魏兆惠、華學誠認爲漢簡中的"通"爲物量詞，而非動量詞③，但全面考察漢簡文例，並參考漢代烽燧制度來看，"通"爲動量詞無疑。

動量詞"遍"，來源於"周遍"義，劉世儒認爲動量詞"遍"的這

---

① 劉世儒：《魏晉南北朝量詞研究》，中華書局 1965 年版，第 8 頁。
② 劉世儒：《魏晉南北朝量詞研究》，中華書局 1965 年版，第 259 頁。
③ 魏兆惠、華學誠：《量詞"通"的歷史發展》，《漢語學報》2008 年第 1 期。

種發展是"在南北朝纔完成的,在此以前還看不到。"① 其實兩漢醫學文獻已見,如:

(16) 和蜜揚之二百四十遍。(《金匱要略·嘔吐噦下利病脈證治》)

(17) 以綿纏筋如繭,浸湯瀝陰中,日四遍。(《金匱要略·婦人雜病脈證並治》)

動量詞"下",傳世文獻最早用例爲《漢書·王莽傳》:"莽立載行視,親舉築三下。"漢簡較爲多見,但多計量"擊打"義動作,如:

(18) 敞辭曰:初欲言,候擊敞數十下,脅痛,不耐言。(《居延漢簡》123.58)

(19) 即以疑所持胡桐木丈從後墨擊意項三下,以辜一旬内立死。(《居延新簡》EPF22.326)

動量詞"度"的語源仍不甚明確,或説來源於動詞"度過"義,度過一次即稱一度;或説源於天文學中的經緯度數②。如:

(20) (太陽病)一日二三度發,脈微緩者,爲欲愈也。(《傷寒論·辨太陽病脈證並治上》)

(21) 故君子節宣其氣,勿使有所壅閉滯底,昏亂百度則生疾。(《申鑒·俗嫌》)

動量詞"行",用作動量詞源於"行動"義,最早見於漢末道教、醫學文獻③,如:

---

① 劉世儒:《魏晉南北朝量詞研究》,中華書局1965年版,第255頁。
② 劉世儒:《魏晉南北朝量詞研究》,中華書局1965年版,第268頁。
③ 李建平:《動量詞"行"產生的時代及其來源》,《中國語文》2011年第2期。

（22）今欲解此過，常以除日於曠野四達道上四面謝，叩頭各五行。（《太平經·己部十二》）

動量詞"周""匝"修飾的中心動詞雖然都有"環繞"之義，但在這一時期最終擺脫了"繞成幾周（匝）"的名量詞義，成爲真正的動量詞，如：

（23）畫地三周，宿其中。（《居延新簡》EPT59.137）
（24）繞八百匝，已作是言。（支婁迦讖譯《道行般若經》）

動量詞"反（返）"，用作動量詞指"往返一次"，劉世儒所舉最早書證爲《魏書·李順傳》："順凡使涼州十有二返。"① 兩漢簡帛已見，如《敦煌漢簡》1650："三人負麻，人反十八束，反復卅里。"到漢末譯經中，語義進一步虛化，相當於"次"，如：

（25）是故比丘、比丘尼，初未曾得一反聞。（支婁迦讖譯《般舟三昧經》）
（26）爾時諸因坻天、諸梵天、諸波那和提天、諸伊沙天、諸那提乾天，同時三反作是稱譽法。（支婁迦讖譯《道行般若經》）

借用動量詞"拳"最早亦見於東漢譯經，如：

（27）扠之一拳，應持即死。（竺大力共孟康譯《修行本起經》）

值得注意的是，和西漢一樣動量詞仍少見於經傳文獻，而多見於醫學文獻、佛教譯經、道教文獻、西北屯戍漢簡等口語性較強的文獻中。可見以前的研究認爲一直到東漢末期，動量詞的發展一直處在十分緩慢的過程中，這其實是由所調查語料性質決定的，注重傳世經典研究而忽

---

① 劉世儒：《魏晉南北朝量詞研究》，中華書局1965年版，第265頁。

略了醫學、佛教、道教文獻，特別是新出土兩漢簡帛也提供了嶄新的寶貴資料。從以上分析可知，到東漢末年漢語動量詞系統事實上已經獲得了相當程度的發展，爲魏晉南北朝時期的動量詞的成熟打下了良好基礎。

（三）兩漢動量詞的特徵

兩漢時期，動量詞系統已經建立起來，專用動量詞、借用動量詞都已經較多使用，特別是專用的動量詞已經達到 13 個之多，借用動量詞祇有 3 個。

表1　　　　　　　　　先秦兩漢動量詞呈現表

產生時代	數量	借用動量詞	專用動量詞
先秦	2（?）	步、課	
西漢	7	針、疻	過、壯、合、發、出
東漢	9	拳	遍、通、下、度、行、周、匝、反（返）

1. 從語法功能上來看，動量詞的組合能力單一，一般祇能和數詞組合組成"數+量"結構；也可以和名詞組成"量+名"結構複合詞，但名詞僅限於"數"，如"壯數"等；動量詞和指示代詞、時間詞、方位詞結合的用例均未出現。

2. 從數量結構的語法功能來看，動量詞初生的西漢時期祇能充當補語，而到東漢時期則既可充當補語，也可位於動詞之前充當狀語。但"數+量"結構充當補語時，若動詞後面出現賓語，數量結構祇能置於賓語之後。

3. 從專用動量詞的語法化程度來看，動量詞使用頻率還很低，動量詞所能適應的動詞的範圍也較窄，多數動量詞往往僅見於特定文獻或某類文獻；從動量詞的來源看，13 個專用動量詞均來源於動詞，還都較多殘存着動詞的諸多語義。

4. 從借用動量詞的借用範圍來看，祇能借用自名詞，大多借自工具或處所，先秦已經萌芽的同源動量沒有出現；總體上數量很少，借用範圍較窄。

三 動量詞語法化的動因

目前學界對漢語動量詞的研究多集中於起源時代、專書與專題研究，由於對上古動量詞系統及動量表示法缺乏全面考察與統計，對其起源時代、動因等問題仍難以作出科學解釋。對動量詞起源的動因，葉桂郴、羅智豐提出"動+名+數"結構有歧義，數詞稱量的可能是動詞，也可能是名詞，"爲了區別名量詞"是這一語法範疇產生的原因①；鄭樺則認爲"動量詞是詞義引申而產生的結果"②。但諸多語法事實仍很難解釋：第一，很多動量詞也可用作名量詞，漢簡中動量詞多可兼作名量詞，如"步"可用於"距離"，"通"可用於"書信"，"發"可用於表集體量"十二矢"等，可見早期動量詞並沒有區別名量詞的語法功能；第二，從出土文獻來看動量詞萌芽於"動+數"後，而非"動+名+數"之後；第三，從類型學視角來看，漢藏語系、南亞語系量詞語言中動量詞的產生總是晚於名量詞，而非同時產生的。通過對上古漢語量詞系統及稱數構式系統考察，我們認爲語言表達明晰性的要求是漢語動量詞產生的動因，類推（analogy）則是動量詞語法化的重要推動力。

（一）語言表達明晰性的要求

甲金文中，名詞與借用量詞是同一形式的情況比較常見，如"俘人十又六人"（《合》137反）、"俘牛三百五十五牛，羊三十八羊"（小盂鼎，《集成》5.2839）。周法高認爲："大概覺得'名詞+數詞'的表現法還不夠明晰，有時爲了句法的整齊，便在數詞後複舉前面的名詞。"③李宇明則指出數詞後重複前面的名詞，起到量詞的作用，即拷貝型量詞（或稱爲回應量詞 echo–classifier），漢藏語系中主要分佈在緬語支、彝語支的一些語言和藏緬語族的一些語支未定的語言中④。在使用過程中，

---

① 葉桂郴、羅智豐：《漢語動量詞形成的原因》，《古漢語研究》2007年第3期。
② 鄭樺：《動量詞的流變》，《西北第二民族學院學報》2005年第2期。
③ 周法高：《中國古代語法·稱代編》，中華書局1990年版，第429頁。
④ 李宇明：《拷貝型名量詞在漢藏語系量詞發展中的地位》，《中國語文》2000年第1期。

"(名+數)+名"構式產生了重新分析（reanalysis），可以被分析爲"名+(數+名)"構式，後一個名詞的語法功能與前一個名詞顯然也有了區別，在此特定語境中逐漸語法化爲量詞。

但學界對拷貝型量詞的研究多限於物量詞，而未涉及動量詞。從秦簡中的用例看，動量詞的產生可能同樣是由於"動+數"的稱數構式表意不夠明晰，從而產生了明確表達的需要，同物量詞一樣，在發展初期採用拷貝的方式成爲了最直接、最簡單的選擇。雖然"禹步三"同樣可以表達動量，但"禹步三步"語義顯然更爲清晰，"課縣都官公服牛各一課"亦是如此。當然，借用與中心動詞語義相關的動詞也是動量詞的重要來源，如"發""下""通"等，同樣可以使數量表達更爲清晰。由於拷貝型量詞具有很大的局限性，既不經濟，也模糊了動、量兩類詞的界限，因而在此後的發展中源於動詞但與句子中心動詞並不同形的"發""下""通"等動量詞具有更強的生命力。而由動詞借用來的動量詞稱爲"同源動量"，它同所稱量動詞是同源異用的，是動量詞系統的重要支系。一般認爲"專用動量詞是動量詞這一範疇得以形成的決定性環節"，而"借用動量詞就是在專用動量詞的影響下，服從句法需要，臨時從其他詞類中調用而來的"①，但借用動量詞"步""課"的產生卻早於其他專用動量詞，"步"稱量對象均爲動詞"禹步"，"課"稱量對象爲動詞"課"，其動量詞義都是由其動詞義直接語法化而來，可見借用動量詞並不一定是在專用動量詞廣泛使用影響下纔產生的。

（二）名量詞系統類推作用的推動

漢藏語系、南亞語系量詞語言中動量詞的產生都晚於名量詞，名量詞產生後物量表示法中數詞和量詞組成數量結構纔能充當句法成分，數詞獨立使用的能力逐漸弱化，在類推作用（analogy）下動量表示法中數詞同量詞結合也更符合人們的語感。先秦簡帛文獻物量表示法2337例，使用量詞的718例，僅占31%；相應地動量詞系統處於萌芽期，祇有不典型的2個。從兩漢簡帛來看，寫成時代明確24種漢簡中物量表示法

---

① 劉世儒：《魏晉南北朝量詞研究》，中華書局1965年版，第8頁。

1719 例，使用量詞的 921 例，占 53.6%；動量詞系統也獲得了進一步發展。到魏晉時代，8 種魏晉簡牘中稱數結構 196 例，均爲"名+數+量"結構，無一例外；隨着名量詞系統的發展，數量結構逐漸成爲一種穩固的結構，而動量表示法中"數+動"或"動+數"構式中數詞的單用顯得尤其不合時宜，因此這一時期動量詞"得到了迅速而廣泛的發展，進入了初步成熟的階段"①。

　　兩漢時期，動量詞同數詞組成的數量結構既可以置於動詞之前做狀語，即"數+量+動"構式，如支婁迦讖譯《阿闍世王經》："地爲六反震動。"也可以置於動詞之後作補語，即"動+數+量"構式，如同爲支婁迦讖譯《道行般若經》："佛以手撫阿難肩三反。"這也與兩漢時期名量詞同數詞組成的數量結構即可前置也可後置的影響有關，即如石毓智所言："名量詞的兩種格式的存在又導致了動量詞的兩種格式的共用。""就漢語來説，動量詞的產生是名量詞發展的類推結果。"② 可見，作爲漢語量詞系統的兩大部類，名量詞系統和動量詞系統的產生與發展是息息相關的。

---

　　① 劉世儒：《魏晉南北朝量詞研究》，中華書局 1965 年版，第 7 頁。
　　② 石毓智：《語法化的動因與機制》，北京大學出版社 2006 年版，第 207 頁。按，石先生強調了類推在動量詞產生中的重要性，但產生時代沿用"魏晉説"，認爲"卻從來没有'動+數'的語序"，其實唐鈺明已指出："'動+數'式在先秦時期尚處於萌芽狀態，到了兩漢便獲得了迅速的發展。僅在《漢書》之中，就已出現 63 例之多。"參見唐鈺明《古漢語動量表示法探源》，《古漢語研究》1990 年第 1 期。筆者也曾提出秦簡多見，凡 14 例；參見《先秦兩漢吴晉簡帛文獻稱數法研究》，《簡帛研究二〇一〇》，廣西師範大學出版社 2012 年版，第 175—184 頁。

類型學視野的拷貝型量詞歷時發展及其動因[*]

在量詞語法化的初始時期，往往可以通過拷貝前面名詞的方式來組成"名+數+名"稱數構式，後一個名詞與前面的名詞在形式上完全相同，但在其語法功能上已經有了區別，開始了從名詞向量詞的語法化（Grammaticalization）歷程，爲示區別，學界一般將其標示爲"名$_1$+數+名$_2$"結構。橋本萬太郎較早注意到這一語言現象，認爲這一結構中"名詞的詞幹好像'回聲'一樣地出現"，因此稱之爲"回響型"類別詞[①]，詹姆斯·馬蒂索夫則稱之爲"自動型（autoclassifier）類別詞"[②]，李永遂稱之爲"反身量詞"[③]，馬學良稱之爲"特指量詞（又稱爲對稱反響量詞）"[④]，楊煥典[⑤]、戴慶廈、蔣穎[⑥]等皆稱之爲"反響型量詞"；李宇明提出"從發生學的角度考察，名$_2$與名$_1$同形，是拷貝名$_1$而成的"，因此稱之

---

[*] 本文原刊於《西南大學學報》2020年第1期。爲國家社科基金項目"漢語量詞發展史及其語法化研究"（13CYY058）、山東省研究生導師指導能力提升項目"基於跨學科協作的漢語言文字學研究生複合型人才培養研究與實踐"（SDYY18059）階段性成果。

[①] ［日］橋本萬太郎：《語言地理類型學》，余志鴻譯，世紀圖書出版公司2008年版，第77頁。

[②] James A. Matisoff, *The Grammar of Lahu*, University of California Publications in Linguistics, Vol. 75, Berkeley Los Angeles：University of California Press, 1973, p. 89.

[③] 李永遂：《哈尼語名、量、動詞的同源現象研究》，《民族語文》1990年第3期。

[④] 馬學良：《漢藏語概論》第2版，民族出版社2003年版，第338頁。

[⑤] 楊煥典：《納西語中的數量詞》，《民族語文》1983年第4期。

[⑥] 戴慶廈：《語言調查教程》，商務印書館2013年版，第190頁。

爲"拷貝型"量詞①。本文認爲,"拷貝型"量詞這一術語,一方面更能明確此類量詞的語源;另一方面便於對其他語言基於"半拷貝"或"部分拷貝"而來的量詞進行考察和比較,而且該術語在量詞研究中獲得了更多學者的認可和使用,因而更易於理解和接受,因此本文採用李先生之説,將這類量詞稱爲"拷貝型量詞"。

拷貝型量詞的産生是漢語量詞語法化的第一步,也是漢藏語系量詞研究中的一個重要課題,在關於漢語及漢藏語系量詞的起源、語法化動因及機制等方面的研究中,大抵有所涉及。雖然研究者眾多,成果也相當豐碩,但細審各家研究,其實所引文例大體相近,往往轉引自早期學者的論述。而早期研究篳路藍縷,對商周甲金文所見拷貝型量詞的描寫還不夠細緻深入,對其産生、發展、消亡的時代及其在不同歷時階段使用頻率、適用範圍等問題都仍未完全明確。學界公認拷貝型量詞始見於殷商甲骨文,至東周時期幾乎徹底消失,因而多將其發展歷程描述爲:産生於殷商,衰落於西周,消亡於東周。麻愛民説:"所謂'拷貝量詞'這種語言現象在甲骨卜辭中有所運用,到了西周文獻中尚有少量用法,西周以後文獻中絶跡。"② 但是,殷商甲骨文可以分爲五期,拷貝型量詞産生於哪一期學界多未作區分;東周時期拷貝型量詞顯然已經不見,但在西周什麼時間消亡也並不明確。全面考察殷商兩周文獻可以發現,學界對於其發展歷程的學界定論並不準確,對每一歷時階段的數量及其使用頻率更缺乏準確的數理統計。由於學界基於模糊描寫的動因與機制分析尚可商榷,本文因此力圖對殷商兩周時期拷貝型量詞進行窮盡式考察,從而加深對漢語量詞史研究認識的準確性,提高量詞語法化研究的科學性,並綜合考察漢藏語系、南亞語系其他量詞語言中的拷貝型量詞使用情況,從類型學的視野考察拷貝型量詞語法化的動因和機制。

---

① 李宇明:《拷貝型量詞及其在漢藏語系量詞發展中的地位》,《中國語文》2000年第1期。

② 麻愛民:《漢語個體量詞的産生與發展》,中國社會科學出版社2015年版,第34頁。

一　拷貝型量詞的產生、發展與消亡

殷商西周時期所見拷貝型量詞總計8個，殷商甲骨文中 "人""羌" "骨"3個量詞已經產生，但其中祇有量詞 "人" 沿用到西周；西周金文中，新興拷貝型量詞有 "牛""羊""馘""田""旅"5個；全面考察東周文獻，未見真正意義上的拷貝型量詞文例，可見拷貝型量詞到東周初期就已經徹底消亡。

（一）拷貝型量詞的產生

拷貝型量詞最早見於殷商時代，該期文獻所見僅有 "人""羌" "骨"3個，其中拷貝型量詞 "人" 早在一期甲骨中就出現了，到西周中期仍沿用，此後不再作爲拷貝量詞，而是發展爲個體量詞；量詞 "羌" "骨" 均產生於一二期甲骨，均僅1見；三四期甲骨中其實並未見拷貝型量詞用例，可見其發展之緩慢。

人，甲骨文作 "𠆢"（《合》6177 正）或 "𠂉"（《合》7293），從字形來看爲側立的人形，其本義是名詞 "人"，早在殷商一期甲骨中，已見拷貝型量詞的用法：

(1) 昔甲辰，方征於蚁，俘人十口（又）五人。五日戊申，方亦征，俘人十口（又）六人。（《合》00137 反）

這是漢語量詞史上最早出現的拷貝型量詞用例，但這種用法在甲骨文中非常罕見，全面考察甲骨文，僅此二例，且見於同一片甲骨中，在此後的二、三、四、五期甲骨中均未見明確用例，祇有五期甲骨有疑似用例，《合》36481 正："禽危美……人二十四人四，而千五百七十，口百……丙，車二丙。" 學界往往引此例作爲拷貝型量詞 "人" 的用例，但由於文意難以通讀，其中是否存在拷貝型量詞尚存疑；殷墟甲骨卜辭中稱量人一般用 "數詞+人" 結構或 "人+數詞" 結構來表示。拷貝型量詞 "人" 在西周金文中仍可見，但也僅見於西周早期和西周中期的兩件銘文中：

（2）鬼方子□□□三門，告曰："王令盂以□□伐鬼方，□□□馘□，執譻三人，隻（獲）馘四千八百□二馘，孚（俘）人萬三千八十一人，孚（俘）馬四□□匹，孚（俘）車卅兩（輛），孚（俘）牛三百五十五牛，羊廿八羊。"盂或□曰："亦□□□，乎蔑我征，執譻一人，孚（俘）馘二百卅七馘，孚（俘）人□□人，孚（俘）馬百四匹，孚（俘）車百□兩（輛）。"（西周早期，小盂鼎《集成》02839）

（3）卑克氒（厥）啻（敵），隻（獲）馘百，執訊二夫，孚（俘）戎兵：盾、矛、戈、弓、備（箙）、矢、裨、冑，凡百又卅又五款，孚（捋）戎孚（俘）人百又十又四人，衣（卒）博（搏），無眈（尤）於虢身，乃子虢拜稽首，對揚文母福剌（烈）。（西周中期，虢簋《集成》04322）

早在甲骨文中，量詞"人"已經進一步語法化，修飾的中心詞可以是其他表示"人"的名詞，其稱量對象包括羌、妻、婢等，而以"羌+數詞+人"最爲常見，如：

（4）甲午卜，貞翌乙未□於［祖乙］羌十人，卯牢一□一牛。（《合》00324）

（5）甲寅卜，□，貞翌乙卯其□於毓祖乙，其又羌三人。（《合》40915）

（6）……妻十人。（《合》00689）

（7）己卯卜，鼎（貞）：王賓且（祖）乙奭匕（妣）己姬，婢二人，豉二人，卯二牢，亡尤。（《合》35361正）

以上各例中的量詞"人"自然不再是拷貝型量詞，而是開始向真正的量詞發展了，西周金文中用於其他表示人的名詞更爲常見，如：

（8）凡以公車折首二百又□又五人，執訊廿又三人，孚（俘）戎車百乘一十又七乘，衣（卒）復邹人孚（俘）。或搏於龏（共），折首卅又六人，執訊二人，孚（俘）車十乘。從至，追搏於世，多友或右（又）折首執訊。乃追至於楊塚。公車折首百又十又五人，執訊三人，唯孚（俘）不克以，衣（卒）焚，唯馬驅盡。（西周晚期，多友鼎《集成》02835）

（9）姜商（賞）令貝十朋、臣十家，鬲百人。（西周早期，作冊夨令簋《集成》04300）

（10）柞白（伯）執訊二夫，隻（獲）馘十人。（西周晚期，柞伯鼎《集成》NB1059）

量詞"人"在傳世殷商西周文獻中可以見到，如《尚書·顧命》："太保命仲桓、南宮毛俾爰齊侯呂伋，以二干戈、虎賁百人逆子釗於南門之外。"歷代文獻中量詞"人"與數詞一起組成的數量結構一般多後附於名詞，即用於"名+數+量"結構中，其名詞性一直很強，量詞性始終很弱，語法化程度不高。漢語史中是否存在真正的量詞"人"，學界多有爭議，但范崇高①、王紹新②先後指出在南北朝至隋唐五代時期量詞"人"可以在"數+量+名"結構中用作典型的名量詞，如：

（11）岡以七年，與同學來游京師，時司空何尚之始構南澗精舍，岡寓居焉。夜中忽見四人乘一新車，從四人傳教，來在屋内，呼與共載。（《法苑珠林》卷17引《冥祥記》）

（12）於是安居以次抽名既畢，而至向游貴人所。貴人亦至，云……。乃以三人力士送安居。（《太平廣記》卷113"陳安居"引《法苑珠林》）

（13）須臾，有三四人黄衣小兒至，急喚蒼璧入。（《太平廣記》卷303"奴蒼璧"引《瀟湘錄》）

---

① 范崇高：《名量詞"人"示例》，《中國語文》2003年第3期。
② 王紹新：《試論"人"的量詞屬性》，《中國語文》2005年第1期。

(14) 此後三年，興元當有八百人無主健兒，若早圖謀，必可將領。(《太平廣記》卷 310 引《河東記》)

(15) 俄而士良等率禁兵五百餘人，露刃出東上閤門，逢人即殺，王涯、賈餗、舒元輿、李訓等四人宰相及王璠、郭行餘等十一人，屍橫闕下。(《舊唐書·宦官·王守澄》)①

雖然"人"用於"名+數+量"結構的使用頻率不高，且唐五代以後就消亡了，但並不能否認"人"在特定歷時階段的量詞屬性②。

羌，《説文·羊部》："羌，西戎牧羊人也。"甲骨文作"𦍌"(《合》19754)，從人從羊，羊亦聲，其本義顯然與人和羊角類裝飾有關，甲骨文中多指羌人，是殷商之敵國，由於在雙方的戰爭中殷人常常俘獲羌人，因此往往又在其身體上加束縛之繩索或刑具，反映在字形上如"𦍌"(《合》36791)、"𦍌"(《合》32020) 等，甲骨文常見，如《合》41456："甲午卜，毓祖乙伐十羌又五。"由此用爲拷貝型量詞，僅 1 見：

(16) 丙午卜，翌甲寅酻畢，卸(御)於大甲羌百羌，卯十牢。(《合》32042)③

該片屬於曆草類，《甲骨文合集》歸入第四期，楊鬱彥則歸入第一二

---

① 按，以上各例采自范崇高文和王紹新文，如王紹新説："'人'處於基本詞彙的核心部分，地位獨特……對這樣一個不尋常的名詞進行徹底的語法化是困難的，它不可能拋開本義及重要職責'脱產'成爲像'個''枚'那樣的專用量詞，祇能在保存本義及其他不可缺少的引申義的同時，兼負量詞職能。在這種條件下'數+量+名'語序往往容易造成誤解。"例 (11)，魯迅《古小説鉤沉·冥祥記》第 615 頁句讀作："夜中忽見四人乘一新車，從四人，傳教來在屋內，呼與共載。"例 (12)，《古小説鉤沉》第 609 頁引"陳安居"條則無"力士"二字，作："乃以三人送安居出門，數步，有專使送符與安居。"魯迅先生紀念委員會編《魯迅全集》第 8 卷，人民文學出版社 1973 年版。
② 李建平：《隋唐五代量詞研究》，山東人民出版社 2016 年版，第 74 頁。
③ 按，細審該甲骨拓片，有殘洩，有學者認爲該卜辭應爲"大甲羌甲"，前一個"羌"下似有"甲"字；但學界多作"羌百羌"，如張玉金、沈培、曹錦炎、沈建華、李若暉諸先生皆持此説；謹此說明。

期①，若從拷貝型量詞的使用來看，量詞"人""骨"均見於一二期甲骨，我們推測量詞"羌"可能見於一二期甲骨中，此後就被量詞"人"所取代了。如前所述，名詞"羌"在甲骨文中雖然使用頻率很高，但在計量時往往使用量詞"人"，因此拷貝型量詞"羌"在甲骨文用例罕見，應當很快就為量詞"人"所替代。

骨，《說文·骨部》："骨，肉之核也。"初文作"冎"，《說文·冎部》："冎，剔人肉置其骨也。"甲骨文作"ᒯ"（《合》18837），或說像骨架之形，張玉金則認為："原像卜用的牛胛骨。"② 由此用為拷貝型量詞，甲骨文中指骨版一塊，僅1見，見於一二期甲骨中：

（17）甲辰，乞冎（骨）十冎（骨）。（《合》35211）

該例《甲骨文合集》釋文原作："甲辰，三骨，十冎。"今從曹錦炎、沈建華《甲骨文校釋總集》之釋文，學界多贊同該說，如麻愛民③等。但該量詞又可以和集合量詞"屯"配合使用，則超出了拷貝型量詞的範疇，亦更可見其量詞性質，如《合》15734："⸺示四屯又一冎（骨）。""冎（骨）"用作量詞西周金文未見，此後也沒有得到繼承。

（二）拷貝型量詞的發展與消亡

西周時代除了拷貝型量詞"人"仍沿用外，新興的拷貝型量詞更多，共有"牛""羊""馘""旅""田"5個：其中"牛""羊"均僅1見，"馘"僅2見，且都出現於西周早期的《小盂鼎》中；"旅"僅1見，見於西周中晚期的《伯晨簋》；祇有始見於西周中期的拷貝型量詞"田"的使用頻率最高，總計達到10例之多，直到西周晚期仍在使用；但到東周早期文獻中，拷貝型量詞就已經徹底消亡了。

羊，《說文·羊部》："祥也。從丫，象四足尾之形。孔子曰：'牛羊

---

① 楊鬱彥：《甲骨文合集分組分類總表》，藝文印書館2004年版，第423頁。
② 張玉金：《甲骨文語法學》，學林出版社2001年版，第20頁。
③ 麻愛民：《試論殷商時期漢語個體量詞的有無》，《嘉應學院學報》2011年第3期。

之字，以形舉也。'"甲骨文作"𦍌"（《合》19932）、"𦍌"（《合》20354），借羊角之特徵來表示羊。牛，《説文·牛部》："大牲也。"甲骨文作"𠂔"（《合》21120）、"𠂔"（《合》33698），像牛頭角形，本義是名詞牛。二者用作量詞是由其名詞義語法化而來的，僅見於西周金文同一銘文中，均祇有 1 例：

（18）王令盂以□□伐鬼方，□□□馘□，執嘼三人，隻（獲）馘四千八百□二馘，孚（俘）人萬三千八十一人，孚（俘）馬四□□匹，孚（俘）車卅兩（輛），孚（俘）牛三百五十五牛，羊廿八羊。（西周早期，小盂鼎《集成》02839）

甲骨文中稱量"羊""牛"均不用量詞，如《合》32698："甲午卜：又於父丁犬百、羊百，卯十牛。"到西周金文中同數詞直接結合仍最爲常見，如《友簋》（西周中期，《集成》04194）："易（賜）牛三。"金文中稱量"羊"還可用量詞"挈"，如《師同鼎》（西周晚期，《集成》02779）："孚（俘）車馬五乘，大車廿、羊百𡉆（挈）用造王羞於氒。"潘玉坤認爲："牛和羊祇用於作羊、牛的計量單位。"① 隨着量詞語法化的發展，拷貝型量詞"牛""羊"在此後文獻均未見。

馘，《説文·耳部》："軍戰斷耳也。《春秋傳》曰：'以爲俘馘。'"本義是名詞"戰爭中割取的敵人左耳"，如《䕩簋》（西周中期，《集成》04322）："隻（獲）馘百。"但當用於"馘＋數詞＋馘"構式中時，後一個"馘"顯然用作拷貝型量詞，僅見於《小盂鼎》銘文：

（19）鬼方子□□□三門，告曰："王令盂以□□伐鬼方，□□□馘□，執嘼三人，隻（獲）馘四千八百□二馘，孚（俘）人萬三千八十一人，孚（俘）馬四□□匹，孚（俘）車卅兩（輛），孚（俘）牛三百五十五牛，羊廿八羊。"盂或□曰："亦□□□，乎蔑我征，執嘼一人，孚（俘）馘二百卅七馘，孚（俘）人□□人，

---

① 潘玉坤：《西周金文語序研究》，華東師範大學出版社 2005 年版，第 173 頁。

孚（俘）馬百四匹，孚（俘）車百□兩（輛）。"（西周早期，小盂鼎《集成》02839）

由於"聝"的名詞性一直很強，其作爲量詞適用範圍自然就很小，祇能用來稱量其來源名詞"聝"，在此後的語法化中没有得到繼承，除西周金文外其他文獻均未見。

旅（旗），甲骨文作"㫃"（《合》36475），表示軍旗之下人數衆多之義，本義爲"師旅"之"旅"。金文中可以用作拷貝型量詞，通"旗"：

（20）嗣乃且（祖）考侯於垣，易（賜）女（汝）秬鬯一卣、玄袞衣、幽夫、赤舄、駒車、畫呻（紳）、幬爻（較）、虎幃、冟裏、里幽、攸（鋚）勒、旅（旗）五旅（旗）、彤弓、彤矢、旅弓、旅矢、㦰戈、皋冑，用夙夜事，勿廢朕令。（西周中晚期，伯晨鼎《集成》02816）

趙鵬認爲"旅"爲軍隊編制量詞，但與文意顯然不符①；馬承源引《説文·放部》："茯，古文旅。古文以爲魯衛之魯。"認爲旅、魯二字上古均爲來母魚部，聲韻皆同，故可通②；潘玉坤也認爲當讀爲"櫓"③；張亞初則認爲通"旗"④。從字形來看，"旅"字與"旗"關係密切；從文意看，林宛蓉認爲"賞賜物從鬯酒（秬鬯一卣）、衣服（玄袞衣、幽市）、鞋子（赤舄）、車馬器（駒車、畫紳、幬較、虎幃、冟裏、里幽、鋚勒、旅五旅），再到兵器（彤弓、彤矢、旅弓、旅矢、㦰戈、皋冑），'旅五旅'排列在車馬器的最後，次序井然"⑤；因此無論從字形、字音還是從文意來看，"旅"當讀爲"旗"。

---

① 趙鵬：《西周金文量詞析論》，《北方論叢》2006 年第 2 期。
② 馬承源：《商周青銅器銘文選（三）》，文物出版社 1986 年版，第 311 頁。
③ 潘玉坤：《西周金文語序研究》，華東師範大學出版社 2005 年版，第 174 頁。
④ 張亞初：《殷周金文集成引得》，中華書局 2001 年版，第 51 頁。
⑤ 林宛蓉：《殷周金文數量詞研究》，碩士學位論文，東吴大學，2005 年，第 70 頁。

田，《說文·田部》："陳也，樹谷曰田。"甲骨文作"田"（《合》20196），象方塊田地之形。金文中用作"田"的拷貝型量詞，始見於西周中期，使用頻率較其他拷貝型量詞略高，如：

（21）王禹旗於豐，矩白（伯）庶人取董（觀）章（璋）於裘衛，才（裁）八十朋，氒（厥）貯（賈），其舍田十田。矩或（又）取赤虎兩、麀韐兩、賁韐一，才（裁）廿朋，其舍田三田。（西周中期，裘衛盉《集成》09456）

（22）曰："余舍女（汝）田五田。"正乃訊厲曰："女（汝）貯（賈）田不（否）。"厲乃許曰："余審貯（賈）田五田。"（西周中期，五祀衛鼎《集成》02832）

（23）易（賜）女（汝）弓一、矢束、臣五家、田十田，用從乃事。（西周晚期，不其簋《集成》04328）

按潘玉坤統計，西周金文中"田與數詞的結合樣式有三種：田若干田（五篇銘文），若干田（三篇），田若干（兩篇）。後兩式可以看成第一式的簡略形式"[①]，但從拷貝型量詞的歷時發展來看，我們認為第一種樣式應當是在後兩種樣式的基礎上發展而來的；而且不同的樣式可以在同一篇銘文中出現，如：

（24）匡乃稽首於智，用五田，用眾一夫曰嗌，用臣曰疐，□肧、曰奠、曰……用田二，又臣一夫，凡用即智田七田，人五夫。（西周中期，智鼎《集成》02838）

到西周晚期，在名詞和數量結構之間還可以插入介賓結構，如：

（25）武公入右敔，告禽（擒）：馘百、訊卌，王蔑敔曆，使尹氏受（授）釐敔圭瓚，貝五十朋，易（賜）田於敔五十田、於早五

[①] 潘玉坤：《西周金文語序研究》，華東師範大學出版社2005年版，第185頁。

十田。（西周晚期，敔簋《集成》04323）

（26）女（汝）母（毋）敢不善，易（賜）女（汝）瓚章（璋）四（?）、𣪘、宗彝一肆，寶；易（賜）女（汝）馬十匹、牛十，易（賜）於乍一田，易（賜）於宦一田，易（賜）於隊一田，易（賜）於𩵀一田。（西周中期，卯簋蓋《集成》04327）

在此後的發展中同其他拷貝型量詞一樣，"田"在西周以後文獻中亦未見用例。

此外，另有學者所提出的其他幾個拷貝型量詞，如"崇""奠""封"等，我們認爲可能均非量詞；至於"邑"，其實並非見於西周金文中，而是見於春秋金文中，也難以確定爲量詞，學界或以之爲制度量詞；此不贅述①。綜上所述，拷貝型量詞的具體情況見表1。

表1　　　　　　　　殷商西周拷貝型量詞簡表

量詞	使用頻率	始見時代	終見時代
人	5	甲骨一期	西周中期
羌	1	甲骨一二期	甲骨一二期
骨	1	甲骨一二期	甲骨一二期
牛	1	西周早期	西周早期
羊	1	西周早期	西周早期
馘	2	西周早期	西周早期
旅	1	西周中晚期	西周中晚期
田	10	西周中期	西周晚期

由上可見，漢語中的拷貝型量詞早在商代甲骨文一期已經產生，發展速度緩慢，衹有3個；到西周早期和中期，隨着量詞系統的發展、數量表示法中量詞觀念的加強，拷貝型量詞獲得了進一步發展，新興拷貝型量詞共5個，加上沿用的拷貝型量詞"人"共6個；同時隨着通用量

---

① 李建平：《先秦兩漢量詞研究》，中國社會科學出版社2016年版，第175頁。

詞的語法化，到西周晚期拷貝型量詞就基本消亡了，衹有量詞"田"仍可見用例；此後隨着量詞"田"的消亡，到東周早期拷貝型量詞就已經徹底消亡。

二　從類型學視野看拷貝型量詞的性質

拷貝型量詞的性質問題，即拷貝型量詞是否是量詞的問題，長期以來在語言學界存在諸多爭議，有學者認爲這衹是數詞前面名詞的重複而非量詞，其主要依據在於：一是後面的名詞在概念意義和語音形式上和前面的名詞本身没有區别；二是語法功能上來看拷貝型量詞衹能同數詞結合，而不能置於"數+量+名"結構中，因此諸多學者認爲並不存在拷貝型量詞，如王力説："原始的天然單位表示方法是數詞後面再加同樣的一個名詞。"① 貝羅貝也提出："由於能用在 N_1 和 N_2 位置的名詞很少（Djamouri 1988 認爲衹有 3 個），我認爲在 N_1 及 N_2 位置的詞如果被解釋爲名詞——而不是'相應量詞'——會比較恰當。"② 潘允中説："以名詞複用代替量詞的，數在名中。"③ 麻愛民説："通過比較分析我們認爲甲骨卜辭中的所謂'拷貝量詞'也即 N_2 都是名詞性質，而非量詞。"④ 也有學者明確承認其量詞性質，陳夢家説："'人十又六人'的第二個'人'是單位詞而非名詞……'羌百羌''人十又六人'之例，單位詞與數詞前的名詞是同名的。"⑤ 黄載君説："第一個人是名詞，而數詞後加'人'就衹能屬於量詞。"⑥ 也有學者則認爲其詞性介於名詞和量詞之間，管燮初説："中心語是數詞兩端的兩個人字，後面一個人字的詞性已經介乎名詞

---

① 王力：《漢語史稿》，中華書局 1980 年版，第 236 頁。
② ［法］貝羅貝：《上古、中古漢語量詞的歷史發展》，《語言學論叢》第 21 輯，商務印書館 1998 年版，第 99—122 頁。
③ 潘允中：《漢語語法史概要》，中州書畫社 1982 年版，第 111 頁。
④ 麻愛民：《漢語個體量詞的産生與發展》，中國社會科學出版社 2015 年版，第 34 頁。
⑤ 陳夢家：《殷墟卜辭綜述》，中華書局 1988 年版，第 110—111 頁。
⑥ 黄載君：《從甲文、金文量詞的應用，考察漢語量詞的起源與發展》，《中國語文》1964 年第 6 期。

和量詞之間。"① 但管先生在此後"量詞"一節的分析中卻不包括此類量詞，亦可見其態度。李若暉所列的甲骨文量詞雖然包括了拷貝型量詞"人"，但他又認爲其詞性不定②。由於拷貝型量詞的特殊性，正如蔣穎所説，對其詞類的判定無非有三種選擇：一是仍歸入名詞；二是歸入量詞；三是作爲交叉詞類，獨立作爲一類。但"第三種選擇不符合漢語詞類的科學分類，因爲反響型量詞在東周以後就基本不再用，爲它另立一個新類既不經濟，也不能反映漢語詞類發展演變的面貌"，"第一種歸入名詞的選擇簡單經濟，但不能體現名詞由於所處位置的變化而帶來的詞類屬性的改變"③。通過全面考察殷商兩周拷貝型量詞的使用情況，本文贊同蔣穎之説，並將殷商西周"名$_1$ + 數 + 名$_2$"結構中的"名$_2$"稱之爲"拷貝型量詞"，雖然並非典型量詞，其語法化程度較低，但畢竟已經開始了從名詞向量詞的語法化，可以將其作爲量詞的一個獨特子類。

首先，從類型學的視野來看漢藏語系中藏緬語族的緬語支、彝語支和一些語支未定的語言中廣泛存在拷貝型量詞，如獨龍語、載瓦語、阿昌語、基諾語、傈僳語、拉祜語、哈尼語、納西語、怒語等；侗台語族的泰語、傣語、老撾語等也存在類似現象。漢語"名 + 數 + 名"結構中後一個名詞和前一個名詞的形式是完全相同的，但在其他語言中往往可以採用不同的拷貝形式，如納西語可以採用全拷貝的形式 $dv^{33}phi^{31}$（翅膀）du^{33}（一）$dv^{33}phi^{31}$（翅膀），也可以採用後半拷貝 $dv^{33}phi^{31}$（翅膀）du^{33}（一）phi^{31}，或者前半拷貝 $dv^{33}phi^{31}$（翅膀）du^{33}（一）dv^{33}，甚至可以採用省略拷貝的形式 dv^{33}（翅膀）du^{33}（一）dv^{33}（翅膀）④。拉祜語也是如此。在85個反響型量詞中衹有2個重複整個雙音節，其他83個無論幾個音節都衹取一個音節，雙音節詞或多音節詞往往取後一音節，亦可取前一音節，甚至中間的一個音節，如 $i^{35}ka^{54}ɣɯ^{31}pu^{33}$（池塘）$te^{53}$

---

① 管燮初：《殷虛甲骨刻辭的語法研究》，中國科學院出版1953年版，第25頁。
② 李若暉：《殷代量詞初探》，《古漢語研究》2000年第2期。
③ 蔣穎：《漢藏語系語言名量詞比較研究》，民族出版社2009年版，第140頁。
④ 木仕華：《論納西語拷貝型量詞的語法化》，李錦芳主編《漢藏語系量詞研究》，中央民族大學出版社2005年版，第141—165頁。

（一）ɤɯ³¹（個）①。由此可見，拷貝型量詞與其來源名詞在語法功能上顯然是不同的。因此，由於記録漢語的方塊漢字的特點，"從與親屬語言對比的角度來看，漢語反響型量詞與來源名詞形式上的相同不應該是判斷其詞類屬性的決定性標準"②。

其次，從量詞語法化的歷程來看，拷貝型量詞已經開始了從名詞向量詞語法化，雖然語法化程度還不高，滯留着大量名詞的特徵，與後世語法化程度高的個體量詞還有很大差別，但這也這正能體現早期量詞的不穩定性，反映出量詞語法化之初的語法特點。雖然這些拷貝型量詞在後世大多没有得到繼承，但這並不能否認拷貝型量詞在漢語量詞發展史中的重要價值和作用，正是"名＋數＋名"結構中後一個"名/量"語法位置的出現，推動了漢語量詞的語法化。李宇明説："由名詞到量詞，是一個語法化（Grammaticalization）的過程，拷貝型量詞的出現是這一語法化過程的第一步，也標誌着名量詞詞類開始建立。"③ 另一方面，早期量詞往往處於"名＋數＋量"結構中，直到宋元時期"數＋量＋名"結構纔在數量表示法中占據了優勢地位，因此以拷貝型量詞不能用於"數＋量＋名"結構作為判斷其是否是量詞的標準，顯然也是不符合量詞發展史的規律的。而且，拷貝型量詞"人"獲得了進一步語法化，雖然其語法化程度一直不高，但在唐五代時期可以用於"數＋量＋名"結構成為典型量詞。

最後，從漢語拷貝型量詞的發展和消亡來看，拷貝型量詞早在一期甲骨中已經產生，是最早產生的量詞種類，推動了通用量詞系統的產生和發展；到西周早中期，拷貝型量詞的發展迅速達到頂峰，隨着語言中使用量詞觀念的加强和通用量詞的產生及其發展，拷貝型量詞完成了其歷史使命而被通用量詞所迅速取代。可見，通用量詞對拷貝型量詞的興替，並不能説明拷貝型量詞在量詞史中作用不大，而是恰恰相反，這正

---

① 李潔：《拉祜語的反響型量詞》，李錦芳主編《漢藏語系量詞研究》，中央民族大學出版社2005年版，第166—181頁。

② 蔣穎：《漢藏語系語言名量詞比較研究》，民族出版社2009年版，第140頁。

③ 李宇明：《拷貝型量詞及其在漢藏語系量詞發展中的地位》，《中國語文》2000年第1期。

反映了拷貝型量詞在量詞語法化萌芽期不可替代的價値和地位。

三 從類型學視野看拷貝型量詞的功能及語法化動因

殷商西周時期所見拷貝型量詞數量較少，使用頻率也很低，再加上研究者的統計不夠全面和準確，學界長期以來甚至往往不承認其作爲量詞的地位，這也給拷貝型量詞語法功能、歷時發展、語法化動因及其機制的研究造成了障礙，而對漢語量詞的深入研究必須引入跨語言比較，基於類型學的視野參考其他語言拷貝型量詞的研究成果，可以幫助我們進一步釐清拷貝型量詞的語法功能及其消亡動因。

（一）拷貝型量詞的功能

漢語中的拷貝型量詞數量較少，使用頻率很低，而且早在東周早期就已徹底消亡，可見並不具有使用上的强制性，即使在殷商西周文獻中稱量同樣的對象時往往也是可用可不用的，但結合其他語言拷貝型量詞的使用情況，可以發現拷貝型量詞產生後具有其獨特的功能與優勢。

首先，拷貝型量詞可以補足音節，與單音節的數詞組成雙音節的數量結構，從而使韻律更爲和諧。李建平、張顯成認爲隨着漢語雙音化的發展，"名＋數"結構中單音節的數詞單獨充當句子成分時其音節上的不和諧就突顯出來，而拷貝型量詞同數詞的組合，解決了這一問題①。其他拷貝型量詞豐富的語言也是如此，如拉祜語對雙音節詞一般祇拷貝其一個音節，"這與藏緬語反響量詞比較發達的語言有共同之處，也可視爲反響型量詞的一個類型學共性……起到增强音韻效果的作用"②。其實郭紹虞早已指出量詞"最初很可能是帶些聲氣作用，而後來纔逐漸形成爲量詞的"③。

其次，在調劑音節的同時，拷貝型量詞的出現也進一步增强了表意

---

① 李建平、張顯成：《漢語量詞語法化動因研究》，《西南大學學報》2016 年第 5 期。
② 蔣穎：《漢藏語系語言名量詞比較研究》，民族出版社 2009 年版，第 146 頁。
③ 郭紹虞：《漢語語法修辭新探》上册，商務印書館 1979 年版，第 26 頁。

的明晰性。如王寧所言："怕是因爲上古漢語是單音節語，若是事物與單位合二爲一，在計算數量時，語段未免太短，不夠清晰，所以纔把事物與單位一分爲二，因此，上古漢語中雖有'人十'與'人十人'之説，但口語中，'人十人'怕比'人十'要清晰得多……由'人十人'逐漸開啟了事物與單位分流的因緣。"① 沈培也認爲在這一結構中"後接量詞複指以進一步強調"②。顯然，拷貝型量詞産生後新興的"名＋數＋量"結構，比原有的"數＋名"結構或"名＋數"結構在表意上更爲清晰。當數詞所表示的數量較多、長度較長的時候，拷貝型量詞還能起到提示、強調中心名詞的作用。

也有學者認爲漢語的名詞本質上都是不可數的（uncountable），因此需要個體量詞使名詞變爲有界的、可數的③，這一觀點雖然學界仍有爭議，但量詞可以標示名詞數範疇的作用毋庸置疑。從世界語言的宏觀視野看，量詞範疇和複數標記在一種語言中往往不能並存，漢語就是没有典型的複數標記而採用了豐富的量詞來標示數的範疇。總之，正如李若暉所言："實則量詞觀念一旦形成，就會在每一適宜之處外顯，祇是因各具體對象内容的不同而帶有各自的語用特徵。"④

（二）拷貝型量詞語法化的動因

蔣穎通過對漢藏語系名量詞的系統考察，發現藏緬語族中有的語言没有拷貝型量詞，如景頗語、藏語；而有的語言中拷貝型量詞則非常發達，甚至幾乎所有名詞都可以通過拷貝的方式進入量詞系統，成爲拷貝型量詞，典型的如哈尼語、泰語等。那麽，爲什麼漢語中的拷貝型量詞早在殷商就已經産生，卻又很快就消亡了呢？蔣穎提出主要有語序因素、

---

① 王寧：《漢語的模糊量詞及其意義容量》，《訓詁學原理》，中國國際廣播出版社1996年版，第345頁。
② 沈培：《殷墟甲骨卜辭語序研究》，文津出版社1992年版，第208頁。
③ 戴浩一：《概念結構與非自主性語法：漢語語法概念系統初探》，《當代語言學》2002年第1期。
④ 李若暉：《殷代量詞初探》，《古漢語研究》2000年第2期。

句法關係因素、語音形式因素三個方面的原因①。所謂語序因素，是指因爲"名+數+量"語序的存在促使了拷貝型量詞的產生，而"數+量+名"語序的存在則抑制了拷貝型量詞的發展。但該説與漢語量詞發展的歷程並不符合，因爲早在西周時期拷貝型量詞就消亡了，而西周時期"數+量+名"語序還没有產生，直到東周時期這一語序在數量表示法中所占的比例仍然微乎其微。李宇明説："拷貝型量詞在表達上具有較大的局限性。一個名詞使用一種量詞，很不經濟；大量的同形同音現象不僅模糊了名、量兩類詞的界限，也不合一般的語言聽感。因此，當量詞觀念逐漸建立起來以後，拷貝型量詞逐漸被其他名量詞替代是必然的……由其他量詞構成的'名+數+量'和'數+量+名'格式，爲拷貝型量詞的發展提供了方向。"②但漢藏語系的諸多量詞語言中，有些語言發展出了發達的或比較發達的拷貝型量詞系統，如哈尼語、納西語等，那麼"一個名詞使用一種量詞"的經濟因素雖然無疑是拷貝型量詞發展的局限性所在，但顯然不是拷貝型量詞消亡的根本動因。綜合早期拷貝型量詞的發展與消亡歷程來看，本文認爲拷貝型量詞在漢語中消亡的根本動因是李先生所提及的語音形式的因素，即大量的同形同音現象既模糊了名詞和量詞的界限，也不符合語言聽感，也即蔣穎進一步闡釋的"這種完全同形顯然不適應表達更抽象的概念，也難以進一步語法化，因而制約了反響型量詞的發展"③。同時，語法化中的語義滯留（persistence）也是拷貝型量詞消亡的重要原因。

　　首先，語音形式的因素應當包括兩個方面：其一，上古漢語單音節的特徵限制了拷貝型量詞語音形式的變化，導致了韻律的不和諧。拷貝型量詞發達的語言，在拷貝型量詞發展的過程中，往往伴隨了語音形式的變化。如納西語可以採用全拷貝、後半拷貝、前半拷貝、省略拷貝多種不同形式。又如哈尼語，可以採用全拷貝的方式，如 mja^{33}（眼）ȵi^{31}（兩）mja^{33}（眼）；也可以採用前半拷貝的方式，如取"bu^{31}za^{31}（罐）"

---

①　蔣穎：《漢藏語系語言名量詞比較研究》，民族出版社2009年版，第148—150頁。
②　李宇明：《拷貝型量詞及其在漢藏語系量詞發展中的地位》，《中國語文》2000年第1期。
③　蔣穎：《漢藏語系語言名量詞比較研究》，民族出版社2009年版，第148頁。

中的"bu³¹"作爲罐的個體量詞；但最常見的是後半拷貝的形式，如取"mja³³xa³³（背簍）"中的"xa³³"作爲背簍的個體量詞①。前文所舉拉祜語用例亦是如此。這種部分拷貝而來的拷貝型量詞突破了完全同形的語音形式限制，單音節的數詞往往可以和半拷貝而來的音節構成雙音節的和諧韻步，從而優化了語言聽感。而上古漢語中的名詞都是單音節的，"人""羌""牛""羊""田"等顯然都無法採用這種半拷貝方式改變其語音形式，這也就限制了其語法化的進一步發展。其二，漢語中拷貝型量詞與名詞完全相同的語音形式，模糊了名詞和量詞的界限，從而也容易導致語義的混淆。例如"羌百羌"的結構方式有兩種分析：一是分析爲"羌+（百+羌）"，後一個"羌"作爲量詞同數詞構成數量結構修飾前面的名詞；二是分析爲"（羌+百）+羌"，後一個"羌"作爲名詞複指前面的"名+數"結構，由於前後兩個"羌"在形式上的完全一致而無法區分其性質；而納西語、哈尼語等具有較爲發達拷貝型量詞的語言中，採用部分拷貝的形式，則可以明確區分量詞和名詞。

其次，語法化中的語義滯留也限制了漢語拷貝型量詞的發展。殷商西周時期之所以最早產生的拷貝型量詞爲"人""羌""牛""羊""田"等，是因爲這些名詞在數量表達中的高頻使用，從而最早萌發了量詞的需要；同時，正由於這些名詞的高頻使用，其名詞義限制了其適用範圍的拓展，也就限制了其進一步語法化。當然，這種語義滯留不僅在漢語中存在，在拷貝型量詞發達的語言中也是如此，從而導致隨着語法化的發展，拷貝型量詞逐漸被專用量詞所取代，如哈尼語中"由名詞轉化而來的名量詞，原詞的詞義逐漸虛化向專用量詞方向發展"②。

四 結語

綜上所述，量詞豐富是漢語乃至漢藏語系、南亞語系諸多量詞語言的重要特點，因此量詞研究也一直是語言學界所關注的重點和熱點課題

---

① 李批然：《哈尼語量詞研究》，《民族語文》1992年第5期。
② 李批然：《哈尼語量詞研究》，《民族語文》1992年第5期。

之一，而產生時代早、語法化程度低的拷貝型量詞作爲其獨特的子類受到了語言學界廣泛關注，研究成果豐碩，對其性質和功能的認識也存在諸多爭議。通過對殷商甲骨文和兩周金文等文獻的全面系統考察可見，早期學者對上古漢語中拷貝型量詞產生時代、歷時發展與消亡時代的描述過於粗疏，甚至多有偏誤，後來學者則往往遞相轉引以致積非成是，從而影響了對拷貝型量詞語法功能和語法化動因研究的準確性和科學性。事實上，拷貝型量詞早在殷商一二期甲骨中已經產生，但發展速度非常緩慢，直到西周早期發展至頂峰，而後就迅速衰落，到西周晚期文獻仍可見用例，東周初期徹底消亡。通過對漢藏語系和南亞語系量詞語言的綜合考察來看，拷貝型量詞的使用較爲普遍，且形式多樣，其量詞性質是無可置疑的，其產生對量詞系統的建立具有重要推動作用。漢語中拷貝型量詞及相關稱數構式的產生，是量詞語法化的第一步，對量詞語法化的發展具有重要促進作用；量詞一旦產生，其作用就在每一適宜之處外顯，既可以調劑音節使韻律和諧，又可以增強表意的明晰性。隨着量詞系統的發展和量詞觀念的日趨建立，西周初期拷貝型量詞的發展達到了頂峰；但是，由於語法化中語音形式和語義滯留的限制，隨着典型量詞的產生，拷貝型量詞也就完成了其歷史使命，在西周中期以後就迅速被新興的個體量詞所取代而消亡了，這也正體現出拷貝型量詞在漢語量詞發展史上的重要價值和意義。可見，我國歷代文獻典籍浩繁，資料眾多，爲漢語發展史的研究提供了豐富的語料，也導致窮盡性調查研究工作量的龐大，但是漢語發展史的研究首先應當基於全面文獻調查基礎上的共時描寫，並在此基礎上展開歷時比較；同時，又應進入跨語言比較分析其共性與特徵，在類型學視野下分析其演變的動因與機制，方能得出更爲準確而科學的結論。

漢語量詞歷時興替研究

基於新出土文獻的泛指性量詞"枚""個"興替及動因研究*

量詞豐富是漢藏語系的一大特色，特別是漢語中量詞豐富，用法靈活。但量詞不是一個先在的語法範疇，而是由其他詞類語法化而來的，原詞類的語義特徵往往滯留在量詞中，影響着它同名詞、動詞之間的雙向選擇。而泛指性量詞是量詞體系中最爲特殊的一類，其原有的語義特徵幾乎消失殆盡，適用範圍極廣。縱觀漢語量詞史，真正的泛指性量詞祇有"枚/個"兩個，這是由其語義基礎所決定的。

對於量詞"個"的歷時發展，呂叔湘首先考察了其近代漢語的發展情況①，洪誠繼之考察了其語源及唐以前的發展②，王紹新則考察了其在唐代的應用③。對於量詞"枚"，張萬起對其產生和歷時演變作了較爲詳盡的考察④。但正如呂叔湘先生所言："用'個'字稱數對象，漢末已

---

* 本文原刊於《古漢語研究》2009年第4期，原題爲《泛指性量詞"枚/個"興替及動因——以出土文獻爲新材料》，作者爲李建平、張顯成。爲國家社會科學基金項目"簡帛量詞研究"（05BYY003）階段性成果；收入本集時清華大學出土文獻研究與保護中心石小力先生提出寶貴意見並提供新的研究成果，謹致謝忱。

① 呂叔湘：《個字的應用範圍，附論單位詞前一字的脱落》，《漢語語法論文集》（增訂本），商務印書館1984年版，第145—175頁。
② 洪誠：《略論量詞"個"的語源及其在唐以前的發展情況》，《洪誠文集・雉誦廬論文集》，江蘇古籍出版社2000年版，第139—149頁。
③ 王紹新：《量詞"個"在唐代前後的發展》，《語言教學與研究》1989年第2期。
④ 張萬起：《量詞"枚"的産生及其歷史演變》，《中國語文》1998年第3期。

有，它的應用範圍如何，現在已難於詳究。"① 限於傳世文獻材料的研究，對於二者在各個歷時階段的發展、興替的具體情況還沒有更細緻的論述，對於二者產生與興替的動因更無法作出科學的解釋。而近年來大量簡帛文獻的出土，爲進一步研究提供了寶貴的"同時資料"和"准同時資料"。本文借鑒前人及時賢研究成果，將泛指性量詞置於甲金、簡帛、吐魯番及敦煌出土文書和傳世文獻的視野下，進行綜合性全面考察。

1. 從泛指性量詞"枚/個"的歷時發展看，二者產生伊始就是泛指的，並不存在從專指到泛指的發展過程。

2. 量詞"枚"源於其"算籌"義，而非其本義"樹幹"。用作量詞始見於漢初，無論有生、無生之物都可稱量，使用頻率很高，故其成熟時代不是劉世儒、張萬起諸先生提出的魏晉南北朝時期，而應是漢代。"枚"在漢初迅速擴張的動因在於語言對量詞的需求與量詞發展滯後的矛盾，但它在獲得迅速發展的同時也失去了範疇化等功能，因此在唐至五代量詞系統成熟時完成其使命而基本退出舞臺。

3. "个"本是"介"的變體，產生於先秦，源於其"單獨"義，適用範圍亦很廣；"個"產生於漢代，是其後起字；"箇"源於"竹枚"義，產生不晚於漢初；魏晉時期三者合流，最後多書作"個"，漢字簡化後又作"个"。漢魏時期，語義滯留原則決定了"個"在和"枚"的競爭中處於弱勢，唐代以後隨着舊質的泛指量詞"枚"適用範圍的緊縮，爲適應語言中對泛指量詞的需要，"個"迅速成爲唯一的泛指量詞。

4. "枚/個"作爲泛指量詞的時代是互補的，唐代爲其興替的過渡期。二者興替的動因在於量詞分工的發展和人們對泛指性量詞需要之間的矛盾：隨着量詞系統的發展，分工的細密，爲解決量詞短缺而興起的"枚"迅速收縮；但量詞分工的過度細密，造成了人們記憶的負擔，語言中仍然有對泛指量詞的需要，於是在詞彙更新機制的作用下，"個"迅速成長爲新的泛指量詞。作爲泛指量詞興起動因的不同決定了"個"與"枚"不同的發展趨勢，既不會像"枚"一樣日趨收縮，也不會徹底取代

---

① 吕叔湘：《個字的應用範圍，附論單位詞前一字的脫落》，《漢語語法論文集》（增訂本），商務印書館1984年版，第147頁。

其他量詞。語言表達明晰性和趨簡性的矛盾決定了量詞豐富多彩與"個化"的對立統一。

一 量詞"枚"的語源與歷時發展

關於量詞"枚"產生的時代，孫錫信①、陳紱②、王紹新③等認爲先秦已見的觀點還可商榷。從傳世先秦文獻看，僅《墨子》有 8 例，但王力指出："（這些篇目）非墨子所作，當系後人所僞託。"④ 李建平考察了出土先秦文獻，僅 1 見，書作"圿"⑤：

（1）一圿韋之緰。（《仰天湖楚簡·遣策》16）

饒宗頤先生認爲："圿通枚。……一圿殆指一枚。"⑥ 但該簡文字多無法辨識，而且量詞"枚"用於該時代未見的"數+量+名"結構中也與量詞發展史不合，因此學界多有爭議，還有待進一步考證⑦。如果量詞"枚"在先秦已產生，作爲適應能力如此强的量詞，不可能僅見於《墨子》，且又僅見於存疑的篇目中；反之，如果從漢初量詞"枚"的廣泛應用看，恰恰説明這些篇目的成書當在漢初⑧。

---

① 孫錫信：《漢語歷史語法要略》，復旦大學出版社 1992 年版，第 280 頁。
② 陳紱：《從"枚"與"個"看漢語泛指性量詞的演變》，《語文研究》2002 年第 1 期。
③ 王紹新：《量詞"個"在唐代前後的發展》，《語言教學與研究》1989 年第 2 期。
④ 王力：《漢語語法史》，《王力文集》第 11 卷，山東教育出版社 1990 年版，第 35 頁。
⑤ 李建平：《戰國楚簡中的量詞及其語法化》，張顯成主編《簡帛語言文字研究》第 3 輯，巴蜀書社 2008 年版，第 46 頁。
⑥ 饒宗頤：《戰國文字箋證》，《金匱論古綜合刊》第 1 期，亞洲石印局 1955 年版。
⑦ 按，史樹青將該字隸定爲"坂"，認爲"可能都是地名"。參見《長沙仰天湖出土楚簡研究》，群聯出版社 1955 年版，第 26 頁。
⑧ 按，今據陳劍、石小力二先生研究，"枚"字戰國楚簡已見，包山楚簡 140："鄧人所漸（斬）木：四百岂（枚）於䣈（蔡）君之地襄溪之中；其百又八十岂（枚）於畢地（卷）中。"簡文中的"岂"字原作"⿱止丂""⿱止丂"，過去整理者釋"先"，學界多有爭議，後陳劍先生釋爲"岂"，讀爲"枚"，參見陳劍《〈上博（三）·仲弓〉賸義》，《簡帛》第 3 輯，上海古籍出版社 2008 年版，收入《戰國竹書論集》，上海古籍出版社 2013 年版。後石小力先生據清華簡《越公其事》從"岂"之"椻"用爲"枚"之例進一步證成其説，簡 64—65："若明日，將舟戰於江。及昏，乃命左軍監（銜）椻（枚）䢗（溯）江五里以須，亦命右軍監（銜）椻（枚）渝江五里以須。""椻"字，整理者疑卽"枚"之形聲異體，微與枚上古皆爲明母微部。參見石小力《據清華簡（柒）補證舊説四則》，《簡帛語言文字研究》第 9 輯，巴蜀書社 2017 年版，第 12—24 頁。

量詞"枚"產生於漢代是沒有疑問的，但兩漢 400 多年，似嫌過於寬泛。張萬起據《居延漢簡》《敦煌漢簡》中量詞的廣泛應用推斷："漢代中期量詞'枚'用法已相當豐富，決不是處在產生的初期階段，它的產生時間當遠在漢初或更早一些。"① 本文通過對傳世文獻和出土文獻的綜合考察，可以確定其產生的具體時代就是在西漢初年。

從傳世西漢文獻看，量詞"枚"的使用頻率仍然不高，本文考察了成書於西漢的《史記》《春秋繁露》《淮南子》《説苑》《新書》《新序》《鹽鐵論》《法言》《新語》9 種文獻，其中量詞"枚"僅 6 例②：

（2）木器髹者千枚。（《史記・貨殖列傳》）

（3）即飲以消石一齊（劑），出血，血如豆比五六枚。（《史記・扁鵲倉公列傳》）

（4）神龜出於江水中，廬江郡常歲時生龜長尺二寸者二十枚輸太卜官。（《史記・龜策列傳》）

（5）若寡人之小國也，尚有徑寸之珠，照車前後十二乘者十枚，奈何以萬乘之國無寶乎？（《史記・田敬仲完世家》）

（6）昌邑王治側鑄冠十枚，以冠賜師友儒者。（《太平御覽》卷五百引《新序》）

（7）昌邑王征爲天子，到營陽，置積竹刺杖二枚。（《太平御覽》卷七百十引《新序》）

傳世東漢文獻用例仍不多見，《論衡》中僅有 2 例；到寫定於東漢末的《東觀漢紀》中用例方始稍多，也僅 9 例；此不贅列。

但是，同時代的簡帛文獻中量詞"枚"卻已非常常見，寫成於文帝至景帝時期的《鳳凰山 167 號墓漢簡・遣策》中即有 37 例，如：

---

① 張萬起：《量詞"枚"的產生及其歷史演變》，《中國語文》1998 年第 3 期。
② 按，對於量詞使用頻率的統計，《史記》《春秋繁露》《淮南子》《説苑》《新書》《新序》《鹽鐵論》《論衡》《東觀漢紀》均據劉殿爵、陳方正主編的《香港中文大學中國文化研究所先秦兩漢古籍逐字索引叢刊》；《新語》《法言》《漢書》據四部叢刊電子版。

(8) 柯二枚。醬杯卅枚。盂四枚。炙卑厴四枚。（簡 18—21）小脯檢一枚。（簡 24）三斗壺二枚。（簡 26）墨杯廿枚。小杞一枚。（簡 28—29）大柙一枚。（簡 32）一石缶二枚。漿罌二枚。灶一枚。囷一枚。盃二枚。酒罌二枚。釜一枚。甗一枚。（簡 39—46）

寫成於西漢文帝至武帝間的《鳳凰山 8 號墓漢簡・遣策》中，已經出現了稱量有生之物的用例，如：

(9) 魚五枚。（簡 158）

王力認為："在起初的時候，'枚'字似乎祇指無生之物。……後代一般仍指無生之物。"① 但《史記・龜策列傳》可以稱量 "龜"，漢簡中可以稱量 "魚"，可見漢初 "枚" 用作量詞已較成熟，並不限於無生之物。但是，並不能由此推斷其產生時代更早，本文對秦以前的傳世和出土文獻的全面整理考察中，並未見確切用例。

"枚" 作為量詞的語源，亦聚訟紛紜。《說文・木部》："枚，榦也。" 其本義是 "樹幹"。王力認為："枚字的本義是樹幹，引申為單位詞，樹一棵為一枚。……而現存的古書中，沒有樹一棵為一枚的例子。"② "枚" 用作 "樹" 的量詞並非不存，祇是很罕見，張萬起舉出《漢書》《後漢書》中的 4 例③。從出土文獻看，兩漢簡帛文獻亦有 3 例：

(10) 業柏樹一枚。（《未央官漢簡》35）
(11) □□有柏樹二枚☑（《未央官漢簡》50）
(12) □樹一枚。强□園少半□（《居延漢簡》240.4）

但漢初 "枚" 作為泛指量詞已相當成熟，而兩漢稱量 "樹" 的用例

---

① 王力：《漢語語法史》，《王力文集》第 11 卷，山東教育出版社 1990 年版，第 35 頁。
② 王力：《漢語語法史》，《王力文集》第 11 卷，山東教育出版社 1990 年版，第 35 頁。
③ 張萬起：《量詞 "枚" 的產生及其歷史演變》，《中國語文》1998 年第 3 期。

卻如此罕見，故其是否源於稱量"樹"的單位從文獻用例中得不到參證。從漢代簡帛用例可以看到，"枚"在產生之初適用範圍就很廣泛，既廣泛適用於無生之物，也廣泛適用於有生之物，也就是説量詞"枚"產生伊始就是泛指的，不存在從專用到泛指的發展過程。因此我們贊同劉世儒的觀點，量詞"枚"並非源於其本義"樹幹"義，而是源自其引申義"算籌"①。《尚書·大禹謨》"枚卜功臣"孔穎達疏："今人數物云一枚兩枚，則枚是籌之名也。""枚"由名詞"樹幹"義引申爲計數的工具，再由"算籌"之義引申爲量詞。由於"枚"作爲"算籌"之用，是計數的輔助工具而不區分具體事物，所以具備了泛指量詞的語義基礎，而這一語義基礎決定了"枚"在產生伊始就是一個泛指量詞。

兩漢時期，量詞發展仍不成熟，很多事物還没有專用量詞來表示，但量詞的使用卻逐漸變得必不可少起來，如寫成於漢初的《馬王堆3號墓漢簡》中有稱數結構524例，使用量詞的"名+數+量"結構和"名+數"結構總計320例，占總數的61%；我們對寫成時代明確的其他23種漢簡的稱數結構做了全面統計，其中使用量詞的597例，不用的594例，二者平分秋色②。語言對量詞的需要和量詞發展的滯後之間產生了矛盾，迅速解決這一矛盾有兩種可能的方式：一是採用拷貝的方式，但如李宇明所論，拷貝型量詞有很大的局限性，一方面一個名詞使用一種量詞，很不經濟；另一方面，大量的同形同音現象不僅模糊了名、量兩類詞的界限，也不合一般的語言聽感③。另一種解決的方式就是採用一個泛指量詞，而"枚"由於其特殊的語義基礎，迅速填補了這一空白，滿足了語言交際的需要。這種"填空子"的性質在漢初簡牘中體現得很明顯，如鳳凰山8號漢墓與167號漢墓墓葬時代均爲文帝至武帝之間，8號墓

---

① 劉世儒：《魏晉南北朝量詞研究》，中華書局1965年版，第76頁。
② 按，本文所調查23種漢簡爲：焦山漢牘、蕭家草場漢簡、未央宫漢簡、清水溝漢簡、高臺漢牘、古人堤漢簡、甘谷漢簡、邗江漢簡、平山漢楬、花果山漢簡、海州漢牘、胥浦漢簡、東牌樓漢簡、羅泊灣漢簡、大墳頭漢簡、上孫家寨漢簡、孔家坡漢簡、鳳凰山8號墓漢簡、鳳凰山9號墓漢簡、鳳凰山10號墓漢簡、鳳凰山167號墓漢簡、鳳凰山168號墓漢簡、鳳凰山169號墓漢簡。
③ 李宇明：《拷貝型量詞及其在漢藏語系量詞發展中的地位》，《中國語文》2000年第1期。

《遣策》共有簡176枚，現代漢語中當用量詞的情況凡96例：其中16例使用了傳統量詞，有"乘"（2例）、"匹"（3例）、"艘"（1例）、"合"（9例）、"枚"（1例）5個量詞，80例不用量詞；而有趣的是，167號墓《遣策》此類情況62例：17例使用了傳統量詞"人"（12例）、"乘"（1例）、"兩（輛）"（1例）、"匹"（1例）、"合"（2例），8例不用量詞，其他37例均用量詞"枚"。可見，在同時代的同類文獻中，有的不用量詞，有的則可以用量詞"枚"。這一方面說明"枚"填空子的功能；另一方面說明"枚"在漢初就是適用範圍極其廣泛的泛指量詞，但還未被時人普遍接受。

時代稍後的《居延漢簡》（包括《新簡》）凡179例，《敦煌漢簡》凡15例，其適用範圍非常廣泛，可以自由應用於無生、有生之物，無生之物包括各種器皿、席子、皮革、木製品、錢幣、兵器、衣物、封簽、繩索等，有生之物既包括樹木等植物，也包括狗、雞、魚等動物。無生之物用例傳世文獻常見，此不贅列；有生之物用例如：

（13）不移轉牛凡三百廿九枚，見二百枚不付。（《敦煌漢簡》1168）

（14）出魚卅枚，直百☒（《居延漢簡》274.26A）

（15）入狗一枚。（《居延漢簡》5.12）

（16）☒雞一枚。（《居延新簡》EPT2：31）

可見，泛指量詞"枚"在漢初已廣泛應用，漢代中期臻於成熟。

魏晉至唐，量詞的使用逐漸成爲一種規範，我們考察了目前已公佈的8種魏晉簡牘，其中《旱灘坡晉墓木牘》《南昌晉墓木牘》《南昌吳高榮墓木牘》總計有稱數結構196例，均爲"名＋數＋量"結構，無一例外①。可見，使用量詞在魏晉時代已經成爲一種規範，如劉世儒所言：

---

① 按，其他5種魏晉簡牘中《長沙走馬樓三國吳簡》多爲黃薄民籍、錢糧收支及賦稅和田家莂；《甘肅高臺晉牘》僅1枚，文字多磨滅；《鄂城吳墓木刺》內容爲問起居；《南昌火車站晉牘》多爲名刺；香港中文大學藏晉牘爲"松人"解除木牘；由於簡文性質的原因，自然量詞均罕見。

"漢語名量詞發展到這一階段，可以説基本上已經進入成熟時期了。"① 但量詞產生並普及的速度，顯然還不能完全滿足語言對量詞的需要，因此泛指量詞"枚"的使用頻率在魏晉時期達到了頂峰，如南昌吳高榮墓《遣策》木牘，所計量事物幾乎全部用量詞"枚"來稱量：

(17) 故練襑一枚；故絹襑一枚；故絹襑一枚；故練襑一枚；故練襑一枚；故練縠裙一枚；故絹縠裸一枚；故練兩襠一枚；故練單裸一枚。故絹單裸一枚；故半繪縠縛一枚；故半繪縠縛一枚；故練縠縛一枚；故練縠縛一枚；故練小縛一枚；故練縠襑二枚；故練縠綺一枚；故縠裳二枚；故縠裸一枚；故早丘單一枚；故繪丘單一枚。故絹綬六兩枚；故裨屬一枚；故早縛一枚；故絹綬縛兩枚；故帛越襦一枚；故緒布襦二枚；故麻踈單衣一枚；故麻踈襦一枚；故麻布單綺一枚；故麻布丘單一枚；故緒布丘單一枚。故緒布單綺一枚；故繪鈹一枚；故練鈹一枚；故青布鈹囊一枚；故青緣一枚；故帛布二緪二枚；故帛布手巾三枚；故帛布□四兩；故帛鑪不□一量；故絮巾二枚；故廚巾五枚。故粉囊兩枚；竟一枚；聶一枚；櫒二枚；香囊一枚；繡發囊二枚；青發囊兩枚；故青緻頭八枚；故縛頭五枚；故帛縈□頭兩枚。(東吳高榮墓《遣策》木牘·正面)②

該木牘79個稱數結構中，使用量詞"枚"達到了75例之多，占總數的95%。"枚"在當時的適用之廣泛可見一斑，祗是不能稱量人類而已。但是，這一時期"枚"的發展既有擴張也有縮小：擴張指的是其使用頻率的進一步提高，而專屬量詞的大量出現則標誌着其適用範圍的縮小。

唐至五代時期，量詞系統進一步發展成熟，分工也更爲細密，於是泛指量詞"枚"完成了其歷史使命，應用範圍開始緊縮。泛指量詞"枚"

---

① 劉世儒：《魏晉南北朝量詞研究》，中華書局1965年版，第4頁。
② 江西省歷史博物館：《江西南昌市東吳高榮墓的發掘》，《考古》1980年第3期。又參李均明、何雙全編《散見簡牘合輯》，文物出版社1990年版，第89—93頁；《中國簡牘集成》第17冊，敦煌文藝出版社2005年版，第1307—1316頁。

使用範圍的演變在吐魯番和敦煌出土文書中最爲明顯，洪藝芳對此作了全面考察①，從其《名量詞與名詞對應表》可以看到，量詞"枚"在3世紀中葉到6世紀中葉具有很强的適應性，在3世紀中葉到4世紀中葉的吐魯番文書中"枚"所修飾的中心名詞有39個，4世紀中葉到6世紀中葉則達到了58個，但以6世紀中葉爲分水嶺而驟然下降，6世紀中葉至於9世紀中葉"枚"所修飾的中心名詞僅有9個，而且其中8個僅有1例，1個有2例，使用頻率也很低。其主體寫成於8世紀中到10世紀的敦煌文書中使用頻率也很低，祗有7例。張萬起則查閱了唐代王勃、楊炯、盧照鄰等30位詩人的詩集作品，僅王梵志詩中有2例②。可見，量詞"枚"的適用範圍在進入唐代以後迅速緊縮，其原因一方面是量詞分工的細密，另一方面則是量詞"個"的擴張以及語言詞彙的選擇機制。

宋元以後，"枚"的使用頻率一直很低。成書於南宋的《朱子語類》，口語性很强，凡230餘萬字，而"枚"僅有4例，祗能用於錢、印章等圓形或小物品。張萬起考察了《元曲選》中的30個劇本，凡50餘萬字的語料，祗有4例，稱量對象爲針、鈿盒、翠珠囊、玉螳螂，均屬器物用具之類③。可見，宋元時代"枚"的適用範圍已經同現代漢語基本一致了。

二 量詞"個"的語源與歷時發展

量詞"個"在古漢語中有"个""箇""個"三種字形，《史記·貨殖列傳》"竹竿萬个"司馬貞索隱："箇、个，古今字。"劉世儒等均採納了這一觀點，把三個字看作同一個詞的不同書寫形式而未加分别④，陳紱亦認爲"个"是"箇"的重文，又寫作"個"⑤。洪誠提出它們最初並

---

① 洪藝芳：《敦煌吐魯番文書中之量詞研究》，文津出版社2000年版，第183頁。
② 張萬起：《量詞"枚"的產生及其歷史演變》，《中國語文》1998年第3期。
③ 張萬起：《量詞"枚"的產生及其歷史演變》，《中國語文》1998年第3期。
④ 劉世儒：《魏晉南北朝量詞研究》，中華書局1965年版，第82頁。
⑤ 陳紱：《從"枚"與"個"看漢語泛指性量詞的演變》，《語文研究》2002年第1期。

不是一個詞，其來源不同①。結合出土文獻中的情況看，洪先生的觀點是正確的。至於它們各自的通行時代，翟灝《通俗編》卷九："'个'屬古字，經典皆用之；'箇'起六國時，'個'則用於漢末，鄭康成猶謂俗言。"呂叔湘云："就近代的文獻來説，唐宋時多作'箇'，元以後'個'更普遍，'个'的確已被認爲簡筆字，雖然宋元以來的俗文學印本裡還是常見。"②

个，不見於《説文》，徐鉉將其列爲俗書訛謬字是正確的。段玉裁據戴侗《六書故》所引唐本《説文》，將其當作"箇"的重文，王引之力辨其妄，《經義述聞·通説》："'介'字隸書作'亇'，省丿則爲'个'矣。介，音古拜反，又音古賀反，猶大之音唐佐反，奈之音奴個反，皆轉音也。後人於古拜反者則作'介'，於古賀反者則作'个'，而不知'个'即'介'字隸書之省，非兩字也。"又云："矢一枚曰一介。《大射儀》：'搢三挾一个'，鄭注曰'个猶枚也。'其爲介字無疑。《荀子·議兵篇》：'負服矢五十个'，亦介字也。"從簡帛文獻看，王引之説精確不可易。介，楚帛書作"禾"，馬王堆帛書《老子》甲本簡 91 作"木"；个，武威漢簡《儀禮·有司》簡 62 作"小"，《泰射》簡 60 作"小"；顯然二字在漢代還沒有完全分化。

《廣雅·釋詁三》："介，獨也。"《集韻·黠韻》："介，特也。"《左傳·昭公二十四年》："養老疾，收介特。"孔穎達疏："介亦特之義也。介特謂單身特立無兄弟妻子者。"可見"介"字古有"單獨"之義。"介"之所以成爲量詞，就是在這種意義上發展起來的，如：

(18) 如有一介臣。（《尚書·秦誓》）

唐陸德明釋文："介，字又作个，音工佐反。"

---

① 洪誠：《略論量詞"個"的語源及其在唐以前的發展情況》，《洪誠文集·維誦廬論文集》，江蘇古籍出版社 2000 年版，第 139 頁。

② 呂叔湘：《個字的應用範圍，附論單位詞前一字的脱落》，《漢語語法論文集》，商務印書館 1984 年版，第 145 頁。

（19）君有楚命，亦不使一介行李告於寡君。（《左傳・襄公八年》）

晉杜預注："一介，獨使也。"
以上各例中的"介"仍有"單獨"之義，但卻處在量詞的語法位置上，"介"也正是在這一語法位置中逐步語法化爲量詞的。

在量詞和名詞的雙向選擇中，"單獨"這一語義基礎對名詞沒有太多要求，因此量詞"介（个）"一經產生就是泛指的，並沒有經過專指到泛指的過程，既可以稱量無生之物，也可以稱量有生之物，如：

（20）乃摭乾魚、臘柤，柤［舍］三个。（武威漢簡《儀禮・甲本有司》62 背）
（21）諸公卿取弓矢於次中，但決述，執弓，晉三挾一个，出。（武威漢簡《儀禮・甲本泰射》72）
（22）國君七个，遣車七乘；大夫五个，遣車五乘。（《儀禮・檀弓下》）①
（23）鹿皮四个。（《國語・齊語》）②"

以上爲稱量無生之物用例。

（24）譬如群獸然，一个負矢，將百群皆奔。（《國語・吳語》）
（25）一介嫡女，執箕帚以晐姓於王宫；一介嫡男，奉槃匜以隨諸御。（《國語・吳語》）③
（26）大王無一介之使以存之，臣恐其皆有怨心。（《戰國策・秦策五》）

---

① 按，漢鄭玄注："个，謂所包遣奠牲體之數也。"
② 按，晉韋昭注："个，枚也。"
③ 按，晉韋昭注："一介，一人。"

以上爲稱量有生之物人及動物用例。量詞"介（個）"在先秦用例較多，而寫成於兩漢魏晉的簡帛文獻中未見。

箇，《說文·竹部》："竹枚也。"由此引申爲稱量"竹"的量詞，相當於"枚"，《方言》："箇，枚也。"無論傳世文獻還是出土文獻，早期用例多是稱量"竹"的，如：

（27）八寸竹一箇，爲尺五寸簡三百六十六。（張家山漢簡《算數書》71）

（28）一日伐竹六十箇。（張家山漢簡《算數書》129）

（29）今有出錢一萬三千五百，買竹二千三百五十箇。問箇幾何？答曰：一箇，五錢四十七分錢之三十五。（《九章算術·粟米》）

（30）今有出錢五百七十六，買竹七十八箇。欲其大小率之，問各幾何？答曰：其四十八箇，箇七錢。其三十箇，箇八錢。（《九章算術·粟米》）

張家山漢墓墓葬時代爲西漢早期，《算數書》的成書當在戰國晚期到西漢早期之間，簡文用例是目前所見最早的，正如翟灝《通俗編》所言"箇起六國時"，但兩漢簡帛僅此 2 例①。

個，《儀禮·士虞禮》"俎釋三个"鄭玄注："个猶枚也。今俗或名枚曰个，音相近。"賈公彥疏："經中'个'，人下豎牽。俗語名'枚'曰'個'者，人傍着固。字雖不同，音聲相近，同是一個之義。"洪誠據此指出，鄭玄說"个""個"二字音"相近"，而非音"相同"，可見二字當時並非同音字，也並不是一個詞②。《廣韻·箇韻》："个，明堂四面偏室曰左个也；个，偏也。"音同箇，均爲古賀切。"个""個"同義，

---

① 按，《漢語大字典》《漢語大詞典》"箇"下初始例均引《禮記·少儀》："其禮，大牢則以牛左肩臂臑折九箇，少牢則以羊左肩七箇，犆豕則以豕左肩五箇。"但惠校、阮校宋本及陸德明釋文均作"个"。《禮記》凡 5 例，除此 3 例外，《檀弓下》2 例均作"个"；武威漢簡《儀禮》亦均作"个"，故可知今本《禮記》作"箇"者當爲後人妄改。

② 洪誠：《略論量詞"個"的語源及其在唐以前的發展情況》，《洪誠文集·雒誦廬論文集》，江蘇古籍出版社 2000 年版，第 142 頁。

而"个""箇"同音，故"（個）是介字從泰部音變以後形旁取介、聲旁取箇另造的異體字，繼承介字作爲計數詞。"① 也就是説，"个（介）"的語音從先秦到漢代發生了變化，故取"介"爲形符，加上"箇"的聲符"固"新造了"個"。"個"這一字形的出現，應當是"个""箇"合流的產物。"個"最早見於上舉鄭玄注，簡帛文獻未見。洪誠據鄭注"今俗或名枚曰個"推斷當時流行於俗語，甚至認爲"是漢末社會最流行的量詞"。但大量口語性很强的兩漢簡帛文獻中竟然未見，故漢末已流行之説可能不確。

"个"產生於先秦，"箇"不晚於漢初，"個"的產生約在東漢。但從簡帛文獻看，兩漢簡帛中"個"未見；"箇"僅2例；"个"僅見於簡本《儀禮》。從傳世兩漢文獻看，成書於西漢的《史記》《春秋繁露》《淮南子》《説苑》《新書》《新序》《鹽鐵論》《法言》《新語》9種文獻中，僅1例，書作"个"：

（31）竹竿萬个。（《史記·貨殖列傳》）

東漢的《論衡》《東觀漢紀》亦未見用例，可見量詞"个（個/箇）"在漢代使用頻率還很低。

魏晉以後，三個字形合流，"箇"逐漸成爲唯一的正體，"个"偶爾可見，"個"在書面語中仍罕見。劉世儒説："'箇'在南北朝得到發展的不僅在於它也可以量'人'，尤其重要的是它也可以前附於中心詞而陪伴它了。這是在這個時代以前所罕見的。"② 但從出土文獻看，唐以前其使用頻率還是很低的：魏晉簡帛文獻均未見用例；從東晉至高昌國時期的吐魯番出土文書中僅有3例，均書作"个"③。

唐代是量詞"個"大發展的時期。從傳世文獻看，王紹新指出："在語義方面，它的適用範圍有重要擴展，所量對象從普通名詞發展到時空

---

① 洪誠：《略論量詞"個"的語源及其在唐以前的發展情況》，《洪誠文集·雛誦廬論文集》，江蘇古籍出版社2000年版，第145頁。
② 劉世儒：《魏晉南北朝量詞研究》，中華書局1965年版，第85頁。
③ 洪藝芳：《敦煌吐魯番文書中之量詞研究》，文津出版社2000年版，第185頁。

名詞，從具體名詞發展到抽象名詞，從而一躍成爲漢語中的頭號量詞。"
"在語法特點方面，它跳出了魏晉時代纔最後確立的'數+量+名'格局，不但可以稱量各種複雜的名詞性短語或其他結構，而且在它的後面還出現了動詞、動賓結構、引語以至非實體性成分，這爲現代漢語中'個'後出現形形色色更爲複雜的成分打開了通路。"① 從出土文獻看，寫成於唐代的吐魯番文書中"箇"27例，"个"11例，"個"3例；而中唐到五代的敦煌文書中，"箇"65例，"個"115例，"个"26例，其使用頻率超越了所有其他量詞，成爲唯一的泛指量詞②。

宋元以後，"個"的使用頻率進一步增加，《朱子語類》中竟達到5000多例。到近代白話小説中，按張萬起對《水滸傳》量詞的統計，"個"的使用達到1463例③。可見作爲泛指量詞的"個"，宋元以後在使用頻率上獲得了進一步的大發展，並一直延續到現代漢語之中。

三 "枚/個"興替的時代及其動因

從量詞"枚/個"的歷時發展看，二者均在先秦已經產生，而且產生之初就是泛指性的。其他詞類向量詞語法化的過程中，原來的語義特徵往往滯留在量詞中而制約着其使用與發展："枚"源於其"算籌"義；"个"則是"介"的變體，源於其"單獨"義；二者對於其稱量對象均沒有太多要求，具備了成爲泛指量詞的語義基礎。上文對"枚/個"的歷時發展分別進行了論述，綜合考察出土文獻與傳世文獻中"枚/個"的使用頻率，統計如表1所示④：

---

① 王紹新：《量詞"個"在唐代前後的發展》，《語言教學與研究》1989年第2期。
② 按，呂叔湘認爲："就近代的文獻來説，唐宋時多作箇，元以後個更普通。"參見《個字的應用範圍，附論單位詞前一字的脫落》，《漢語語法論文集》，商務印書館1984年版，第145頁；從敦煌文書來看，中唐到五代的文獻中"個"的用例達到115例之多，使用頻率遠超過了"箇"（65例）和"个"（26例），可見"個"的普遍使用當在中唐到五代以後，而非晚至元代。
③ 張萬起：《量詞"枚"的產生及其歷史演變》，《中國語文》1998年第3期。
④ 按，該統計表包括了目前已公佈全部簡帛文獻，其寫成時代及版本可參張顯成《簡帛文獻學通論》一書"第二章 古今出土簡帛大觀"，中華書局2004年版，第15—107頁。

表1　　　　　　　　　　"枚/個"歷時興替表

文獻名	枚	個
先秦簡帛 27 種	1（?）	0
兩漢簡帛 53 種	326	16
魏晉簡 8 種	125	0
吐魯番文書（唐以前）	219	3
吐魯番文書（唐）	12	41
敦煌文書（中唐－五代）	7	206
朱子語類	4	5000 多
水滸傳	3	1463

　　從統計表可以清晰看到量詞"枚/個"此消彼長的歷時演變，唐至五代是二者興替的分界線。西漢初年，語言的發展使得量詞逐漸成爲漢語稱數的需要，而量詞產生的速度遠遠不能滿足語言發展的需要，因此源於"算籌"義的泛指量詞"枚"應運而生，兩漢簡帛達到326例之多，魏晉簡及唐以前的吐魯番文書均多見。而"個"作爲量詞雖然先秦已見，而且也是泛指的，但先秦兩漢簡帛僅有16例，唐以前的吐魯番文書亦祇有3例，洪誠認爲："用例確不太多，不過要通過這些爲數不多的例證，看到能以一當百的大量的語言事實。"① 但"個"在口語性很強的簡帛文獻和吐魯番文書中也很少見，洪說無法解釋。我們認爲，作爲泛指量詞的"个（介）"源於"單獨"義，"箇"則源於"竹枚"義，二者在向量詞語法化的過程中較之"算籌"義的"枚"原詞義更強，而對名詞的適應性就要弱些。"個"的早期用例往往有"單獨"義，而"箇"最初多用於"竹"，而源於"算籌"義的"枚"則沒有限制。語義滯留原則（persistence）決定了"個"在與"枚"競爭中一開始就處於弱勢地位。而基於語言經濟原則，"枚"的強勢發展滿足了語言對泛指量詞的需要，那麼"個"的發展自然就沒有必要了。也可以説，"枚"的強勢抑制了"個"的發展，因此雖然量詞"個"在先秦就已產生，而到量詞系統成熟

---

① 洪誠：《略論量詞"個"的語源及其在唐以前的發展情況》，《洪誠文集·雜誦廬論文集》，江蘇古籍出版社2000年版，第146頁。

期的魏晉簡牘中"枚"有125例,而"個"竟然未見。

隋唐以後,"枚"的使用範圍急劇收縮,而相應的"個"則迅速擴張,唐代吐魯番文書中"枚"僅12例,而"個"則有41例,後者的使用頻率第一次超過了前者;到中唐至五代的敦煌文書中,"枚"僅7例,而"個"則突飛猛進達到206例;二者在唐代完成了興替。在這一過程中,語言經濟原則發揮了決定性作用。隋唐時代,量詞系統進一步發展:一方面,産生了更多的新興量詞;另一方面,魏晉時代新興的量詞應用逐漸廣泛。因此,量詞的分工更爲細密,泛指量詞"枚"的使用範圍迅速縮小,從傳世文獻看,30位唐人詩集作品,祇有王梵志詩有2例,從出土文獻看,寫成於唐的吐魯番文書中總計祇有12例,敦煌文書中祇有7例。量詞分工的日趨細密使得語言表達更爲清晰、形象,但同時也造成了人們記憶的負擔,語言經濟原則要求使用比較少的、省力的或者具有較大普遍性的語言單位,於是又産生了對泛指量詞的需要。汪維輝據語言年代學推測:"常用詞似乎存在着一種内部更新機制,一個詞用久了以後,常常會被一個新的同義詞所取代,許多詞看來是這樣的。這也許跟語言使用者的喜新厭舊心理有關。"① 於是在這一次的選擇中,在詞彙的喜新厭舊更新機制作用下,舊質的、趨於陳舊的"枚"被淘汰,而新興的"個"取得了"新歡"的位置,在語言中取得了絶對優勢,而逐漸代替了"枚"。量詞"個"在寫成於唐代的吐魯番文書中有41例(箇27例,個11例,个3例),而中唐到五代的敦煌文書中則達到了206例(箇65例,個115例,个26例),其使用頻率超越了所有其他量詞,成爲唯一的泛指量詞。

馬爾丁内(A. Martinet)提出,語言運轉的基本原理是"語言經濟原則",言語活動中存在着從内部促使語言運動發展的力量,這種力量可以歸結爲人的交際和表達的需要與人在生理上(體力上)和精神上(智力上)的自然惰性之間的基本衝突②。量詞"枚/個"興替的動因還在於人們交際、表達需要的發展和自然惰性之間的矛盾,經濟原則要求二者達

---

① 汪維輝:《東漢——隋常用詞演變研究》,南京大學出版社2000年版,第413頁。
② 轉引自馮志偉《現代語言學流派》,陝西人民出版社1999年版,第156頁。

到一種平衡，但絕對的平衡卻往往祇是一種理想狀態，兩個方面祇能在適度的平面上擺動。語言表達的明晰性要求量詞系統分工更加細密，於是隨着量詞系統發展的成熟，"枚"作爲泛指量詞逐漸退出了歷史舞臺。而隨着量詞系統的進一步發展，當量詞的分類、修飾等功能獲得了長足發展而表意也更加形象明晰的時候，過度繁多的量詞也使人們背上了記憶的沉重包袱，因此經濟原則必然要求將這種不平衡拉回到平衡狀態。於是，新的泛指量詞"個"在語言經濟機制和詞彙更新機制的作用下，在宋元以後獲得了旺盛的生命力，直到現代漢語中所謂"個化"現象的出現。

泛指量詞"枚"在魏晉時期幾乎可以取代其他所有量詞，那麼"個"會不會在未來的發展中完全取代其他量詞呢？本文認爲這種情況不會出現，原因在於二者廣泛適用的動因不同。"枚"在魏晉廣泛適用是由於量詞系統不成熟而起"填空子"的作用，而"個"在唐以後泛化的原因在於解決量詞繁多帶來的記憶負擔問題。"個"同"枚"一樣在廣泛適用的過程中也失去了範疇化等其他功能，從而導致了表意的不夠明晰，打破了語言表達明晰性和趨簡性之間的平衡，經濟原則必然會將其拉回到相對平衡的狀態。因此，一方面，由於表意明晰性的需要，在量詞系統完備的情況下"個"不可能徹底取代其他量詞；另一方面，爲解決量詞過於繁多的需要，"個"也不會像"枚"一樣日趨收縮，而仍將廣泛使用。語言表達明晰性與趨簡性的矛盾和語言表達的經濟原則決定了量詞豐富多采同"個化"的對立統一。如劉世儒所言："從歷史上看，漢語量詞是遵循着兩條道路發展下來的：一條是由簡到繁的路，一條是由繁到簡的路。所走的道路雖然不同，但圍繞的目的卻祇有一個，那就是讓語言的結構更加精確、鮮明、完善。"[①] 量詞"枚/個"的興替也正是在語言機制作用下，沿着由簡到繁、由繁到簡的道路發展的。

[①] 劉世儒：《魏晉南北朝量詞研究》，中華書局1965年版，第2頁。

量詞"丙""兩"的語源及其歷時演變*

甲骨文"丙"和西周金文"兩"均可以用作稱量車馬的量詞,也是漢語中最早出現的量詞之一。從許慎《説文》至今歷代學者多有研究,但關於其本義和造字理據、量詞義的語源、"丙"的所指是單數還是複數、後起字"輛"和"緉"的產生時代等關鍵問題,各家觀點竟都相差甚遠,莫衷一是。通過對二字在殷商甲骨文和西周金文中辭例的全面考察,基於量詞語法化動因與機制的研究和上古漢語量詞發展史的視野,本文認爲:

其一,殷商甲骨文"丙"的本義當爲與"衡"或"軛"相關之名詞,基於轉喻語法化爲稱量馬的集合量詞,指"馬二匹",商代晚期用於所駕之車;用於天干爲六書之假借。

其二,西周金文"兩"是"丙"的分化字,其語言内部的動因是"丙"假借義"天干的第三位"的廣泛使用導致的語義混淆;東周開始用作衡制單位,亦當爲假借義。

其三,一車二馬制度是"丙/兩"用作量詞的語義基礎,殷末一車四馬制度興起並在西周逐漸普及,隨之稱量馬的個體量詞"匹"和稱量車的量詞"乘"產生並迅速獲得了廣泛使用;於是量詞"兩"不再用於馬,在用於車時又與"乘"產生了分工,"乘"多用於馬車,"兩"多用於牛

---

* 本文原刊於《古漢語研究》2018 年第 3 期,作者爲李建平、龍仕平。爲國家社科基金青年項目"漢語量詞發展史及其語法化研究"(13CYY058)階段性成果。本文曾在中國文字學會第九屆年會(2017,貴陽)上宣讀,與會專家多予指正;《古漢語研究》匿名審稿專家提出了寶貴修改意見;謹致謝忱。

車，前者更爲强勢；戰國後一車四馬制度的消亡導致了量詞"乘"的消亡，而"兩"的理據被重新分析爲"車之兩輪"，反而促進了其重新崛起，並在量詞發展中取代"乘"成爲稱量車的唯一量詞，沿用至今。

其四，漢代以後，爲分化詞義，通過增加形符新造了後起字"輛"和"緉"。

一　量詞"丙"的語源

甲骨文"丙"字的本義和造字理據，歷代研究分歧最大。《説文·丙部》："位南方，萬物成炳然。陰氣初起，陽氣將虧。從一入冂。一者，陽也。丙承乙，象人肩。"許慎未見甲骨文，無論"炳然"還是"人肩"皆與本義無關。後世學者基於甲骨文字形的研究，仍聚訟紛紜：一是"几案説"，葉玉森認爲像"几"形；二是"魚尾説"，《爾雅·釋魚》："魚尾謂之丙。"郭沫若贊同此説；三是"器柄"説，吳其昌認爲"乃象戈矛之屬植立之柄"，爲"柄"之本字；四是"底座説"，于省吾認爲《説文》《爾雅》説均不可據，而是像承物之底座，上像平面可置物，下像左右足。以上諸説，祇有于省吾之"底座説"獲得了學界較廣泛接受，但正如李孝定所言："此説於字形頗覺切適，然於音義無證。"① 諸家之説均重在字形分析，既無上古音之證據，亦無甲骨文辭例之文獻參證；綜合形音義三方面考察，該字當與古車之衡軛相關。

其一，從字形來看"丙"與"兩"關係密切，其構形均取象於"縛軛於衡"。陳夢家通過對甲骨文辭例的分析提出："車馬的單位'丙'，可能和《詩》的'乘'相同，但幾匹馬構成一乘，尚待考定。金文馬的單位是'丙'，而金文'兩'字系兩個相並立的'丙'，所以甲骨文的'丙'可能是單數。"② 陳先生首先注意到了"丙"和"兩"的字形關係，惜之並無論證，且"丙"不等於"乘"，也非單數。甲金文中二字的典型字形皆有兩類：一是原始形體，二是在原始形體平橫上加一短橫之形體。

---

① 以上諸説均引自《甲骨文字詁林》和《古文字詁林》。
② 陳夢家：《殷虚卜辭綜述》，中華書局1988年版，第94頁。

對照如表1所示：

表1 商周文字中的"丙"和"兩"

	殷商	兩周	
		形體一	形體二
丙	⊠合 19777 ⊠合 12971	⊠西周早期，2674 征人鼎 ⊠西周早期，5408 靜卣	⊠戰國陶文，9.74 丙鄧 ⊠戰國晚期，睡虎地秦簡·封 34
兩		⊠西周中期，4195 蔿簋 ⊠西周晚期，10164 函皇父盤	⊠西周晚期，4141 函皇父簋 ⊠西周晚期，2745 函皇父鼎

可見無論是形體一還是形體二，"兩"都是兩個並立的"丙"字。關於"兩"的造字理據，于省吾認爲："兩字的初文爲网，乃截取古文字車字的部分構形而爲之……由古文字中的車字分化而來。"① 甲骨文"車"作"⊠"（《合》40768）或"⊠"（《合》11448）等，其説認爲"兩"字取其上部構件"卅"，即"本象縛雙軛於衡"，注意到了"兩"字之形與車馬的關係。細審"丙"字之形，本象"縛單軛於衡"之形，兩側之"丨"爲轅和衡之裝飾，如"⊠"（商代晚期，1622 父己車鼎）字中衡兩側之裝飾，或爲平衡字形之飾筆。"丙"字甲骨文常見，顯然非從"車"字截取而來，是獨立造字的；而"兩"字源自"丙"，也非截取自"車"字。綜上，"丙"字之形取象於"縛單軛於衡"，但其本義所指尚需文獻參證。

其二，從字義來看甲骨文和早期金文中"丙"爲稱量車馬的量詞，當與車馬相關。從"丙"字的甲骨文辭例來看，凡 3353 例，其義項有五：(1) 天干之三；(2) 先公先王或先妣之廟號；(3) 人名；(4) 地名；(5) 量詞，用於馬或車。甲骨文的十個天干均非其本義，都是六書中的假借；用於序數表示，則可用於廟號；人名與地名顯然也是由此而來。因此祇有用作馬或車的量詞是考訂其本義的切入點，量詞"丙"甲

---

① 于省吾：《釋兩》，《古文字研究》第 10 輯，中華書局 1983 年版，第 4 頁。

骨文凡 6 例，其中稱量"馬" 5 例，見於一期甲骨：

（1）馬廿丙出（又）□。（《合》01098，一期賓一）
（2）……以馬自孽。十二月，允以三丙。（《合》08984，一期自賓間 B）
（3）馬五十丙。（《合》11459，一期典賓）
（4）癸巳卜，往，馬卅丙。（《合》20790，一期自小字）
（5）……甯延馬二丙，辛巳雨以黿。（《合》21777，一期子組）

用作稱量車的量詞僅 1 例，見於五期甲骨：

（6）禽危美……人二十四人四，而千五百七十，□百……丙，車二丙。（《合》36481 正，五期黃類）

到西周金文中"丙"多用於天干或廟號，量詞義僅西周早期金文 1 例，用於"馬"：

（7）小臣夌，易（賜）貝，易（賜）馬丙。夌拜稽首，對揚王休。（西周早期，2775 小臣夌鼎）

可見殷商和西周早期"丙"主要用爲馬或車的量詞，且以馬爲主，次及所駕之車。從人類認知發展視角來看，先民造字是由具體而抽象的，漢字的本義往往是具體存在的事物或相關之動作行爲，其詞性一般均爲實詞；從詞彙發展史視角來看也是如此，漢藏語系的量詞系統都不是先在的，Aikhenvald 認爲類別詞最常見的詞彙來源是名詞和動詞①，漢語也是如此，而以名詞爲主；因此"丙"的本義當與車馬相關，但不是抽象的量詞，而是與車馬制度密切相關的名詞。

―――――――――

① Aikhenvald. Classifiers, *A Typology of Noun Categorization Devices*, Oxford University Press. 2000, p. 353.

其三，從字音來看"丙"與"衡"上古均屬陽部，音近可通。基於"縛軛於衡"之構形，孟蓬生認爲"丙"字之"語源是'衡'，即車轅前部的一個部件"①，"丙"和"衡"上古音均屬陽部，音義關係密切。該字形中構件"軶（軛）"也較爲突顯，但"軶（軛）"上古音屬錫部，與"丙"之古音相差稍遠；甲骨文中無其他表示衡、軛之字："衡"字見於西周晚期的《毛公鼎》（《集成》2841），但早期指的是綁在牛角上防止觸人的橫木，《說文·角部》："牛觸，橫大木其角。""軶（軛）"字見於西周中期的《彔伯簋》（《集成》4302），作"𠂤（厄）"；因此甲骨文"丙"的本義也可能表示"縛軛之衡"，《說文·車部》："軶，轅前也。"清段玉裁注："曰轅前者，謂衡也。自其橫言之謂之衡，自其扼制馬言之謂之軶。隸省作軛。"《論語·衛靈公》"則見其倚於衡也"何晏集解引包咸曰："衡，軛也。"《後漢書》李賢注、《文選》呂延濟注亦可見，即《說文》所謂"轅前"之部件均爲"丙"，如段注所言兼有衡和軛的功能。

雖然形音義關係密切，但無論"衡""軛"還是"縛軛之衡"甲骨文均未見辭例，"丙"之具體所指仍有待新材料的發現以進一步考證。但其功能無疑都是用於固定駕車的馬匹，是連接車和馬的最爲關鍵之部件，因此成爲該語域中最爲突顯的事物，殷商中期基於轉喻而語法化爲稱量"馬"的量詞（例1至例5），到殷商晚期纔用於稱量"馬所駕之車"（例6）②。

二　量詞"丙"的所指

上揭諸辭例中用於稱量馬的量詞"丙"，其具體所指也多有爭議，主

---

① 孟蓬生：《量詞"丙（兩/輛）"語源試探》，第十三屆古代漢語學會論文，河北師範大學，2016年。
② 按，當然也可能屬於"容器—內容"認知框架，"馬一丙"意爲一衡兩軛所容之馬。"丙"的本義在甲金文及上古傳世文獻中均未見用例，當與文獻性質相關，目前所見上古早期文獻多爲上層社會生活行爲的記錄，所記器物往往是整體而未提及部分之配件，到金文中纔出現對這些部件的描述文字，如西周晚期《番生簋蓋》（《集成》4326）之"遣（錯）衡、右厄（軛）"。

要有三種觀點。

一是"四馬説",陳夢家提出可能和《詩》中的"乘"相同,但又認爲"尚代考定"①;姚孝遂指明其誤,"馬稱'丙',猶言'匹',非後世之'乘'"②,但未言所據;從出土商代車馬實物來看多爲一車兩馬,直到商代晚期墓葬纔出現一車四馬③,且很罕見,因此"丙"不可能相當於一車四馬的量詞"乘"。

二是"一馬説",陳夢家又據金文"兩"字系兩個相並立的"丙",推測甲骨文中"丙"可能是單數④;姚孝遂贊同該説⑤。但僅從字形繁簡不能考定其所指,造字時取象於一衡一軛,還是一衡兩軛,理據無別;早期文字多從簡,如先秦兩漢文獻中的量詞"隻",往往是"雙"之省寫,《穆天子傳》卷二:"於是載玉萬隻。"清陳逢衡注:"萬隻之隻即古省雙字。"

三是"二馬説",湯余惠據商代車馬遺跡都是一車與兩馬相配,斷定馬一丙爲兩匹⑥;李若暉贊同此説,認爲乃殷代駕車的馬數,但又推測"丙"爲"更"的假借,同"鞭""馭""御"諸字⑦。但該説無法否定一馬之説,因爲也可能"馬二丙"(《合》21777)而駕一車,而非馬一丙即一定爲駕一車之兩馬。

此外,王力以"丙"爲集合量詞,"若干馬爲丙"⑧,但未確定其所指;顯然量詞"丙"的所指僅據考古實物和辭例比照難以考定。從造字的理據來看,甲骨文中"丙"字構形爲"縛軛之衡",則一衡兩軛所駕當爲"馬二匹",與商代"一車二馬"制度正合。從量詞語法化歷程與認知發展的角度來看,漢語量詞不是一個先在的語法範疇,名量詞往往由名詞語法化而來的,殷商時代是量詞的萌芽期,甲骨文中出現的量詞祇有

---

① 陳夢家:《殷虚卜辭綜述》,中華書局1988年版,第94頁。
② 于省吾主編:《甲骨文字詁林》,中華書局1999年版,第2052頁。
③ 楊寶成:《殷代車子的發現與復原》,《考古》1984年第6期。
④ 陳夢家:《殷虚卜辭綜述》,中華書局1988年版,第94頁。
⑤ 于省吾主編:《甲骨文字詁林》,中華書局1999年版,第2052頁。
⑥ 湯余惠:《商代甲骨文中的"丙"和"兩"》,《史學集刊》1991年第2期。
⑦ 李若暉:《殷代量詞初探》,《古漢語研究》2000年第2期。
⑧ 王力:《漢語語法史》,商務印書館1989年版,第26頁。

三類：一是容器量詞，包括"卣""升"兩個；二是集合量詞，包括"朋"（或以爲雙貝爲朋，或以爲五貝一系而兩系爲朋）、"屯"（雙骨爲屯，後作純）、"珏"（或以爲雙玉爲珏，或以爲五玉一系而兩系爲珏）；三是拷貝型量詞，即與前面的名詞同形的量詞，包括"人""骨""羌""玉"。爲了方便計量不可數事物而借用其容器來計量在世界語言中普遍存在，因此容器量詞是最早產生的一類量詞；有些事物往往作爲一個整體出現，如商代用作貨幣的玉、貝往往五枚一系、兩系一體，從而產生了專用的集合量詞，也是世界語言廣泛存在的；而拷貝型量詞則是在部分語言量詞語法化的初始階段出現的，殷商時代正是如此，總體用例罕見，西周纔獲得發展。在量詞系統中語法化程度最高的典型的個體量詞，則是最晚產生的。因此綜合造字理據和量詞語法化的歷程來看，早在一期甲骨就出現的諸多量詞"丙"的用例當非個體量詞，而是集合量詞。正如劉世儒所言："任何個別字眼兒的解釋，都不能超越這個時代的整個語法體系，否則'以今代古'，弄錯時代，就不免是'乘興作説明'了。"① 值得注意的是，殷商甲骨文所見集合量詞"朋"爲"貝二枚（或二系）"，"屯"爲"骨二枚"，"珏"爲"玉二枚（或二系）"，"丙"爲"馬二匹"，均爲廣義的雙數量詞，如洪堡特《論雙數》所言："世界中實體、現象的雙對性是促成雙數概念及其相應形式的土壤。"②

晚至五期甲骨中，纔出現了"丙"用於"車"情況，《合》36481正："禽危美……人二十四人四，而千五百七十，□百……丙，車二丙。"由於文字殘損，文中"車二丙"所指不明，若包括駕車之馬，即"一車二馬"，則非典型的個體量詞；若僅指車，那麼"丙"是漢語中最早產生的個體量詞；姑列於此，以備考察。至於甲骨文中用於天干和廟號的"丙"字，我們推測同天干中的甲（本義爲鎧甲）、丁（本義爲釘）、戊（本義爲斧鉞）、庚（本義爲鉦）、辛（本義爲曲刀）等一致，都是六書中的假借，屬於用字之法③。

---

① 劉世儒：《魏晉南北朝量詞研究》，中華書局1965年版，第265頁。
② 轉引自姚小平《洪堡特人文研究和語言研究》，外語教學與研究出版社1995年版，第80頁。
③ 按，天干中的乙、己、癸三字本義仍不明。

三 量詞"兩"的語源

關於"兩"字，許慎《說文·㒳部》收錄了兩個字形，一是"㒳"字："再也。從冂，從从，從一。《易》曰：'參天㒳地。'"二是"兩"字："二十四銖爲一兩。從一㒳。㒳，平分也，㒳亦聲。"清段玉裁注："《兩部》曰：'再者，一舉而二也。凡物有二，其字作㒳不作兩；兩者，二十四銖之稱也；今字兩行而㒳廢矣。"即認爲"㒳"字的本義是數詞"二"，"兩"的本義是衡制單位，後來二字合流。至於量詞"兩"的語源，傳統觀點較爲一致，皆認爲源自"車有兩輪"，如《詩經·鵲巢》："之子於歸，百兩御之。"唐孔穎達疏："謂之兩者，《風俗通》以爲車有兩輪，馬有四匹，故車稱兩，馬稱匹。"又，《史記·貨殖列傳》："牛車千兩。"唐張守節正義："車一乘爲一兩。《風俗通》云：'箱轅及輪兩兩而偶之稱兩也。'"後世學者如劉世儒①、陳榮安②等以及《漢語大詞典》《漢語大字典》等辭書均沿用此說。本文認爲其說皆誤，"兩"的初文爲"㒳"，而"㒳"則是甲骨文"丙"量詞義的分化字，其理據並非"車之兩輪"，而是"一車二馬"制度。

從"㒳""兩"二字構形來看，于省吾已據金文指出"在古文字中，於其字上部之有平橫者，往往又加一短橫"③，"兩"字即是在"㒳"字上部加一短橫而來，當爲一字之不同書寫形式。結合兩周金文字形發展演變來看，于先生的分析確切無誤。表1中"丙""兩"二字都是西周中晚期纔在長平橫上加了一短橫，增繁部件以協調字形早期文字常見，又如"匹"字西周早中期作"𫞗"（4044 御正衛簋）或"𫞗"（2838 㝬鼎），到中晚期則多作"𫞗"（4225 無叀簋）或"𫞗"（82 單伯昊生鐘）。因此"㒳"當爲"兩"之初文，而《說文》誤作二詞；以致對其語源與造字理據的分析，如于先生說"無一是處"。關於"兩"的造字理據，于省吾提

---

① 劉世儒：《魏晉南北朝量詞研究》，中華書局 1965 年版，第 182 頁。
② 陳榮安：《中文量詞歷史辭典》，文津出版社 2014 年版，第 192 頁。
③ 于省吾：《釋兩》，《古文字研究》第 10 輯，中華書局 1983 年版，第 1 頁。

出由古文字中的車字分化而來①，陳夢家已經注意到金文"兩"字系兩個相並立的"丙"②，湯余惠在此基礎上進一步提出甲骨文稱量車馬的量詞"丙"字"可能是'兩'，即'輛'字的初文"，並將所見《甲骨文合集》8984 與 20790 中的"丙"均隸定爲"兩"③。從字形上看，金文中的"兩"確爲兩個並立的"丙"字（參見表1），則其造字理據並非由"車"字截取而來；湯先生將甲骨文"丙"隸定爲"兩"則混淆了字與詞的界限，亦不利於對其造字理據和本義的進一步探討；金文中的"兩"當是甲骨文"丙"的分化字。

從上古音來看，"丙"和"兩"均屬陽部，音近可通。從使用時代來看，量詞"丙"的使用時代爲商代和西周早期，而量詞"兩"則最早出現於西周早期，西周早期是二者興替的過渡期，且該期量詞"丙"僅上揭例（7）之《小臣夌鼎》一見，二者的使用時代也構成了互補。

從語法功能上看，甲骨文量詞"丙"和西周金文量詞"兩"的適用對象均爲馬或車。西周金文中"兩"字總計 30 見；其中用作量詞 19 例，多用於馬（11 例），如：

（8）易（賜）金車、馬兩，揚公白（伯）休。（西周早期，4201 小臣宅簋）

（9）師黃賓（儐）瑀章（璋）一、馬兩；吳姬賓（儐）帛束；瑀對揚天子休。（西周中期，4195 瑀簋）

（10）公穡繁曆，易（賜）宗彝一肆、車、馬兩。（西周中期，5430 繁卣）

亦可用於車（2 例），見於西周早期的《小盂鼎》：

（11）獲馘四千八百又二馘，孚（俘）人萬三千八十一人，孚

---

① 于省吾：《釋兩》，《古文字研究》第 10 輯，中華書局 1983 年版，第 1 頁。
② 陳夢家：《殷虛卜辭綜述》，中華書局 1988 年版，第 94 頁。
③ 湯余惠：《商代甲骨文中的"丙"和"兩"》，《史學集刊》1991 年第 2 期。

（俘）馬四□□匹，孚（俘）車卅兩，孚（俘）牛三百五十五牛，羊卅八羊……獲馘二百卅七馘，孚（俘）人□□人，孚（俘）馬百四匹，孚（俘）車百□兩。（西周早期，2839 小盂鼎）

此外還可用於其他成對事物（6 例），如西周早期的《欪簋》（《集成》3745）："欪乍（作）厥簋兩，其萬年用鄉（饗）賓。"西周中期的《九年衛鼎》（《集成》2831）："舍矩姜帛三兩。"① 另可用作數詞（11例），顯然皆由稱量"馬"的集合量詞類推而來。

綜上，"丙"與"兩"二字形音義關係密切，使用時代互補，皆可證金文"兩"爲"丙"的分化字，其量詞用法繼承自量詞"丙"。"兩"字之形產生的動因在於甲骨文中"丙"既可以用作天干和廟號，又可以用作馬或車的量詞，爲了分化其詞義以避免混淆，到西周早期就爲使用頻率較低的量詞義新造了"𠕎"字，後增加一短橫爲"兩"字，沿用至今。至於《説文》所言"二十四銖爲一兩"之衡制用法始見於春秋金文，魯實先認爲乃"兩條鞋帶"之重量，於史無證，其説基於《説文·系部》："緉，一曰絞也。"認爲其義春秋時已通行："考之古貨，征之故記，未見權量之兩出於履緉之前，則權量之有'兩'名，乃取其重如履緉，無可致疑矣。"② 其實"權量之兩"春秋早期已見，而"履緉"仍未見，則其論不攻自破，因此我們推測衡制單位"兩"和"斤""朱（銖）""益（鎰）"等均爲六書中的假借。

四 量詞"兩（輛）"的歷時發展

從考古發現來看，商代的車一般爲一車二馬，到商代晚期纔出現了一車四馬，西周時期一車四馬成爲戰車的標準制度。因此西周開始基於一車二馬的量詞"兩"便喪失了其語義基礎，新興量詞"匹"和"乘"

---

① 按，《周禮·地官·媒氏》："凡嫁子娶妻，入幣純帛，無過五兩。"漢鄭玄注："五兩，十端也。"唐孔穎達疏："云五兩十端者，古者二端相向卷之，共爲一兩。"用於稱量帛的量詞"兩"也是基於其兩端相向之義。

② 魯實先：《圈點説文解字》，南嶽出版社 1994 年版，第 71 頁。

獲得了迅速發展。個體量詞"匹"一經產生，很快就取代了"丙"稱量馬的功能；而且，西周金文中與量詞"匹"搭配的數詞往往是"三（四）"，顯然是與一車四馬制度相適應的，這也是新興量詞"匹"能夠迅速取代舊量詞"丙"的語用動因；如：

（12）易（錫）玉五品，馬三（四）匹。（西周中期，0754 尹姞鬲）

（13）易（錫）秬鬯一卣、玄袞衣、赤舄、金車、賁較、朱虢（鞹）靳、虎冪、熏（纁）裏、賁較（較）、畫轉、金甬（筩）、馬三（四）匹、攸（鋚）勒。吴拜稽首，敢對揚王休。（西周中期，9898 吴方彝蓋）

量詞"乘"則在稱量車的功能上，和"兩"展開了語法化中的"擇一（specialization）"競爭。從甲骨文字形來看，"乘"本義爲動詞"登木"之"登"，容庚《金文編》："乘，從大在木上。"自然亦可用於"登車"，由此轉喻爲稱量車的量詞①，其語義基礎不受駕車之馬數量的限制，因此在西周一經產生就廣泛使用，如西周晚期《師同鼎》（《集成》2779）："孚（俘）車馬五乘。"西周晚期《禹鼎》（《集成》2834）："武公乃遣我（禹）率公朱（戎）車百乘、厮（廝）馭二百、徒千。"但主要用於拖運貨物的牛車與"登車"義無關，如《尚書·酒誥》："肇牽車牛，遠服賈用，孝養厥父母。"因此還沿用量詞"兩"。於是，先秦兩漢時期稱量"車"的量詞有分化的趨勢，牛車用"兩"，馬車用"乘"；從兩漢簡帛文獻來看二者的區分非常明顯，例外較爲罕見，如：

（14）大婢一人，二萬；牛車二兩，直四千；田五頃，五萬；軺車二乘，直萬。（《居延漢簡》37.35）

（15）軺車二乘，牛車一兩。（《鳳凰山 168 號墓漢簡·竹牘》）

（16）隧長轉關中夫持馬四匹、畜牛八、用牛一、軺車一乘、牛

---

① 王雲路：《王念孫"乘"字說淺論》，《浙江大學學報》1988 年第 1 期。

車一兩歸養。(《金關漢簡》73EJT5：64)

雖然"乘"的本義與車馬制度無關，但長期用作量詞，其詞義與一車四馬制度互相浸染，甚至產生了數詞"四"義，如《儀禮·聘禮》："勞者禮辭，賓揖先入，勞者從之，乘皮設。"漢鄭玄注："物四曰乘；皮，麋鹿皮也。"因此戰國以降，隨着一車四馬制度的消亡，量詞"乘"由於其特定的語義限制，在魏晉以後逐漸被重新崛起的量詞"兩"所取代；而且有趣的是，量詞"兩"的理據已經不明，被重新分析（reanalysis）爲"兩輪"，古代車皆兩輪，形象直觀，理據的訛變也成爲量詞"兩"取得優勢地位的動因之一。

隨着量詞"兩"詞義的發展和分化，用作車的量詞後加"車"部作"輛"字，其產生時代學界亦多有爭議。睡虎地秦簡《秦律十八種·司空》130 整理者釋文："一胎、功間大車一輛，用膠一兩，脂二錘。"但細審圖版，整理者釋文有誤，當爲"兩"字；《居延漢簡》136.26 中有"車輛"二字，但原圖版漫漶不清，劉世儒懷疑"恐有問題"①，今據"中研院"史語所新公佈紅外圖版清晰可辨爲"軻"字；又，杜鵑列《漢書》中的 4 例②，核之原文，皆作"兩"字；《漢語大字典》《漢語大詞典》二辭書均引《水滸傳》，則時代過遲。從出土文獻看，該字兩漢未見；從傳世文獻來看，劉世儒引《水經注》卷 16："及碑始立，其觀視及筆寫者車乘日千餘輛，填塞街陌矣。"③ 是目前所見最早傳世文獻用例，學界多有轉引，但《水經注》該文轉引自南朝宋範曄《後漢書·蔡邕傳》，原文作："及碑始立，其觀視及摹寫者車乘日千餘兩，填塞街陌矣。"《水經注》經過輾轉傳抄和散失，到明代已經錯漏連篇，清代戴震校成的武英殿聚珍本竟修訂 7291 字之多，該句也是如此，其中"摹"誤作"筆"，文意不通；"輛"亦可能爲"兩"之誤。從出土文獻看，目前

---

① 劉世儒：《魏晉南北朝量詞研究》，中華書局 1965 年版，第 183 頁。
② 杜鵑：《量詞"兩"考辯》，《北方論叢》2005 年第 5 期。
③ 劉世儒：《魏晉南北朝量詞研究》，中華書局 1965 年版，第 183 頁。

所見最早用例當爲北魏延昌元年（公元512年）《冠軍將軍夫人劉氏墓誌》："桃夭有時，百䡬於歸。"該字從車從丙作"䡬"，毛遠明先生注："'䡬'的俗字。"①

量詞"兩"用於成對事物早在西周金文已見，其中稱量鞋、襪等事物時後世又加"糸"部作分化字"緉"，《說文·糸部》已見："緉，履兩枚也。"綜合傳世文獻與出土文獻來看其量詞義最早用例爲三國魏曹植《冬至獻履襪頌表》："拜表奉賀，並獻文履七緉，襪百副。"唐代以後，用於鞋襪的量詞時又更換形符作分化字"䡬"，如溫庭筠《乾𦠀子》："又買内鄉新麻鞋數百䡬。"《篇海類編·鳥獸類·革部》："䡬，與緉同。"

又作"量"字，按《匡謬正俗》："字當作兩……兩音轉變，故爲量爾。"劉世儒認爲"到了南北朝初期纔又寫作'量'的"②，其實三國時期已見，曹操《與太尉楊彪書》："並遺足下貴室錯彩羅縠裘一領，織成靴一量。"出土簡牘文獻亦可證，南昌吳高榮墓出土木牘："故帛布□四兩；故帛繐不□一量。"

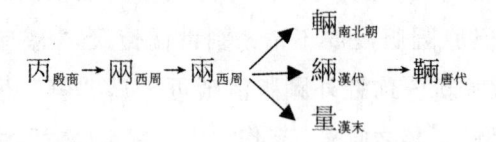

$$丙_{殷商} \rightarrow 㒳_{西周} \rightarrow 兩_{西周} \rightarrow \begin{matrix} 䡬_{南北朝} \\ 緉_{漢代} \rightarrow 䡬_{唐代} \\ 量_{漢末} \end{matrix}$$

圖1　量詞"丙/兩"的字形演變

綜上，從"丙"和"兩"的歷時發展可見漢語量詞的語法化是一個漫長而複雜的歷程，在這一過程中伴隨着書寫形式、語音的變化和相關量詞的興替，必須綜合傳世文獻與出土文獻，將形、音、義三者結合起來，關注與詞彙發展相關的社會、文化制度，方能釐清其發展史，探明其語源與發展興替的動因。

---

① 毛遠明：《漢魏六朝碑刻校注》第4册，線裝書局2008年版，第204頁。
② 劉世儒：《魏晉南北朝量詞研究》，中華書局1965年版，第200頁。

春秋戰國時期齊國量制量詞的
興替及其動因*

春秋戰國時期各諸侯國紛紛建立獨立的度量衡量詞體系，甚至部分大夫也創建了所謂家量，名稱各異，如齊國有"豆、區、釜、鐘"四量，楚國用"擔"，魏國用"益"，燕國用"觳"，等等。隨着相關文獻和量器實物的大量出土與公佈，學界對上古度量衡量詞系統的研究逐步深入，但基於研究目的不同往往側重於某一方面，未將傳世文獻、出土文獻、出土實物三者結合起來，特別是偏重文獻記載及出土實物銘文等文字資料，而忽視了出土量器實物的實測資料；或側重於各諸侯國制度差異性的研究，而没有重視各國量制的繼承性和相關性；或側重於某一量器或某類量器研究，而未能將各諸侯國制度與此前周制及後世漢制結合起來，放到漢語量詞發展史的框架中加以考量；從而導致了研究系統性的闕失和諸多認識偏誤，如《漢語大詞典》對"大斗""小斗"釋義皆誤①，對齊國新舊四量則語焉不詳。

姜氏齊國之"豆、區、釜、鐘"四量，按《左傳·昭公三年》晏子語："齊舊四量，豆、區、釜、鐘。四升爲豆，各自其四，以登於釜，釜

---

* 本文原題爲《春秋戰國時期齊國量制量詞的興替及其動因——兼論上古時期的大小量制量詞系統》，刊於《西南大學學報》2018 年第 4 期；人大複印報刊資料《語言文字學》2018 年第 12 期全文轉載。爲國家社科基金項目"漢語量詞發展史及其語法化研究"（13CYY058）階段性成果。

① 李建平：《先秦兩漢糧食容量制度單位量詞考》，《農業考古》2014 年第 4 期；人大複印報刊資料《經濟史》2014 年第 6 期全文轉載。

十則鐘。"① 後田氏家量改制，如《左傳》晏子語："陳氏三量皆登一焉，鐘乃大矣。"然而，田氏家量改制後四量中哪"三量"登一，歷代研究成果眾多，但未有定論；特別是田氏家量改制的理據是什麼，即爲何"登一"而不是採用其他方式，則尚未見到有學者展開考察。因此本文借助傳世文獻、出土文獻與出土量器實測資料的"三重證據法"提出②：其一，春秋戰國至秦漢量制量詞系統中基於粟、米比例而形成了大、小並行的兩個量詞系統，東周各諸侯國和田齊家量均取小量系統（一升爲200毫升）；而祇有姜齊採用了大量系統（一升爲314毫升），二者比例爲6：10；其二，田齊改制"三量登一"指的是豆、區、釜三量進制登一，即"1豆=4升，1區＝5豆＝20升，1釜＝5區＝100升，1鐘＝10釜＝1000升"，改制前後釜量的實際容量不變，均爲20000毫升；其三，田氏家量改制的理據在於由姜齊採用的大量量詞系統改取小量系統，並創制新量詞"鋗"，形成新的"升、豆、鋗、區、釜、鐘"六量詞，而"升、鋗、釜"與"升、斗、斛（石）"制度一致，從而由四進制、五進制、十進制混合使用統一爲十進制，爲量制量詞的統一奠定基礎，由此亦可見其目的不僅在於取悦百姓以利篡國，更重要的是改變齊國獨用大量系統所導致的障礙，以便於交流，是社會歷史發展的必然趨勢。

一 上古量制量詞系統與齊新舊二量的性質

漢語量詞的發展是系統的而不是孤立的，在其歷時發展中具有很強的繼承性，度量衡量詞及其制度更是如此。從周量與春秋戰國各諸侯國量制到秦漢量制，具有繼承和發展的關係。雖然各諸侯國建立了獨立的量制，名稱各異，但"普天之下，莫非王土"，各國之間及與周王室之間，經濟往來是不可避免的，其制度也應有固定換算關係。另一方面，周初採取分封制，各諸侯國所建立的量制量詞也非憑空而來，與周制具

---

① 楊伯峻：《春秋左傳注》，中華書局1981年版，第1235頁。
② 張鑫、李建平：《沈從文物質文化史研究與三重證據法的理論與實踐》，《吉首大學學報》2012年第6期。

有一定聯繫以便交流。此前歷代考證祇在齊國舊量、新量之間展開討論，而祇有跳出齊國的局限，聯繫各諸侯國量制系統，結合周制與秦漢制度，方能有更爲準確、科學的認識。

（一）大量與小量量詞系統

《史記·田敬仲完世家》："田釐子乞事齊景公爲大夫，其收賦稅於民以小斗受之，其稟予民以大斗，行陰德於民，而景公弗禁。"① 該文與《左傳》《晏子春秋》所載顯然是同一事件的不同敘述方式。《漢語大詞典》收錄了"大斗""小斗"兩詞條，"大斗"爲"容量較大的斗"②，"小斗"爲"容量小於標準量的斗"③，書證均爲《史記》。"大斗""小斗"等系列大小量制量詞在傳世先秦兩漢文獻罕見，更未見二者之間的換算關係，歷代多誤解爲大於或小於標準量的量制量詞。

近年來大量出土簡帛簿籍類文獻相關記載爲此提供了豐富的研究資料，由此纔可知"大斗""小斗"並非大於或者小於標準量的斗，而是有固定制度的並行的兩個量制系統，與之對應的量制量詞"升""斛""石"也均有大小之分，大量與小量比例爲10∶6④。香港中文大學藏漢簡《奴婢廩食粟出入簿》131 正面："利家大奴一人，大婢一人，小婢一人，稟大石四石五斗，爲小石七石五斗，十月食。""用粟大石九石，爲小石十五石。"⑤《居延漢簡》148.15："凡出穀小石十五石爲大石九石。"148.41："入糜小石十二石爲大石七石二斗。"⑥ 其中大石和小石的比例正好都是10∶6，其他文獻如《居延新簡》《敦煌漢簡》《肩水金關漢簡》等亦常見。當然，與"石"配合使用的"斗""升"，以及與之同實異名的"斛"也都有大小之分。"大小斗"用例如《居延漢簡》308.11/148.17："小斗五斗二升，爲大斗三斗一升二分。"二者比例也

---

① 司馬遷：《史記》，中華書局1963年版，第1881頁。
② 漢語大詞典編纂委員會編：《漢語大詞典》，漢語大詞典出版社1993年版，第1329頁。
③ 漢語大詞典編纂委員會編：《漢語大詞典》，漢語大詞典出版社1993年版，第1591頁。
④ 李建平：《先秦兩漢糧食容量制度單位量詞考》，《農業考古》2014年第4期。
⑤ 陳松長：《香港中文大學藏簡牘》，香港中文大學文物館2001年版，第54頁。
⑥ 簡牘整理小組：《居延漢簡》（貳），"中研院"歷史語言研究所2015年版，第123頁。

是10∶6。"大小斛"用例如《居延漢簡》306.2:"凡大斛二百五十六斛。"簡77.24:"爲大斛二斗六升。"衹有升量未見明言大小者,但從其配合使用可推定其制度,如香港中文大學藏漢簡《奴婢廩食粟出入簿》136:"用粟大石六石二斗五升,爲小石十石四斗半象〈參〉。"簡142:"根已稟小石卅八石三斗一參,少二百一十一石六斗,京中少大石五石八升,少半升,爲小石八石四斗七升半參。"由簡文驗算可知與"大石"配合的"升"和與"小石"配合的"升"也是有大小之別的,比例同樣爲10∶6。

上古時期大、小兩個量詞系統起源於主要糧食作物粟和米的比例,《說文·禾部》:"秳,百二十斤也。稻一秳爲粟二十升,禾黍一秳爲粟十六升大半升。"①《米部》又云:"糲,粟重一秳十六斗大半斗,舂爲米一斛曰糲。"②陳夢家認爲:"重一石、容十六斗大半斗之粟(原糧),舂後得容十斗之米,而十斗米的重量並不是百廿斤粟的十分之六,因米實重而穀皮輕。一石是人可擔起的一擔重量(百廿斤),故石亦稱擔。一石重的粟,去了皮以後所得的米實,不是大石粟的重量的十分之六,而是大石粟的容量的十分之六,故大小石之稱起於粟米的比率。"③也就是說,一大石粟舂後爲一小石米,大石和小石實際容量的比例正爲10∶6,這也正是上古採用大、小二量制系統的理據。

(二) 姜齊公量與田氏家量的性質

無論傳世文獻還是出土文獻,對齊國量制變革的記載都是對晏子之語的不同表述,沒有對其具體制度的進一步闡釋,因此導致了對該制度認識的分歧,但諸多出土量器實物爲解決這一問題提供了新的可靠材料。

一是田氏家量。戰國田氏家量最爲明確,多有實物出土,且有自銘。1857年山東膠縣出土子禾子銅釜、陳純銅釜、左關銅鋓三量最爲重要:一是今藏於國家博物館的子禾子銅釜,禾通"和",子禾子是田和爲大夫

---

① 許慎:《說文解字》,中華書局1980年版,第146頁。
② 許慎:《說文解字》,中華書局1980年版,第147頁。
③ 陳夢家:《漢簡綴述》,中華書局1980年版,第149頁。

時的稱謂，周安王十六年（前386年）田和列爲諸侯後，改稱"齊侯""和侯""太公和"，可見此器鑄造於田氏篡齊之前，實測容20460毫升，按"百升爲釜"，則1升爲204.6毫升；二是今藏國家博物館的陳純銅釜，器形、容量均與子禾子銅釜相近，容量爲20580毫升，則一升爲205.8毫升；三是今藏上海博物館的左關銅鉶，據邱光明考證其銘文爲半區之量，實測容量爲2070毫升，則一升合207毫升①；由此可見戰國田氏家量1升當爲205毫升左右。

二是姜齊公量。目前出土的有銘文可證實的齊國公量僅兩件，即出土於山東臨淄的公豆陶量和公區陶量，今藏國家博物館。其一有陽文"公豆"二字，實測容量爲1300毫升；其一有陽文"公區"二字，實測容量爲4847毫升；二者的比例爲1∶3.7。按照"1區=4豆"，誤差稍大，但如馬衡言："制定標準器者雖有專官，而民間所用則依頒定值標準器而仿製之。經多數人之仿製，遂不能必其一無差異。"② 按"公豆"之容量，則1升爲325毫升；按"公區"之容量，則一升爲303毫升；若取二器的平均值，則1升爲314毫升。

姜齊"公豆""公區"二量與田氏家量各量相比較，換算爲升量後其差距達到54.5%，因此學界往往認爲出土姜齊公量之量器爲民間所造，所以纔會有較大誤差，諸多研究則祇能回避此二量，以致學界對該量既無從解釋，也未能充分利用。本文認爲這已經遠遠超出了所謂誤差可以解釋的範疇，即使民間所造亦無可能；另一方面，二量器出土地明確，且有銘文明確爲"公豆"，絕無造假之可能。

值得注意的是，姜齊公量和田氏家量二者之間的比例爲"314∶200=10∶6.37"，若考慮到量器具體製作時的誤差以及量器實物測量中的誤差，其比值約等於10∶6，而這一比例正好是上古時期量制系統中大量和小量之間的比例。按睡虎地秦簡《效律》5—6："斗不正，半升以上，貲一甲……升不正，廿分升一以上。"③ 秦國官方容器的誤差控制爲5%以

---

① 邱光明：《中國歷代度量衡考》，科學出版社1992年版，第138頁。
② 馬衡：《歷代度量衡之制》，《凡將齋金石叢稿》，中華書局1977年版，第133—139頁。
③ 睡虎地秦墓竹簡整理小組編：《睡虎地秦墓竹簡》，文物出版社1990年版，第70頁。

內，則我們推算 3.7% 誤差是合理的。可見，無論姜齊公量 314 毫升的升量還是田氏家量 200 毫升的升量，都是有理據的：姜齊舊量採用的是量詞系統中的大量量詞系統，而田氏家量則採用了小量量詞系統。

二 姜齊公量與田氏家量的制度

姜齊公量具體制度明確，如《左傳·昭公三年》晏子所言："四升爲豆，各自其四，以登於釜，釜十則鐘。"在升、豆、區、釜四量之間都採取四進制，在釜、鐘之間則用十進制，即：1 豆 = 4 升；1 區 = 4 豆 = 16 升；1 釜 = 4 區 = 64 升。由於姜齊公量採用大量系統，按實測數據大量的一升爲 314 毫升，則一釜爲 20096 毫升。田氏家量改制後則採用小量量詞系統，一升爲 200 毫升。至於其具體制度，由於對《左傳》晏子"陳氏三量皆登一焉"中哪三量"登一"理解的差異，歷代研究多有爭議。

（一）歷代諸説及其問題

對《左傳》《晏子春秋》等經典文獻中關於齊量的記載，從晉杜預開始歷代學者研究成果可以總結爲四類，涵蓋了對晏子之語闡釋的各種可能性。

其一，豆量加一説。四量之中僅豆量加一，其他進制不變，但實際容量隨之增加。《左傳·昭公三年》"陳氏三量，皆登一焉"晉杜預注："登，加也，謂加舊量之一也。以五升爲豆，四豆爲區，四區爲釜，則區二斗，釜八斗，鐘八斛。"即：1 豆 = 5 升；1 區 = 4 豆 = 20 升；1 釜 = 4 區 = 80 升；1 鐘 = 10 釜 = 800 升。此説在學界影響最大，如陳冬生贊同此説，並據春秋戰國民間借貸利率"貸一還二"之"倍貸"情況，提出祇有該説各計量量詞利率是一致的，即"借 1 家豆（5 升）還 2 公豆（8 升）"，區、釜、鐘量以此類推，均爲 60% 的利率，低於"倍貸"100% 的利率[1]。但是此説仍有可商之處：一是僅"豆"量加一，與晏子所謂"三量登一"不合。二是如邱光明説："如按實測子禾子銅釜容 20460 毫

---

[1] 陳冬生：《齊量制辨析》，《中國史研究》2006 年第 3 期。

升折算，每升當合256毫升。"① 與各量制系統均不合。三是借貸利率過高，《管子·輕重丁》中齊西、齊東兩地糧食借貸利率爲100%和50%，齊南、齊北二地貨幣借貸利率爲50%和20%；那麽，60%的利率甚至高於的齊東50%的糧食借貸利率，更高於齊南、齊北貨幣借貸利率，僅低於齊西。據《管子·治國》："上征暴急無時，則民倍貸以給上之征。"② 此類"倍貸"顯然屬於特殊情況下的超高利率，並非常例；若田氏採用60%的借貸利率，則是過分的高利貸，不僅不能收買人心，而且是乘人之危聚斂錢財。

其二，豆區釜三量加一説。今人吴則虞提出："'三量'者，豆、區、釜也；登一，各爲五矣。五升爲豆，五豆爲區，五區爲釜，是區爲二斗五升，釜一斛二斗五升，鐘十二斛五斗，故曰'大'也。"③ 吴慧贊同此説："祇有'五升爲豆，五豆爲區，五區爲釜，十釜爲鐘'的説法最爲平易，合乎原意。因爲'皆登一焉'不可能指升，豆由四升加一變爲五升，區由四豆加一變爲變爲五豆，釜由四區加一變爲五區，這纔是三量'皆登一焉'。"④ 則田氏新量爲：1豆=5升，1區=5豆=25升，1釜=5區=125升，1鐘=10釜=1250升。該説文意最符合晏子"三量登一"之言，學界有一定認可度，但該説存在以下問題：一是區、釜二量與傳世文獻記載不合，按《管子》等記載改制後"1區=20升""1釜=100升"是無疑的；二是與出土戰國量器實測數據、進制均不合，如子禾子銅釜、陳純銅釜皆容20000毫升左右，皆以百升爲釜。

其三，豆區四進制不變，其餘加一説。莫枯最早提出此説，認爲祇有豆、區四進制不變，其餘改爲五進制⑤，其結論爲：1豆=5升，1區=4豆=20升，1釜=5區=100升，1鐘=10釜=1000升。其立論根據主要是山東臨淄出土"公豆""公區"，其實測容量分别1300毫升、4847毫升，1區約合4豆。該説立意新穎，近年來多有論著採用此説，但該説

---

① 邱光明：《中國歷代度量衡考》，科學出版社1992年版，第138頁。
② 黎翔鳳：《管子校注》，中華書局2004年版，第925頁。
③ 吴則虞：《晏子春秋集釋》，中華書局1982年版，第270頁。
④ 吴慧：《中國歷代糧食畝産研究》，農業出版社1985年版，第28頁。
⑤ 莫枯：《齊量新議》，《上海博物館集刊》，1987年，第62—63頁。

將"公豆""公區"看作田氏新量，邱光明已指出二量器與其他田氏量器實測容量相比，其誤差分別"都大大超出了允許誤差範圍"①。而且二量器銘文明確爲"公豆""公區"，當是姜齊公量無疑，將其認定爲田氏家量，顯然不符合歷史事實。

其四，豆量不變，區釜加一說。清孫詒讓《籀廎述林》"《左傳》齊新舊量義"條提出："今考陳氏新量之釜，蓋十斗而非八斗也。依《傳》文當以四升爲豆不加，而加五豆爲區，則二斗；五區爲釜，則一斛；積至鐘則十斛，所謂'三量皆登一'者，謂四量唯豆不加，故登者至三量，而鐘亦在三量中也。"② 具體制度爲：1 豆＝4 升；1 區＝5 豆＝20 升；1 釜＝5 區＝100 升；1 鐘＝10 釜＝1000 升。邱光明等贊同該說，認爲既符合《管子》中《海王》《輕重丁》"百升而釜"說，也與子禾子銅釜、陳純銅釜、右里銅量、左關銅鋗等量器實測數據與制度相合，但又指出："公量之四進位制尚未見有實物證據……齊舊四量還有待實物的新發現來考證。"③ 總之，該說問題在於：一是"三量登一"爲何指三量均有所增加而非"各自加一"，未能做出合理解釋；二是對姜齊公量未展開考證；三是未闡明改制前後新舊兩種量制的性質，也未解釋改制的理據。

此外，還有"豆量不變，區、釜加舊量之一說"。爲唐陸德明《經典釋文》提出，陳冬生指出"這是陸德明對杜注三量'登一'的誤解"④，訛誤明顯，未獲學界認可。

表 1   田氏家量各家之說對照表

	豆	區	釜	鐘
豆量加一說	4 升	20 升	80 升	800 升
豆區釜三量加一說	5 升	25 升	125 升	1250 升
豆區四進制，其餘加一說	5 升	20 升	100 升	1000 升
豆量不變，區釜加一說	4 升	20 升	100 升	1000 升
區釜加舊量之一說	4 升	20 升	80 升	800 升

① 邱光明：《中國歷代度量衡考》，科學出版社 1992 年版，第 138 頁。
② 孫詒讓：《籀廎述林》，上海古籍出版社 2002 年版，第 177 頁。
③ 邱光明：《中國歷代度量衡考》，科學出版社 1992 年版，第 137—138 頁。
④ 陳冬生：《齊量制辨析》，《中國史研究》2006 年第 3 期。

（二）田氏家量的具體制度

全面考察相關文獻，其實可以發現田氏家量的部分制度是明確無疑的。一是百升爲釜，按《管子·海王》："鹽百升而釜。"① 《地數》："鹽之重，升加分耗而釜五十。升加一耗而釜百，升加十耗而釜千。"② 姜齊舊量一釜爲64升，則"百升爲釜"當屬田氏家量。二是五區爲釜，《管子·輕重丁》："今齊西之粟釜百泉，則鏂（區）二十也。齊東之粟釜十泉，則鏂（區）二錢也。"③ 姜齊舊量四區爲釜，則可以確定此爲田氏家量"登一"後的制度。

歷代研究成果中，祇有"豆區四進制，其餘加一說"和"豆量不變，區釜加一說"符合上述兩個定論，而前說一方面將公豆、公區誤作田氏家量，另一方面升豆五進制、豆區四進制、區釜五進制這種不同進制的交錯使用，顯然容易造成混亂，不合情理；因此祇有"豆量不變，區釜加一說"最爲合理，而晏子"陳氏三量皆登一焉，鐘乃大矣"文中的"三量"當爲泛指，按《晏子春秋》卷七："齊舊四量而豆，豆四而區，區四而釜，釜十而鐘。田氏四量，各加一焉。"于鬯云："'而豆'上當脫'四升'二字。"④ 該文云"四量加一"而非"三量登一"，可見"三量""四量"都是泛指，意思是各量均有所增加。在升、豆、區、釜、鐘五量中，升是最小的量詞，釜、鐘間十進制不變，豆、區、釜之間的進制是田氏家量改制所在，因此若云"三量"當指豆、區、釜三量，若云"四量"則是豆、區、釜、鐘四量，都有所增加。

可見，田氏家量的具體制度是升、豆間仍採用四進制不變，豆、區、釜三量進制"皆登一"而採用五進制，即：1豆＝4升；1區＝5豆＝20升；1釜＝5區＝100升。再結合出土量器實測數據，可以將其具體制度分析整理爲表2。

---

① 黎翔鳳：《管子校注》，中華書局2004年版，第1246頁。
② 黎翔鳳：《管子校注》，中華書局2004年版，第1364頁。
③ 黎翔鳳：《管子校注》，中華書局2004年版，第1483頁。
④ 于鬯：《香草續校書》，中華書局1993年版，第116頁。

表2　　　　　　　　姜齊舊量和田氏家量對照表

	姜齊舊量	田氏家量
升	314	200
豆	1256	800
區	5024	4000
釜	20096	20000
鐘	200960	200000

　　對比改制前後的實際容量可見，姜齊公量和田氏家量在釜、鐘二量上又重新歸於一致，均爲20000毫升，正好與先秦兩漢計量糧食最用的量詞"石"的容量相同，顯然並非巧合。

三　田氏量制量詞系統改制的理據

　　先秦諸多古籍如《左傳》《晏子春秋》《韓非子》中都記載了田氏通過家量改制收買民心以篡權之事，文句基本類似，顯然是同源的。田氏家量改制的目的，多數學者認爲田氏採取"以家量貸而以公量收"的放貸方式，是一種"不收利息，而且還低於本錢"的"救濟性借貸"行爲①。陳冬生提出質疑說："陳氏不會去做賠本的借貸，既言借貸，就要償還，祇是利率多少的不同而已；其次，陳氏爲爭取民心也不一定非採用倒賠的手段不可，祇要把借貸利率降在社會普遍借貸利率之下，照樣可以起到'厚施'的效果。""如果真是爲了倒賠或'不收利息'，使用舊量開倉放賑，或採用'貸一還一'豈不更爲直接？何必實行家量改制，再曲之以貸，多此一舉。"② 陳先生所論有一定道理，但田氏各量統一的60%借貸利率卻更不合理，而且也未考慮當時的社會政治背景，田氏收買人心爲篡奪政權做準備是一個長期的過程，在姜氏仍然掌握政權的情況下，該行爲顯然不能過於明目張膽，這也是田氏"曲之以貸"的原因，

---

① 魏悅：《先秦借貸活動探析》，《中國經濟史研究》2004年第2期。
② 陳冬生：《齊量制辨析》，《中國史研究》2006年第3期。

並非"多此一舉";但這是否是田氏改制的唯一目的呢?田氏爲何要採用"登一"的方式呢?改制是否會造成量制制度的混亂呢?對於這些問題,歷代研究均未涉及,而這正是釐清其具體制度的重要環節。

如前文所論,姜齊公量採用的是大量系統,而田氏家量衹是採用了原有量制量詞系統中的小量系統,並非獨創,自然也不會造成度量衡量詞的混亂。而且,從共時角度考察,春秋戰國時期各諸侯國以及周王室均採用小量系統,衹有姜齊公量採用大量系統,給齊國與其他各國和周王室的交流帶來不便;從歷時角度考察,田齊家量改制不僅改變了舊量量詞制度,並進一步創造了新量詞"鍾",從而爲量制量詞的統一和發展奠定了基礎。

(一) 春秋戰國時期量制量詞的取捨

春秋戰國時期的量制量詞雖然紛紜複雜,但"升"是最基本的量詞,其他都可以換算爲升量,釐清了各諸侯國升量制度,就可以明確其基本量制體系,因此,本文以升量爲基礎展開考察。

第一,東周量。目前未見出土東周量器,但是銅鈁、銅鼎等器物上的銘文明確了相關制度,如清華大學藏洛陽金村成周故城出土銅鈁,容7935毫升,銘文有"四斗"字樣,則1升爲198毫升;故宮博物院藏金村銅鈁,亦有"四斗"銘文,容7700毫升,則1升爲193毫升。

第二,秦量。秦制最爲明確,上海博物館藏戰國"商鞅銅方升",實測容202.15毫升,爲"商鞅變法時所規定的標準升"[①],該器銘文一是秦孝公十八年(前344年)鑄造器物時的銘文"大良造鞅";二是秦始皇二十六年(前221年)統一度量衡時的新銘:"法度量則不壹歉(嫌)疑者,皆明壹之";由此亦可見秦代統一度量衡是以統一前的秦制爲標準的。出土秦量器多可驗證,如秦昭王三十六年(前271年)銅扁壺容量爲9350毫升,銘文"四斗大半斗",則1升合200毫升;陝西咸陽塔兒坡出土容器,爲三晉遺物,秦滅三晉後重新測定標示容量,如"六斗"銅鼎,容12000毫升,則1升合200毫升。當然,也有一定的誤差者,如

---

① 馬承源:《商鞅方升和戰國量制》,《文物》1972年第6期。

陝西咸陽博物館藏"三斗"銅鐘，容5900毫升，則1升爲197毫升。

第三，楚量。出土楚國容器多無自銘，但郢大府銅量外壁銘文有"笫"字，底部刻"少"字，"笫""少"均通"箾"。《説文·竹部》："箾，一曰飯器，容五升。"① 該量實測容1110毫升，則楚量的1升當合222毫升。

第四，三晉量。三晉制度相近，出土器物達29件，但多爲容器而非量器。邱光明據登封古陽城遺址出土陶量分析，韓國1升約爲169毫升；而眉朕銅鼎銘文"一斗半"、右朕銅鼎銘文"三半"，實測折算韓國1升約爲171毫升；二者容量相近。趙國出土器物雖有銘文，但實測數據差距太大，邱先生以土匀銅盉暫定爲1升合175毫升②。魏國資料缺乏，但可推測與此相近。

第五，燕量。按1982年江蘇盱眙出土銅壺銘文"受一觳五鵤"，該器實測容量爲3000毫升③，則1觳爲2000毫升，相當於1斗；1鵤爲200毫升，相當於1升。但襄安君銅錍容二觳，朱德熙校量爲3563毫升，則1觳爲1782毫升④；陝西文水出土銅壺銘文有"六觳四鵤"，容11200毫升，則1觳爲1750毫升；與盱眙銅壺實測數據相差較大。若取平均值則1觳爲1844毫升，1鵤爲184毫升；推測燕國之鵤量相當於升量，則1升爲184毫升。

第六，鄒量。鄒國今存陶量三件，其中兩件出土於鄒縣紀王城：一件1951年出土，有銘文"廩"字，器形與齊國釜相似，實測爲20000毫升，當爲釜量，則1升爲200毫升；一件1980年出土，亦有銘文"廩"字，實測爲19520毫升，則1升爲195.2毫升。另一件爲民國時齊魯大學搜集所得，容20200毫升，則1升爲202毫升。綜合來看，其1升當爲200毫升左右。

第七，中山量。1986年在河北平山縣三汲鄉冶鐵、冶銅遺址出土陶

---

① 許慎：《説文解字》，中華書局1980年版，第96頁。
② 邱光明：《中國歷代度量衡考》，科學出版社1992年版，第138頁。
③ 姚遷：《江蘇盱眙南窯莊楚漢文物窖藏》，《文物》1982年第11期。
④ 朱德熙：《戰國記容銅器刻辭考釋四篇》，《語言學論叢》第2輯，商務印書館1958年版，第161—168頁。

量14件，或容5升，或1斗，或2斗，其中13件折算1升爲180毫升；1件折算爲169毫升，最大誤差爲6.1%。邱光明認爲："可見中山國已有統一的量值及嚴格的管理制度。"① 但本文認爲13件器物出自一處，或出於同一工匠之手，其制度的嚴謹並不一定能反映當時中山國的全面情況。

表3　　　　　　　　　春秋戰國升量對照表

	姜齊公量	田氏家量	東周量	秦量	楚量	韓量	趙量	燕量	中山量	鄒量
毫升	314	205	196	202	222	169	175	184	180	200

綜上所述，從東周到各諸侯國所用"升"量均在200毫升左右浮動，且幅度不大；齊國二量中田氏家量中的"升"量與各國制度一致；以上均爲量制系統中的小量系統。可見雖然由於政權割據，各諸侯國紛紛創製了獨立的量制量詞體系，名稱各異，但根本的"升量"卻是統一的小量系統，即使隨着歷史發展，各諸侯國升量逐漸出現了或大或小的變化，也是在200毫升左右浮動的。其中唯一的例外是姜齊公量，採用了基於314毫升之升量的大量系統，這也導致了與其他各國量制系統的差異。各國不用大量而皆用小量系統是有理據的，主要糧食作物粟、米之間的比例是客觀存在的，基於此而創製的大量和小量系統雖然並不一定是專用來量粟或米的，但二者在早期無疑有一定分工，無論是賦税還是俸祿的計量使用的都是米而非帶殼的粟，因此無論周王室還是大多數諸侯國多採用小量系統，秦統一以後直至兩漢均是如此。那麼，唯一採用大量系統的姜齊公量隨着交流的頻繁而改爲小量也就是歷史的必然了。

（二）田氏家量改制的原因

在升、豆、區、釜、鐘五量系統之中，升量是最小的、最基本的量制量詞，無疑是量制量詞的根本所在。正如前文所述"升量"作爲基礎量詞，各諸侯國基本一致，即採用小量系統的200毫升之量，祇有姜齊公

---

① 邱光明：《中國歷代度量衡考》，科學出版社1992年版，第138頁。

量採用了大量系統的 314 毫升之量，而田氏家量通過改制，在升量上與其他諸侯國達到了一致。

五量之中最大的鐘量未見量器實物出土，甚至有學者懷疑是否已被廢除，但本文認爲量詞"鐘"在春秋戰國時期無疑是存在的，祇是用於賦税或交易時的計量，但因過大且不便使用，不一定有實際量器存在；在大宗對象計量時最常見的量詞仍然是"釜"，在傳世先秦文獻關於糧食交易、俸禄等記載中常見，例如《管子·海王》："十口之家十口鹽，百之家百口食鹽。終月，大男食鹽五升少半，大女鹽三升少半，吾子食鹽二升少半，此其大也。鹽百升而釜。"① 又，《輕重丁》："今齊西之粟釜百泉，則鏂二十也。齊東之粟釜十泉，則鏂二錢也。請以令籍人三十泉，得以五穀菽粟決其籍。"②《輕重乙》："滕魯之粟釜百，則使吾國之粟釜千。"③《地數》："鹽之重，升加分耗而釜五十。升加一耗而釜百，升加十耗而釜千。"④《論語·雍也》："子華使於齊，冉子爲其母請粟。子曰：'與之釜。'"⑤《莊子·寓言》："（曾子）吾及親仕，三釜而心樂；後仕，三千鐘不洎，吾心悲。"⑥

從出土實物看，齊國近鄰鄒國出土三件量器都是 20000 毫升左右的釜量。從出土文獻看，秦簡記録的秦統一前後男子一餐定量爲"参"⑦，即三分之一斗，則月定量爲兩斛。可見在量制量詞系統中，容量爲 20000 毫升的"釜/斛/石"大小適中，應當是大宗糧食計量時最爲常用的量詞。

從實測數據看，姜齊公量採用大量系統，一升爲 340 毫升，採用四進制，則一釜爲 64 大升，合 20096 毫升；田齊改制後採用諸侯國統一的小量系統，一升爲 200 毫升，如果不改變進制仍是 64 升爲釜，則釜量合 12800 毫升，與各國均不一致，通過"三量登一"以致"百升爲釜"，則

---

① 黎翔鳳：《管子校注》，中華書局 2004 年版，第 1246 頁。
② 黎翔鳳：《管子校注》，中華書局 2004 年版，第 1483 頁。
③ 黎翔鳳：《管子校注》，中華書局 2004 年版，第 1464 頁。
④ 黎翔鳳：《管子校注》，中華書局 2004 年版，第 1364 頁。
⑤ 楊伯峻：《論語譯注》，中華書局 1980 年版，第 55 頁。
⑥ 郭慶藩：《莊子集釋》，中華書局 1961 年版，第 954 頁。
⑦ 李建平：《秦漢簡帛中的度量衡單位"参"》，《敦煌研究》2011 年第 1 期。

釜量仍然合20000毫升。可見，田齊改制後無論升量還是釜量，都與其他各諸侯國達成了一致，顯然採用小量系統的田氏家量更便於各類交流。

（三）量詞"鈉"的創制與齊國量制的歷時發展

田氏家量沿用姜齊公量中的量詞"區"之名，但一區爲20升，正好是秦漢常用量詞"斗"（合10升）的兩倍；於是田氏家量創制了新的量詞"鈉"，山東膠縣出土的"左關銅鈉"，容2070毫升，按子禾子銅釜銘文："左關釜節於廩釜，關鈉節於廩𣁟。""𣁟"字郭沫若釋爲半升，楊樹達認爲是"料"字之誤①；其實升、斗二字從金文開始形體就很相近，如秦公簋升字作"𠀃"，斗字作"𠀄"，而古文字多於空處加飾筆，故二字常混，如斛的異體字"䰞"，百升爲斛，該字當從百從升爲是；因此"𣁟"亦可隸定爲"料"。邱光明考證這是"半"字之異體字，後面省略了量詞"區"②，雖然符合驗算結果，但卻有增字解經之嫌。本文認爲"料"即"半斗量"的專字，該量器睡虎地秦簡有記載，《效律》6："半斗不正，少半升以上。"③ 意思是半斗之量器若誤差在超過三分之一升，則有相應處罰。左關銅鈉實測爲田氏家量中"區量"之半，是正合秦漢一"斗"之量，自然亦可用半斗之量校驗。

綜上可見，田氏家量所謂"改制"並非僅是"私大斗斛"，而是有所依據的，改變了姜齊公量的大量量詞系統，採用了各國通行的小量量詞系統，通過改制使各量和東周、秦等諸侯國在實際容量、進制上達成一致。特別是"半區"之量"鈉"的使用，從姜齊公量的五量制發展爲"升、豆、鈉、區、釜、鐘"六量制；而在實際使用中"豆、區、鐘"三量基本不用，則變成"升、鈉、釜"三量制，均爲十進制，相當於秦國以及後世的"升、斗、斛"三量制。通過田氏家量改制，齊國量制從姜齊四進制、十進制混合使用，發展爲統一的十進制。《韓非子·外儲說右上》："夫田成氏甚得齊民，其於民也，上之請爵祿行諸大臣，下之私大

---

① 國家計量總局等主編：《中國古代度量衡圖集》，中華書局1982年版，第43頁。
② 邱光明：《中國歷代度量衡考》，科學出版社1992年版，第138頁。
③ 睡虎地秦墓竹簡整理小組編：《睡虎地秦墓竹簡》，文物出版社1990年版，第70頁。

斗斛區釜以出貸，小斗斛區釜以收之。"其實"斗斛"二量均非齊國本有量詞，齊國相當於"斗"量的是半區之"鋪"，相當於"斛"量的是"釜"；可見當時齊國已斗、斛、區、釜諸量混用，《管子》中也是如此，其量詞系統已處在發展更替的中間階段了。

表4　　　　　　　　　齊量歷時發展簡表

第一階段 （姜齊公量）	第二階段 （田氏家量）	第三階段 （田齊公量）	第四階段 （田齊公量）	第五階段 （秦統一後）
升（314）	升（200）	升（200）	升（200）	升（200）
豆（1256）	豆（800）	豆（800）		
		鋪（2000）	鋪（2000）	斗（2000）
區（5024）	區（4000）	區（4000）		
釜（20096）	釜（20000）	釜（20000）	釜（20000）	斛（20000）

四　結語

晏子所言田氏"以家量貸而以公量收"的放貸方式，本文認為應當有一個固定的基本量詞，並非所有量詞均可；如用升、豆顯然太小，而釜則略大，最為合適的量詞應當是"區"，田氏家量為4000毫升，合20升，相當於秦漢以後放貸基本量詞"斗"的兩倍。《左傳·昭公三年》晏子說田氏"以家量貸，而以公量收之"，若以家量"區"（4000毫升）貸，而以公量"區"（5024毫升）收，則其利率為25%。按《管子·輕重丁》所載齊西、齊東的糧食借貸利率分別為100%和50%，顯然前者衹是特殊情況下的超高利率；而田氏利率不僅遠遠低於先秦特殊情況下100%的糧食借貸利率，也衹有一般時期50%糧食借貸利率的一半。如晏子所言，"山木如市，弗加於山；漁鹽蜃蛤，弗加於海"，如果僅僅從字面意思來看，應當沒有任何利潤，甚至是負利潤的；但以常理推測，田氏收買民心的方式也是應當維持合理利潤方能長久，其所謂的"厚施"是與姜齊統治者的橫徵暴斂相對而言的，如姜齊統治下"民參其力，二入於公，而衣食其一"，百姓衹有三分之一的收益率。按《漢書·貢禹傳》："商人求利……歲有十二之利。"即 20% 的利潤率，田氏利率與之正合。另一方面，春秋戰國時期隨着經濟的發展，度量衡制度"除了用於徵收賦稅，還兼有平准物價等職能"，應當具有很强的系統性①。因此，春秋戰國時期各國量制量詞雖然名稱各異，但是其量詞系統均非獨創，而是具有系統性的，或採用大量體系，或採用小量體系；而大小量制系統則起源於古代最重要的糧食作物粟、米的比例，其比例爲 10：6。但是兩種體系在使用過程中容易造成混亂，特別是"四進制"的大量量制系統；爲了便於交流而產生了統一爲"十進制"的趨勢，"縱觀古代度量衡發展歷程，其側重點在於通過技術性和法制性推進統一性和準確性"②，田氏家量的改制正是適應這一歷史趨勢的要求而做出的改變。

　　總之，在漢語發展史的研究中不僅應當將傳世文獻和出土文獻資料結合起來，充分重視新出土文獻的學術價值；還應當將文獻記載與出土實物實測數據結合起來，充分重視出土實物的學術價值。在共時層面上，既要重視語言發展的地域差異性，又要重視其發展的系統性；在歷時的層面上，既要考察其對前代的繼承，還應考察其後續發展與演變；衹有將共時研究與歷時研究充分結合起來，綜合分析具體語言現象發展的動因與機制，才能得出科學準確的結論，並將漢語發展史的研究推向深入。

---

① 邱光明：《度量衡法的制定與執行》，《中國計量》2014 年第 7 期。
② 趙文斌：《古代三次變法與度量衡發展》，《中國計量》2017 年第 8 期。

漢語量詞個案
及其歷時演變研究

動量詞"行"產生的時代及其來源*

《中國語文》2009年5期載范崇峰《敦煌醫方量詞兩則》一文（以下簡稱"范文"），對敦煌醫方中的兩個量詞"行"和"累"進行了討論，拜讀數過，獲益匪淺。但范文對動量詞"行"產生時代與來源的論述或有可商，略論如下，以就教於方家。

范文認爲動量詞"行"是"稱量排泄大便的次數的專用量詞"，是"醫書專用量詞"，"考察這個義項的源頭當來自於佛經。'行'在佛經中可指排便，大小便分別稱爲'大行、小行'。"[①] 其實，動量詞"行"早在漢代已經產生，多見於東漢醫學文獻和道教文獻，適用範圍較廣，醫書中既可稱量"大便次數"，也可稱量"小便次數"；而道教文獻中則相當於動量詞"遍"；考其語源亦知與佛經文獻無關。

"行"用作動量詞，最早見於漢代醫籍，如：

（1）故平人日再至圊，一行二升半，一日中五升，七日五七三斗五升，而水穀盡矣。（《難經·第四十三難》）[②]

（2）傷寒中風，醫反下之，其人下利，日數十行，穀不化，腹中雷鳴，心下痞硬而滿，乾嘔，心煩不得安。（《傷寒論·辨太陽病

---

* 本文原刊於《中國語文》2011年第2期。爲國家社會科學基金項目"簡帛量詞研究"（05BYY003）階段性成果。

① 范崇峰：《敦煌醫方量詞兩則》，《中國語文》2009年第5期。

② 按，《難經》傳爲秦越人的著作。學界一般認爲其著作時代，當在《內經》之後，《傷寒雜病論》之前。參見郭靄春《八十一難經集解》，天津科學技術出版社1984年版。

脈證並治下》)

（3）至七八日，雖暴煩，下利日十餘行，必自止，以脾家實，腐穢當去故也。（《傷寒論·辨太陰病脈證並治》）①

"圊"指廁所，《釋名·釋宮室》："廁，或曰圊，言至濊之處宜常修治使潔清也。""至圊"即去廁所；"下利"在醫書中是"泄瀉"和"痢疾"的統稱，這裡指腹瀉；可見，以上三例中的"行"均爲動量詞無疑，但漢代醫籍中並非限於稱量"排泄大便的次數"，亦可用於"小便"，例如：

（4）當問其小便日幾行。若本小便日三四行，今日再行，故知大便不久出。（《傷寒論·辨陽明病脈證並治》）

此外，動量詞"行"在道教文獻《太平經》中也較爲多見，例如：

（5）所以樂相氣微氣一行者，相氣微氣象中和人。（《太平經·庚部十三》）
（6）是故其次樂一行，相氣微氣少所而安人，德最少，不而若天地氣也。（《太平經·庚部十三》）

俞理明注："一行，一遍。"② 又如：

（7）今欲解此過，常以除日於曠野四達道上四面謝，叩頭各五行，先上視天，回下叩頭於地。（《太平經·己部之十二》）

俞理明注："五行，五遍。"③ "叩頭各五行"，即每面叩頭各五次之

---

① 劉渡舟：《傷寒論校注》，人民衛生出版社1991年版，第176頁。
② 俞理明：《太平經正讀》，巴蜀書社2001年版，第477頁。
③ 俞理明：《太平經正讀》，巴蜀書社2001年版，第353頁。

義。魏晉六朝醫學文獻中就更常見了，其適用對象仍以"下利"爲多，如西晉葛洪著、南朝梁陶弘景增補《補輯肘後方》中即很常見①：

（8）諸腹不快，體中覺患便服之。得一、兩行利，即好。（《治心腹寒冷食飲積聚結癖方》）

（9）姚氏治卒注下並痢血，一日夕數十行。（《治卒下痢諸方》）

（10）分三服，服得快下數行，便止；不下，則更服。（《治發背方》）②

"行"在東漢佛經文獻中並沒有"大小便"之義，李維琦對佛經中的"大小行"進行了考釋，其所舉最早例證爲東晉譯經③。現存漢代譯經96種，按許理和研究其中可靠者29種④，我們對其中出現的"行"的語義進行了全面考察，並沒有"大小便"之義。因此，動量詞"行"的語源自然也與佛經中"大小行"之"大小便"義無關。從殷商甲骨文來看，"行"的本義是"道路"，羅振玉《殷墟書契考釋》認爲"像四達之衢，人之所行也"，引申爲動詞有"行走"之義，《釋名·釋姿容》："兩足進曰行。"由此引申而有"行動"義，而"大小便""至圊"亦有"行動"的意味，因此用作動量詞實由動詞"行動"義而來。

"行"之"大小便"義從佛經文獻看最早見於東晉譯經⑤，從醫書看西晉葛洪著、南朝梁陶弘景增補《補輯肘後方》已見，如：

---

① 按，今本《肘後備急方》語料的時代非常複雜，東晉葛洪摘錄其《玉函方》（100卷）中可供急救醫療、實用有效的單驗方及簡要灸法彙編成《肘後救卒方》；南朝梁陶弘景增補錄方101首，題名爲《補闕肘後百一方》；金人楊用道又摘選《證類本草》等醫書中的單方作爲"附方"，名爲《附廣肘後方》；簡稱爲《肘後方》。其中"附方"爲金人楊用道所補入，而葛洪原著和陶景補方則已無法分辨，但均可視爲魏晉南北朝時期的語料。參見尚志鈞《補輯肘後方》，安徽科學技術出版社1983年版。

② 按，葉桂郴、伍翠婷統計分析了《肘後備急方》中的量詞使用情況，其中名量詞71個，動量詞9個，參見《〈肘後備急方〉量詞研究》，《桂林航天工業學院學報》2013年第4期。

③ 李維琦：《佛經詞語匯釋》，湖南師範大學出版社2004年版，第65頁。

④ [荷蘭]許理和：《最早的佛經譯文中的東漢口語成分》，蔣紹愚譯，《語言學論叢》第14輯，商務印書館1984年版，第225頁。

⑤ 李維琦：《佛經詞語匯釋》，湖南師範大學出版社2004年版，第65頁。

(11) 此膏亦可服，得大行即須少少服。（《治卒發足癰病方》）

由於"行"用作動量詞在醫籍中稱量的對象主要是"下利"，並非"大小便"，而且漢魏文獻中還可以稱量其他動詞，適用對象較廣，相當於動量詞"遍"，因此我們認爲漢魏六朝醫書、佛經等文獻中稱"大小便"爲"大小行"，與其動量詞義的來源並不相同。

"行"有"疏通""疏浚"義，如《漢書・溝洫志》："禹之行河水，本隨西山下東北去。"唐顔師古注："行謂通流也。"東漢中期到曹魏中期，廁所稱之爲"行清"，即"疏通""清潔"之義，《駢雅・釋宫》："行清，糞廁也。"《史記・萬石張叔列傳》"取親中帬廁牏，身自浣滌"唐司馬貞索隱引三國魏孟康曰："廁，行清；牏，行清中受糞函也。"河南安陽西高穴2號大墓（或疑即魏武王高陵）中出土有"木墨行清"石牌。"清"亦作"圊"，指廁所，如《荀子・王制》："脩采清，易道路。"俞樾平議："清者，《説文・廣部》：'廁，清也。'《急就篇》：'屏廁清溷糞土壤。'字亦作圊。"東漢中期到曹魏中期"行清"之"廁所"義常見，而"行"之"大小便"義亦産生於這一時代，可見漢魏醫書與佛經文獻稱"大小便"爲"大小行"當來源於此。

漢代"帣"之制度補正[*]

帣，《説文·巾部》："囊也。今鹽官三斛爲一帣。"《集韻·𤑠韻》："囊有底曰帣。"也就是説，帣本來是囊的一種，而在實際使用的時候其容量一般爲"三斛"。漢代"斛""石"並用，"三斛"即"三石"，而"石（斛）"又有"大石（斛）""小石（斛）"之別，"大石（斛）"與"小石（斛）"之間的比例爲10∶6[①]。但由於"帣"用作容量單位在傳世先秦兩漢文獻中用例很罕見，《漢語大字典》《漢語大詞典》均無書證，故後世皆從《説文》之訓釋，而"三斛"之"斛"究竟是"大斛"還是"小斛"未有考證。今從兩漢簡牘文獻中發現了一些用例，裘錫圭《漢簡零拾·一九帣》進行了初步考釋[②]，在《關於"帣"的新資料》一文中進一步提出："漢簡中屢次提到盛糧食用的'帣'……盛糧的帣也應以三斛，亦即三石爲標準容量。""用帣裝糧時，不管是以大石還是小石計，一帣都裝三石。"[③] 裘先生此説發現了諸多漢簡中的新材料，但其結論還可以進一步精確化。通過全面考察"帣"在兩漢簡帛中的使用情況及當時的度量衡制度可以發現，"帣"的容量之"三石（斛）"並非"大石（斛）""小石（斛）"均可，而當指"小石（斛）"之"三石（斛）"。漢代大石容十斗，小石容六斗，一"帣"當爲"十八斗"。

---

[*] 本文原刊於《農業考古》2010 年第 1 期；爲國家社會科學基金項目"簡帛量詞研究"（05BYY003）階段性成果。

① 陳夢家：《漢簡綴述·關於大小石、斛》，中華書局1980年版，第149頁。

② 裘錫圭：《漢簡零拾·一九帣》，《文史》第12輯，中華書局1981年版，第34頁。

③ 裘錫圭：《讀漢簡劄記·一關於"帣"的新資料》，《簡帛研究》第 2 輯，法律出版社 1996 年版，第 212 頁。

考察已公佈的全部簡帛文獻，"桊"僅見於《居延漢簡》《居延新簡》和《敦煌漢簡》三種簡牘文獻。或書作"卷""券"，從字形上看，券、卷、桊三者形近；從語音上看，桊、卷二字爲見母元部，券爲溪母元部，聲近韻同，故可通。漢簡所見"桊（卷、券）"總計 19 例，均用於稱量糧食，按其使用情況可分爲三類。

第一類，簡文即言明爲"小石"，僅 1 例：

（1）入粟小石二百五十石，多券（桊）八十三枚者，一石。十二月庚戌，使敦煌倉長就車六兩。（《敦煌漢簡》1227）①

何雙全《敦煌新出簡牘輯錄》據圖版改釋作："入粟小石二百五十石，爲券八十三枚奇一石。十二月庚戌，受敦煌倉長都車六兩。"② "入粟小石二百五十石，爲券八十三枚奇一石"意爲："收入粟小石二百五十石，裝爲八十三桊，還多出一石。"每桊三石，八十三桊共二百四十九桊，加上多出的一石，正是二百五十石。何文所釋經得起驗算，爲確。

第二類，從漢代士卒廩食制度可以推斷爲"小石"，凡 3 例：

（2）卒陳傴，粟一桊（卷）三斗三升。（《居延漢簡》57.19）

（3）士吏尹忠，糜一桊三斗三升，自取。又二月食糜一桊三斗三升，卒陳裹取。（《居延漢簡》57.20）③

按《居延漢簡》《敦煌漢簡》等西北簡所記邊郡吏卒之廩食制度，吏卒每月廩食定量爲小石之"三石三斗三升少"，合大石之兩石，等於三人合十小石，如《居延漢簡》203.14："鄣卒張竟，鹽三升（斗）。十二月食三石三斗三升少，十二月庚申自取。"簡文中的"石"指"小石"，小石之"三石"即簡 57.19、簡 57.20 中的"一桊"。

---

① 甘肅省文物考古研究所編：《敦煌漢簡》，中華書局 1991 年版。
② 何雙全：《敦煌新出簡牘輯錄》，《簡帛研究》第 1 輯，法律出版社 1993 年版，第 222 頁。
③ 中國社會科學院考古研究所編：《居延漢簡甲乙編》，中華書局 1980 年版。

從漢代的實際使用情況來看，容量爲小石之"三石"的"桮"在發放口糧的時候是非常便利的，即"一桮"再加"三斗三升"，而"三斗三升"即約爲一石的三分之一，三人正合三桮又一石。因此，《敦煌漢簡》記載輸送的糧食當用"桮"來裝，且言明爲"小石"：

（4）入麥小石十三石五斗，居攝三年三月戊辰，大煎都士吏牛黨、候吏尹欽，受就人效谷益壽里鄧尊。少不滿車兩（輛），未絭（桮）。（《敦煌漢簡》285）

（5）右已絭（桮）未絭（桮）定入麥小石三百卌四石七斗。（《敦煌漢簡》306）

裘錫圭認爲："此二簡的'絭'字疑當讀爲'桮'，用作動詞就是以桮裝糧食的意思。……也有可能，'桮'字的動詞用法變讀爲與'絭'同音，所以特意借'絭'字來表示。"① 從上古音看，絭爲匣母元部，桮爲見母元部，聲近韻同，故可通。若"桮"爲大石之"三石"，則一"桮"超過了吏卒每月的定量，在實際使用中就很不方便，兩漢簡帛義未見"大石"同"桮"連用之例。

第三類，據漢代度量衡制度可以推斷爲"小石"，凡 11 例：

（6）入粟三石桮百九。又糜三石桮九十二，奇一石。五月乙丑☐（《居延新簡》EPT56.120）②

（7）五石券（桮）卌二券（桮）。☐☐☐三石券（桮）十四券（桮）。☐☐☐（《居延新簡》EPT53.144）

（8）☐九十九石，卅三卷（桮），建平二年十月癸未，甲渠令史宗，受城倉令史譚。（《居延漢簡》84.27）

（9）受降卒張鳴，出廿卷（桮）付倉石，出六卷（桮）以給肩

---

① 裘錫圭：《讀漢簡劄記·一 關於"桮"的新資料》，《簡帛研究》第 2 輯，法律出版社 1996 年版，第 213 頁。
② 甘肅省文物考古研究所編：《居延新簡——甲渠候官》，中華書局 1994 年版。

水卒。(《居延漢簡》433.3/433.32)

(10) ☐☐六桊(卷)二石☐(《居延漢簡》214.111A)

(11) 敦煌疆利里張廣成,車二兩,粟十二桊(卷)奇二石,餘一斗,稷卅石二斗三升少,以廩卒,凡卅一石六斗六升大。(《敦煌漢簡》1718)

以上諸例中"桊"均同度量衡單位"石"連用,而簡文未言"大石"還是"小石"。陳直認爲:"居延簡凡未注明大小石者,以余考之,則皆爲小石。"① 我們對已公佈的所有兩漢簡帛文獻中的度量衡單位做了窮盡性考察,"石"單用一般指"小石"而言,尤其是所有涉及"桊"的漢簡用例中,未見言明爲"大石"者,因此我們認爲以上同"石"配合使用的"桊"亦當指小石之三石無疑。

其餘4例爲"桊"字單用,且簡文殘缺較多,無從推斷,姑列於此備考:

(12) ☐粟一桊(卷)☐粟;☐☐☐粟二桊(卷)☐粟。(《居延漢簡》48.12B)

(13) ☐里鄭則,廩糜一桊☐(《居延漢簡》198.8)

(14) 入桊七枚,隧長安國受尉☐☐(《居延漢簡》275.1)

總之,"桊"在漢簡中與度量衡單位配合使用的19處用例中,除簡文殘缺的4例外均可證其容量爲"小石(斛)之三石(斛)"。《説文》云"三斛爲一桊",其"斛"雖未言大小斛,據漢簡中未言大小者多爲小斛(石)的通例,可以推測傳世文獻也當如此,即《説文》等材料中未言"大小石(斛)"時亦指"小斛(石)"而言,故可知漢代"桊"之標準容量當爲"小石(斛)之三石(斛)"。

---

① 陳直:《居延漢簡研究·居延漢簡綜論》,天津古籍出版社1986年版,第23頁。

秦漢簡帛中的度量衡單位"參"*

作爲度量衡單位，"參"在上古文獻較爲多見。在傳世文獻中一般用作重量單位，如《禮記·檀弓上》"請班諸兄弟之貧者"唐孔穎達疏："凡十黍爲一參，十參爲一銖，二十四銖爲一兩，故錢邊作五銖字也。"宋沈括《夢溪筆談·辯證二》："《唐書》'開元錢重二銖四參'。今蜀郡亦以十參爲一銖。"古今辭書均祇收這一用法。但在秦漢簡帛文獻中，其用法與傳世文獻不同，因此往往容易造成誤解，肖從禮認爲："參，古計重單位……量詞'參'在漢簡中見一例，如：閏月二日有黃米四參。(《居延新簡》EPT56：76A)"① 居延簡多爲與西北屯軍有關的屯戍檔案。此處即是其糧食使用記錄，若"參"爲重量單位，即"二百四十分之一兩"，則"黃米四參"爲六十分之一兩，顯然不合情理。

參，本有"三"之意，上古亦往往可以用作分數，指"三分之一"，如《左傳·隱公元年》："先王之制，大都不過參國之一，中五之一，小九之一。"因此，秦國"參"已經成爲固定的度量衡單位，專指"三分之一斗"，如《睡虎地秦簡·秦律十八種·倉律》55—56："城旦之垣及它事而勞與垣等者，旦半夕參；其守署及爲它事者，參食之。其病者，稱議食之，令吏主。城旦舂、舂司寇、白粲操土攻（功），參食之；不操土

---

* 本文原刊於《敦煌研究》2011年第1期。爲國家社科基金項目"簡帛量詞研究"（05BYY003）階段性成果。

① 肖從禮：《從漢簡看兩漢時期量詞的發展》，《敦煌研究》2008年第4期。

攻（功），以律食之。"① 又，《司空》133："居官府公食者，男子參，女子駟（四）。"而且當時同"半石""半斗"一樣，都有具體的量具，如《睡虎地秦簡·效律》6—7："半石不正，八兩以上……半斗不正，少半升以上；參不正，六分升一以上；升不正，廿分升一以上；黃金衡贏（累）不正，半朱（銖）以上；貲各一盾。"

漢承秦制，量詞"參"在漢代仍然沿用。居延漢簡僅此一例，但在《香港中文大學博物館藏簡牘》和《馬王堆漢墓醫書》中較爲多見。值得注意的是，由於漢代"石""斗"均有大小之分，根據港大簡《奴婢廩食粟出入簿》中大小石比率的關係可以算出，漢代"一參"實際指的是"小斗"的三分之一。在漢代，"參"往往用作將大石換算成小石後的餘數單位，漢代大石與小石的比例爲 1∶0.6，一小石爲 10 小斗，則一大石爲 16 2/3 小斗，即 16 小斗又二參。在實際計量中，這個特殊的容量單位的使用避免了許多尾數的麻煩，如《奴婢廩食粟出入簿》151："在稟大石五石，爲小石八石三斗一參，已。"② 據簡文驗算：五大石爲八小石三又三分之一小斗，一參爲三分之一小斗，相符。又，簡 173 正："服稟大石二石五斗，爲小石四石一斗二參。"據簡文驗算：大石二石五斗，爲四小石一斗又三分之二小斗，一參爲三分之一小斗，故二參爲三分之二小斗，相符。

字亦往往訛作"象"，如簡 131 正："根稟昌邑家大奴一人，大婢一人，使婢一人，七月食，用粟大石五石五斗五升，爲小石九石二斗一象〈參〉半象〈參〉。"據簡文驗算，5.55 大石爲 9.2 小石又 1/2 小斗，1/2 小斗爲 1.5 參，則一參爲三分之一小斗，相符。《港大漢簡》此詞甚多，又如簡 136 正："根稟組家大奴一人，大婢一人，凡二人，三月食，用粟大石三石五斗，爲小石五石八斗一象〈參〉。……根稟呂緣家大奴一人，大婢一人，使婢一人，使奴一人，凡四人，十一月食，用粟大石六石二斗五升，爲小石十石四斗半象〈參〉。［根］稟媚家大婢一人，使奴一人，使婢一人，小奴一人，凡四人，十一月食，用粟大石五石二斗五升，爲

---

① 睡虎地秦墓竹簡整理小組編：《睡虎地秦墓竹簡》，文物出版社 1990 年版。
② 陳松長編：《香港中文大學文物館藏簡牘》，香港中文大學文物館 2001 年版。

小石二斗二豢〈參〉半豢〈參〉。根稟昌邑家大奴一人，大婢一人，使奴一人，使婢一人，小奴一人，凡四人，三月食，用粟大石五石七斗五升，爲小石九石二斗二豢〈參〉半豢〈參〉。根稟丁家大奴一人，大婢一人，凡二人，十一月食，用粟大石三石五斗，爲小石五石八斗一豢〈參〉。根稟未央家大奴一人，大婢一人，使奴二人，凡四人，三月食，用粟大石六石五斗，爲小石十石八斗一豢〈參〉。凡小石五十八石七斗。"它如簡137、138、139、140、151、153、154、155等均多見[①]。

馬王堆漢墓出土醫書中亦很常見，如《五十二病方》168："一，以水一斗煮葵種一斗，浚取其汁，以其汁煮膠一廷（梃）半，爲汁一參，而☐。"[②] 又，簡181："一，以水一斗煮膠一參、米一升，孰（熟）而啜之，夕毋食。"又，簡88："〔取〕荻莢二，冶之，以水一參沃之，善挑，即漬巾中，卒其時而扢（抽）之，□□□乾，輒復漬。"《雜療方》12—13："冶陵樢（槀）一升，漬美醯一參中，〔五〕宿，去陵樢（槀）。"又，《養生方》65："用瘨（顛）棘根刌之，長寸者二參，善灑之。"按，《急就篇》："蠡升參升半卮觛。"顏師古注："參升以其受多少爲名。半者受五升之半，謂二升五合也。此二者皆罃壺之類也。"王應麟補注："參升者，觶也。"故魏啟鵬、胡翔驊二先生認爲"參"是"一觶（酒器）的容量，爲三升"[③]，誤。我們認爲這裏的"參"也應當是"三分之一斗"，即三又三分之一升：一方面"參"早在秦時已有量具，漢代應用也很廣泛，不必借"觶"來用；另一方面，醫書中的藥物要求準確計量，因此"參"多與"斗""升"配合使用，可知三者均爲量具。

《居延新簡》EPT56：76A木牘第一欄全文爲："閏月二日有黃米四參；月二日又舂一石米六斗，計訖二日算；齎米二半；出二半月三日。"[④] 顯然，此處的"參"與"斗"配合使用，應當是"三分之一小斗"無疑。

漢代以後，"參"用作重量單位仍然可見，但用作容量單位則沒有

---

① 陳松長編：《香港中文大學文物館藏簡牘》，香港中文大學文物館2001年版。
② 馬王堆漢墓帛書整理小組編：《馬王堆漢墓帛書》（肆），文物出版社1985年版。
③ 魏啟鵬、胡翔驊：《馬王堆漢墓醫書校釋》，成都出版社1992年版，第187頁。
④ 甘肅省文物考古研究所等編：《居延新簡——甲渠侯官》，中華書局1994年版。

得到繼承，如《走馬樓三國吳簡》有字簡七萬多枚，主要是長沙郡與臨湘侯國的地方文書檔案，其中有大量納稅、賦稅與出入倉庫的簿籍，容量單位"參"未見，"斗"以下單位由"升""合""勺""撮"配合使用。

基於出土文獻與傳世文獻互證的量詞"匹"語法化歷程及其動因研究*

一　引言：問題的提出與歷代諸説

　　漢語歷史悠久、歷代文獻豐富，量詞早在殷商甲骨文中就已萌芽，因此漢語量詞發展史的研究對於探討其語法化動因與機制等問題都具有重要價值和意義。陳忠敏指出："語法化研究其實是共時和歷時研究的交接領域。語法化也不是純粹的句法結構的問題，伴隨語法化進程，除了語法結構的改變，還會引起語言各層面的改變。"① 對於量詞史研究來説，首先要厘清每一個量詞産生的時代、語源和歷時演變，這是進一步語法化研究的基礎。量詞"匹"是現代漢語常用量詞之一，也是拷貝型量詞之外最早産生的個體量詞，早在殷商時代已有疑似用例，西周初年已經廣泛使用；現代漢語中量詞"匹"主要用於稱量馬，但在漢語史中還可用於牛、驢、騾、駱駝甚至大蟲、麻雀等其他動物，以及用作稱量布帛的個體量詞、度制量詞等，用法複雜多變，因此理清其語源、時代及歷時發展、各種特殊用法及語法化動因與機制等問題不僅對漢語量詞史具有重要價值，對於語法化的理論探索也可資借鑒。正因如此，關於量詞"匹"歷代研究成果豐碩，但限於文字記録、考古實物以及系統歷時考察

---

　　* 本文原刊於《西南大學學報》2022 年第 5 期，爲國家社科冷門絶學項目"走馬樓三國吴簡匯校集釋、字詞全編與資料庫建設"（20VJXG045）、山東省青創科技團隊支持計畫"出土文獻與古文字研究創新團隊"（2020RWC003）階段性成果。
　　① 陳忠敏：《語法化的類别、特點及機制》，《當代修辭學》2021 年第 6 期。

的缺乏,其中諸多問題仍聚訟紛紜、莫衷一是,甚至不同學者的觀點截然相反,部分成果則多有訛誤,甚至以訛傳訛,南朝梁劉勰《文心雕龍·指瑕》說:"若夫注解爲書,所以明正事理;然謬於研求,或率意而斷。……又周禮井賦,舊有疋馬,而應劭釋疋,或量首數蹄,斯豈辨物之要哉!原夫古之正名,車兩而馬疋,疋兩稱目,以並耦爲用。蓋車貳佐乘,馬儷驂服,服乘不雙,故名號必雙,名號一正,則雖單爲疋矣。疋夫疋婦,亦配義矣。夫車馬小義,而歷代莫悟;辭賦近事,而千里致差;況鑽灼經典,能不謬哉!"① 劉氏認爲東漢學者應劭謬於研求、率意而斷,但劉氏之說雖優於應劭說,但時代所限,缺乏對商周甲金文字形及早期文獻用例的系統考察,亦非正解。

從漢語量詞發展史的視野來看量詞"匹"歷代用法複雜,其語源是理清其發展路徑的核心問題。關於量詞"匹"的語源,學界主要有兩大類八種觀點。

一是認爲源於"匹配""匹偶"義。基於對其匹配事物認識的不同又可以分爲五種觀點:其一,取馬與人相匹配,《藝文類聚》卷九三引《風俗通義·嘉號》:"馬稱匹者,俗說:相馬比君子,與人相匹。"② 其二,取馬之牝牡相配的,《說文·匸部》"匹"段玉裁注:"馬稱匹者,亦以一牝一牡離之而云匹,猶人言匹夫也。"③ 其三,認爲源於兩馬相配以駕一車,即上引劉勰《文心雕龍·指瑕》說。其四,取馬與車相配,安豐存、安豐科提出:"'匹配'不是'兩馬要配成對兒去拉一車',而是'一馬與一車''匹配'構成一種車馬組合形式。"④ 其五,取"馬"與"束帛"相匹配的,《藝文類聚》卷九三引《風俗通義·嘉號》:"或云:春秋左氏說:'諸侯相贈,乘馬束帛。'束帛爲匹,與馬相匹耳。"⑤

二是認爲源於馬與布匹制度的。基於認識的不同,共有三說,皆出

---

① 黃叔琳注、李詳補注、楊明照校注拾遺:《增訂文心雕龍校注》,中華書局2012年版,第497頁。
② 王利器:《風俗通義校注》,中華書局2010年版,第613頁。
③ 段玉裁:《說文解字注》,上海古籍出版社1988年版,第635頁。
④ 安豐存、安豐科:《漢語量詞"匹"詞源及語法化分析》,《東疆學刊》2011年第3期。
⑤ 王利器:《風俗通義校注》,中華書局2010年版,第613頁。

自《藝文類聚》卷九三引《風俗通義·嘉號》：其一，取馬之視力的，"或曰：馬夜行，目明照前四丈，故曰一匹"①；其二，取馬之長度的，即"或説：度馬縱橫，適得一匹"，王利器説："《貨殖列傳》索隱引《韓詩外傳》：'孔子與顏回登山，望見一匹練，前有藍，視之果馬。馬光景一匹長也。'此爲度馬縱橫適得一匹之證。"② 其三，取"馬"死後價格的，即"或説：馬死賣得一匹帛"③。

從量詞史角度來看，"匹"作爲布帛制度量詞用法的産生時代晚至漢代④，可見其語源和布帛制度無關；從考古學角度來看，駕一馬的雙轅車晚至戰國才出現，直到漢代才獲得較快發展，因此"一馬一車"匹配顯然也不符合歷史事實；因此，祇有"兩馬相配"共駕一車之説才符合歷史事實，但觀點又略有分別，如劉世儒⑤、王紹新⑥雖然贊同此説，但也並不否認段注兩匹馬"牝牡相配"説；遊順釗則認爲"可能是指一匹準備跟另一匹馬配成對，共拉一車的經過訓練的馬"⑦，側重專用於駕車之馬。但是，總體來看由於缺乏對"匹"字本義的探討，系列分析都難以窮源溯流並爲學界廣泛接受。綜合出土文獻和傳世文獻早期用例來看，"匹"之量詞義的産生早於其"匹配"義，使用頻率也遠遠高於後者，則後者源於前者，而非相反。從認知語言學的視角來看，無論漢藏語系還是南亞語系中量詞發達的語言，量詞都不是先在的，而是由其他詞類語法化而來的，Aikhenvald 認爲類別詞最常見的詞彙來源是名詞和動詞⑧，漢語也是如此，元代周伯琦《六書正譌》："大抵古人制字，皆從事物上起。今之虛字，皆古之實字。"⑨ 對於漢語量詞來説，其詞彙來源又以名

---

① 王利器：《風俗通義校注》，中華書局 2010 年版，第 613 頁。
② 王利器：《風俗通義校注》，中華書局 2010 年版，第 613 頁。
③ 王利器：《風俗通義校注》，中華書局 2010 年版，第 613 頁。
④ 李建平：《先秦兩漢量詞研究》，中國社會科學出版社 2017 年版，第 318 頁。
⑤ 劉世儒：《魏晉南北朝量詞研究》，中華書局 1965 年版，第 186 頁。
⑥ 王紹新：《隋唐五代量詞研究》，商務印書館 2018 年版，第 3 頁。
⑦ 遊順釗：《從認知角度探討上古漢語名量詞的起源》，《中國語文》1988 年第 5 期。
⑧ Classifiers Aikhenvald, *A Typology of Noun Categorization Devices*, Oxford University Press, 2000, p. 353.
⑨ 鄭奠、麥梅翹：《古漢語語法學資料彙編》，中華書局 1964 年版，第 95 頁。

詞爲主。在量詞的語法化過程中，基於語義滯留原則（persistence）源詞義往往制約着其量詞義的適用範圍，因此要厘清量詞"匹"的語源應當首先考察其本義，但甲金文中"匹"字造字理據及其本義的不明確成爲難點所在。因此本文首先全面考察甲金文中"匹"的使用，探索其本義，然後綜合出土文獻與傳世文獻語料，從量詞發展史的視野厘清其語源、發展路徑及其語法化動因等問題。

二 殷商甲骨文中的"匹"及相關研究

甲骨文中，是否存在"匹"字還有爭議，徐中舒提出 2 例，字均作"了"①，其所引"林二、二六、七"與"後下一八、八"二例即《甲骨文合集補編》B09264②。該版卜辭屬於何組一類（三期），本來爲四塊牛肋骨，郭沫若最早綴合爲兩片，即《合》28195 與《合》28196；曾毅公《甲骨叕存》、嚴一萍《甲骨綴合新編》又將其綴合爲一片③；其文字隸定學界多有考釋，蔣玉斌參考諸説釋爲：

(1) a. 乙未卜，㘱，貞：舊了左駛，其牪，不歩。
    b. 乙未卜，㘱，貞：敢入駛牡，其牪，不歩。
    c. 乙未卜，㘱，貞：囗子入駛牡了，[其]牪，[不歩]。
    d. 乙未卜，㘱，貞：師賈入赤丂，其牪，不歩。吉。
    e. 乙未卜，㘱，貞：左駛（?）其牪，不歩。
    f. 乙未卜，㘱，貞：在濘田黄入赤囗，其[牪，不歩]。
    g. 乙未卜，㘱，貞：辰入駛，其牪，[不歩]（?）。④

---

① 徐中舒主編：《甲骨文字典》，四川辭書出版社 1989 年版，第 1539 頁。
② 彭邦炯、謝濟、馬季凡編：《甲骨文合集補編》第 6 册，語文出版社 1999 年版，第 1833—1834 頁。
③ 鐘柏生：《釋〈綴新〉四一八版卜辭》，《鐘柏生古文字論文自選集》，藝文印書館 2008 年版，第 61—80 頁。
④ 蔣玉斌：《釋甲骨文中與"匹"有關的兩種形體》，楊榮祥、胡敕瑞主編《源遠流長：漢字國際學術研討會暨 AEARU 第三届漢字文化研討會論文集》，北京大學出版社 2017 年版，第 143—152 頁。

蔣玉斌認爲本版卜辭貞問的主要内容是騸馬會不會致殘①，周忠兵也認爲應是騸馬一類的行爲②；學界對此意見比較一致，但對其中"了"字的釋讀則多有爭議，主要有以下三種觀點。

一是認爲"了"是一個字，即"匹"之初文，徐中舒最早提出："從一從丿，所會意不明。按金文匹作（昌鼎）、（衛簋），所從之丿與了所從之丿形同，且自卜辭辭例觀之，了與馬有關，故疑爲匹之初文。"③由於徐先生自己也强調該字"所會意不明"，故目前學界多不取此説，如《甲骨文編》《新甲骨文編》等均未收"匹"字。

二是認爲"了"是兩個字，隸定爲"一乀（匹）"或"一丿（匹）"。鐘柏生最早將"丿"隸定爲"乀"，《説文·丿部》："乀，左戾也。從反丿，讀與弗同。"認爲讀爲"匹"："據筆者推想，大概就是計算馬的單位詞了"，並將其與典賓組《合》17663"己□□□示五屯有一乀"中的"乀"相模擬，認爲"（乀）是計算骨版之單位詞是可斷定的"，並提出："或許商代計馬之數量詞'乀'到了周代就以'匹'字代替了，字雖不同，但音相近。"④在甲骨文中該字方向左右無别，時兵認爲鐘説近是，並進一步提出當隸定爲"丿"⑤，《説文·丿部》："丿，右戾也。象左引之形。"亦讀爲"匹"；"丿"上古音滂紐月部，中古音是開四等；"乀"上古音幫紐物部，中古音是合三等；而"匹"上古音滂紐質部，中古音開四等；則"丿"較"乀"與"匹"讀音更近，聲同韻旁轉，開合等皆同。"丿"字僅見於甲骨文，西周金文及其他先秦文獻均未見，往往同表雙數義的"屯（純）"配合使用，爲"雙數中的一個"，如《合》17526：

---

① 蔣玉斌：《釋甲骨文中與"匹"有關的兩種形體》，楊榮祥、胡敕瑞主編《源遠流長：漢字國際學術研討會暨 AEARU 第三届漢字文化研討會論文集》，北京大學出版社 2017 年版，第 143—152 頁。

② 周忠兵：《甲骨文中幾個從"丄（牡）"字的考辨》，《中國文字研究》第 7 輯，商務印書館 2016 年版，第 139—143 頁。

③ 徐中舒主編：《甲骨文字典》，四川辭書出版社 1989 年版，第 1539 頁。

④ 鐘柏生：《釋〈綴新〉四一八版卜辭》，《鐘柏生古文字論文自選集》，藝文印書館 2008 年版，第 61—80 頁。

⑤ 時兵：《關於〈合補〉9264 的文字與語言學分析》，《中國文字學報》第 5 輯，商務印書館 2014 年版，第 62—69 頁。

"帚杞示十屯又一丿。"① 由於在諸多用例中所修飾的中心詞"骨版"從未出現，而且從未單獨與數詞和名詞組成"名＋數＋量"結構，加之"屯（純）"的名詞性也很強，麻愛民説："'十屯又一丿'的意思是十屯（純）零一骨（是十束零一骨的意思）。"② 則上述文例中的"丿"並非量詞，還是名詞"骨版"義，而且從語義來看計量骨版的量詞和計量馬的量詞也沒有關聯。

三是認爲"丆"是兩個字，隸定爲"一乙（匹）"。蔣玉斌認爲"ʃ"形在古文字中多表示"乙"③，根據何琳儀等學者提出金文"匹"從"乙"得聲的觀點④，"乙"上古音爲影紐質部，"匹"上古音爲滂紐質部，音近可通，因此"乙"在該版卜辭中讀爲"匹"。但蔣先生又推測："丆也有是一個字的可能。其上一横可看作飾筆，這種情形與'丙''辰'等字頂端或加横筆（參看姚萱 2006：168—173）相類。如將丆釋爲'乙（匹）'，則在上述卜辭中可能表'匹配'之義。"⑤ 但是，"丆"字上面的一横和"丙""辰"等字頂端的飾筆完全不同，二者都是在平横上面加一短横作爲飾筆⑥，而"丆"字並非如此。

綜上可見，由於該版卜辭占卜的核心内容爲馬，因此"丆"與"匹"字語義密切相關。若將"丆"釋爲"一匹"兩個字，則此版甲骨卜辭當隸定作：

(2) a. 乙未卜，㱿，貞：舊一匹左馭，其牿，不步。
　　c. 乙未卜，㱿，貞：□子入馭牡一匹，[其]牿，[不步]。

---

① 胡厚宣主編：《甲骨文合集釋文》，中國社會科學出版社 1999 年版。
② 麻愛民：《試論殷商時期漢語個體量詞的有無》，《嘉應學院學報》2011 年第 3 期。
③ 蔣玉斌：《釋甲骨文中與"匹"有關的兩種形體》，楊榮祥、胡敕瑞主編《源遠流長：漢字國際學術研討會暨 AEARU 第三届漢字文化研討會論文集》，北京大學出版社 2017 年版，第 143—152 頁。
④ 何琳儀：《戰國古文字典—戰國文字聲系》，中華書局 1998 年版，第 1105 頁。
⑤ 蔣玉斌：《釋甲骨文中與"匹"有關的兩種形體》，楊榮祥、胡敕瑞主編《源遠流長：漢字國際學術研討會暨 AEARU 第三届漢字文化研討會論文集》，北京大學出版社 2017 年版，第 143—152 頁。
⑥ 李建平、龍仕平：《量詞"丙""兩"的語源及其歷時演變》，《古漢語研究》2018 年第 3 期。

鐘柏生認爲"舊一匹"，"其意義是指用'舊的一匹馬'"①；蔣玉斌贊同鐘氏讀法，認爲："'舊一匹'即舊有的一匹馬，'駛牡一匹'即駛馬中的公馬一匹。"②但從漢語量詞發展史的角度來看，"舊一匹"中"數+量"結構單獨使用，省略中心名詞的用法，殷商時代仍未見。鐘柏生認爲該卜辭占卜"左邊的馬用舊的一匹駛馬是否合適"③，但總體來看占卜的核心是騙馬是否會致殘，則"其牵，不歺"前面的部分應當是名詞性主語；而且若將其讀爲"一匹左駛"，即一匹左邊的駛馬，則爲"數+量+名"結構，而該結構早在殷商時代尚未產生，特別是語法化程度最高的個體量詞用於該結構當晚至戰國時期④。至於"駛牡一匹"結構，雖然與量詞語法化早期常見的"名+數+量"結構一致，從殷周金文來看量詞"匹"進入稱數結構，當數詞爲"一"的情況總計10例，均省略數詞"一"，其中"馬匹"最常見，共8例；亦可作"匹馬"，2例；未見作"馬一匹"或"一匹馬"者。可見，將"了"讀爲"一匹"與量詞發展史不合。

因此，我們贊同徐中舒先生說"了"爲一字，即"匹"的本字，則上文卜辭 a 隸定爲："乙未卜，暊，貞：舊匹左駛，其牵，不歺。"雖然"量+名"結構殷商甲骨文仍未見，但西周早期金文已較爲多見，如"卣鬯""匹馬""束絲""乘馬"：

（3）在五月既望辛酉，王令士上眔史寅殷於成周，**䵼**（穀）百生（姓）豚，眔賞卣鬯、貝，用乍（作）父癸寶尊彝。（西周早期，士上卣，《集成》5421）

（4）用匹馬束絲。（西周中期，曶鼎，《集成》2838）

（5）王賜（賜）乘馬，是用左（佐）王，賜（賜）用弓、彤

---

① 鐘柏生：《釋〈綴新〉四一八版卜辭》，《鐘柏生古文字論文自選集》，藝文印書館2008年版，第61—80頁。

② 蔣玉斌：《釋甲骨文中與"匹"有關的兩種形體》，楊榮祥、胡敕瑞主編《源遠流長：漢字國際學術研討會暨AEARU第三屆漢字文化研討會論文集》，北京大學出版社2017年版，第143—152頁。

③ 鐘柏生：《釋〈綴新〉四一八版卜辭》，《鐘柏生古文字論文自選集》，藝文印書館2008年版，第61—80頁。

④ 李建平：《先秦兩漢量詞研究》，中國社會科學出版社2017年版，第412頁。

矢,其央。(西周晚期,虢季子白盤,《集成》10173)

卜辭 c 則可讀爲:"乙未卜,暊,貞:□子入駛牡匹,[其]辥,[不乎]。"其中"駛牡匹"爲"名+量"結構,"名+數+量"結構當數詞爲"一"時早期往往不用數詞,殷商甲骨卜辭已見,如:

(6) 庚戌 [卜],貞易(賜)多女屮貝朋。(《合》11438)

到西周金文中就更爲多見了,如"毛(旄)兩""馬匹""矢束":

(7) 唯二月初吉庚寅,在宗周,楷仲賞厥馭㽞逐毛(旄)兩、馬匹,對揚尹休,用乍(作)已公寶尊彝。(西周早期,馭㽞鼎,《集成》2729)

(8) 唯八月初吉丁亥,伯氏貯敔,賜敔弓、矢束、馬匹、貝五朋,敔用從,永揚公休。(西周中期,敔簋,《集成》4099)

至於卜辭 b:"乙未卜,暊,貞:敢入駛牡,其辥,不乎。"既沒有使用數詞"一",也沒有使用量詞"匹",可見在量詞萌芽期量詞的使用並沒有強制性。

當然,僅從文意來看該版卜辭中的"匹"也可理解爲"匹配"義,但從西周金文用例來看,"匹"字的 81 個用例中量詞 75 例,表示配合、輔助義的 6 例,但其賓語均爲王侯,即:厥辟、倅辟、先王、晉侯、晉侯、成王,如《單伯鐘》:"徥匹先王。"或以爲銘文中的"徥"假借爲弼,陳劍據郭店楚簡論證當釋"棐",讀爲"仇":"古書用仇(逑)、匹、合、妃(配)耦(偶)等,西周金文用仇、仇匹,其義均如張政烺先生在《㝬字說》文中所言:'國之重臣與王爲匹耦''君臣遭際自有匹合之義也。'"① 可見殷商西周"匹"沒有表示馬之匹配駕車的辭例。從

---

① 陳劍:《據郭店簡釋讀西周金文一例》,《甲骨金文考釋論集》,線裝書局 2007 年版,第 20—38 頁。

其詞性來看，卜辭 a 中"舊匹左駛"爲主語，卜辭 c 中"□子入駛牡匹"中"駛牡匹"爲賓語，均爲名詞性結構，其中心詞均爲表示馬的"左駛"或"駛牡"，"匹"用於修飾限定中心詞；結合從其所處的語法結構來看，"匹"衹有作爲量詞修飾名詞在早期漢語中是既可以前置，也可以後置的。

綜上，無論從漢語量詞發展史的宏觀視野，還是從該甲骨卜辭的文意及其語法結構來看，殷商卜辭 B09264（《合》28195＋28196）中的"匹"當爲稱量馬的個體量詞，是目前所見量詞"匹"的最早用例，也是探索該量詞的語源及其語法化動因與機制的重要語料。

三 從出土文獻與實物看量詞"匹"的語源及語法化動因

關於"匹"的本義，《説文·匚部》："匹，四丈也。從八、匚。八揲一匹。八亦聲。"林義光《文源》："匹，不從八。匹，象布一匹數揲之形。"① 清段玉裁注："如《雜記》注今謂之匹，猶匹偶之云與，是以匹偶爲本義，而帛二兩爲引申之義也。"② 但段注卻又支持許慎之説，並曲爲之解。目前大型辭書釋義，《漢語大字典·匚部》採用許慎"四丈爲匹"説③，而《漢語大詞典·匚部》④《辭源·匚部》⑤ 則取"匹偶"説。"匹"字小篆作"匹"，字形已有訛變，金文多作"匹"（西周早期，御正衛簋 4044）、匹（西周中期，史牆盤 10175），或加飾筆作"匹"（西周晚期，無㠯簋 4225.1），可見"匹"字之形明顯不從八從匚，許説之誤已爲學界定論。結合甲骨文中的"匹"字構形與商周甲金文文例，我們推測其本義可能與"轡"相關，但其早期字形過簡，且早期文獻用例尚少，

---

① 丁福保編：《説文解字詁林》，中華書局 2014 年版，第 12427—12429 頁。
② 段玉裁：《説文解字注》，上海古籍出版社 1988 年版，第 635 頁。
③ 漢語大字典編纂委員會編：《漢語大字典》（第二版），四川辭書出版社、崇文書局 2010 年版，第 94 頁。
④ 漢語大詞典編輯委員會編：《漢語大詞典》，漢語大詞典出版社 2001 年版，第 947 頁。
⑤ 何九盈、王寧、董琨主編：《辭源》（第三版），商務印書館 2015 年版，第 539 頁。

正如段玉裁注所言"字之本義有難定者",或可備一説。

　　首先,從商周甲金文等早期文獻用例來看,"匹"多用爲稱量馬的量詞,其次則用作"匹配、輔佐"之義,而後者顯然是由獨轅車制度中馬匹的"兩兩相配"義引申而來的,因此其本義當與"馬"及當時的車馬制度相關。甲骨文僅上引 2 例,且見於同篇卜辭;兩周金文中"匹"字總計 81 見,其中 6 例表"匹配、輔佐"義,例參上文;75 例用作稱量"馬"的個體量詞,其中 2 例爲數詞無法隸定的"馬□□匹"。在 73 例明確的辭例中,"馬+數詞+匹"結構 63 例,其中數詞"四"最爲常見,達到 58 例之多,如:

　　　　(9) 孚(俘)馬四匹,孚(俘)車百□兩(輛)。(西周早期,小盂鼎,《集成》2839)

　　　　(10) 賜玉五品、馬四匹,拜頴首,對揚天君休。(西周中期,尹姞鬲,《集成》754)

　　數詞"卅二"3 例,爲四的倍數,如:

　　　　(11) 令取誰(狴)騽(犅)卅二匹賜大。(西周中期,大鼎,《集成》2807)

　　其中 2 例數詞分別爲"十"和"十又四",均爲雙數,則是其中包括了輕便的兩馬並駕之車,如:

　　　　(12) 易女(汝)馬十匹,牛十。(西周中期,卯簋蓋,《集成》4327)

　　　　(13) 以生馬十又四匹、牛六十又九叔。(西周中期,《季姬方尊》)

　　其他 10 例數詞爲"一"且均省略,其中"馬匹"8 例,"匹馬"2 例,如:

(14) 賜守官絲束、苴幕五、苴罼二、馬匹、毳布三。（西周早期，守官盤，《集成》10168）

(15) 用匹馬束絲。（西周中期，曶鼎，《集成》2838）

　　其次，從文字構形來看，甲骨文 2 例皆作"了"（《合補》B09264），西周金文作"㠯"（西周早期，御正衛簋 4044）、"㠯"（西周中期，史牆盤 10175），或加飾筆的"㠯"（西周晚期，無夌簋 4225.1）等，結合甲金文辭例皆與"馬"及車馬制度相關，可以推測其本義爲"轡"。從上古音來看，匹爲滂母質部，轡爲幫母物部，聲韻皆相近。甲骨文"了"字之"一"爲衡，"丿"爲駕馬之轡，爲合體象形字；從秦始皇陵二號銅車馬來看服馬之轡都是先通過衡上用以固定的鐵環，再與服馬相連的，因此在轡的使用制度中衡比馬更爲凸顯。轡字甲骨文書作"𦥑"（《合》33145），《說文·絲部》："馬轡也。"① 但在甲骨文中多用作方國名和地名，未見用作馬轡者；二字當爲早期造字時爲語言中同一個詞所造的不同形體，這種一詞多形現象在甲骨文中較爲普遍。

　　金文中匹字作"㠯"，字形學界多以爲不可知，徐在國認爲："形聲字。西周金文'匹'字從石、乙聲。……《說文》認爲'從八匸'，誤。'匹'乃《說文》篆文之隸定。'匹'指布帛四丈爲一匹。"② 但"匹"爲何從"石"卻又無從解釋。值得注意的是，甲骨文中"丙"作"冂"（《合》33033），湯余惠認爲取象於"一衡一軶"，孟蓬生認爲其語源爲"衡"③；我們贊同二位先生觀點，推測其本義當與衡或軶相關④，甲骨文中用作馬或車的量詞，西周早期金文仍可見；我們推測金文中的匹字，與該字造字理據均源自於商周時期的車馬制度。其中的"㇉"並非"石"，而是取像於車衡、軜與靷，即橫畫爲"車衡"，豎畫爲"車軜"，

---

① 許慎：《說文解字》，中華書局 2013 年版，第 1092 頁。
② 李學勤主編：《字源》，天津古籍出版社 2012 年版，第 1117 頁。
③ 孟蓬生：《量詞"丙（兩、輛）"語源試探》，第十三屆全國古代漢語學術研討會論文集，河北師範大學，2016 年。
④ 李建平、龍仕平：《量詞"丙""兩"的語源及其歷時演變》，《古漢語研究》2018 年第 3 期。

斜畫爲"車靷",是中國早期車馬制度特有的"軶靷式系駕法"的反映;與同時代兩河流域的頸帶式系駕法和古埃及、古希臘的頸帶加腹帶式系駕法相比,避免了對馬氣管的壓迫,是更爲科學的駕車方式。"靷"的使用是先秦古車的一大特點,從秦始皇陵二號銅車馬來看,服馬的靷一端系在其軶內側的靷上,一端系在車輿前軫的"續靷之環"上,然後再用粗繩索將環與軸相連。《說文·革部》:"靷,引軸也。"① 但後世學者對此往往存在較多誤解,如《左傳·哀公二年》"我兩靷將絕,吾能止之。"唐孔穎達疏:"古之駕四馬者,服馬夾轅,其頸負軶,兩驂在旁,挽靷助之。"② 後世學者多采此觀點,如《漢語大詞典·革部》:"引車前行的皮帶。驂馬的外轡穿過服馬的遊環,系於車軸,以引車前進。"③《漢語大字典·革部》同此。"引車前行的皮帶"無誤,但殷商時期一車兩馬而無驂馬,此後一車四馬中服馬、驂馬皆有靷,分別稱之爲服靷、驂靷。其實,從商代金文"車"字形來看,如孫機說:"都在獨輈和相當於軶的部位連以斜線,此斜線在西方的古車刻紋中從未出現,而它卻正透漏出中國古車之系駕法中的重要特點。"④ 參見表1。

表1　　　　　　　　商周時期的"車"字

商,車毀,《集成》2988	商,弔車爵,《集成》7049	商,買車卣,《集成》5590	西周早期,戈車斝父丁卣,《集成》5272

可見金文"車"字與甲骨文中"車"字的造字理據基本相同,正是當時系駕法的反映,其中的"∫"是駕馬之轡的象形;也就是說,金文匹字之形"匹"取自車衡、輈、靷與轡的組合,其中的"∫"亦可作爲聲

---

① 許慎:《說文解字》,中華書局2013年版,第221頁。
② 阮元校刻:《十三經注疏》,中華書局2009年版,第4685頁。
③ 漢語大詞典編輯委員會:《漢語大詞典》,漢語大詞典出版社2001年版,第189頁。
④ 孫機:《載馳載驅:中國古代車馬文化》,上海古籍出版社2016年版,第75頁。

符，其本義爲"鑾"。可能是因爲甲骨文中衡與鑾直接組合的字形過簡，以致構形不明，因此金文加以繁化，增加了車輈和車靷，定形後長期沿用。

再次，值得注意的是，上古時代馬多用於駕車而不用於騎乘，直到春秋末年才有騎馬的記載，《左傳·昭公二十五年》："左師展將以公乘馬而歸。"① 雖仍有爭議，但學界多以此爲古代乘馬之始；而且，如前所述車馬制度中"鑾"也是先穿過衡上用以固定的鐵環，然後才與馬相連接的，因此"匹"字之形與車相關而無馬之形。

綜上可見，無論從文字構形還是早期文獻用例來看，"匹"的本義當爲與馬密切相關的名詞，其本義爲"鑾"，但甲骨文中所記載的事物往往是整體，一般不會單獨記載類似部件，所以其本義用例甲骨文未見，到西周金文中其引申義已經占據了主要地位。殷商時代駕車是馬的主要用途，因此"匹"由名詞義基於轉喻（metonymy）語法化爲稱量"馬"的個體量詞，但僅見於上引 2 例，這是因爲商代車馬制度爲一車二馬，所以甲骨文中稱量馬多用集合量詞"丙"，爲"兩"之初文，即"馬二匹"，基於類推作用"丙"在甲骨文中還可用作稱量車的個體量詞②；但到商代末期一車二馬的車馬制度開始向一車四馬發展，商代晚期墓葬中已見一車四馬的配置③，到西周早期一車四馬制度開始廣泛應用，需要新的量詞與之相適應。另一方面，"丙（兩）"既用爲稱量車的個體量詞，又用爲稱量馬的集合量詞，容易造成混淆。於是，西周初期個體量詞"匹"迅速發展起來。隨着量詞義的廣泛使用其本義迅速消亡，其量詞義成爲此後詞義發展的核心。同時，隨着"匹"作爲量詞的高頻使用，由於無論商代一車二馬還是西周一車四馬制度，獨轅車之馬都是兩兩相配的，因此引申爲"匹配"義，《詩·大雅·文王有聲》："築城伊淢，作豐伊匹。"毛亨傳："匹，配也。"鄭玄箋："築豐邑之城，大小適與成

---

① 阮元校刻：《十三經注疏》，中華書局 2009 年版，第 4683 頁。
② 李建平、龍仕平：《量詞"丙""兩"的語源及其歷時演變》，《古漢語研究》2018 年第 3 期。
③ 楊寶成：《殷代車子的發現與復原》，《考古》1984 年第 6 期。

偶。"① 兩周金文多見，該義成爲此後其詞義發展的另一核心。西周以後，量詞"匹"基於兩個語義核心分化爲個體量詞和布帛量詞兩個路徑發展演化。

四　個體量詞"匹"的語法化歷程及其動因

　　殷商西周時期"匹"用作個體量詞，衹能用於稱量"馬"，在此後歷代文獻中這一直是其基本功能。但是，在漢語史的各個歷時階段，量詞"匹"的適用範圍一直有拓展的趨勢，從用作馬的量詞擴展及同類動物驢、騾，這是自然而然的，但大型權威辭書都收録了"用於其他動物的義項"，如《漢語大詞典·匚部》："量詞。馬驢騾及其它動物的計量單位。"其他動物書證爲郭沫若《殘春》："他跑來向我們指天畫地地説，説他自己是龍王，他放了的那匹小魚，原來是條龍子。"②《漢語大字典·匚部》："也用於其他動物，相當於'隻'。"書證爲魯迅《故事新編·奔月》："他剛要跨進大門，低頭看看……網裡的三匹烏老鴉和一匹射碎了的小麻雀，心裡就非常躊躇。"③ 上述書證均爲現代作家作品。《辭源·匚部》："計算馬、驢等動物的單位。"④ 但所列書證没有其他動物的用例。從量詞發展史來看，量詞"匹"在不同歷時階段的文獻中，既有用於驢、騾、駱駝、大蟲等其他大型動物的情況，也有用於麻雀等小動物的情況，到現代漢語中隨着量詞使用規範的明確其適用範圍一般衹限於"馬"，但卻有"七匹狼"等特殊用法，需要借助共時和歷時的綜合研究厘清其語法化的歷程與動因。

　　殷商西周時期量詞"匹"用於稱量動物衹限於"馬"，到春秋戰國時期該量詞有向與馬形近的大型動物拓展的趨勢。劉世儒説："'匹'在上

---

① 阮元校刻：《十三經注疏》，中華書局 2009 年版，第 1133 頁。
② 漢語大詞典編輯委員會編：《漢語大詞典》，漢語大詞典出版社 2001 年版，第 947 頁。
③ 漢語大字典編纂委員會編：《漢語大字典》（第二版），四川辭書出版社、崇文書局 2010 年版，第 94 頁。
④ 何九盈、王寧、董琨主編：《辭源》（第三版），商務印書館 2015 年版，第 539 頁。

古是以量獸類爲限的，後來由此逐步緊縮，到了南北朝才固定於量'馬'的。"① 事實正好相反，量詞"匹"是由專用於稱量"馬"逐步拓展到其他動物的，這種發展可能首先出現在不同動物名詞連用時的"綜合稱量"中，如：

（16）齊侯伐萊，萊人使正輿子賂夙沙衛，以索馬牛，皆百匹。（《左傳·襄公二年》）

劉世儒説："這就是用'匹'量'牛'的。雖是'一量對多名'的格式，但也不宜説爲例外，因爲在這樣的時代，'匹'量'牛'不一定就是不合規範的。"② 但該説並不符合文獻實際情況，先秦時期"牛"未見用量詞"匹"稱量的用例，而且後世常用量詞"頭"最早見於西漢初年，因此先秦文獻稱量牛均不用量詞，如：

（17）今課縣、都官公服牛各一課，卒歲，十牛以上而三分一死；不[盈]十牛以下，及受服牛者卒歲死牛三以上，吏主者、徒食牛者及令、丞皆有罪。（《睡虎地秦簡·秦律十八種·廐苑律》19—20）

春秋戰國時期，由於馬用量詞"匹"，而牛没有量詞，當二者連用的時候在出土文獻中一般也不用量詞，如：

（18）人户、馬牛一，貲一盾；自二以上，貲一甲。（《睡虎地秦簡·效律》57）

（19）人户、馬牛一以上爲大誤。誤自重殹（也），減罪一等。（《睡虎地秦簡·效律》60）

---

① 劉世儒：《魏晉南北朝量詞研究》，中華書局 1965 年版，第 184 頁。
② 劉世儒：《魏晉南北朝量詞研究》，中華書局 1965 年版，第 184 頁。

但同樣情況在傳世文獻《左傳》中卻用了量詞"匹",我們認爲並非如劉先生所言量詞"匹"可以用於稱量"牛",而是量詞"匹"的語義是指向"馬"的,這也爲後世"頭匹"等量詞連用奠定了語義和語法基礎。

到兩漢時期,類似用例仍可見,如:

(20) 名王騎將以下三萬九千人,得馬牛驢騾橐佗五萬餘匹,羊六十余萬頭,烏孫皆自取鹵獲。(《漢書·季布欒布列傳》)

其中"馬、牛、驢、騾、橐佗"用量詞"匹","羊"則用量詞"頭",可見當時人心目中將二者明確分成兩類的,"牛"仍附於馬類。兩漢文獻中"牛"多用量詞"頭",而不用"匹",如《居延漢簡》41.28:"牛二頭,二月甲戌南入。"全面考察兩漢出土和傳世文獻,祇有一個例外:

(21) 牛一匹,名黑。(《鳳凰山8號墓漢簡》86)

按整理者注該墓"出土有黑色木牛一件"。值得注意的是,兩漢簡帛文獻量詞"匹""頭"的使用非常明確,"牛"用"頭",而"馬"用匹;而且"牛車"(或稱"大車")用量詞"兩(輛)","馬車"用量詞"乘";例外均祇有1例,均見於該墓"遣策",即簡85:"牛車一乘,載□□三束。"① 從字跡看,簡85、簡86爲同一人書寫,因此我們懷疑兩處特殊量詞用法可能均爲該書寫者個人的特殊習慣,甚至可能是該書手個人量詞使用中的"誤用"。該時期驢、橐佗(即駱駝)一般使用量詞"匹"稱量,而且較爲常見,如:

(22) 獻橐他一匹、騎馬二匹、駕二駟。(《史記·匈奴列傳》)

(23) 姑墨爲王獻白牡橐佗一匹,牝二匹。(《懸泉漢簡》Ⅱ0216②:879)

(24) 私驢一匹,雖牡。(《敦煌漢簡》536)

---

① 湖北省文物考古研究所:《江陵鳳凰山西漢簡牘》,中華書局2012年版,第34頁。

（25）獻驢一匹，騂牡。（《敦煌漢簡》1906）

先秦兩漢時期，量詞"匹"稱量的對象有時可以和相關事物綜合稱量，主要包括"車馬"和表示一人一馬的"騎"，細審文意其實其中"馬"是語義核心，量詞"匹"語義仍是指向"馬"的。首先，先秦兩漢時期馬主要是用來駕車的，故車馬常常連用，在綜合稱量時也可以用量詞"匹"，往往是一種模糊的稱量，如《史記·傅靳蒯成列傳》："別之河內，擊趙將賁郝軍朝歌，破之，所將卒得騎將二人，車馬二百五十匹。"①戰國時期胡服騎射後，騎兵逐漸代替笨重的戰車，因此也可以用量詞"匹"來稱量"騎"，即一人一馬，如《漢書·張馮汲鄭傳》："故李牧乃得盡其知能，選車千三百乘，彀騎萬三千匹。"②但總體來看這種用法使用頻率都不高，祇是由於經典文獻的影響後世仍可見。至於《孟子·告子下》所見"有人於此力不能勝一匹雛"似乎是用於禽類的例子，鐘柏生認爲屬於"音借"，強調該量詞"'匹'在古代是運用範圍很廣的單位詞"③，但是劉世儒早已指出這個例子"值得懷疑"，"就這個時代的詞序規律説，陪伴詞這樣前附於中心詞似乎還不可能；前人認爲這'匹'祇是'尛'之誤字，尛誤疋，因又誤匹（説見《説文通訓定聲》；又《十三經注疏校勘記》：'方言尛，小也，音節；蓋與疋字相似，後人傳寫誤耳'）"④。張永言則認爲是"鴨"的本字，"匹雛"即鴨雛，並參考聞宥先生説用多種語言對音論證該詞源自台語或南亞語⑤。從量詞發展史來看，個體量詞用於"數+量+名"結構在傳世先秦文獻中罕見，至於量詞"匹"則未見用於該結構者，可見劉先生説是正確的。

到魏晉南北朝時期，量詞"匹"的使用日趨固化，基本不再用於馬以外的動物，此前用"匹"稱量的"驢""駱駝"該期均用量詞"頭"，

---

① 司馬遷：《史記》第8册，中華書局1959年版，第2710頁。
② 班固：《漢書》第8册，中華書局1962年版，第2314頁。
③ 鐘柏生：《釋〈綴新〉四一八版卜辭》，《鐘柏生古文字論文自選集》，藝文印書館2008年版，第61—80頁。
④ 劉世儒：《魏晉南北朝量詞研究》，中華書局1965年版，第184頁。
⑤ 張永言：《漢語外來語雜談》，《語言教學與研究》1989年第2期。

如《魏書·太祖紀》:"獲其輜重庫藏,馬四萬餘匹,駱駝、犛牛三千余頭,牛、羊九萬餘口。"① 或者不用量詞,如《宋書·索虜傳》:"買德棄城走,獲奴婢一百四十口,馬二百餘匹,驢騾二百,牛羊各千余頭……餘器仗雜物稱此。"② 綜合稱量"驢馬"以及一人一馬的"騎"等時,仍可用"匹",如:

(26) 熙以七月入治,其日大風寒雨,凍死者二十餘人,驢馬數十匹。(《魏書·景穆十二王傳》)

(27) 至譙城,更簡閱人馬,得精騎千一百匹,直向汝陽。(《宋書·索虜傳》)

劉世儒認爲可以用於"鹿"等動物,但其所引例證皆有可商,如《宋書·索虜傳》:"今送獵白鹿、馬十二匹。"③ 劉先生對該文句讀有誤,全文當作:"更無餘物可以相與,今送獵白鹿馬十二匹並氈藥等物。"其中"獵白鹿馬"爲古代良馬之名,按清郝懿行《宋瑣語·言詮》:"'獵白鹿馬'者,蓋良馬之名。《韓非子》云:'馬似鹿者,千金也。'或曰:'今蒙古有獵鹿馬,巧捷善走,不隨鹿後,常翼其左,便於射手。'蓋此是也。"④ 劉先生又認爲量詞"匹"在該時期還可以擴展到禽類,例證爲《全梁詩》卷一梁昭明太子詩:"班班仁獸集,匹匹翔鳳儀。"劉先生特別指出,其中"班班"或本作"斑斑",但其實"匹匹"亦有異文,或本作"足足",按漢王充《論衡·講瑞》:"案《禮記·瑞命篇》云:'雄曰鳳,雌曰凰。雄鳴曰即即,雌鳴[曰]足足。'"⑤ 又明楊慎《藝林伐山·足足般般》:"薛道衡文:'足足懷仁,般般擾義。'足足,鳳也;般般,麟也。"⑥ "足足"相傳爲雌鳳鳴聲,與"班班"相對而言;我們推

---

① 魏收:《魏書》第1册,中華書局1974年版,第39頁。
② 沈約:《宋書》第8册,中華書局1974年版,第2350頁。
③ 劉世儒:《魏晉南北朝量詞研究》,中華書局1965年版,第185頁。
④ 郝懿行:《郝懿行集》第5册,齊魯書社2010年版,第4254頁。
⑤ 黃暉:《論衡校釋》第3册,中華書局1990年版,第733頁。
⑥ 楊慎:《升庵全集》第8册,商務印書館1937年版,第1083頁。

测"足足"因形近訛作"疋疋",又誤改爲"匹匹"。

隋唐五代到宋元時期,量詞"匹"的用法基本不變,分工更爲明確,原來"一量對多名"的綜合稱量法發展爲"多量對多名"的綜合稱量,如《舊唐書·德宗本紀》:"悉索部内馬牛羊近萬頭匹,監吏主之。"① 劉世儒曾舉出《世說新語·雅量》劉孝標注引《續晉陽秋》:"計得……牛、馬、驢、騾、駝十萬頭、匹。"其實該文出自《謝車騎傳》,劉書承前而誤;並認爲"這是南北朝人的創造"②,但按徐震堮校箋,金澤文庫藏宋本及沈寶硯校本均無"匹"字③,則目前所見"頭匹"量詞連用則晚至唐五代時期。或説該期量詞"匹"可以用於"麒麟"等其他動物,但其實往往仍是駿馬的代稱,如杜甫《惜別行送劉僕射判官》:"而今西北自反胡,騏驎蕩盡一匹無。"④ 到明清時期用法稍微顯靈活,如《三遂平妖傳》第三十二回:"身上着皂沿緋袍,面如嗫血,目似怪星,騎着一匹大蟲,徑入莊來。"⑤ 這應當是因爲這裡的大蟲和"馬"一樣都是用於騎乘的。

晚清民國時期,是現代漢語的前發展階段,也是漢語發展的重要轉折期,量詞用法較爲複雜,《漢語大詞典》《漢語大字典》"用於其他動物的義項"例證均爲該時期文獻。基於晚清和民國期刊全文資料庫調查可見,這些特殊用法有明顯的時代性,即一般用於 1911 年辛亥革命以後到 1949 年中華人民共和國成立前,刁晏斌也指出,量詞"匹"的這種用法"在第一階段,情況卻比較複雜……這麼多的用例,如果都斥之爲'不規範',顯然是不夠客觀的,是缺乏歷史眼光的。以我們現代漢語史的眼光來看,這正好就是不同階段詞適用範圍的不同"⑥。唐晉先⑦、羅

---

① 劉昫:《舊唐書》第 2 册,中華書局 1975 年版,第 399 頁。
② 劉世儒:《魏晉南北朝量詞研究》,中華書局 1965 年版,第 30 頁。
③ 徐震堮:《世説新語校箋》,中華書局 1984 年版,第 209 頁。
④ 仇兆鰲:《杜詩詳注》,中華書局 1979 年版,第 2004 頁。
⑤ 羅貫中:《三遂平妖傳》,中華書局 2004 年版,第 241 頁。
⑥ 刁晏斌:《現代漢語史》,福建人民出版社 2006 年版,第 234 頁。
⑦ 唐晉先:《現代文學作品中動物量詞"匹"的泛化現象探源》,《重慶科技學院學報》2011 年第 12 期。

澤宇①也對該問題做了探討。總體來看，該時期量詞"匹"用於其他動物主要有三個方面的原因：一是日語的影響，陳皴説日語中的量詞"匹"可以"稱量的動物種類非常多，小到貓、狗、老鼠，大到豬馬牛羊、獅子老虎，而且不僅包括在陸地上行走的，連生活在河裡的魚蝦也可以用它來稱量。"② 現代作家魯迅、郭沫若等都有日本留學經歷；二是西南官話的影響，在部分西南方言中量詞"匹"可以廣泛用於各種動物，如成都方言等，這些作家如巴金、沈從文等；三是修辭的影響，如魯迅作品中《故事新編·奔月》"一匹射碎了的小麻雀"、《故事新編·鑄劍》"一匹很大的老鼠"、《阿Q正傳》"一匹很肥大的黑狗"等，顯然具有誇張、陌生化的意味。該時期量詞"匹"還衍生出了稱量"馬達""馬力"等特定用法，但祇有"馬力"沿用至今，其他都很快被淘汰了。羅澤宇指出量詞"匹"原有用法本身的阻力、量詞範疇的特殊性、已有量詞的擠壓三個方面的因素導致了這種特殊用法在現代漢語發展過程中的迅速淘汰③。從宏觀的量詞發展史視野來看，量詞發展中會受到外來語、方言、修辭等諸多方面的影響，但其自身的語義基礎一直是其語法化的核心因素，如"馬力"本身源自馬匹拉力的功率，與馬密切相關，因此成爲現代漢語常見功率單位，亦可用於空調等的功率計量；但"馬達"是英語motor的音譯詞，和馬没有關係，因此量詞"匹"的類似用法很快就被淘汰了；祇是在部分方言中仍有特殊用法，如武漢話中可以用於稱量牛羊豬狗等動物。

此外，現代漢語還有"七匹狼"以及"一匹來自北方的狼"的説法，但按《現代漢語八百詞》，可以跟"狼"搭配的量詞有"隻""條""個"三個④，是不能用量詞"匹"的。這種用法一方面與臺灣歌手齊秦

---

① 羅澤宇：《量詞"匹"特殊義項的生成與消亡——從日語對漢語影響的角度》，《日本學研究》第24輯，學苑出版社2015年版，第1—9頁。

② 陳皴：《漢日量詞的比較研究——兼談對日漢語量詞教學的特點與方法》，《語言與語言教學研究論集》，語文出版社2014年版，第228—240頁。

③ 羅澤宇：《量詞"匹"特殊義項的生成與消亡——從日語對漢語影響的角度》，《日本學研究》第24輯，學苑出版社2015年版，第1—9頁。

④ 吕叔湘：《現代漢語八百詞（增訂本）》，商務印書館1999年版，第712頁。

的歌曲《狼》中的經典歌詞有關,齊秦生於臺中,其方言爲閩南話,"狼"是可以用量詞"匹"的①。另一方面與福建七匹狼公司的品牌宣傳有關,稱量"狼"量詞用"匹"而不用"隻"或"頭",具有誇張、陌生化的意味,正如七匹狼公司總裁所說"一開始就取名'七隻狼'。但我大哥説'七隻狼'不好聽,不如就叫'七匹狼'吧!七匹狼!大家覺得挺别致的,……當時大家都是年輕人,覺得衹要好聽、夠酷就可以了。"②由於廣泛的廣告宣傳和歌曲的流傳及使用,以致這種用法在現代漢語中獲得了廣泛影響,加上魯迅等經典作品的影響,甚至權威媒體也往往可以這樣用,如《光明日報》2019 年 6 月 12 日 9 版載《吐魯番洋海墓地還有多少秘密》:"上面一排兩匹狼一隻野山羊。"③ 在國際中文教育中也造成了困擾,二語學習者往往將"匹"誤用爲稱量"狼"的個體量詞,成爲量詞使用中的高頻偏誤。

五 布帛量詞"匹"的語法化歷程及其動因

至於量詞"匹"用於布匹的度量衡量詞,則是源自其"匹配"義。古代布帛制度,從兩頭向中間卷起而成兩兩相對之形態,《説文·匚部》:"匹,四丈也。"王筠句讀:"古之布帛,自兩頭卷之,一匹兩卷,故古謂之兩,漢謂之匹也。"④ 又,《漢書·食貨志下》:"布帛廣二尺二寸爲幅,長四丈爲匹。"⑤ 這種用法產生的比較晚,從傳世文獻來看最早見於西漢初期,如:

(28) 長庚,如一匹布着天。此星見,兵起。(《史記·天官書》)

(29) 乃賜叔孫通帛二十匹,衣一襲,拜爲博士。(《史記·劉敬

---

① 孫緒武:《"狼"可以論"匹"嗎》,《語文學習》2011 年第 1 期。
② 鄒貞:《也談量詞"匹"》,《語文學習》2011 年第 11 期。
③ 王瑟:《吐魯番洋海墓地還有多少秘密》,《光明日報》2019 年 6 月 12 日第 09 版。
④ 王筠:《説文解字句讀》,中華書局 2016 年版,第 508 頁。
⑤ 班固:《漢書》第 4 册,中華書局 1962 年版,第 1149 頁。

叔孫通列傳》)

從出土文獻來看,楚簡帛、秦簡均未見,最早見於漢代的額濟納漢簡、居延漢簡、敦煌漢簡等漢簡①,如:

(30) 出廣漢八稷布十九匹八寸大半寸,直四千三百廿,給吏秩百一人,元鳳三年正月盡六月,積六月。(《居延漢簡》90.56 + 303.30)

(31) 任城國亢父縑一匹,幅廣二尺二寸,長四丈,重廿五兩,直錢六百一十八。(《敦煌漢簡》1970A)

按《睡虎地秦簡·秦律十八種·金布律》66:"布袤八尺,福(幅)廣二尺五寸。布惡,其廣袤不如式者,不行。"② 制度與文獻記載不合,陳偉等認爲:"疑'二尺五寸'是'二尺二寸'之誤。先秦兩漢時期一般織物的最大幅寬爲二尺二寸,是與當時織機結構和織造方式密切相關的。同時,先秦兩漢文獻記載的織物幅寬也是二尺二寸,未見二尺五寸。"③ 但"二"和"五"字形相差甚遠,且其中"袤八尺"與"長四丈爲匹"也相差甚遠,按秦簡記載則一布正好爲 20 平方尺,似爲其獨有制度。

西周《胡應姬鼎》銘文中有疑似一例:"昜(賜)貝十朋,玄布二乙。"李學勤認爲"乙"系人名,在這裡是賞賜的對象④,蔣玉斌據字形與文意讀"乙"爲"匹",鄔可晶、李春桃等學者亦有類似觀點,認爲"大家有一定共識"⑤。後來,李先生指出:"'匹'用爲布帛的量詞,是

---

① 張顯成、李建平:《簡帛量詞研究》,中華書局 2017 年版,第 273 頁。
② 陳偉:《秦簡牘合集》(壹),武漢大學出版社 2014 年版,第 91 頁。
③ 陳偉:《秦簡牘合集》(壹),武漢大學出版社 2014 年版,第 91 頁。
④ 李學勤:《胡應姬鼎試釋》,《出土文獻與古文字研究》第 6 輯,上海古籍出版社 2015 年版,第 109—111 頁。
⑤ 蔣玉斌:《釋甲骨文中與"匹"有關的兩種形體》,楊榮祥、胡敕瑞主編《源遠流長:漢字國際學術研討會暨 AEARU 第三屆漢字文化研討會論文集》,北京大學出版社 2017 年版,第 143—152 頁。

相當晚的，以我陋見，很可能不早於秦漢，實際上到漢代才流行起來……至少西周時'匹'是不會用作布帛的量詞的。由此看來，銘中的'乙'似仍以人名爲是。"① 從量詞發展史來看，基於我們對出土與傳世先秦兩漢語料的全面調查，稱量布帛的量詞殷商時代未見，西周時期用"兩"，同樣由其雙數義語法化而來的，如《九年衛鼎》（西周中期，《集成》2831）："舍矩姜帛三兩，乃舍裘衛林晉里。"② 按《周禮·地官·媒氏》："凡嫁子娶妻，入幣純帛，無過五兩。"漢鄭玄注："五兩，十端也。必言兩者，欲得其配合之名。……然則每端二丈。"唐賈公彥疏："古者二端相向卷之，共爲一兩。"③ 傳世先秦文獻亦多用"兩"，如《左傳·昭公二十六年》："夏，齊侯將納公，命無受魯貨，申豐從女賈，以幣錦二兩，縛一如瑱，適齊師。"④ 後來還可用量詞"純"，亦很常見，《說文》"純"字徐灝注箋："帛兩卷謂之匹，亦謂之純，引申之，凡物之兩者皆曰純。"⑤ 如《戰國策·趙策二》："白璧百雙，錦繡千純，以約諸侯。"⑥《穆天子傳·卷三》："乃執白圭玄璧以見西王母，好獻錦組百純，□組三百純。"晉郭璞注："純，疋端名也。"⑦ 至於"匹"用作稱量"布"的量詞則晚至漢代才出現，並在語法化的擇一機制下迅速完成了詞彙興替，成爲最常見的布帛量詞，可見胡應姬鼎銘文中的"乙"不可能是量詞"匹"，從李先生說釋爲人名更合理："考慮到鼎銘末尾有人名'乙'，玄布應該是由胡應姬轉賜給另一個人。"⑧

另一方面，兩漢時期布匹的長度固定爲"四丈"，因此到魏晉南北朝時期，可以用爲長度單位量詞，但多用於模糊的稱量，如：

---

① 李學勤：《胡應姬鼎再釋》，《武漢大學學報》（人文科學版）2017年第4期。
② 中國社會科學院考古研究所編：《殷周金文集成》（修訂增補本），中華書局2007年版，第1505頁。
③ 阮元校刻：《十三經注疏》，中華書局2009年版，第1580—1581頁。
④ 阮元校刻：《十三經注疏》，中華書局2009年版，第4588頁。
⑤ 丁福保編：《說文解字詁林》，中華書局2014年版，第12562頁。
⑥ 何建章：《戰國策注釋》，中華書局1990年版，第657頁。
⑦ 王貽梁、陳建敏：《穆天子傳匯校集釋》，中華書局2019年版，第143頁。
⑧ 李學勤：《胡應姬鼎再釋》，《武漢大學學報》（人文科學版）2017年第4期。

(32) 天門山石自空，狀若門焉，廣三丈，高兩匹，深丈餘，更無所出，世謂之天門也。(《水經注·清水》)

　　(33) 東有白虹，長二丈許；西有白虹，長一匹；北有虹，長一丈餘，外赤內青黃，虹北有背，外赤內青黃。(《魏書·天象志》)

　　在部分方言中，由於布帛量詞"匹"稱量的物件有面狀的特徵，因此可以引申爲稱量面狀事物的量詞，如成都話中的"一匹坡坡（山坡）""幾匹葉子""一匹瓦"等，武漢話中用於指紋"一匹螺斗"等。

　　又，"匹"字亦可書作"疋"，《廣韻·質韻》："匹，俗作疋。"《字彙補·疋部》："匹，匹、疋二字自漢已通用矣。"① 按《説文·疋部》："疋，足也。上象腓腸，下從止。"② 從甲骨文字形來看，李守奎認爲："'匹'與'足'是一字的分化。本義是腳。字形1像連腿帶腳的整個小腿。"③ 傳世秦漢文獻該量詞作"疋"之形較爲多見，如：

　　(34) 地方二千餘里，帶甲數十萬，車七百乘，騎六千疋，粟支十年。(《戰國策·燕策一》)

　　(35) 勞用白駿二疋、野馬野牛四十、守犬七十。乃獻食馬四百，牛羊三千。(《穆天子傳·卷三》)

　　(36) 雖復傾城量金，珠玉竭河，猶不能得此一物，有市之鄉二、駿馬千疋、千户之都二，何足言哉！(《越絶書·寶劍》)

　　但是出土文獻中量詞"匹"罕見作"疋"之形者，到魏晉南北朝以後作"疋"者就更常見了，無論稱量馬還是布，皆可用"疋"，因此劉世儒認爲："'匹'量'馬'、'疋'量'布'，那是後人出的主意，在南北朝還没有這種講究。"④ 隋唐五代時期雖有一定分工傾向，但並不嚴格，

---

① 漢語大字典編纂委員會編：《漢語大字典》（第二版），四川辭書出版社、崇文書局2010年版，第2940頁。
② 許慎：《説文解字》，中華書局2013年版，第168頁。
③ 李學勤主編：《字源》，天津古籍出版社2012年版，第157頁。
④ 劉世儒：《魏晉南北朝量詞研究》，中華書局1965年版，第184頁。

特別是吐魯番出土文書中無論哪種用法，往往多書作"疋"字①。因此，結合其量詞義的歷時使用情況和字形發展來看，"匹""疋"二字在隸書中字形仍相差較遠，其訛混可能是在魏晉時期楷書、行書逐漸形成的時期。

此外，文獻中常見"匹夫""匹婦"，甚至"匹士"之説，如《論語·子罕》："匹夫不可奪志也。"劉世儒一方面認爲這不是量詞，但又説："若論語源，'一匹馬'和'一匹人'，原本都是可以的，'一匹人'並不比'一匹馬'不合理。"並結合"一匹布"的用法推論："量詞'匹'在當初的泛用性，同'馬'並没有什麼特殊關係。"②鐘柏生則認爲"匹夫"這種用法屬於"音借"③。其實，這是因爲"數+量+名"結構當數詞爲"一"時往往可以省略，因此"一匹馬"可以省略爲"匹馬"，在高頻使用中"匹"產生了"單獨"義，《公羊傳·僖公三十三年》："晉人與姜戎要之殽而擊之，匹馬隻輪無反者。"何休注："匹馬，一馬也；隻，踦也；皆喻盡。"④清朱駿聲《説文通訓定聲·履部》："匹者，先分而後合，故雙曰匹，隻亦曰匹。"⑤又，《禮記·禮器》："君子大牢而祭，謂之禮；匹士大牢而祭，謂之攘。"唐孔穎達疏："匹士，士也……言其微賤，不得特使爲介乃行，故謂之匹也。"⑥可見並非量詞"匹"可用於稱量人。

六 結語

綜上所論，古今漢語常用量詞"匹"的語源既非"匹配"或"匹偶"之義，亦與布帛制度無關，而是由其名詞義"轡"基於轉喻語法化

---

① 李建平：《隋唐五代量詞研究》，山東人民出版社2016年版，第78頁。
② 劉世儒：《魏晉南北朝量詞研究》，中華書局1965年版，第186—187頁。
③ 鐘柏生：《釋〈綴新〉四一八版卜辭》，《鐘柏生古文字論文自選集》，藝文印書館2008年版，第61—80頁。
④ 阮元校刻：《十三經注疏》，中華書局2009年版，第4916頁。
⑤ 丁福保編：《説文解字詁林》，中華書局2014年版，第12428頁.
⑥ 阮元校刻：《十三經注疏》，中華書局2009年版，第3106頁。

而來，從類型學視野來看這也符合量詞語法化的基本路徑，"量詞一旦產生並進入句法結構，其語法功能就體現出了多向性"①；此後，基於古代車馬制度中馬匹兩兩相配的形制，量詞義引申爲"匹配""匹偶"之義，再由此用爲布帛的度制量詞，漢初開始逐漸替代了稱量布帛的個體量詞"兩"。稱量布帛的量詞"匹"與"兩"的興替，其動因可能在於量詞"兩"的分化。量詞"兩"本爲車馬量詞，由"丙"演變而來，西周以後迅速分化：一是個體量詞用法，可以用於稱量"車"，後加形符作"輛"；也可以用於稱量布帛，相當於"匹"。二是集合量詞用法，表雙數，相當於現代漢語中的"雙"或"對"。戰國秦漢文獻中"兩"用作集合量詞非常常見，如其稱量對象包括屨、履、絝、襪等，但用作稱量布帛的個體量詞，可能容易導致理解的偏誤，如"布一兩"，即"布一匹"，但易誤解爲"布兩匹"，而量詞"匹"既可以同"兩"一樣隱含布帛從兩頭向中間卷起而兩兩相對的制度，又避免了個體量詞與雙數義集合量詞的混淆，因此使用頻率日趨增高並成爲稱量布帛的常用量詞。其基本用法歷時發展路徑總結如下：

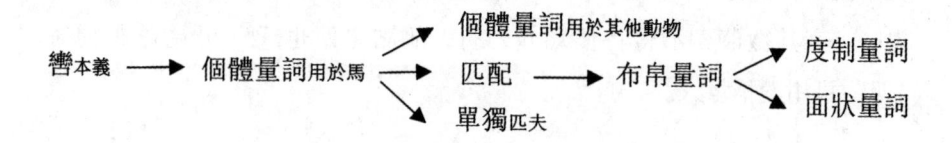

```
                           個體量詞用於其他動物
                         ↗                      ↘ 度制量詞
轡本義 → 個體量詞用於馬 →  匹配 → 布帛量詞
                         ↘                      ↗ 面狀量詞
                           單獨匹夫
```

圖1　量詞"匹"的歷時發展

量詞"匹"在其漫長的語法化歷程中，伴隨着使用範圍的擴張與調整、字形的訛變與分化，直到現代漢語回歸其核心用法，可見在漢語史中詞彙發展受到各方面因素的制約，既有語法化過程中語義滯留因素的制約，也有相關制度變化等因素對詞彙詞義演變的影響，同時還受到外來語、方言等影響，甚至其書寫形式還受到其他形近字的影響，但在所有因素中內因居於最核心地位，決定了其最終發展趨勢。語法化理論的

---

① 李建平、張顯成：《漢語量詞語法化動因研究》，《西南大學學報》2016 年第 5 期。

建設和完善首先要基於對語言歷時發展的準確描寫和語言現象的發掘，與印歐語相比，如彭睿所説："漢語具有悠久的歷史，歷時語料豐富；各種形態句法演變過程的不同階段語料記録相對完整。這些條件使得我們有可能較爲準確地追溯形態句法演變過程，從而窺見語法化現象的全貌。"① 對於主要建立在印歐語基礎上的語法化理論，相關漢語研究可以對各種語法化理論做出補充、修正和完善，從而提升其準確性和科學性。

---

① 彭睿：《語法化理論的漢語視角》，北京大學出版社 2020 年版，第 314 頁。

從新出土文獻看序數詞"第"產生的時代及其語法化歷程[*]

現代漢語表示序數時，一般要使用序數詞"第"，上古漢語則用基數詞直接表示序數，而不用序數詞"第"。關於序數詞"第"產生時代及其語法化歷程問題一直是漢語語法史研究的重點和熱點之一，但卻聚訟紛紜，學界目前主要有先秦説、漢代説、晉代説三種觀點。

一是先秦説。潘允中認爲："（詞頭"第"）來源很古，如《論語》的編排'學而第一''爲政第二''八佾第三''里仁第四'等等。"[①] 但王力指出："先秦諸子每篇標題，往往標爲某某第一，某某第二。這恐怕是後人所加，不足爲據。"[②] 潘先生《漢語語法史概要》接受了王力的觀點，認爲："古書如《論語》《墨子》《吕氏春秋》等的目録中也有第一、第二、第三……字樣，但這究竟是原有的還是後人加的一時無法弄清，所以暫不爲據。"[③] 定州漢墓竹簡《論語》是目前所發現的最早的《論語》抄本，總計620多枚，録成釋文總計7576字，約爲今本《論語》的二分之一，殘存最多的爲《衛靈公》，凡694字（今本該篇爲904字）可

---

[*] 本文原題爲《從新出土文獻看序數詞"第"產生的時代及其語法化歷程——兼論"第一"詞彙化的時代與動因》，刊於《古漢語研究》2014年第4期。爲教育部人文社科基金項目"先秦兩漢量詞發展史研究"（12YJC740045）、中國博士後科學基金項目"隋唐五代量詞研究"（2012M521370）、江蘇省"青藍工程"青年骨幹教師項目階段性成果。

[①] 潘允中：《漢語語法史概要》，中州書畫社1982年版，第110頁。
[②] 王力：《漢語語法史》，商務印書館1989年版，第22頁。
[③] 潘允中：《漢語語法史概要》，中華書局2008年版，第249頁。

達今本的77%，各篇均無篇名，更無次第標示①。可見，傳世先秦文獻中的這些例證，的確是不可靠的。

二是漢代説。向熹認爲："到了漢代，表示序數的'第'產生，漢語開始有了固定的序數形式。"② 最早例證爲《史記·陳丞相世家》："於是孝文帝乃以絳侯勃爲右丞相，位次第一；徙平爲左丞相，位次第二。"其次爲班固《漢書·敘傳》："我德如風，民應如草，國富刑清，登我漢道，述文紀第四。"但王力認爲《史記》一例中"第"仍是名詞"次第"義③，潘允中也認爲："'第一'的本義是位次排在最先的意思，還不一定就是序數。"但又指出："可是像《史記·太史公自序》中的'作五帝本紀第一''作夏本紀第二''作殷本紀第三''作周本紀第四'等，就顯然用'第'字爲序數的標誌了。"④《漢語大字典·竹部》："詞綴。用在整數數詞前邊，表示順序。"書證也正用《史記》此例。

三是晉代説。王力認爲上古的用例多不足爲據，提出："'第'字真正用作序數的詞頭，大約在晉代以後（或較早）。"⑤ 例證爲《世説新語·方正》："尚書郎正用第二人。"《品藻》："我何如卿第七叔。"

綜合傳世文獻和出土文獻用例來看，本文認爲其實表序數的詞頭"第"在秦代就已經產生了，西漢中葉進一步語法化，到東漢初期臻於成熟，在東漢文獻中已經獲得了廣泛使用。

一　序數詞"第"產生的時代

序數詞"第"是由其名詞"次第"義語法化而來的，王力提出："'第'最初是個名詞（次第），表示功勳的名次，或爵位的位次。"⑥ 對

---

① 河北省文物研究所、定州漢墓竹簡整理小組：《定州漢墓竹簡〈論語〉》，文物出版社1997年版。
② 向熹：《簡明漢語史》（修訂本下），商務印書館2010年版，第58頁。
③ 王力：《漢語語法史》，商務印書館1989年版，第22頁。
④ 潘允中：《漢語語法史概要》，中華書局2008年版，第249頁。
⑤ 王力：《漢語語法史》，商務印書館1989年版，第22頁。
⑥ 王力：《漢語語法史》，商務印書館1989年版，第22頁。

於序數詞"第"的來源，學界無異議。由於"第"用作名詞"次第"義時，往往和數詞連用，在這一語法位置、特定的語言環境或語篇中"第"的實詞義逐漸弱化，"第+數"結構由"名詞+數詞"構式被重新分析（reanalysis）爲"序數詞+數詞"構式。

由於語法化是漸變的，而漢語缺乏明確的形態標誌，因此早期很多用例中"第"的性質往往很難界定，如《史記·陳丞相世家》："於是孝文帝乃以絳侯勃爲右丞相，位次第一；徙平爲左丞相，位次第二。"向熹認爲是序數詞，而王力、潘允中二先生則認爲仍然是名詞。從語境來看，"第"同"位次"連用，其名詞"次第"義還是很明顯的，如《史記·平津侯主父列傳》："太常令所徵儒士各對策，百餘人，弘第居下。策奏，天子擢弘對爲第一。"這裡"第一"中的"第"顯然同"弘第居下"的"第"都是名詞"次第"之義。又如《史記·蕭相國世家》："列侯畢已受封，奏位次，皆曰：'平陽侯曹參身被七十餘創，攻城掠地，功最多，宜第一。'""第一"中的"第"同前面的"位次"相呼應，顯然也是"次第"之義。

但當"第+數"結構用於列舉而獨立使用表示序數時，"第"的"次第"義弱化，就開始語法化爲序數詞了，如潘允中認爲《論語》"學而第一""爲政第二"等文中的"第"爲序數詞，而王力則認爲"後人所加，不足爲據"，但另一方面也就都承認了這種構式中的"第"爲序數詞。最近公佈的岳麓書院藏秦簡中的"內史郡二千石官共令"簡共8枚，分別標注了干支編序，即"第甲"（0355）至"第庚"（0617），這種編序中的"第"自然爲序數詞無疑，如：

（1）內史郡二千石官共令。第甲。（簡0355）

（2）內史郡二千石官共令。第乙。（簡0690）

（3）內史郡二千石官共令。第丙。（簡0522）

（4）內史郡二千石官共令。第丁。（簡0351）

（5）內史郡二千石官共令。第戊。（簡0465）

（6）內史郡二千石官共令。第已。（簡0316）

(7) 內史郡二千石官共令。第庚。(簡 0617)①

2002 年出土於湖南里耶的《里耶秦簡》中也有類似用例，如簡 8—1363："第一：人病少氣者惡聞人聲。"② 1993 年於河南省永城市芒碭山西漢早期梁國王陵永城梁孝王李后墓出土塞石近三千塊，共刻一萬餘字，或表示宮室方位，或表示施工程序，等等，如："西宮東北旁第二二。／第二北。／第二北。／西宮東北旁第二一。／第一北，／第一北。／西宮東北旁第一三。"此外，寫成於西漢晚期成帝時的《尹灣漢簡》中的《元延二年日記》的簡首編繩上面部分，也寫有順序編號"第一""第二""第三""第四"等③。總之，"第"用作序數詞，秦簡用例是目前所見之最早用例，西漢時期用例逐漸多見。

值得注意的是，戰國早期的曾侯乙墓出土的鐘磬銘文中有 20 多個序號，都是用基數詞直接表示序數的，如"十三"（C.53.上.10 首）、"十八"（C.53.上.11 首）、"廿"（C.53.上.12 首）等④。可見序數詞"第"的產生應當是在秦末漢初以前，戰國早期以後。

二 序數詞"第"相關構式的產生與發展

當"第+數"結構後面出現名詞時，"第"的詞頭性質就無可置疑了，潘允中認爲："序數後而直接接上名詞，如'第一人''第二名'之類的用法，卻起源於中古漢魏六朝時期。"⑤ 所舉最早例證爲漢樂府詩《焦仲卿妻》："云有第三郎，窈窕世無雙。"王力所舉最早則是晉代《世說新語》中的"第二人"（《方正》）、"第七叔"（《品藻》）⑥。向熹所舉

---

① 陳松長：《岳麓書院所藏秦簡綜述》，《湖南大學學報》2009 年第 3 期。
② 陳偉主編：《里耶秦簡牘校釋》第 1 卷，武漢大學出版社 2012 年版。
③ 連雲港市博物館等編：《尹灣漢墓簡牘》，文物出版社 1997 年版。
④ 裘錫圭、李家浩：《曾侯乙墓·附錄一曾侯乙墓竹簡釋文與考釋》，文物出版社 1989 年版。
⑤ 潘允中：《漢語語法史概要》，中華書局 2008 年版，第 110 頁。
⑥ 王力：《漢語語法史》，商務印書館 1989 年版，第 23 頁。

最早爲成書於東漢中葉的王充《論衡・吉驗》："光武帝，建平元年十二月甲子，生於濟陽宫後殿第二内中。"① 太田辰夫所舉最早則爲寫成時代約在東漢明帝、章帝時期的《吴越春秋・勾踐陰謀外傳》："乃行第一術。"又："善哉第二術也。"②

其實，"第＋數＋名"構式早在西漢也已經出現了，但更多見於出土文獻，而傳世文獻較少見。出土文獻最早見於西漢武帝元鼎元年（前116年）的《徐州龜山楚王墓塞石刻銘》："第百上石。楚古屍王通於天。述葬棺郭，不布瓦鼎盛器，令群臣已葬去服，毋金玉器。後世賢大夫，幸視此書。目此也，仁者悲之。"③ 據考證，刻銘所説的楚王爲西漢時楚國第六代諸侯王劉注，該例也是目前我們所見最早用例。傳世文獻則最早見於寫成時代約在武帝征和二年（公元前91年）的《史記・張丞相列傳》："（車丞相）有男四人，使相工相之，至第二子，其名玄成。"

從簡帛文獻來看，西漢時期"第＋數＋名"式使用已經非常廣泛，僅從有明確紀年的簡牘文獻看，最早爲武帝征和年間（公元前92年至前89年），直到西漢末年，均很常見，如：

（8）出糜小石十二石，征和三年十月丁酉朔丁酉，第二亭長舒付第七亭長病已，食吏卒四人。（《居延漢簡》275.20）

（9）入糜小石十二石爲大石七石二斗，征和五年正月庚申朔庚，通澤第二亭長舒受部農第四長朱。（《居延漢簡》273.9）

（10）入糜小石十四石五斗，始元二年十一月戊戌朔戊戌，第二亭長舒受代田倉監□都、丞延壽臨。（《居延漢簡》273.24）

（11）入糜小石十四石五斗，始元三年正月丁酉朔丁酉，第二亭長舒受代田倉監。（《居延漢簡》148.47）

（12）第廿六、廿五倉五鳳五年正月穀出入簿。（《居延漢簡》

---

① 向熹：《簡明漢語史》（修訂本下），商務印書館2010年版，第58頁。
② （日）太田辰夫：《中國語歷史文法》，蔣紹愚、徐昌華譯，北京大學出版社2003年版，第142頁。
③ 毛遠明：《漢魏六朝碑刻校注》第1册，線裝書局2008年版，第18頁。

101.1)①

(13) 陽朔元年三月乙亥，第十候長博謂第十六隧長良府調卒隧一人詣殄北。(《額濟納漢簡》99ES16SF3∶1)

(14) 建平五年九月乙亥，第七隧卒周詡。(《額濟納漢簡》2000ES7SF1∶1.A)②

"第+數+名"構式在寫成於西漢中期到東漢前期的漢代簡帛文獻中使用是非常普遍的，特別是大量烽燧的序數，均用"第+數+隧"的形式，没有用基數詞直接表序數的，如"第十三隧長王良"(《額濟納漢簡》99ES16ST1∶13)、"第十五隧長李嚴"(《居延漢簡》3.26)、"第十八隧長田惲"(《居延新簡》EPT6.81)等。可見，早在東漢前期，"第"從名詞到序數詞的語法化過程已經初步完成。

"第+數+量"式是在"第+數+名"式影響下而產生的，向熹認爲產生於中古，最早例證爲東晉法顯《法顯傳》三："第二層作師子形，有四百間；第三層作馬形，有三百間。"③ 其實，這一構式在西漢中期到東漢前期的簡帛文獻中也已經出現了，如：

(15) 守望亭北平第九十三町，廣三步，長七步，積廿一步。(《居延漢簡》303.17)

(16) ☒□言不敬，譈，非大不敬。在第三卷五十。(《居延新簡》EPF22.416)

(17) 即聞第一輩起居，雖從後遣橐佗馳告之，竊慕德義。(《敦煌漢簡》40)

(18) 即轉中，至第三節。(《敦煌漢簡》1545)

甚至時間量詞也已經可以進入這一構式，如《居延漢簡》70.7："入

---

① 甘肅省文物考古研究所等編：《居延新簡：甲渠侯官》，中華書局1994年版。
② 魏堅主編：《額濟納漢簡》，廣西師範大學出版社2005年版。
③ 向熹：《簡明漢語史》(修訂本下)，商務印書館2010年版，第310頁。

茭十束，第十日付屯君。"《居延新簡》EPT49.49："第十三、廿三日庚寅，十一日癸卯。"

　　隨着量詞的語法化，數量詞作定語的"第＋數＋量＋名"構式早在西漢也已經産生了，向熹認爲産生於中古，最早例證爲南朝齊求那毗地譯《百喻經·三重樓喻》："不造第二，云何得造第三重屋？"① 從有明確紀年的簡牘文獻看，最早見於西漢元帝建昭二年（前37年），如：

　　　　（19）第四積茭四百一石廿五斤，建昭二年□☑（《居延新簡》EPT50.162）

　　　　（20）第廿二積茭千石，永始二年伐。（《居延漢簡》4.35）

　　寫成於西漢中期到東漢前期的簡帛文獻中就已較爲多見，如：

　　　　（21）出第廿五積茭六百五十三石。（《居延漢簡》59.3）
　　　　（22）第廿六兩帛五匹二尺，直千。（《居延漢簡》522.2）
　　　　（23）羸瘦困亞，閒以當與第一輩兵俱去，以私泉獨爲糴穀。（《敦煌漢簡》39）
　　　　（24）促信第一輩兵天滅，往令戍部，吏士饑餒，複處千里，艱水草，食死畜。（《敦煌漢簡》148）
　　　　（25）臣私幸得還，且從第一輩兵出。（《敦煌漢簡》972）②

　　從傳世文獻看，"第＋數＋名"構式在傳世東漢文獻如《新論》《潛夫論》《太平經》等較爲多見，而"第＋數＋量"構式、"第＋數＋量＋名"構式均仍很罕見，這與出土簡帛、石刻文獻的口語化程度更高是相適應的。

---

① 向熹：《簡明漢語史》（修訂本下），商務印書館2010年版，第311頁。
② 甘肅省文物考古研究所編：《敦煌漢簡》，中華書局1991年版。

三 "第一"的詞彙化

随着序數詞"第"的語法化,"第+數"構式的使用頻率越來越高,尤其是"第"和數詞"一"的組合,本來表示"等第次序居首位或首位的",由於線性序列上的相連和長期反覆的使用,二者之間的界限逐漸模糊,可以表示"程度最深""最重要"之義,正如索緒爾在討論粘合現象產生的心理機制時所言:"當一個複合的概念用一串極其慣用的帶有意義的單位表達的時候,人們的心理就會像抄小路一樣對它不作分析,直接把概念整個附到那組符號上面,使它變成一個單純的單位。"① 《漢語大詞典》"第一"條:"形容程度最深;最重要。"書證爲北魏賈思勰《齊民要術·養羊》:"常以正月、二月預收乾牛羊矢,煎乳第一好:草既灰汁,柴又喜焦;乾糞火軟,無此二患。"

從簡帛文獻來看,從西漢末到東漢早期開始,"第一"已經開始了其詞彙化歷程,如:

(26) 出都內第一七稯布廿八。(《居延漢簡》520.19)
(27) 第一皁(皂)單衣八百領。(《居延漢簡》504.19)
(28) 官第一六石具弩一,今力四石卅三斤,射百八十五步,完。(《居延漢簡》36.10)
(29) 官六石第一弩,今力四石卅斤,傷兩淵,可繕治。(《居延漢簡》36.11)

以上用例中"第一"的"等第"義還較明顯,其中心詞衹能是名詞,但其語義已經開始重新分析(reanalysis),既可以理解爲"等第居於首位的",也可以理解爲形容詞"最好的"。

東漢末年,"第一"開始修飾形容詞,相當於副詞"最",多見於口語化程度較高的道教文獻,如:

---

① [瑞士] 索緒爾:《普通語言學教程》,高名凱譯,商務印書館1980年版,第249頁。

(30) 此第一善得天之壽也。(《太平經・經鈔乙部》)

俞理明注:"最。"① 又如:

(31) 上第一善者,去其邪醉,以爲洞極之經,名爲天洞極政事。(《太平經・己部第六》)
(32) 但觀此,故理之第一善者,莫若樂生。(《太平經・壬部》)
(33) 是其第一堅志士也。(《太平經・丙部之十五》)

"第一"和後面所修飾的形容詞之間還可以插入結構助詞"之",如:

(34) 是故太古上皇帝第一之善臣民,其行如此矣。(《太平經・丙部之十三》)

而且,"第一"往往可以和"最"連用,如:

(35) 得天地心,第一最善。(《太平經・丙部之五》)

甚至可以修飾動詞或動詞性短語,這就更接近副詞的語法功能了,如:

(36) 此上士是尚第一有志者也。(《太平經・丙部之十五》)

綜上所論,隨着序數詞"第"的進一步語法化,從西漢末到東漢"第一"也開始了詞彙化,並逐漸擺脫了"次第"義,表示"程度最深""最重要"之義,其語法功能也進一步拓展,既可以修飾名詞,也可以修飾形容詞和動詞;到東漢末年的《太平經》中,"第一"的詞彙化已經基

---

① 俞理明:《太平經正讀》,巴蜀書社 2001 年版,第 27 頁。

本完成。

四　結語

　　從書寫形式上來看，《漢語大詞典・竹部》《辭源・竹部》等權威語文辭書都認爲序數詞"第"本作"弟"，如《墨子・迎敵祠》："舉屠酤者，置廚給事，弟之。"畢沅注："言次第居之，古次第字祇作弟。"《吕氏春秋・原亂》："亂必有弟。"高誘注："弟，次也。"畢沅注："弟，古第字。"但從出土文獻來看，岳麓書院藏秦簡"内史郡二千石官共令"中"第"字皆從"艹"，書作"𦵹"（茀）。秦漢簡帛文獻中從"竹"從"艹"往往可以混用，而以從"艹"爲多見，如寫成於西漢文帝至景帝之間的漁陽墓木楬中字亦從"艹"①，《居延漢簡》（包括《新簡》與《補編》）、《敦煌漢簡》均從"艹"。《漢語大詞典》"茀"條無書證，《漢語大字典》該字既無書證，也無字形，可據簡帛用例補之。而楚簡中"兄弟"之"弟"，往往可以加形符"亻"作"俤"，如《包山楚簡》227："與禱兄俤（弟）無後者邵良、邵乘、縣𤝗公。"字作"俤"②。又如《九店56號墓楚簡》25："生子，無俤（弟）；女（如）又（有）俤（弟），必死。"③《漢語大字典・人部》《漢語大詞典・人部》皆認爲"俤"是日本"和字"，即日本在借用漢字的基礎上自己創造的方塊字，事實上這是中國古代早已有之的字形。

---

　　① 長沙市文物考古研究所、長沙簡牘博物館：《湖南長沙望城坡西漢漁陽墓發掘簡報》，《文物》2010年第4期。
　　② 湖北省荊沙鐵路考古隊編：《包山楚簡》，文物出版社1991年版。
　　③ 湖北省文物考古研究所、北京大學中文系編：《九店楚簡》，中華書局2000年版。

漢語量詞史中的
語料學專題研究

漢語詞彙史中的
語料調查與研究

漢語個體量詞研究出土文獻語料二題*

《中國語文》2010年第2期刊發了麻愛民《漢語個體量詞研究中的語料使用問題》一文（以下簡稱"麻文"），對漢語個體量詞研究中存在的語料使用問題進行了辨析，讀後獲益良多，但麻文也還存在或可商榷之處。略論二題，以就教於方家。

一 關於量詞"尊"的使用時代

劉世儒認爲，"尊"的個體量詞用法在南北朝時期就産生了，但僅舉出了金陵刻經處本梁代慧皎《高僧傳·義解篇》的一個例證①。麻文據湯用彤校大正藏本"尊"作"張"，提出"這個例子並不能作爲確證使用"，因爲"六朝時期稱量佛像，無論是立體的還是平面的，一般用'軀'不用'尊'"，"南北朝時期個體量詞'尊'尚未成熟，除了本例再也找不到其他例證，衹是到了隋唐時期纔見到少量的用法，但也衹限於稱量立體的塑像"②。

麻文指出《高僧傳》用例有異文而"不能作爲確證使用"是正確的，但"尊"用作量詞並非晚至隋唐，從南北朝時期的"造像題記"來看已

---

* 本文原刊於《中國語文》2012年第1期。爲國家社科基金項目"簡帛量詞研究"（05BYY003）、江蘇省教育廳高校哲社基金項目"先秦兩漢魏晉六朝出土文獻量詞研究"（2011SJB740004）的階段性成果。

① 劉世儒：《魏晉南北朝量詞研究》，中華書局1965年版，第191頁。
② 麻愛民：《漢語個體量詞研究中的語料使用問題》，《中國語文》2010年第2期。

經產生了，而且並非罕見，祇是二位先生由於受調查語料範圍所限，故未能得見，如：

（1）東戴陽叔公得主仲練妻蔡氏修羅漢一尊。（北魏《蔡氏等造像記》）

（2）時天和六季（年），歲次辛卯，六月丁丑朔日丙戌，敬告<造>釋迦音像一尊，願皇帝鑒。（北周天和六年六月十日《陳歲造磚像記》）

（3）故於□東之嶺，顯益之崗，天落石傍，爲王敬造佛二尊，寶堂藥王在其左，普賢在其方<右>，文殊師利俠（夾）持（侍）兩箱（箱）。（周明帝元年《强獨樂造像記》）①

在同一篇"造像題記"中稱量佛像有時使用量詞"區（軀）"，有時使用量詞"尊"，如：

（4）大魏歲次癸亥，武定元年，七月己丑朔四日甲辰，佛弟子李次明爲亡兒李郎延造觀世音像一區（軀），白玉。冀州安武軍棗强縣千秋鄉故縣村安式家内有白玉像三尊，後至元興元年二月二十三日，求高才馬良，趙氏迎得白玉像三尊，並起塔寺供養，故記。（東魏武定元年七月四日《李次明造像記》）

可見，早在南北朝時期，稱量佛像的量詞已經開始了從"區（軀）"到"尊"的興替。

二 關於量詞"條"的隸定與釋讀

從文字隸定來看，麻文"濫用聲轉、通假"條舉證説："如《包山楚

---

① 按，本文所用石刻資料引自毛遠明《漢魏六朝碑刻校注》，線裝書局2008年版；參考了北京圖書館金石組編《北京圖書館藏中國歷代石刻拓本彙編》，中州古籍出版社1997年版。

簡》（269）有'囮'字，共出現4次。如：'亓（其）上載，絑（朱）旍，一百囮四十囮翠之首。'"並認爲："何琳儀（1993：63）釋讀爲'絛'……這種觀點值得商榷。""囮"字《包山楚簡》中的確出現了4次，但並非僅見於269號簡，而是269號簡2見，牘1正面2見，文句相同，但字形卻不一樣，269號簡中均書作"羿"；而牘1正面則分別書作"𦈌"和"攵"。《包山楚簡》整理者未予隸定，何琳儀據《璽匯》2641"蓨"作"𦈌"，脩魚令戟"脩"作"𦈌"，將269號簡之"羿"隸定爲"攸"，爲"攸"之異文；將牘1正面的"𦈌"隸定爲"絛"，"攵"是"攸"之省；認爲"以上'攸''絛'均讀'絛'"，並據《左傳》正義、《爾雅》《周禮》證明文獻中"攸""絛""絛"三字可通用①。李家浩認爲269號簡之"羿"從"羽"，故當隸定作"翛"；牘1正面則同何先生一樣分別隸定爲"絛""攸"②。陳偉等通過紅外影像重讀簡文，"羿"採用了李先生的隸定，後者亦採用了何先生的隸定③。可見，按何先生説"攸""絛""絛"三字乃形近通用，並獲得了學界廣泛認同，而非麻文所謂"濫用聲轉、通假"，因麻文將該字均隸定爲"囮"，與"絛"字之形就相去甚遠，失其本旨，或可商榷。我們將兩枚簡按學界最新成果隸定如下：

（5）亓（其）上載：絑（朱）旍一百翛四十翛翠之首。（《包山楚簡》269）

（6）亓（其）上載：絑（朱）旍一百絛四十攸翠之首。（《包山楚簡牘》1）

從語句釋讀來看，麻文認爲："從組合形式上看，如果釋'絛'成立，那麼，這就可歸入'數+量+名'格式，但在先秦漢語中，此格式少見，能進入這個格式的個體量詞更是少之又少。"其實麻文誤解了何琳

---

① 何琳儀：《包山楚簡選釋》，《江漢考古》1993年第4期。
② 李家浩：《包山楚簡中的旌旆及其他》，《著名中年語言學家自選集·李家浩卷》，安徽教育出版社2002年版，第258頁。
③ 陳偉等：《楚地出土戰國簡册十四種》，經濟科學出版社2009年版，第132頁。

儀的訓釋，何先生句讀作："絑（朱）旌一百條四十條，翠之首。"則"條"並非用於"數+量+名"結構，而是用於上古漢語常見的"名+數+量"結構，何先生認為"均指一百四十條朱色旌旗，'旌'之形制呈長條形，故以'條'計其數"。陳偉等①、李明曉②皆從其說。而李家浩則將269號簡、牘1分別句讀作"絑（朱）旌，一百翏四十翏翠之首""絑（朱）旌，一百條四十攸翠之首"，認為該字不是稱量旌旗的量詞，指出"簡牘文字'翏''條'等大概是翠羽的個體量詞，相當於《爾雅》'一羽謂之箴'的'箴'"，"意思是說朱旌的旗杆之首飾有一百四十根翠鳥羽毛"③。排比《包山楚簡》車載旌旗相關描述，我們贊同李先生的觀點，如273號簡："亓（其）上載：鯈旌，毫首。""一百翏四十翏翠"亦當為"首"之修飾語無疑。按李先生說則該量詞出現在"數+量+名"結構中，但麻文言"在先秦漢語中，此格式少見，能進入這個格式的個體量詞更是少之又少"，其實，楚簡恰恰是例外，出現了較多"數+量+名"結構，總計達到60多例，僅《包山楚簡》用例如下：

（7）馭右二真象皋。（《包山楚簡》牘1）
（8）一乘羊車。（《包山楚簡》簡275）④

甚至"名+數+量"結構、"數+量+名"結構可以出現在同一枚簡中，如：

（9）四笲食；箴魚一籟。（《包山楚簡》簡256）⑤
（10）僻脩一笲；庶（炙）雞一笲；一笲脩。（《包山楚簡》簡258）

---

① 陳偉等：《楚地出土戰國簡冊十四種》，經濟科學出版社2009年版，第121頁。
② 李明曉：《戰國楚簡語法研究》，武漢大學出版社2010年版，第284頁。
③ 李家浩：《包山楚簡中的旌旆及其他》，《著名中年語言學家自選集·李家浩卷》，安徽教育出版社2002年版，第261頁。
④ 湖北荊沙鐵路考古隊編：《包山楚簡》，文物出版社1991年版。
⑤ 按，《玉篇·竹部》："乂，竹也。又，箱類。"

其他楚簡中"數+量+名"結構也較爲多見,如:

(11) 三匹駒䮽。(《曾侯乙墓簡》148)

(12) 五秉矢。(《曾侯乙墓簡》72)①

(13) 一瓶食醬,一瓶某(梅)醬。(《信陽楚簡·遣策》17)

(14) 一司輖珥,一司齒珥……一兩緣𩏑履;一兩絲紝履;一兩䊷綎履;一兩詎履。(《信陽楚簡·遣策》簡2)②

李家浩也敏銳地注意到《包山楚簡》中"有時名詞位於數量詞之後",而"一百翏四十翏翠之首""一百條四十攸翠之首""正符合這種記數量的形式"。因此,陳偉等採用了李先生的隸定與句讀方式,字義仍依何琳儀"讀爲'條'"。麻文認爲:"像'條'這種專用的'形狀類'個體量詞先秦尚未出現。"從出土簡帛文獻來看,先秦時代專用的"形狀類"量詞也已經産生了,有稱量粒狀或圓形物體的量詞"果(顆)"③、

---

① 湖北省博物館:《曾侯乙墓》,文物出版社1989年版。

② 商承祚:《戰國楚竹簡彙編》,齊魯書社1995年版。

③ 按,稱量粒狀或圓形物體的個體量詞"果(顆)",如馬王堆帛書《五十二病方》48:"嬰兒病閒(癇)方:取雷尾矢三果(顆),冶,以豬煎膏和之。"雷矢,即"雷丸",爲多孔菌科植物雷丸菌的菌核,乾燥的菌核爲球形或不規則的圓塊狀,大小不等,直徑約一至二釐米。又如《五十二病方》347:"(治瘑方:)取慶(蜣)良(蜋)一斗,去其甲足,以烏豙(喙)五果(顆),礜大如李,並以㢦□斗煮之,氾,以傅之。"烏喙,中藥附子的別稱,塊根呈不規則圓錐形,稍彎曲,形如烏鴉頭,故得名。又如《雜療方》62:"每朝啜蒜(蒜)二三果(顆),及服食之。"蒜(奈),其釋義學界仍有爭議,馬繼興認爲"奈"即"蘋果"(參馬繼興:《馬王堆古醫書考釋》,湖南科技出版社1992年版,第772頁),但張顯成師認爲"'奈'就是'蘋果'之説不妥","'奈'當是薔薇科植物'奈'的果實"(參見張顯成:《簡帛藥名研究》,西南師範大學出版社1997年版,第233頁);周一謀、蕭佐桃認爲"蒜,疑即蒜字"(參見周一謀、蕭佐桃:《馬王堆醫書考注》,樂群文化事業有限公司1989年版,第334頁)。無論是"奈"還是"蒜",都是顆粒狀物體無疑。

稱量條狀物的量詞"廷（梃）"①等。總之，對《包山楚簡》中該字的隸定與釋讀雖然或有爭議，但學界均將其看作個體量詞是無疑的。

---

① 按，先秦時代還有稱量條狀物的個體量詞"廷（梃）"，如馬王堆帛書《五十二病方》17："獨□長支（枝）者二廷（梃），黃芩二梃，甘草□廷（梃）。"又，168："以其汁煮膠一廷（梃）半。"《養生方》85："桂尺者五廷（梃）。"馬王堆漢墓下葬時間爲文帝前元十二年（前168年），馬繼興、李學勤認爲《五十二病方》"抄成不晚於秦漢之際，即應爲公元前三世紀末的寫本"，"產生年代應早於《黃帝內經》的纂成時期"（參見馬繼興、李學勤：《我國現已發現的最古醫方——帛書〈五十二病方〉》，《文物》1975年第9期），也就是說其成書年代當在春秋戰國之際。《養生方》《雜療方》的行文風格和用語與《五十二病方》基本上沒有什麼區別，其成書時代應當大致相同。可見，馬王堆醫方所反映的語言當不晚於秦。上古漢語數量範疇的發展體現出明顯的地域性，尤其是"數＋量＋名"結構的發展地域差異較大，楚簡較爲多見，而秦簡罕見，詳參李建平、張顯成《從簡帛文獻看漢語量詞系統建立的時代》，《古籍整理研究學刊》2011年第1期；人大複印報刊資料《語言文字學》2011年第7期全文轉載。

關於《高臺駱駝城前涼墓葬出土衣物疏》的幾個問題[*]

《考古與文物》2011 年第 2 期刊載了寇克紅先生《高臺駱駝城前涼墓葬出土衣物疏考釋》一文，整理公佈了十六國時期前涼的兩件衣物疏，並對墓主身份、歷史背景、所反映的社會生活做了詳盡地考釋與研究，讀後獲益良多[①]。但在研讀過程中，發現其釋文與考釋還存在部分或可商權之處，影響了研究者對材料的使用與進一步研究。故不揣鄙陋，略論如下，以就教於方家。

一 都中趙雙衣物疏

1. 第 12 行："故練福帬一牒。"第 13 行："故練綺一牒。"第 14 行："故練褌一牒。"第 15 行："故練□褌一牒。"

按，"牒"字誤。從圖版來看，均當隸定爲"牒"，是"條（條）"的俗體，多見於吐魯番出土文書衣物疏中，如哈拉和卓 99 號墓出土《建平六年張世容隨葬衣物疏》："右條衣裳雜物悉張世容隨身所有，若有人仞名，詣大平事訟了。""條"字即書作"牒"，與《趙雙衣物疏》《趙阿

---

[*] 本文原刊於《敦煌研究》2015 年第 4 期；爲教育部人文社科基金項目（12YJC740045）、江蘇省哲社基金青年項目（11YYC010）、江蘇省高校哲社基金項目（2011SJB7400004）階段性成果。

[①] 寇克紅：《高臺駱駝城前涼墓葬出土衣物疏考釋》，《考古與文物》2011 年第 2 期。

茲衣物疏》中字形均相合①。從文意來看，該字是稱量帬、綺、襌的個體量詞，其稱量對象都是下衣，"牒"在古今文獻中沒有這種用法，從吐魯番出土文書中的衣物疏來看，稱量下衣的量詞一般用"條（條）""立""量（兩）""具"等②，可見本衣物疏此字當爲"條（條）"字無疑。

2. 第16行："故青絲履一量。"

按，"絲"字誤。圖版清晰作"糸"，當隸定爲"糸"。《説文·糸部》："糸，細絲也。"段玉裁注："絲者，蠶所吐也。細者，微也。細絲曰糸。"

又，《趙阿茲衣物疏》第22行："故丹絲履一量。"原圖版作"糸"，"絲"字亦當隸定作"糸"爲好。

3. 第30行："故筆一□。"

按，"□"表示字跡漫漶不清，其實細審圖版，該字右半清晰作"攵"，左半似爲"木"，則該字爲"枚"無疑。"筆"用"枚"稱量，漢代以後出土文獻常見，如《居延漢簡》486.62："所作筆一枚。"③

4. 第35行："故雜彩五十匹。"

按，"彩"字誤。圖版較爲清晰，當作"綵"。"彩""綵"二字，古文獻均常見。"彩"多指文彩、彩色，也可以指彩色的絲綢，《説文新附·彡部》："彩，文章也。"而"綵"則多指彩色絲織品，《玉篇·糸部》："綵，五彩備。"《集韻·海韻》："綵，繒也。"

5. 第43行："柏棺一枚買隨錢二萬五千。"

按，整理者未加標點。按照文意及語法習慣，該行當句讀作："柏棺一枚，買。隨錢二萬五千。"《趙雙衣物疏》中的"柏棺"應當是臨時購買的，因此説明是"買"，而且沒有同其他各條一樣加"故"字。《趙阿茲衣物疏》第36行："故柏官一口，隨錢九萬九千九百九十九。"既云"故柏官（棺）"，則不是臨時而"買"的。

6. 第44行："右四十二種衣物生時所秉疏。"

---

① 中國文物研究所、新疆維吾爾自治區博物館、武漢大學歷史系編：《吐魯番出土文書》（壹），文物出版社1992年版，第90頁。

② 洪藝芳：《敦煌吐魯番文書中之量詞研究》，文津出版社2000年版，第259頁。

③ 中國社科院考古研究所編：《居延漢簡甲乙編》，中華書局1980年版。

按，"四十"誤，圖版清晰作"卌"，是"四十"的合文，當隸定爲"卌"。

二 趙阿茲衣物疏

1. 第6行："故面衣一枚。"

從圖版來看，"故"字和"面衣"之間明顯有一個字，但字跡漫漶不清，無法識別，當加"□"字符，隸定作："故□面衣一枚。"按《趙雙衣物疏》第6行："故練面衣一枚。"這裡空缺的字，疑爲描述"面衣"材質的"練"字。

2. 第7行："故真珠一枚。"

按，"珠"字誤，圖版清晰，作"朱"，當隸定爲"朱"，同"珠"。

3. 第8行："故綠被一枚。"

按，"綠"字誤，圖版較爲清晰作"錄"，左半並非"糸"部，而是"金"部，當隸定作"錄"。《說文解字·金部》："錄，金色也。"段玉裁注："錄與綠同音。金色，在青黄之間也。"

"被"字亦誤，圖版較爲清晰，左半並非"衤"部，而是"糸"，當隸定作"紴"。《說文解字·糸部》："紴，絛屬。"本義是絲繩、絲帶，亦指用於衣服飾物等的繩或帶。從文意來看，《趙雙衣物疏》第40行："故練被一領。"《趙阿茲衣物疏》第32行："故黃絹被一領。""被"的量詞都是用"領"，而該行量詞卻是"枚"，這也説明該字並非"被"，而當是"紴"，用量詞"枚"正合。

4. 第11行："故絳大襦一領。"

按，"絳"字誤，圖版清晰作"緋"，當爲"緋"。該衣物疏第10行："故絳襦一領。""絳"字與"緋"字相鄰，比較來看，二字形明顯有別。緋，即紅色，《說文新附·糸部》："緋，帛赤色也。"《趙阿茲衣物疏》中常見，如"緋縹裙""緋繡胡粉囊"。

5. 第13行："故丹□領一領。"

按，從圖版來看，"丹"字下有一字，字跡殘存較多，但惜之仍無法辨識，而後面仍有一字，字跡完全漫漶不清，但"丹"和"領"字之間有兩個字無疑，故該行當隸定作："故丹□□領一領。"

6. 第 16 行："青故褌一楪。"

按，"青""故"二字互乙，當隸定作："故青褌一楪。"本文兩件衣物疏所列事物多爲墓主人生前所用，故均以"故"字標示。

又，"楪"字誤，當作"條（條）"。第 15 行、第 17 行、第 18 行、第 19 行、第 20 行之"楪"均當作"條（條）"。

7. 第 17 行："故褌絝一楪。"

按，"褌"字誤，圖版不甚清晰，細審圖版，左半清晰作"糸"，當爲"絳"字。"褌""絝"爲一字之別體，當時都是指左右各一、分裹兩脛的套褌，兩字連用顯然文意不通。故該行當作："故絳絝一條。"

8. 第 30 行："故紫搔囊一具。"

按，該行下面還有一小段文字，衹是字跡漫漶不清，整理者既未釋出，也未說明。細審圖版，當爲五個字，衹有中間二字略清晰，疑當釋爲"九百"。故本行當隸定作："故紫搔囊一具。□九百□□。"

三　語詞釋義一則

《趙雙衣物疏》第 29 行："故銅刀一枚。"第 32 行："故銀手板一枚。"整理者在《趙雙、趙阿茲衣物疏隨葬物品分類表》中將"銅刀""銀手板"歸入"武器"一類，並認爲："男墓主隨葬'機郭''銅刀'和'銀手板'……從另一方面也說明涼州境內全民備戰，同仇敵愾，彌漫着戰亂的氣氛。"

其實，這裡的"銅刀"和"銀手板"均非武器，而是文具。整理者其實已經提出："衣物疏在記載衣物用品時並非雜亂無章，而是循着種類和用途的大致順序來安排的。"從漢魏六朝到唐五代，多數衣物疏物品的排列均是如此，《趙雙衣物疏》自然也非例外，從第 27 行至第 33 行都是文具，第 27 行："故皁（皂）刀筆囊一枚。"第 28 行："故皁（皂）墨囊一枚。"是兩件盛文具之囊。第 29 行："故銅刀一枚。"第 30 行："故筆一枚。""銅刀""筆"應當就是裝在第 27 行所言之"皁（皂）刀筆囊"中的。第 31 行："故銅研一枚。"第 32 行："故銀手板一枚。"第 33

行:"故銀□一枚。""銀□"一詞由於字跡漫漶無法得知爲何物,但其質地爲銀質無疑,而銀質較軟,不可能製作武器,因此可以推測與"銅研""銀手板"都是文具。

"銅刀"是指"書刀",是簡牘的書寫工具,用以削改寫錯的文字。《後漢書·劉盆子傳》:"其中有一人出刀筆。"李賢注:"古者記事,書於簡册,謬誤者以刀削而除之,故曰'刀筆'。"從質地上看,刀筆主要有鐵質和銅質兩大類,其中銅質多爲青銅。兩類書刀均有實物出土,如江蘇尹灣6號漢墓出土書刀3把,均爲鐵質、雙刃,有刀鞘,其中一把殘長5.5釐米,其餘兩把長度分別爲25.5釐米和25釐米;而湖北江陵鳳凰山168號漢墓出土書刀1把,則爲青銅刀,通長22.8釐米,刃長13.9釐米,柄長8.9釐米,環首。

"手板",又作"手版",即笏,是古時用以指畫或記事的狹長板子,古籍常見,如《晉書·謝安傳》:"既見溫,坦之流汗沾衣,倒執手板。"《宋書·禮志五》:"笏者,有事則書之……手板,則古笏矣。"唐韓愈《盧郎中雲夫寄示送盤谷子詩兩章歌以和之》:"行抽手版付丞相,不待彈劾還耕桑。"吐魯番出土衣物疏亦常見,如阿斯塔那2號墓出土《北涼緣禾六年翟萬隨葬衣物疏》第9行:"色帛千疋,故黃桑棺一口,手板一枚。"[1]

---

[1] 中國文物研究所、新疆維吾爾自治區博物館、武漢大學歷史系編:《吐魯番出土文書》(壹),文物出版社1992年版,第90頁。

也談動量詞"頓"產生的時代及其語源[*]

《語言研究》2011 年第 3 期刊發了王毅力先生《動量詞"頓"的產生及其發展》一文（以下簡稱"王文"），採用共時與歷時相結合的方法對動量詞"頓"的產生、發展及其語法化的動因與機制進行了全面研究，拜讀數過，獲益良多。但在語料的甄別、動量詞的界定等方面，或有可商。略陳如下，就教方家。

一　動量詞"頓"的產生時代

對於動量詞"頓"的產生時代，劉世儒最早進行了探討，但並未具體指明其產生時代，祇是認爲"在南北朝時期這種用法還沒有産生"①；潘允中則認爲動量詞"頓"始見於唐人著作②；王力也認爲："'頓'作爲行爲單位量詞，大約是隋唐以後的事。"③ 王紹新④、金桂桃⑤從其說。

王毅力提出"動量詞'頓'產生於晉代"，"見於該時期的醫書《肘後備急方》，用來稱量飲食行爲的次數"，大大提前了其始見時代。但今

---

* 本文原刊於《語言研究》2013 年第 1 期；爲教育部人文社科基金項目（12YJC740045）、江蘇省哲學社會科學基金項目（11YYC010）、江蘇省高校哲社基金項目（2011SJB740004）階段性成果。

① 劉世儒：《魏晉南北朝量詞研究》，中華書局 1965 年版，第 160 頁。
② 潘允中：《漢語語法史概要》，中州書畫社 1982 年版，第 121 頁。
③ 王力：《漢語語法史》，商務印書館 1989 年版，第 39 頁。
④ 王紹新：《隋唐五代的動量詞》，《課餘叢稿》，北京語言文化大學出版社 2000 年版，第 183 頁。
⑤ 金桂桃：《宋元明清動量詞研究》，武漢大學出版社 2007 年版，第 280 頁。

本《肘後備急方》的語料構成非常複雜，其不同部分的語料時代要細緻甄別。東晉時，葛洪爲方便使用，將其原著《玉函方》（共100卷）摘錄其中可供急救醫療、實用有效的單驗方及簡要灸法彙編而成《肘後救卒方》一書，簡稱《肘後方》；南朝梁時，陶弘景增補錄方101首，改名《補闕肘後百一方》；至金代，楊用道摘取《證類本草》等書中的單方作爲"附方"，名《附廣肘後方》，即今天所謂的《肘後備急方》，亦簡稱爲《肘後方》。

王文所引《肘後備急方》例，即例（1）至例（3），均屬其"附方"部分①：

(1) 菰根和鯽魚煮，作羹，食之三兩頓，即便差耳。（卷三）

(2) 待至六日，則飽食羊肉餺飥一頓，永差。（卷三）

(3) 若一日兩度服，即恐利多；每日服一頓，即微利，不得雜食。（卷四）

其中，例（1）爲《證類本草》引唐孟詵《食療本草·菰菜》語；例（2）爲唐王燾《外臺秘要》引唐崔知悌《療久嗽熏法》語；例（3）引自唐王燾《外臺秘要·治水氣》。可見，此三例都是唐代的語料無疑。

王文所引例（4）至例（6），"頓"是名量詞，而非動量詞：

(4) 卿可豫檄光公，令作一頓美食，可投其飯也。（《淳化閣帖》卷二引晉王珣《書》）②

(5) 答曰："聞卿祠，欲乞一頓食耳。"（《世説新語·容止》）③

(6) 今日有一頓飽食，便欲殘害我兒子。（《宋書·徐湛之傳》）

---

① 本文所引《肘後備急方》文例均自尚志鈞《補輯肘後方》，安徽科學技術出版社1996年版。

② 按，王文所引出處不確，當爲《淳化閣帖》卷二《晉司徒王珣書·今欲出貼》，參見水賚佑《淳化閣帖集釋》，上海古籍出版社2009年版，第82頁。

③ 按，王文所引出處有誤，當爲《世説新語·任誕》，參見余嘉錫《世説新語箋疏》，中華書局2007年版，第754頁。

以上三例，劉世儒都進行了闡述，認爲這裡的"頓"用作名量詞，而非動量詞。本文認爲劉先生的處理是嚴謹的，"一頓美食""一頓食""一頓飽食"都是"數詞+名量詞"構式修飾名詞，而且三例中的"數+量+名"構式都是作爲一個整體充當賓語的。當然，王文提出："在現代漢語裡有的動量詞可以修飾名詞，在古代漢語中動量詞同樣可以修飾名詞。"這固然是正確的，但郭錫良在判斷量詞時提出，在語言研究中"也需要有語法系統性的明確觀點，這樣纔不至於把某些形式相同而性質不同的語法現象混淆起來"①。魏晉南北朝時期，"動量詞的發展畢竟還是處在歷史的初級階段"②，以上三例均未涉及動量，"頓"也當視爲名量詞爲好。

王文所舉例（7），從語法、語義來看也還存在爭議：

(7) 先以粳米爲粥糜，一頓飽食之，名曰"填嗉"。（《齊民要術·養鵝鴨》）

汪維輝也論及該例③，並又舉出相似的1例：

(8) 然後淨淘米，炊爲再餾，攤令冷，細擘飯破，勿令有塊子，一頓下釀，更不重投。（《齊民要術·作豉法》）

汪先生認爲此二例中的"'頓'跟動詞'食'和'下'搭配，就衹能是動量詞了，否則這個'頓'的詞性就無法確定"，但值得注意的是，直到動量詞"頓"發展成熟的隋唐時代，也並不能和動詞"下"搭配。因此汪先生指出"頓"當"指一次，一次性地"，"不過語義上與後來常用的動量詞（如'打一頓''罵一頓'）還有區別，強調的是'一次性地'，這是跟'頓'的本義緊密相關的。"其實，"頓"在魏晉南北朝本

---

① 郭錫良：《從單位名詞到量詞》，《漢語史論集》，商務印書館2005年版，第38頁。
② 劉世儒：《魏晉南北朝量詞研究》，中華書局1965年版，第8頁。
③ 汪維輝：《〈齊民要術〉詞彙語法研究》，上海教育出版社2007年版，第139頁。

身就有"同時""一下子"義，如：

（9）人以冷水自漬至膝，可頓啖數十枚瓜。（晉張華《博物志》卷十）

（10）今秦趙之眾，其神與宇宙俱來，成敗天地而不滅，起、籍二將豈得頓滅六十萬神哉。（南朝梁僧佑《弘明集》）

"一"和"頓"都有"一次性"義，故可同義連用，晉代及以後古籍常見，如：

（11）或舉所賢，因及所念，一頓而至，人數猥多，各言所舉者賢。（《晉書·劉寔傳》）

（12）被他奔入樓中，張開口，把三藏與老王父子一頓噙出。（《西遊記》第九十回）

（13）（婆留）便將元寶碎銀及酒器首飾，一頓交付與戚漢老。（《古今小說·臨安里錢婆留發跡》）

以上用例中的"頓"顯然不是動量詞。我們窮盡性考察魏晉六朝文獻，典型的動量詞"頓"還沒有出現，目前所見最早用例應當出現在隋代：

（14）爾等著其風俗，乃為東夷之人，度越禮義，於爾等可乎？然著述之體，又無次序，各賜杖一頓。（《全隋文》引隋煬帝《敕責竇威崔祖濬》）

劉世儒認為"賜杖一頓"，"就隱含了'打'意在內，動量用法已經呼之欲出，但它當然也還不是動量，因為'杖'在這裡是名詞用法，並非動詞用法"[1]。但汪維輝指出："'一頓'是用來稱量'賜杖'這個動賓

---

[1] 劉世儒：《魏晉南北朝量詞研究》，中華書局1965年版，第161頁。

短語的，而不是量'杖'的，所以這個'頓'其實已經可以看作是一個'准動量詞'。"①

到初唐時期的文獻中就很常見了，王紹新對隋唐五代動量詞作過全面考察，指出："隋唐五代的'頓'……在語義搭配方面，除與'飯食'相配合，還可與'杖''棒'等相配合，量'打'的次數。"②

二 動量詞"頓"的語源

王文對動量詞"頓"語法化的動因和機制進行了細緻考察，分析了其語法化路徑："叩頭→停頓→軍隊駐紮休息→旅途中的休息、飲食→稱量進食次數的動量詞→稱量責打行爲的動量詞"。但由於對其量詞義產生時代的判定以及部分文例理解的不盡準確，因此對其語源和發展的論述也還存在或可補充說明之處。

對於動量詞"頓"的來源，劉世儒認爲來源於其名量詞用法③，王力從其説，也認爲"是先用來表示事物單位的"④。從目前對"頓"在隋代以前的用法來看，都是名量詞用法，到隋代以後纔産生了動量詞的用法。南北朝人把旅途中的休息、飲食叫做"出頓"，因此名量詞"頓"稱量的對象主要是飲食類名詞，而這類名詞本身又隱含了飲食的動作義，因此引申爲稱量飲食類動作的動量詞。由名量詞用法"類推"（analogy）到動量詞用法，在量詞的語法化過程是很常見的，如劉世儒、王力所言，"番""陣"等常用動量詞的語法化過程也是如此。

一般認爲動量詞"頓"與"杖""棒"等配合稱量"打"的次數，是由稱量進食次數的用法類推而來的。但從上文分析來看，與稱量進食次數相較而言，稱量責打行爲的用法産生的時代並不晚，甚至還略早，因此可能別有來源。劉世儒注意到動量詞"頓""也可能是直接來源於停

---

① 汪維輝：《〈齊民要術〉詞彙語法研究》，上海教育出版社2007年版，第140頁。
② 王紹新：《隋唐五代的動量詞》，《課餘叢稿》，北京語言文化大學出版社2000年版，第183頁。
③ 劉世儒：《魏晉南北朝量詞研究》，中華書局1965年版，第160頁。
④ 王力：《漢語史稿》，中華書局1980年版，第244頁。

頓義（停一次就叫一頓），不一定要經過'出頓'的媒介"，並引《漢武帝內傳》："受之者四十年傳一人，無其人，八十年可頓授兩人。"提出："這種用法若在'頓'前加上數詞，'一頓授兩人'……這不就發展成量詞了嗎？"如上文所言，這裡"一"和"頓"是副詞同義連用，指一次性地，但正是在這種語法環境中，"一頓"由"副詞+副詞"構式被"重新分析"（reanalysis）爲"數詞+量詞"構式，從而開始了其語法化。當"一頓"擺脱了"一次性地"這一語義滯留，"頓"就正式語法化爲動量詞。

值得注意的是，"頓"由"停頓"義引申爲"一次性"之義，而"停頓"是指物體經過一段時間的運動後的停止狀態，因此也就隱含了"時間長"或"次數多"的語義因素。唐五代直至現代漢語中，"一頓"代表動作往往具有次數多或時間長的特點①，這也是"頓"語法化過程中的語義"滯留"原則（persistence）所決定的。"頓"的"飲食"類語義顯然並沒有這樣的語義基礎，這也正説明二者具有不同的歷史來源。

王紹新曾梳理了名量詞"頓"的語義發展脈絡："叩首→停頓→住宿→宿處→宿處的一餐飯→任一餐飯"②。王文引《宋書·鮮卑吐谷渾列傳》："於是擁馬西行，日移一頓，頓八十里。"認爲"頓"指"軍隊駐扎休息"，其實這裡的"頓"如王紹新言當指"食宿之地"，因而遺漏了這一環節。借助王文與王先生的分析，本文將動量詞"頓"的語法化路徑整理如下：

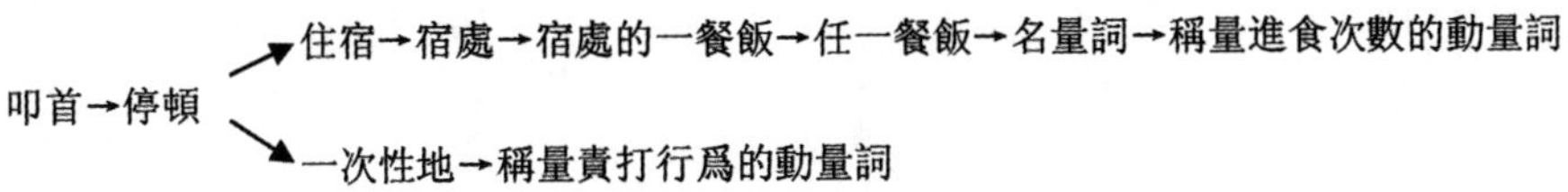

```
                    ┌→住宿→宿處→宿處的一餐飯→任一餐飯→名量詞→稱量進食次數的動量詞
叩首→停頓
                    └→一次性地→稱量責打行爲的動量詞
```

圖1　動量詞"頓"的語法化歷程

---

　　① 王紹新：《隋唐五代的動量詞》，《課餘叢稿》，北京語言文化大學出版社2000年版，第183頁。

　　② 王紹新：《隋唐五代的動量詞》，《課餘叢稿》，北京語言文化大學出版社2000年版，第183頁。

總之，如劉世儒所言，"頓""番""通"等用作名量詞"都是和動量詞不能截然劃開的；區分的標準全在句法，字眼上並無區別。它們實是一詞兩用、同炊異爨的"①，在研究中應當引起特別的注意②。

---

① 劉世儒：《魏晉南北朝量詞研究》，中華書局1965年版，第164頁。
② 按，邵敬敏也提出："有人主張把這解釋爲動量名量兼類。我們認爲'兼類'説法不妥，因爲除了'下、氣'，幾乎所有的動量詞都可以修飾名詞，换言之，極大部分的動量詞都是兼類了。而如果一類詞中大部分都是兼類，那麼就要從根本上考慮這類詞的劃分是否有意義了。所以，根據它的主要語法功能和所表示的語法意義，還是看作動量詞爲宜，但同時也承認在一定條件下，動量詞可以修飾名詞，這時它的詞性並没有變爲名量詞。"《動量詞的語義分析及其與動詞的選擇關係》，《中國語文》1996年第2期；《漢語語法的立體研究》，商務印書館2000年版，第52—70頁。

出土文獻量詞專題研究

出土文獻語言研究

先秦兩漢魏晉簡帛量詞析論[*]

量詞豐富是漢語及漢藏語系諸語言的一大特點，但漢語量詞系統並非先在的，而是經歷了一個長期而複雜的語法化過程。先秦兩漢是漢語量詞從萌芽到初步成熟的時期，但這一時期的量詞研究在簡帛文獻問世前一直做得不夠，原因在於可資研究的材料不多，還難以進行深入而系統的研究。簡帛文獻的出土問世，特別是大量遣策、文書和醫書等當時人記當時事的口語性較強的文獻的出土，爲漢語量詞史研究提供了空前良好的資料條件。

本文對目前已公佈的全部 78 批簡帛文獻中的量詞進行了窮盡性整理研究，其中楚簡帛 19 種，秦簡 8 種，兩漢簡帛 43 種，魏晉簡 8 種。所見量詞凡 188 個（時量詞除外），近 40% 的簡帛量詞改寫了原來從傳世文獻研究中得出的結論，或爲傳世文獻研究爲所未見，或是目前所見最早用例，或可訂正傳統訓釋，等等。對簡帛量詞的歷時考察可以揭示上古漢語量詞發展的脈絡，彌補傳世文獻量詞研究的不足。

一　簡帛量詞的歷時考察

從歷時的角度看，同殷商西周甲骨文、金文所見量詞系統相比，簡帛量詞獲得了長足發展，但同後世尤其是現代漢語相比，簡帛量詞系統顯然尚未臻於完善。

---

[*]　本文原刊於《中華文化論壇》2009 年第 4 期；作者爲李建平、張顯成；爲國家社會科學基金項目"簡帛量詞研究"（05BYY003）階段性成果。

(一) 簡帛量詞的特徵

與同時代傳世文獻量詞的發展狀況相比，簡帛量詞系統也體現出鮮明的特色，主要體現在六個方面。

第一，數量眾多，體系趨於完備。

甲骨文中有量詞不到 10 個①，金文發展到 40 多個②，均爲物量詞，無動量詞。本文所考察簡帛文獻中，物量詞總計達到 179 個，其中語法化程度最高的個體量詞 58 個。先秦簡帛中量詞 79 個，其中個體量詞 25 個，超出了同時代傳世文獻量詞的數量，如《左傳》量詞爲 60 個，但多度量衡量詞和編制量詞，個體量詞僅有 12 個③；《戰國策》量詞 39 個，個體量詞僅 7 個。兩漢簡帛量詞則達到 137 個，其中個體量詞 46 個，而《論衡》中量詞僅 43 個，個體量詞 16 個。簡帛文獻量詞的使用如此廣泛，應當與簡帛文獻多帳簿、遣策類文獻有關，從而真實地反映了當時的語言面貌。

動量詞在秦簡中開始萌芽，有"課""步"兩個，詞性仍不確定，用例也很少；兩漢簡帛有 7 個，典型的動量詞"下""周"等已經出現，用例雖不多，但漢語量詞的兩大類系已經趨於完備。

第二，量詞的使用頻率高。

從先秦簡帛文獻看，全部 27 種文獻中物量表示法總計 2337 例，使用量詞的稱數構式 718 例，占 30.7%。從兩漢簡帛看，我們選取寫成時代明確的 24 種漢簡中的物量表示法進行了全面統計④，所見物量表示法總

---

① 李若暉：《殷代量詞初探》，《古漢語研究》2000 年第 2 期。

② 黃載君：《從甲文、金文量詞的應用，考察漢語量詞的起源與發展》，《中國語文》1964 年第 6 期。

③ 何樂士：《〈左傳〉的數量詞》，《古漢語語法研究論文集》，商務印書館 2000 年版，第 318—351 頁。

④ 本文調查了焦山漢簡、蕭家草場簡、未央宮漢簡、清水溝漢簡、高臺漢牘、古人堤漢簡、甘谷漢簡、邗江漢簡、平山漢楬、花果山漢簡、海州漢牘、胥浦漢簡、東牌樓漢簡、羅泊灣漢簡、大墳頭漢簡、孫家寨漢簡、孔家坡漢簡、鳳凰山 8 號墓漢簡、鳳凰山 9 號墓漢簡、鳳凰山 10 號墓漢簡、鳳凰山 168 號墓漢簡、鳳凰山 167 號墓漢簡、鳳凰山 169 號墓漢簡、馬王堆 3 號漢簡等共 24 批漢簡。

計 1719 例，使用量詞的稱數構式 921 例，占 53.6%；按陳近朱統計，《居延新簡》物量表示法總計 4280 例，使用量詞的稱數構式達到 2746 例，占 64.2%①；可見使用量詞在漢代開始成爲一種規範，但是從傳世兩漢文獻看量詞的使用頻率遠遠沒有如此之高，我們統計了《禮記》《論衡》《公羊傳》《穀梁傳》《鹽鐵論》五種文獻，其中物量表示法凡 2070 例，使用量詞的稱數構式 448 例，僅占 21.6%。從魏晉簡牘文獻看，全部 8 種文獻總計有物量表示法 196 例，均爲"名+數+量"結構，無一例外，這與魏晉簡多爲簿籍類文獻密切相關。綜上可見，在物量表示法中量詞如此高的使用頻率，無論是先秦還是兩漢時代，都是傳世文獻量詞研究所未知的。

第三，量詞的語法功能進一步拓展。

一是偏正式複合詞"量+名"構詞方式的產生。從傳世文獻研究得出的結論是秦以後纔產生的②，而《睡虎地秦簡》即很常見，如：

（1）雨爲澍，及誘（秀）粟，輒以書言澍稼、誘（秀）粟及狠（墾）田暘毋（無）稼者頃數。稼已生後而雨，亦輒言雨少多，所利頃數。早〈旱〉及暴風雨、水潦、螽蚰、群它物傷稼者，亦輒言其頃數。（《睡虎地秦簡·秦律十八種》1—2）

（2）禾粟雖敗而尚可食殹，程之，以其中耗石數論負之。（《睡虎地秦簡·效律》24）

其中"頃數""石數"爲"量+名"式複合詞無疑，漢簡更爲常見，如：

（3）直（置）所得米升數以爲法，有（又）值（置）一石米粟升數而以耗（耗）米升數乘之［以爲實］，如法得一升。（《張家山

---

① 陳近朱：《〈居延新簡〉中物量詞和稱數法探析》，碩士學位論文，華東師範大學，2004 年，第 40—55 頁。

② 董玉芝：《〈抱樸子〉複音詞構詞方式初探》，《古漢語研究》1994 年第 4 期。

漢簡·算數書》49）

（4）亦以一尺寸數爲法，以所得寸數乘一尺賈（價）錢數爲實，實如法得一錢。（《張家山漢簡·算數書》63）

僅《算數書》中的"量+名"偏正式名詞就甚多，如"步數"達12例，"錢數"8例，"升數"5例，説明"量+名"構詞形式在先秦就已産生，而不是晚至秦代以後。

二是詞綴化構詞法的形成。"名+量"構成新詞，量詞失去了表量功能，成爲詞綴，以前認爲産生於魏晉或稍早①。從兩漢簡帛來看，"名+量"式雙音詞兩漢時期已經産生，如：

（5）告尉謂第廿三候長建國受轉穀到，☐言車兩（輛）石斗數。（《居延漢簡》145.2）

（6）倉穀車兩（輛）名籍。（《居延新簡》EPT52.548）

（7）建武叄年四月以來，府往來書卷。（《居延新簡》EPT22.409）

（8）陽朔二年正月盡十二月吏病及視事書卷。（《居延漢簡》8.1A）

"兩（輛）""卷"用作量詞在兩漢簡帛中使用已很普遍，因此在這一時代各例中的"車兩（輛）""書卷"爲雙音複合詞是毫無疑問的。從文意及所處的語法位置來看，也無疑義。

第四，量詞語法化的發展及其地域性。

一是"數+量+名"結構的産生。這在量詞的語法化進程中是一種很重要的轉變，可以説是一種飛躍，如王力説："因爲當數詞和單位詞放在普通名詞後面的時候，它們之間的關係是不夠密切的；後來單位詞移到了名詞前面，它和名詞的關係就密切起來，漸漸成爲一種語法範疇。"②

---

① 劉世儒：《魏晉南北朝量詞研究》，中華書局1965年版，第16頁。
② 王力：《漢語史稿》，中華書局1980年版，第240頁。

傳世先秦文獻中"數+量+名"結構非常罕見，因此有學者認爲這一結構是晚至漢代纔出現的①。從先秦簡帛看，"數+量+名"已較多出現，而且其發展體現出了強烈的地域性。楚簡帛這一結構凡62例，如：

（9）三匹駒騮。（《曾侯乙墓簡》148）
（10）三鴟畫甲。（《曾侯乙墓簡》131）
（11）一格車戟。（《包山楚簡》269）
（12）二真楚甲，素。（《曾侯乙墓簡》122）
（13）一兩緣繹屨；一兩絲紝屨；一兩鄭緹屨；一兩諠屨；一兩緅屨。（《信陽楚簡·遣策》2）
（14）陽城君三迻（路）車，鄭君一乘，旅公三乘迻（路）車。（《曾侯乙墓簡》119）
（15）▢白，一乘絑迻（路），驪犧馬，一▢（《新蔡楚簡·甲三》79）

數量結構作定語時，可以在數量結構和中心語之間加"之"，僅4例，如：

（16）九成之臺甲□□□□□□足下。（《郭店楚簡·老子甲篇》27）
（17）是乎作爲九成之臺。（《上博簡·容成氏》44）

楚簡中"數+量+名"結構多見於遣策類文獻，僅6例見於其他文獻，而時代稍晚的秦簡中卻僅有2例：

（18）六寸符皆傳□□□□□□□□▢（《龍崗秦簡》14）
（19）十斗粲，毀米六斗大半斗。（《睡虎地秦簡·秦律十八種·

---

① 貝羅貝：《上古、中古漢語量詞的歷史發展》，《語言學論叢》第21輯，商務印書館1998年版，第99—122頁。

倉律》43）

例（18）中"寸"是描繪性量詞，重點不在計算數量；而例（19）中"斗"亦爲度量衡量詞，均非自然量詞。兩漢簡帛也很少見，多限於度量衡量詞和借用容器量詞，個體量詞非常罕見，如上文統計的 24 種漢簡中僅有 9 例，均爲度量衡量詞。

對於"數+量+名"結構的來源，諸多學者進行了深入探討，吳福祥、馮勝利、黃正德認爲："西漢前後，'數詞+單位詞（+之）+名詞'中屬格標記'之'的脱落誘發'數詞+單位詞+名詞'獲得實際計量的功能。""漢代出現的'數詞+個體量詞+名詞'格式，是仿照'數詞+單位詞+名詞'格式類推而來。"[1] 但從楚簡帛看，"數詞+個體量詞+名詞"格式事實上早在戰國時代已經較多出現了，而且無疑是用於實際計量的，而屬格標記"之"此時仍未脱落。因此從簡帛文獻看，漢語中"數+量+名"結構可能並非是單一來源的。楚簡所見的"數+量+名"結構無疑是自源的，而此後並沒有得到繼承，兩漢及其後的"數+量+名"結構則當別有來源。

二是"拷貝型"量詞消失。甲金文中較常見的"拷貝型"量詞，如"俘人十又六人"（《合》137 反）、"羌百羌"（《合》32042）等，其詞性搖擺於名詞和量詞之間，是量詞萌芽階段的産物，秦漢簡帛文獻中已經消失。

三是泛指量詞迅速發展。漢語史上的泛指量詞有"枚""個"兩個，其適用範圍極廣，其源詞義幾乎已經完全消失，語法化程度最高。量詞"枚"在兩漢簡牘中應用廣泛，而量詞"個"的廣泛使用則在唐代以後。從傳世文獻看，量詞"枚"在成書於西漢的《史記》《春秋繁露》《淮南子》《説苑》《新書》《新序》《鹽鐵論》《白虎通義》《法言》《新語》9 種文獻中僅 6 例，而西漢簡帛文獻則非常常見，寫成於西漢文帝至景帝的鳳凰山 167 號墓漢簡中有 37 例之多，而鳳凰山 8 號墓漢簡中則可以稱

---

[1] 吳福祥、馮勝利、黃正德：《漢語"數+量+名"格式的來源》，《中國語文》2006 年第 5 期。

量有生之物"魚";到南昌東吳高榮墓《遣策》木牘的79個稱數結構中量詞"枚"達到75例之多,占數量表示法總數的95%,所計量的事物幾乎全部用泛指量詞"枚"來稱量,這也是此前傳世文獻量詞研究所未見的。

第五,"名+數+量"結構的廣泛使用。

這是由簡帛多簿籍類文獻所決定的。出土27種先秦簡帛文獻中,"名+數+量"結構總計298例,占物量表示法總數的12.8%;到兩漢簡帛中,出土24種漢簡中"名+數+量"結構總計777例,占物量表示法總數的45.2%;而8種魏晉簡牘中物量表示法196例,均爲"名+數+量"結構,無一例外。

第六,量詞分工進一步發展。

量詞發展的初級階段總是有很多兼職,隨着量詞的日趨豐富,其分工也逐漸明晰,如兩漢簡帛中就服飾而言,上衣用"領",下衣用"要"或"立",鞋襪用"兩",而成套衣物則用"稱";粒狀或圓形物用"顆",條形物則用"條""梃";人稱"口",馬稱"匹",牛羊則稱"頭";車用"兩"或"乘",船用"艘";甚至稱量"車"的量詞中"乘"多用於"馬車","兩"多用於"牛車",有進一步分工的趨勢。

但就總體而言,簡帛量詞系統仍未完全成熟。一是"數+量+名"結構在稱數構式中仍未占據優勢地位,雖然這一結構早在楚簡已較多見,但在物量表示法中僅占2.7%,秦簡中則僅2例,24種漢簡中亦僅有9例,在稱數法中占據優勢當在魏晉以後。二是動量詞系統仍未成熟。先秦簡帛中僅秦簡有仍不典型的"步""課"2個動量詞;兩漢簡帛中有動量詞7個,但總體使用頻率都很低;魏晉簡多爲簿籍,未見動量詞。

(二)從簡帛文獻看漢語量詞範疇建立的時代

傳世文獻的量詞研究往往強調"數+量+名"結構的成熟是量詞範疇建立的標誌,認爲"魏晉以後,單位詞纔完成了分化的過程,形成了一個獨立的量詞範疇"[①]。但量詞在稱數法中的使用頻率也應提起研究者

[①] 郭錫良:《從單位名詞到量詞》,《漢語史論集》,商務印書館1997年版,第34頁。

的重視，當使用量詞在稱數法中占據優勢，數詞在計數時不再和名詞直接結合，而是首先和量詞組成數量結構共同充當句子成分時，即使量詞沒有出現在"數+量+名"結構之中，其語義及語法功能和名詞無疑有了明顯的區別，量詞範疇就已經建立起來。

從簡帛文獻來看，漢語量詞範疇建立的時代應當在兩漢時期。一是在計數時使用量詞已經占據了優勢地位，如《居延新簡》使用量詞在稱數法中占64.2%，其他24種漢簡中也占到53.6%。尤其在準確計量的遣策類文獻中，量詞的使用更是必不可少，如漢初的馬王堆3號墓《遣策》，數量結構總計524例，"名+數+量"結構314例，占59.9%；鳳凰山167號墓《遣策》，數量結構81例，"名+數+量"結構71例，占87.7%。由於書面語言的滯後性，可以推測當時口語中量詞的使用頻率應當更高。二是量詞體系完備，分工細密。兩漢簡帛量詞總數達到137個，動量詞已經產生，物量詞內部分工細密，大量典型的個體量詞，甚至語法化程度最高的泛指量詞已經產生並獲得廣泛應用。可見，從簡帛文獻來看，早在兩漢時代漢語的量詞範疇已經建立起來。

二 簡帛量詞的分類考察

先秦兩漢魏晉簡帛文獻中，物量詞系統已經完備，總計179個，使用頻率很高。動量詞剛剛產生，總計9個，使用頻率較低。

（一）物量詞

根據先秦兩漢魏晉簡帛物量詞實際情況，大致分爲個體量詞、集合量詞、借用量詞和度量衡量詞四類。

1. 個體量詞 作爲漢語量詞系統的核心成員，簡帛文獻中總計58個，其中枚、個、乘、兩（輛）、頭、匹、處、區、領、編、篇、章、牒、等、級、石、朡、發、段、成、人、夫、通、張、物、事、本、木、歲、算等31個爲同期或稍早的傳世文獻已見，町、立、騆、辟、要、衣、給、函 8 個量詞是傳世文獻量詞研究所未見的①。

町 土地量詞，相當於"塊"，走馬樓三國吳簡《嘉禾吏民田家莂》4.38："佃畝二町，凡廿五畝。"②

立 衣物量詞，《旱灘坡晉牘》正 3 欄："故練褌一立。故練袴一立。"

駟 計量車的量詞，《銀雀山漢簡·孫子兵法》9 正："凡用兵之法，馳車千駟，[革車千]乘，帶甲[十萬，千]里而饋糧。"

辟 計量筵席層數的量詞，《上博簡·天子建州》甲本 9："天子四辟[延](筵)席，邦君三辟，大夫二辟，士一辟。"

要 衣物量詞，《南昌晉牘》："故白練長裙二要。故白練複兩當一要。故白練夾兩當一要。故白練複帬一要。故白練夾帬一要。故白練複袴一要。"

衣 衣物量詞，《尹灣漢簡》M6D12 正："皂丸大絝一衣，衣。"前一個"衣"是量詞，用來稱量"皂丸大絝"，表數量；後一個"衣"是動詞"穿"義，表狀態。

給 紡織品量詞，睡虎地秦簡《秦律雜抄》17—18："省殿，貲工師一甲，丞及曹長一盾，徒絡組廿給。省三歲比殿，貲工師二甲，丞、曹長一甲，徒絡組五十給。"王鍈先生認爲"給"是"根"或"條"的意思③。

函 計量"表火""蓬火"的量詞，《居延漢簡》212.9："出亡人赤表火一函。"又，258.16："蓬火四函。"

艘、騎、所、首、卷、條、節、顆、丸、梃、口（計量器物）、輩、封、合、紐、隻、件、種、裁等 19 個量詞是目前所見最早用例，如：

（20）船一艘（艘）。（《鳳凰山 8 號墓漢簡》683）

---

① 按，對傳世文獻量詞研究，本文暫以《漢語大詞典》《漢語大字典》及劉世儒的專著《魏晉南北朝量詞研究》爲參照系。

② 張鑫、李建平：《從出土文獻看古籍中的土地單位"町"——兼論"王興圭買地鉛券"的辨僞》，《農業考古》2012 年第 4 期。

③ 王鍈：《雲夢秦墓竹簡所見某些語法現象》，《語言研究》1982 年第 2 期。

(21) 到第五隧北里所見馬跡入河，馬可二十餘騎。（《居延漢簡》55A）

(22) 其右角痏二所，袤五寸，深到骨，類劍跡。（《睡虎地秦簡·封診式》36）

(23) 故白練被一首。（《南昌晉牘》第二欄）

(24) 記一卷。《六甲陰陽書》一卷。板旁橐一具。《列女傳》一卷。（《尹灣漢簡》M6D13 正《君兄繒方緹中物疏》）

(25) 絑𣃦一百攷（條）四十攷（條）。（《包山楚簡》269）

(26) 取桐本一節所。（《馬王堆帛書·五十二病方》365）

(27) 每朝啜𧅥（蒜）二三果（顆）。（《馬王堆帛書·雜療方》62）

(28) （將丸藥）毀一垸（丸）桮（杯）酒中，飲之。（《馬王堆帛書·五十二病方》2）

(29) 獨□長支（枝）者二梃，黃芩二梃，甘草□梃。（《馬王堆帛書·五十二病方》17）

(30) 錢二千，大刀一口。（《東牌樓漢簡》6）

(31) 見塞外虜十餘輩，從西方來入第十一隧天田屯。（《居延新簡》EPF16.44）

(32) 令吏徒將傳及恒書一封詣令史。（《睡虎地秦簡·封診式》48）

(33) 及新錢百一十錢，容（鎔）二合。（《睡虎地秦簡·封診式》19）

(34) 故白絹帳一紐。（《南昌晉牘》第二欄）

(35) 木壺一隻，盛醪。（《鳳凰山169號墓漢簡》44）

(36) 羊韋五件，直六百，交錢六百。（《居延新簡》EPT65.118）

(37) 律令二十□種。（《張家山漢簡·二年律令》526）

(38) 狐皮卅五戈（裁）、狸皮廿五戈（裁）、犬皮十二戈（裁）偕出關，關並租廿五錢，問各出幾何？（《張家山漢簡·算數書》36）

2. 集合量詞 簡帛文獻，尤其是方劑類文獻中集合量詞特別豐富，很多量詞的使用頻率也很高，總計 36 個。其中乘、駟、兩、雙、純、稱、束、槖、堵、齊（劑）、撮、戶、家、室、術、稷、升、緎等 24 個爲傳世文獻已見。真、秉、陽、偶、捼、會、䎺等 7 個，是傳世文獻量詞研究所未見的。

真 稱量鎧甲的量詞，《曾侯乙墓簡》122："二真楚甲，素。"

秉 矢十爲秉，《曾侯乙墓簡》5："用矢，箙五秉。"簡 43："矢二秉又六。"

陽 雙數義集合量詞，馬王堆帛書《五十二病方》90："以菫一陽築（筑）封之，即燔鹿角，以弱（溺）飲之。"①

偶 成對物品集合量詞，《五里牌楚簡》14："也（匜）一禺（偶），又□一。"

捼 兩手相捧之量，《馬王堆帛書・五十二病方》266："治之以柳蕈一捼、艾二，凡二物。"②

會 相當於"對"，《五里牌楚簡》10："欨杯十會。"③

䎺 可能讀爲"朋"，義爲"集"④，相當於量詞"串"。馬王堆一號墓漢簡《遣策》138："梅十䎺。"墓中出土一迭用竹籤串起來的梅子。馬王堆三號墓漢簡《遣策》亦多見。

具、積、把、分 4 個量詞是目前所見最早用例，如：

（39）瓦雍甂一具。（《馬王堆三號墓漢簡・遣策》297）

（40）恒木及樸面爲四積。（《睡虎地秦簡・守法守令等十三

---

① 按，或以"陽"爲借字，《馬王堆漢墓簡帛集成》新整理本第 5 函（中華書局 2014 年版，第 232 頁）："劉欣（2010：40）：'陽'假爲'煬'，《説文》：'煬，炙燥也。'《廣雅・釋詁》：'煬，曝也。'"

② 按，原整理者注："《説文》：'一曰兩手相切摩也。'此處疑指一捧的數量。"《馬王堆漢墓簡帛集成》新整理本第 5 函（中華書局 2014 年版，第 265 頁）："赤崛、山田（1985：236）認爲本句應句讀爲：'柳蕈一，捼艾二。'云：（捼艾）當是用手搓揉的艾草。"

③ 按，或以爲"會"可讀作"合"。

④ 按，整理者認爲："䎺，當爲器名。"或誤。此取唐蘭觀點，說詳唐蘭《長沙馬王堆漢軑侯妻辛追墓出土隨葬遣策考釋》，《文史》第 10 輯，中華書局 1980 年版，第 26 頁。

篇》812）

（41）傷脛（痙）者，擇蕹一把。（《馬王堆帛書·五十二病方》43）

（42）三分和，取一分置水中，撓，以浴之。（《馬王堆帛書·五十二病方》48-49）

量詞"絜"僅見於古代辭書，《説文·糸部》："絜，麻一耑也。"段玉裁注："一耑猶一束也。"未見文獻用例，而漢簡則較多見，如《居延漢簡》203.4："出枲一絜，八月二日付掾繩席。"

3. 借用量詞 指借用容器或載體作爲計量單位表示數量。簡帛遣策和方劑類文獻多見，總計 40 個。其中，笥、筐、籃、笄、箄、箕、簋、簞、篋、籠、櫝、杯、椑、甕、罌、匕、方寸匕、盛、鼎、壺、盂、橐、車等 23 個傳世文獻已見；篅、資、刀 3 個，傳世文獻未見：

篅 《説文·竹部》："篅，大竹筩也。"《鳳凰山 8 號墓漢簡》766："䈟醬一篅。"又，簡 767："肉醬一篅。"又，簡 768："甘酒一篅。"

資 本指帶釉硬陶罐，現代瓷器的前身，後作"瓷"，馬王堆一號墓漢簡《遣策》93："肉醬一資（瓷）。"又，簡 107："右方醓醬四資（瓷）。"①

刀 即刀圭，量藥之量具，《武威醫簡》13："温酒飲一刀，日三，創立不惡。"

器、箅、箆、畚、瓶、甌、囊、刀圭等 8 個，是目前所見最早用例，如：

（44）牛脅炙一器。（《馬王堆三號墓漢簡·遣策》207）

（45）鹽一莆（箅）。（《張家山漢簡·遣策》16）

（46）李一箆。（《大墳頭漢簡》1）

---

① 按，該説學界仍多有爭議，此取唐蘭先生説，詳參《長沙馬王堆漢軚侯妻辛追墓出土隨葬遣策考釋》，《文史》（第 10 輯），中華書局 1980 年版，第 23 頁；裘錫圭主編《馬王堆漢墓簡帛集成》新整理本第 5 函（中華書局 2014 年版，第 186 頁）則認爲："今按，唐説似不可信。"姑列於此，以備考察。

(47) 官府受錢者，千錢一畚，以丞、令印印。(《睡虎地秦簡·秦律十八種》64)

(48) 一瑽（瓶）食醬，一瑽（瓶）某醬。(《信陽楚簡·遣策》17)①

(49) □者二甌，即並煎□孰（熟）。(《馬王堆帛書·五十二病方》18)

(50) 白粟一囊、一筥。(《馬王堆一號墓漢簡·遣策》32)

(51) 旦飲藥一刀圭。(《武威醫簡》45)

筶，又書作"簵"，僅見於古代辭書，《說文·竹部》："筶，梧筶也。"桂馥義證："筶，又作簵。揚雄《方言》：'梧簵，陳、楚、宋、衛之間謂之梧簵，又謂之豆筥，自關東西謂之梧簵。'"但二字形都未見文獻用例，漢簡均可見，如《鳳凰山 9 號墓漢簡》795："雙一筶。"又，簡 796："卵一筶。"又，簡 797："筍一筶。"《張家山漢簡·遣策》則書作"簵"，用例甚多，如簡 21："白魚一簵。"又，簡 22："蒜一簵。"

桮、砳、塭、坰、塮 5 個，字書均未見，如：

(52) 繳四桮，桮十發。(《羅伯灣漢牘》正 4 欄)

(53) 魰酺（醢）一砳（缶），簪（蜜）一砳（缶），芫（蒽）蘆（菹）二砳（缶）。萬蘆（菹）一砳（缶），茜（糟）蓏（苽）之蘆（菹）一砳（缶），簪（蜜）某（梅）一塭（缶）。(包山楚簡 255)

(54) 簪（蜜）某（梅）一塭（缶）。(包山楚簡 255)

(55) 魴一坰。(馬王堆 1 號墓漢簡·遣策 99)

(56) 無夷一塮。(馬王堆 3 號墓漢簡·遣策 130)

4. 度量衡量詞 先秦兩漢簡帛文獻中度量衡量詞非常豐富，凡 45 個。

---

① 按，商承祚注："瑽、塭，未見於字書，實即後世瓶字。"參見《戰國楚竹簡彙編》，齊魯書社 1995 年版，第 32 頁。

其中度制量詞 11 個：分、寸、尺、丈、尋、仞、匹、幅、步、里、圍。量詞"圍"用法較爲特殊，傳世上古文獻多指兩隻胳膊合圍的長度，而秦簡中還可以指兩隻手的拇指和食指合圍的長度，如《睡虎地秦簡·封診式》67："權大一圍，袤三尺，西去堪二尺，堪上可道終索。"

量制量詞 8 個：石、鈞、斤、益、兩、銖、分、錘。益，後作"鎰""溢"，作"益"者傳世文獻罕見，而楚簡多見，如《包山楚簡》105："賞陀（越）異之黃金七益（鎰）以翟（糴）種。"

衡制量詞 12 個：石、斛、斗、参、升、合、龠、勺、撮、秉、桶、䉤。斛，俗作"觡"，《龍龕手鑒·魚部》："觡，俗，正作斛。"傳世文獻未見用例，長沙伍家嶺 201 號漢墓封檢中正有墨書："魚鮓一斛。"参，傳世文獻未見，據港大漢簡《奴婢廩食粟出入簿》大小石比率關係可以算出，"一参"爲三分之一小斗，如簡 151："在稟大石五石，爲小石八石三斗一参。"量詞"合"傳世文獻最早見於西漢，《馬王堆帛書·五十二病方》350："冶烏豙（喙）、黎（藜）盧、蜀叔（菽）、庶、蜀椒、桂各一合，並和。"《五十二病方》成書當不晚於戰國。量詞"勺"傳世文獻最早見於《孫子算經》，而走馬樓吳簡多見，如《竹簡壹》4807："領餘逋粢租米一千四百九十四斛四斗四升八合三勺。"

面積量詞有 10 個：頃、畝、町、畛、畹、石、畦、步、堵、版。石，用作面積量詞以前僅見於現代漢語方言，其實古已有之，《東牌樓漢簡》5："母妊有田十三石，前置三歲，田税禾當爲百二下石。……張、昔今强奪取［田］八石；……宗無男，有餘財，田八石種。……以上廣二石種與張，下六石悉畀還建。張、昔今年所畀建田六石，當分税張、建、昔等。"但由於用例不多，無從推算其具體制度，或疑爲特定糧食作物的一石種子可播種之土地面積。

貨幣量詞 4 個：錢、布、金、分。"布"用作貨幣量詞，《漢語大詞典·巾部》認爲是"古代行實物貿易時，作爲貨幣的一種"，但睡虎地秦簡常見，如《秦律十八種》67："錢十一當一布。其出入錢以當金、布，以律。"秦代無疑早已超越了實物貿易階段，但仍是官方規定的貨幣量詞，甚至到漢代可能也還沿用，如《孔家坡漢簡·日書》291 壹："三歲弗更，日出一布，爲關。"

此外，韌、秾、來、赤、櫓、篙、臣 7 個量詞均僅見於楚簡，作爲度量衡量詞是無疑的，但由於簡文殘缺等原因，其具體制度仍有待新材料的發現來證明。

（二）動量詞

從傳世文獻看，先秦兩漢動量詞僅零星可見，直到魏晉南北朝纔獲得迅速發展。對於先秦兩漢動量詞，傅銘第舉出"周""匝"兩個[1]，楊伯峻、何樂士又舉出"巡""匝""成""周""下" 5 個[2]，而"巡""成"仍帶有很強的動詞意味。先秦簡帛中動量詞未見，秦簡有"步""課"兩個。"步"僅見於《周家臺秦簡》，凡 6 例，如簡 326："見東陳垣，禹步三步。"又，簡 332："見車，禹步三步。"[3] "課"僅 1 例，《睡虎地秦簡·秦律十八種》19："今課縣、都官公服牛各一課。"課，指考核，《說文·言部》："課，試也。"二者顯然是從其動詞義借用而來的，其動詞意味仍很濃。借自動詞的動量詞一般稱爲"同源動量"，因爲它和所稱量的動詞是同源而異用的。以前多認爲"借用的動量詞就是在專用動量詞的影響下，服從句法需要，臨時從其他詞類中調用來的"[4]。但先秦專用動量詞仍很罕見，而同源動量卻已產生了，顯然二者是同時獲得發展的。

兩漢簡帛中漢語動量詞系統獲得了初步發展，共有"通""發""輩""伐""下""周""反"等 7 個，在傳世兩漢文獻中均亦可見。其中，"伐"的動詞意味仍很濃，用作量詞還不典型，後世也沒有得到繼承，其他 6 個動量詞均沿用至今[5]。

---

[1] 傅銘第：《關於動量詞"匝"和"周"》，《中國語文》1965 年第 1 期。
[2] 楊伯峻、何樂士：《古漢語語法及其發展》，語文出版社 1992 年版，第 204 頁。
[3] 按，"禹步"，爲古代巫師作法的一種步法；詳參李建平、張顯成《漢語動量詞系統產生的時代及其語法化動因》，《漢語史研究集刊》第 21 輯，巴蜀書社 2016 年版，第 53—69 頁。
[4] 劉世儒：《魏晉南北朝量詞研究》，中華書局 1965 年版，第 8 頁。
[5] 按，詳參李建平、張顯成《漢語動量詞系統產生的時代及其語法化動因》，《漢語史研究集刊》第 21 輯，巴蜀書社 2016 年版，第 53—69 頁。

先秦兩漢吳晉簡帛文獻稱數法研究*

先秦簡帛文獻中，從量詞的數量和種類來看，量詞雖然已經近80個，但典型的動量詞仍未出現，量詞體系還不完備；從使用頻率來看，除了極少數量詞使用頻率較高以外，絕大多數僅偶爾可見，量詞的運用在先秦簡帛中還不普遍。兩漢簡帛文獻中，量詞數量大大增加了，典型動量詞也産生了，量詞系統已經完備；從量詞的使用頻率來看，量詞在數量表示法中逐漸變得必不可少，在部分簡帛文獻，如遣策類文獻中使用量詞甚至已經占據了優勢地位。魏晉南北朝以後，使用量詞在稱數法中逐漸占據了優勢，劉世儒對魏晉南北朝時代的量詞系統作了深入研究①，但該期簡帛文獻由於大宗僅《走馬樓三國吳簡》，其性質多黃簿民籍等，量詞除度量衡單位外所見甚少。

根據簡帛文獻量詞和稱數法發展的特點，以下重點從數詞、量詞的單獨運用和相互配合的各種稱數構式來考察先秦兩漢吳晉簡帛文獻中數量表示法的歷時發展與共時特徵。

一　先秦兩漢吳晉簡帛文獻稱數法的歷時發展

先秦兩漢吳晉簡帛文獻不僅存在時代的差異，也存在文獻性質、地域等諸多方面的差異，因此在漢語史研究中一方面要廣泛利用各種性質

---

* 本文原刊於《簡帛研究二〇一〇》，廣西師範大學出版社2012年版，第175—184頁；爲國家社科基金項目"簡帛量詞研究"（05BYY003）階段性成果。

① 劉世儒：《魏晉南北朝量詞研究》，中華書局1965年版。

的文獻材料從宏觀的角度進行斷代研究，弄清楚這一時代量詞系統發展的整體狀況，並在此基礎上進一步考察量詞系統的歷時發展，如劉世儒《魏晉南北朝量詞研究》所採用的方法；另一方面也要從微觀的角度考察某一時代量詞系統發展的地域特徵，先秦簡帛可以大致可以分爲楚地與秦地兩大類，但兩漢簡帛語言材料的系地問題則非常複雜，如《居延漢簡》、《敦煌漢簡》等大宗材料的書寫者多爲戍守邊地的官吏或軍人等，並不一定能反映其出土地西北地區的實際語言狀況，可能更多反映的是當時的通語。

從已公佈的簡帛文獻來看，簡帛文獻數量表示法豐富多采，已經形成了相當完備的稱數體系。通過對簡帛文獻稱數構式窮盡性綜合考察分析，我們可以清晰地看到簡帛文獻中數量表示法的歷時發展有以下幾個特點。

第一，先秦時代是漢語量詞系統初步建立的時代，數量表示法中量詞以不用爲常，數詞同名詞或動詞直接結合的稱數方式占據絕對優勢地位。

從物量表示法來看，先秦簡帛文獻中物量詞的運用還很不普遍，數詞同名詞直接結合在物量表示法中占據絕對優勢；物量詞雖然已經有70多個，但除了極少一部分出現次數較多外，絕大多數僅偶爾幾見；即使使用頻率較高的幾個量詞，也往往僅見於某批簡帛文獻，其使用範圍也還很狹窄，如量詞"真"總計19例，但衹見於《曾侯乙墓簡》和《包山楚簡》①。先秦簡帛文獻物量表示法凡2337例，其中數詞同名詞或形容詞直接結合的用例1619例，佔總數的69.28%，而使用量詞的情況有718例，僅佔總數的30.72%。多數物量詞的語法化程度也還很低，數量結構多置於名詞之後構成"名+數+量"構式，凡298例，佔總數的12.8%；而"數+量+名"構式64例，僅佔總數的2.7%。

---

① 李建平、張顯成：《先秦兩漢魏晉簡帛量詞析論》，《中華文化論壇》2009年第4期。

表1　　　　　　　　　　先秦簡帛物量表示法簡表

	Num + N	N + Num	Num + Adj	Num	Num + Cl	N + Num + Cl	Num + Cl + N	Cl	Cl + N	總計
楚簡	1095	67	21	3	24	192	62	0	23	1487
秦簡	328	62	5	38	273	106	2	29	7	850
總計	1423	129	26	41	297	298	64	29	30	2337
頻率	60.9%	5.5%	1.1%	1.8%	12.7%	12.8%	2.7%	1.2%	1.3%	1
總計	1619				718					2337
頻率	69.28%				30.72%					1

從動量表示法來看，楚簡帛没有動量詞，秦簡僅有語法化程度不高的2個。先秦簡帛動量稱數構式凡53例，數詞和動詞直接結合或數詞單用的46例，佔86.79%；使用動量詞的僅7例，佔13.21%，數量結構修飾動詞祇能置於動詞之後作補語。

表2　　　　　　　　　　先秦簡帛動量表示法簡表

	Num + V	V + Num	Num	V + Num + Cl	總計
楚簡	10	0	0	0	10
秦簡	20	14	2	7	43
總計	30	14	2	7	53
頻率	56.60%	26.42%	3.77%	13.21%	100%
總計		46		7	53
頻率		86.79%		13.21%	100%

第二，兩漢時代是漢語量詞系統初步建立時期，在物量表示法中，使用量詞的稱數構式迅速崛起，用與不用并駕齊驅；動量詞系統産生了，但動量表示法中動量詞的使用頻率還很低，數量結構多置於動詞之後作補語，置於動詞前作狀語的用法已經産生，但較爲罕見。

從物量表示法來看，物量詞的使用頻率大大增加，尤其在要求準確計量的"遣策"類文獻中,物量詞的使用已經逐漸變得必不可少了,例如寫成於西漢早期的《馬王堆3號墓漢簡》有稱數構式總計524例,使用量詞的"名+量"構式6例,"名+數+量"構式則有314例之多,總計竟然已經佔總數的61.1%。可見早在西漢初年,量詞的發展已經達到了相當發達的程度,遠遠超出了以前研究所得出的結論。陳近朱對《居延新簡》中的稱數法進行了窮盡性統計,不使用量詞的情況總計1534例,而使用量詞的情況則達到了2746例[1]。我們對寫成時代明確的24種漢代簡牘文獻中的物量表示法進行了全面統計,全部1719例物量表示法中,使用量詞的達到921例之多,佔總數的53.6%,由此可見使用量詞在漢代已經開始成爲一種規範。但物量表示法中數量結構仍以置於名詞之後作謂語或補語爲常,置於名詞之前做定語的"數+量+名"構式極爲罕見,24種漢代簡牘文獻中前者達到777例之多,佔45.2%;後者則祗有9例,僅佔0.5%。兩漢簡帛中"名+數+量"稱數構式的優勢地位,應當是由兩漢簡帛文獻多簿籍類文獻所決定的。

  物量詞在數量上大大增加,由先秦簡帛文獻中的80多個迅速擴張爲150多個,增加了接近一倍,尤其是語法化程度最高的泛指性量詞"枚"和"個"獲得了迅速發展,如量詞"枚"在寫成於漢文帝至景帝時期的鳳凰山167號墓漢簡《遣策》中達到37例,而且在文帝至武帝間的鳳凰山8號墓漢簡《遣策》中已經出現了稱量有生之物"魚"的用例,到《居延漢簡》、《敦煌漢簡》中稱量"魚""牛""狗""雞"等有生之物的用例就更多見了,可見其適用範圍之廣,並非如王力所言:"在起初的時候,'枚'字似乎祗指無生之物。……後代一般仍指無生之物。"[2] 這也反映了兩漢時代量詞發展的語法化程度之高[3]。

---

[1] 陳近朱:《〈居延新簡〉中物量詞和稱數法探析》,碩士學位論文,華東師範大學,2004年。
[2] 王力:《漢語語法史》,《王力文集》第11卷,山東教育出版社1990年版,第35頁。
[3] 李建平、張顯成:《泛指性量詞"枚/個"的興替及其動因》,《古漢語研究》2009年第4期。

表3　　　　　　　　　漢簡24種物量表示法簡表

稱數構式	Num + N	N + Num	Num	Num + Cl	N + Num + Cl	Num + Cl + N	Cl	總計
頻率	231	484	83	130	777	9	5	1719
總計		798			921			1719
比例		46.4%			53.6%			100%

　　從動量表示法來看，先秦簡帛文獻中僅秦簡中有2個動量詞，且均爲"拷貝型"動量詞，語法化程度很低，作爲動量詞仍不典型；兩漢簡帛文獻中有動量詞6個，且大多數適用範圍較廣，使用頻率也大大增加，如動量詞"通"在《居延漢簡》中用例頗多，《額濟納漢簡》亦有用例，同時代的傳世文獻中也有作爲動量詞的典型用法，可見"通"作爲動量詞在兩漢時代已經成熟。但總體來看，這一時期動量詞的使用頻率還比較低，數詞同動詞直接結合表示動量還牢牢占據絕對優勢地位，動量詞的普遍使用如劉世儒所言當是南北朝以後①。

　　第三，先秦簡帛文獻稱數法的發展體現出強烈的地域性。

　　通過對簡帛文獻中稱數構式的考察，可以清晰地看到先秦簡帛稱數法的發展有很強的地域特徵。通過對楚、秦兩地出土簡帛文獻中稱數構式的共時考察，可以看到其發展不盡相同。

　　首先，在物量表示法中，現代漢語中最常見的"數+量+名"構式，在秦簡中這一具有遠大發展前途的稱數構式仍很罕見，僅有2例，而且名詞前的"數+量"構式都是描繪性質的；而文字總量較少的楚地簡帛文獻中卻已經比較常見，總計達到62例之多，而且多爲自然單位量詞，大大超出了目前所見同時代傳世文獻用例的總和，也遠遠超出了我們以前對這一稱數構式產生時代的認識。

　　其次，在動量表示法來看，秦簡中動量詞已經出現，雖然僅有不太典型的"步""課"2個，用例總計也僅7見，均爲"動+數+量"構

---

① 劉世儒：《魏晉南北朝量詞研究》，中華書局1965年版，第7頁。

式；但楚簡中均用數詞和動詞直接結合來表示，未見動量詞用例①。

二　先秦兩漢吳晉簡帛文獻稱數法的分類考察

根據所稱量對象的性質，數量表示法可以分爲事物數量表示法和動作數量表示法兩大類，量詞相應也有物量詞和動量詞兩大類系。

（一）物量表示法

無論傳世文獻還是出土文獻，物量表示法主要有數詞同名詞或形容詞直接結合、數詞單用、量詞單用、"量＋名"、"數＋量"、"名＋數＋量"、"數＋量＋名"構式七大類，此分述如下。

1. 數詞與名詞或形容詞直接結合，不用量詞。數詞可以位於名詞之前作定語，也可以位於名詞之後作述語，而同形容詞結合時，則祇能位於形容詞之前。

數詞位於名詞之前作定語，即"數＋名"構式從甲金文直至吳晉簡帛文獻，在漢語量詞範疇成熟前一直是數量表示的主要方式。先秦簡帛文獻中此稱數構式總計 1423 例，其中楚簡帛 1095 例、秦簡 328 例，如《信陽楚簡·遣策》2："一組帶，一革，皆又（有）鈎。"兩漢簡帛文獻中此構式仍然在稱數法中占據主要地位。數詞在名詞或名詞性短語之後，表示前面名詞的數量，即"名＋數"構式在先秦簡帛中也很常見，凡 129 例，其中楚簡 67 例、秦簡 62 例，如《信陽楚簡·遣策》16："弄脛廿又五，囗脛廿又五。"

這兩種構式從甲金文直至吳晉簡帛文獻都是并行不悖的，似乎無規律可尋，甲文中既有"三牡"（《合》11149）、"百犬百豕"（《合》32674），也有"羊五十"（《合》33608）、"犬二十"（《合》2827 反）。王貴元發現，楚簡遣策中"除時代最晚，出於戰國末期的五里牌竹簡外，兩者的轉換基本以十爲界限，十以下數詞用 A 式（數＋名），十以上數字

---

① 李建平：《從楚秦簡帛文獻看先秦漢語數量詞發展的地域特徵》，《廣西社會科學》2010 年第 2 期。

用C式（名+數）"，"個別情況有二：一是七、八、九三數有時用C式，僅見4例；二是十以上整數合文有兩例用A式。"① 其他楚系簡帛也基本如此，但出現較長的名詞性短語時，即使是"十"以下的數詞，也祇能用"名+數"構式，如：

(1) 德之行五，和胃（謂）之德，四行胃（謂）之善。（《郭店楚簡·五行》4）

(2) 從正（政）所矛（務）三。（《上博簡·從政甲》10）

從秦簡中的使用情況來看，數詞無論是否大於十，都可以放在名詞之後，如：

(3) 四年餘見（現）弩臂百六十九。凡百六十九。出弩臂四輸益陽，出弩臂三輸臨沅，凡出七。今八月見（現）弩臂百六十二。（《里耶秦簡》⑧147）

(4) 大褐一，用枲十八斤，直六十錢；中褐一，用枲十四斤，直卌六錢；小褐一，用枲十一斤，直卅六錢。（《睡虎地秦簡·秦律十八種·金布律》91—92）

全面考察簡帛文獻中的使用情況，二者的選擇與實際語用密切相關。一般情況下"數+名"構式更爲常見，當使用"名+數"構式時往往有強調後面的數詞的意味，如《睡虎地秦簡·法律答問》152："廷行事鼠穴三以上貲一盾，二以下訐。罋穴三當一鼠穴。"強調的顯然是采用"名+數"構式的"鼠穴三"和"罋穴三"。

2. 數詞單獨使用。往往是在特定語境中省略了數詞所修飾或限定的名詞或量詞，因此根據語境可以補足所缺省的量詞或名詞，例如《上博簡·容成氏》14："堯於是乎爲車十又五乘，以三從舜於旬（畎）畝之中。"數詞"三"後面的量詞"乘"顯然是承前省略。

---

① 王貴元：《戰國竹簡遣策的物量表示法與量詞》，《古漢語研究》2002年第3期。

3. 量詞單獨使用。大多可以理解作前面隱含着表"一個"的"每"或"一",簡帛文獻中并不常見,如《睡虎地秦簡·秦律雜抄》19:"城旦爲工殿者,治（笞）人百。"而且,其中"人"的名詞性很强。

4. "量+名"構式。此構式一般認爲是"數+量+名"構式中數詞爲"一"時的省略形式,但張延俊認爲也可能是"名+數+量"構式中數詞"一"省略后換位而來①。先秦簡帛中并不多見,凡30例,戰國楚簡帛23例,但僅限於"乘"和"匹",秦簡中有7例,一般用作主語或賓語,兩漢魏晉簡牘文獻亦不多見。

5. "數+量"構式。該稱數構式在簡帛文獻中也很常見,先秦簡帛即有297例,其中楚簡帛有24例,秦簡有273例,兩漢以後簡帛文獻中則更爲常見。當量詞爲自然單位量詞或借用量詞時,這一構式往往可看作是在特定語言環境中與之結合的名詞的省略,如《曾侯乙墓簡》121:"大凡四十乘又三乘。"而當與數詞結合的量詞是度量衡量詞或者貨幣單位量詞時,"數+量"構式往往是自足的名詞性短語。

6. "名+數+量"構式。此構式早在甲骨文就已産生,傳世上古文獻亦常見,但對其内部關係的分析學界卻頗有分歧,管燮初認爲:"數詞和後一類量詞連用,修飾名詞時修飾語在中心詞之後。"②承認中心語後數量結構爲修飾語;廖序東也認爲"數量詞作定語是往往放在中心語之後的",將此構式看作"定中"結構③,蘇寶榮也取此觀點④;廖振佑則分別對待,對於獨立成句的處理爲數量結構作謂語,其他則處理爲"定中"結構⑤;郭攀也主張分別看待,但處理方式略有不同⑥。

從管燮初對甲骨刻辭和西周金文修飾語的研究可以看到,甲金文中"修飾語修飾中心語,位於中心語之先,没有例外"⑦。結合對簡帛文獻

---

① 張延俊:《也論漢語"數·量·名"形式的産生》,《古漢語研究》2002年第2期。
② 管燮初:《殷虚甲骨刻辭的語法研究》,中國科學院1953年版,第25頁。
③ 廖序東:《文言語法分析》,上海教育出版社1981年版,第66頁。
④ 蘇寶榮:《古漢語特殊詞序與原始思維心態》,《古漢語研究》1990年第3期。
⑤ 廖振佑:《古代漢語特殊語法》,内蒙古人民出版社1979年版,第73、275頁。
⑥ 郭攀:《古漢語"數（量）·名"形式二論》,《古漢語研究》2001年第3期。
⑦ 管燮初:《西周金文語法研究》,商務印書館1981年版,第91頁。

的考察，本文認爲數量修飾語也并非這一嚴密體系中的例外，位於中心語後的數量結構并非修飾語，其底層結構是主謂短語，但在表層形式上則需要分別對待。具體地説獨立成句或位於主語、謂語位置並單獨充作主語或謂語的，應當看作主謂關係，這種情況在"遣策"類文獻中經常出現，例如：

（5）畋車一乘。（《望山楚簡·遣策》15）

（6）檢（奩）一合，盛食。（《港大漢簡·遣策》124）

（7）牛苦羹一鼎；狗苦羹一鼎；右方苦羹二鼎。魚朘一笥；牛膌一笥；鹿膌一笥；右方朘膌四笥。（《馬王堆一號墓漢簡·遣策》27—33）

位於謂語部分，充作謂語支配或補充説明成分的，可看作是（述）賓補形式，如：

（8）武王於是乎作爲革車千乘，帶甲萬人。（《上博簡·容成氏》50—51）

（9）出茭百七十束，直錢百七十。　　（《額濟納漢簡》2000ES7SF1：3）

（10）取桐本一節所。（《馬王堆帛書·五十二病方》365）

值得注意的是，此構式中名詞和數量短語之間往往還可以插入別的成分，表明數詞和量詞之間的關係更爲密切，而數量結構和名詞之間的關係相對則有些松散，例如《曾侯乙墓簡》3："矢，箙五秉。"《居延新簡》EPT57.1："論罰金各四兩，直二千五百。"

7．"數＋量＋名"構式。此構式現代漢語習用，自然也是最具有遠大發展前途的稱數構式。王力先生認爲此構式的産生是一種飛躍，因爲"當數詞和單位詞放在普通名詞後面的時候，它們之間的關係是不夠密切的；後來單位詞移到了名詞前面，它和名詞的關係就密切起來，漸漸成爲一種語法範疇。"① 從傳世文獻來看，王力先生認爲："在上古時代，單位詞是放在名詞後面的。……但同時我們也注意到，就在先秦時代，容量單位詞已經可以用於名詞前面了。到了漢代，不但度量衡單位詞可以放在名詞的前面，連天然單位詞也可以放在名詞的前面。"②郭錫良也認爲，在先秦典籍中此稱數構式祇用於容量單位③。

從簡帛文獻來看，此構式秦簡中仍然罕見，僅 2 例，《龍崗秦簡》14："六寸符皆傳□□□□□□□☑"《睡虎地秦簡・秦律十八種・倉律》43："十斗粲，毇米六斗大半斗。""寸""斗"都是度量衡單位。但楚簡帛中這一稱數構式卻是很常見的，凡 62 例，其中度量衡單位 1 例，借用的容器單位 7 例，如：

(11) 八益□，益一朱。(《信陽楚簡・遣策》29)

(12) 四筓飯。(《包山楚簡》256)

(13) 一司翺珥，一司齒珥。(《信陽楚簡・遣策》2)

值得注意的是，用於這此構式的自然單位量詞則更爲常見，凡 54 例，其中個體量詞 44 例，集合量詞 10 例。由於此構式在傳世文獻中較爲罕見，故此多舉數例：

(14) 一兩緣𩎟屨；一兩絲紝屨；一兩䣁緹屨；一兩誼屨；一兩緅屨。(《信陽楚簡・遣策》2)

(15) 二真楚甲，素。(《曾侯乙墓簡》122)

(16) 袞定馭左殿：三真楚甲。(《曾侯乙墓簡》127)

(17) 旅公三乘路車。(《曾侯乙墓簡》119)

(18) 三匹駒騮。(《曾侯乙墓簡》148)

(19) 一格車戟。(《包山楚簡》269)

---

① 王力：《漢語史稿》，中華書局 1980 年版，第 240 頁。
② 王力：《漢語語法史》，商務印書館 1989 年版，第 32 頁。
③ 郭錫良：《從單位名詞到量詞》，《漢語史論集》，商務印書館 1997 年版，第 31—35 頁。

數量結構作定語有時需要助詞"之"介紹，但這個時代還沒有成爲規範，僅4例，如：

(20) 九成之臺甲□□□□□□足下。(《郭店楚簡·老子甲篇》26—27)

(21) 是乎作爲九成之臺。(《上博簡·容成氏》44)

值得注意的是，"數＋量＋名"構式表示的并不一定是後面名詞的數量，例如當量詞是描繪性量詞或部分量詞的時候，數量結構和名詞的關係仍然是很密切的。也有懷疑這種量詞還可以是量詞的，劉世儒認爲："這也是沒有理由的。因爲它既前同數詞結合，又一同作了定語，在句法形態上這就顯示了它還是不折不扣的量詞，沒有理由不承認它的量詞資格。"① 簡帛文獻中"數＋量＋名"構式多出現於遣策類文獻材料中，楚簡中僅有6例見於其他性質的文獻②。兩漢時期，"數＋量＋名"稱數構式雖然隨着量詞的語法化獲得了一定程度的發展，但在稱數樣式中比例仍然很低，而且量詞還是以度量衡單位量詞爲主的。

(二) 動量表示法

簡帛文獻中的動量詞共有9個，從數量上看動量詞已經成爲一種範疇、一個體系，但其使用頻率卻還很低，應用範圍也比較窄。從語法功能來看，"數＋動"結構一般衹能放在動詞或動賓短語後作補語，作狀語的用例很罕見。無論簡帛文獻還是傳世文獻，上古時期漢語動量一般是由數詞和動詞直接結合來表示的，數詞可以用於動詞之後作補語，也可以用於動詞之前作狀語，但以用於動詞之前爲常，分述如下。

1. "數＋動"構式。數詞和動詞結合表示動作的次數，是簡帛文獻中最常見的動量表示法。先秦簡帛文獻凡30例，楚簡10例、秦簡20例，

---

① 劉世儒：《魏晉南北朝量詞研究》，中華書局1965年版，第7頁。
② 李建平：《戰國楚簡中的量詞及其語法化》，《簡帛語言文字研究》第3輯，巴蜀書社2008年版，第42—64頁。

如《周家臺秦簡·病方及其他》324—325："治痿病：以羊矢（屎）三斗，烏頭二七，牛脂大如手，而三温煮之，洗其□，已痿病亟甚。"兩漢簡帛文獻這一構式仍然在動量表示法中占據絕對優勢。

2."動+數"構式。數詞置於動詞或動詞短語後表示動作或行爲的次數，先秦簡帛文獻凡 14 例，楚簡未見，秦簡 14 例，如《周家臺秦簡·病方及其他》350："即已，禹步三，出種所。"在動詞和數詞之間，往往還可以插入動詞的賓語，但在先秦簡帛文獻中并不多見，如《周家臺秦簡·病方及其他》337："即令病心者南首臥，而左足踐之二七。"兩漢簡帛"動+數"構式更爲多見，動詞後面可以帶賓語的情況也更普遍了，如《馬王堆帛書·五十二病方》104："以敝帚騷（掃）尤（疣）二七。"總體來看，此構式簡帛文獻中并不常見。

3. 數詞單獨使用。此構式省略了與數詞搭配的動詞，但先秦簡帛中比較少見，楚簡帛未見，秦簡僅 2 例，如《睡虎地秦簡·秦律十八種·工律》100："縣及工室聽官爲正衡石贏（累）、斗用（桶）、升，毋過歲壺〈壹〉。"又，《日書甲》31 正貳："凡丁丑不可以葬，葬必參。"數詞所稱量的動作或行爲根據語境都可以補充出來，兩漢簡帛中就較爲常見了。從"數+動"構式與"數詞單用"的比較，可以更清晰地看到二者的密切關係，如：

(22)［以］酒飲一方寸匕，日三飲，不過三飲。此藥禁。(《武威醫簡》36)

温飲一小杯，日三飲。即藥宿，當更沸之。不過三、四日逾（愈）。(《武威醫簡》80)

(23) 温酒飲一分，日三，創立不惡。(《武威醫簡》13)

半方寸匕一先餔飯酒飲，日三，以愈（愈）度。(《武威醫簡》81)

比較以上兩組用例可見，"數+動"構式與"數詞單用"二者在語義、語用等各方面都非常接近。

4."動+數+量"構式。先秦時期動量詞剛剛萌芽，楚簡未見，秦簡中有不典型的 2 個，用例也不多，僅 7 例，"數+量"構式均置於動詞後，作補語。其中"步"6 例，見於《周家臺秦簡》；"課"僅 1 例，見於《睡虎地秦簡》，如：

(24) 見東陳垣，禹步三步。（《周家臺秦簡·病方及其他》326）

(25) 今課縣、都官公服牛各一課。（《睡虎地秦簡·秦律十八種·廄苑律》19）

兩漢簡帛中有動量詞 7 個，"動+數+量"構式也更爲常見，如：

(26) 到北界，舉塢上旁蓬一通。（《居延漢簡》13.2）

(27) 第八隊（隧）攻侯鄣君，與主官譚等格射各十餘發。（《居延新簡》EPF16.47—48）

(28) 畫地三周，宿其中。（《居延新簡》EPT59.137）

兩漢簡帛中與動量詞搭配的動詞主要有"舉""出""擊""射""畫""受"等，動量詞的適用範圍顯然大大拓寬了。

5. "數+量+動"構式。"數+量"構式在動詞前面，作狀語，先秦簡帛未見，兩漢簡帛僅 2 例，如《張家山漢簡·奏讞書》簡 136—140："義死，脩（攸）有（又）益發新黔首往擊，破，凡三輩，䪻并主籍。其二輩戰北，當捕，名籍并居地筩中，䪻亡，不得，未有以別智（知）當捕者……氏曰：䪻主新黔首籍，三輩戰北，皆并居中一筩中，未有以別智（知）當捕者。""輩"用作動量詞傳世西漢文獻已見，如《史記·白起王翦列傳》："王翦既至關，使使還請善田者五輩。"唐司馬貞索隱："謂使者五度請也。"①

6. "數+量"構式。該構式也可以視爲"數+量"結構與動詞結合

---

① 按，該例也還存在一定爭議，《張家山漢簡·奏讞書》與《史記·白起王翦列傳》中的"輩"或可視爲名量詞，相當於"批"或"批次"。

的構式中省略了動詞而來,由於簡帛文獻中動量詞系統並不發達,此構式的使用頻率自然也很低,如《張家山漢簡·二年律令》簡478:"卜學童能風(諷)書史書三千字,徵卜書三千字,卜九發中七以上,乃得爲卜,以爲官処(?)。其能誦三萬以上者,以爲卜上計六更。缺,試修法,以六發中三以上者補之。"又,《奏讞書》簡112:"毛謂獨也,騰曰非請(情),即笞毛北(背),可六伐。"①

---

① 本文所考察簡帛文獻範圍,楚簡帛:子彈庫戰國楚帛書、五里牌楚簡、仰天湖楚簡、楊家灣楚簡、信陽楚簡、江陵望山1號墓楚簡、江陵望山2號墓楚簡、曾侯乙墓簡、九店56號墓楚簡、九店621號墓楚簡、夕陽坡楚簡、雨臺山楚律、秦家咀楚簡、包山楚簡、郭店楚簡、新蔡楚簡、江陵磚瓦廠楚簡、上博簡(一至五函)、香港中文大學文物館藏楚簡。秦簡:睡虎地秦簡、睡虎地秦牘、青川木牘、岳山秦牘、放馬灘秦簡、龍崗秦簡、周家台秦簡、里耶秦簡。兩漢簡帛:居延漢簡(及新簡)、居延漢簡補編、敦煌漢簡、伍家嶺漢簡、高郵漢簡、武威漢簡、焦山漢牘、三羊墩漢牘、甘谷漢簡、銀雀山漢簡、雲夢大墳頭漢簡、武威醫簡、海州霍賀墓漢簡、定縣漢簡、海州侍其繇墓漢牘、鳳凰山8號墓漢簡、鳳凰山9號墓漢簡、鳳凰山10號墓漢簡、馬王堆帛書、馬王堆3號墓漢簡、馬王堆1號墓漢簡、鳳凰山168號墓漢牘/衡杆文字、鳳凰山167號墓漢簡、羅泊灣漢簡、阜陽漢簡、花果山漢簡、張家山漢簡、邗江漢簡、未央宮漢簡、平山漢楬、胥浦漢簡、陶灣漢牘、古人堤漢簡、清水溝漢簡、高臺漢牘、懸泉漢簡、蕭家草場漢簡、尹灣漢簡、額濟納漢簡、孔家坡漢簡、東牌樓漢簡、港大漢簡、鳳凰山169號墓漢簡。魏晉六朝簡牘:走馬樓吳簡、南昌晉簡、南昌吳簡、旱灘坡晉牘、高臺晉牘、鄂城吳刺、南昌火車站晉牘、香港中文大學文物館藏晉牘。

先秦兩漢魏晉簡帛文獻中的新興量詞*

量詞豐富，是漢語及漢藏語系諸語言的一大特點。簡帛文獻的出土問世，特別是大量遣策、文書和醫書等口語性文獻的出土，爲漢語量詞史研究提供了空前良好的條件。本文對目前已公佈的全部 78 批簡帛文獻中的量詞進行了窮盡性整理研究，所見量詞凡 188 個（時量詞除外），其數量及使用頻率均遠遠超過了同時代的傳世文獻。近 40% 的簡帛量詞改寫了原來從傳世文獻研究中得出的結論，其中 14 個量詞是傳世文獻研究所未知的新成員，5 個量詞是新興用法，36 個量詞是目前所見的最早用例，10 個量詞可以訂補傳統訓釋，5 個量詞可以補缺辭書書證等。可見，簡帛文獻對量詞史研究有着重要意義，特別是對先秦兩漢漢語量詞斷代史的研究有着決定性作用。

量詞研究的一項重要內容，就是儘量弄清楚每一個量詞產生的時間，這既是量詞史研究的需要，也是詞彙史研究的需要。弄清楚了每一個量詞產生的時代問題，也就可以進一步弄清楚每一個量詞的來源。因此，在簡帛量詞中最有價值的是"新興量詞"，即在這一時代新產生的量詞。我們將簡帛量詞置於甲金文、碑刻、敦煌吐魯番文書等出土文獻和傳世文獻的視野下，參照前人及時賢研究和集中體現當前詞彙研究成果的《漢語大詞典》《漢語大字典》等權威辭書，將簡帛文獻所見新興量詞分述如下：

---

* 本文原刊於《寧夏大學學報》2010 年第 6 期；爲國家社科基金項目"簡帛量詞研究"（05BYY003）、教育部人文社科項目"戰國秦漢簡牘虛詞研究"（08JC740030）階段性成果。

一　簡帛文獻中的新見量詞

簡帛量詞很多是傳世文獻所從未見過的，《漢語大詞典》《漢語大字典》諸辭書均未收，前人及時賢亦未論及，是量詞系統的新成員。部分量詞在當時使用頻率較高，甚至有的量詞沿用了相當長時間，如量詞"真"《曾侯乙墓簡》即有 17 例；量詞"立"不僅見於晉簡，吐魯番出土文書中亦常見；也有的量詞在漢語史上存在時間可能不長。這些新成員啟示我們，漢語史上還有很多量詞是未曾知曉的，原來對漢語史上量詞數量的認識，對各歷時階段量詞系統的認識，可能都與客觀實際有一定差距，甚至相差得較遠。

真　稱量鎧甲的量詞，相當於"套"。多見於戰國楚簡，僅《曾侯乙墓簡》即有 17 例，如簡 122："大旆（旆）：二真楚甲，索（素），紫紱（布）之蕨（縢）；韋，韗（幃）貼。一真楚甲，紫紱（布）之蕨（縢）；韋，韗（幃）貼，輙貼。駕=（乘馬）之彤甲，韋，彊（韁）鞏貼，屯玄組之蕨（縢）。韰（乘）瞿：晶（參）真吳甲。"又，《包山楚簡》270："馭右二真象皋。"① 象皋，指用牛皮做的甲。

整理者認爲疑當讀爲"領"，但先秦文獻"真"有"身"義，《莊子·山木》"見利而忘其真"陸德明釋文："司馬云：'真，身也。'"《淮南子·本經》"精神反於至真"高誘注："真，身也。"用作鎧甲的量詞當由此語法化而來。量詞"真"僅見於楚簡，故疑其使用範圍僅限於戰國時期的楚地。

㪷　度量衡量詞，多見於兩漢簡帛，如《居延漢簡》57.20："士吏尹忠，糜一㪷三斗三升，自取。又二月食糜一㪷三斗三升，卒陳襄取。"② 又，簡 57.19："卒陳偃，粟一卷（㪷）三斗三升。"《居延新簡》EPT56.120："入粟三石㪷百九。又糜三石㪷九十二，奇一石。"③

---

① 湖北省荆沙鐵路考古隊編：《包山楚簡》，文物出版社 1991 年版。
② 中國社會科學院考古研究所編：《居延漢簡甲乙編》，中華書局 1980 年版。
③ 甘肅省文物考古研究所等編：《居延新簡——甲渠候官》，中華書局 1994 年版。

《説文·巾部》："帣，囊也。今鹽官三斛爲一帣。"帣，本爲有底的囊，後固定爲量制量詞。按漢簡所記邊郡吏卒廩食制度推算，《説文》所謂"三斛"之"斛"當爲"小斛（石）"，爲大斛（石）的十分之六。小斛"三斛三斗三升"約合大斛之"二斛"，爲吏卒廩食的標準量。諸辭書如《漢語大詞典》《漢語大字典》祇收名詞"囊"義，均無文獻用例，亦未説明其具體制度。

辟 表筵席層數的量詞。僅見於上博簡，如《天子建州·甲本》8-9："天子四辟［延］（筵）席，邦君三辟，大夫二辟，士一辟。"《乙本》簡8亦有此條，文字與此相同①。辟，義猶"疊""重"。

《文選·張協〈七命〉》："乃煉乃鑠，萬辟千灌。"李善注："辟謂疊之。""一辟"，猶言"一疊"。古人席地而坐，鋪設不止一層，以多寡分尊卑。關於設席之法，《禮記·禮器》："天子之席五重，諸侯之席三重，大夫再重。"除天子之席爲"五重"外，其他與簡文均同，可證"辟"即"重"義。

資 容器量詞，本指帶釉硬陶罐，爲現代瓷器的前身。馬王堆簡帛多見，如一號墓《遣策》93："肉醬一資（瓷）。"② 三號墓《遣策》122："瓜苴（菹）一資（瓷）。"③ 資，精母脂部；瓷，從母脂部；聲近韻同，故可通。

馬王堆一號墓《遣策》141："瓦資一。"可見"資"是瓦器。簡139："元梅二資，其一楊梅。"出土印紋有釉硬陶罐内正有梅；簡155："筍苴一資。"出土印紋有釉硬陶罐内正有筍。《説文》未收"瓷"字，所見最早用例爲西晉初年，由此可知漢初已用"資"來代表帶釉硬陶，因此其出現對於我國陶瓷史研究具有重大意義④。

---

① 馬承源主編：《上海博物館藏戰國楚竹書》（六），上海古籍出版社2007年版。

② 湖南省博物館、中國科學院考古研究所編：《長沙馬王堆一號漢墓》，文物出版社1973年版。

③ 湖南省博物館、湖南省文物考古研究所編：《長沙馬王堆二、三號漢墓》第1卷，文物出版社2004年版。

④ 唐蘭：《長沙馬王堆漢軑侯妻辛追墓出土隨葬遣策考釋》，《文史》第10輯，中華書局1980年版，第23頁。按，該説學界仍多有爭議，今取唐先生説；裘錫圭主編《馬王堆漢墓簡帛集成》新整理本第6函則認爲："今按，唐説似不可信。"中華書局2014年版，第186頁；姑列於此，以備考察。

陽 集合量詞，相當於"對"。僅見於馬王堆帛書，如《五十二病方》90："以堇一陽築封之，即燔鹿角，以弱（溺）飲之。"堇一陽，即堇一對。堇，即堇菜，藥用解蛇毒。

《方言》卷二作："揚，雙也。"卷子本《玉篇》引《方言》作："陽，雙也。""陽"表"雙"義，僅見載於《方言》，未見文獻用例，此例可證卷子本《玉篇》所引《方言》作"陽"者爲正，今本作"揚"乃音近而誤①。

立 稱量衣物的個體量詞。多見於晉簡，如《旱灘坡晉牘》正 3 欄："故練褌一立。故練袴一立。"背 1 欄："故白襦衽一立。故褐幘一立。"② 一立，即一件。吐魯番文書亦較多見，如阿斯塔那 M305 文書《缺名隨葬衣物疏一》："紫碧裙一立。"③

"立"用作量詞，當來源於動詞"站立"義。由於下衣如裙、褲等爲所立之處，故可引申爲量裙、褲等物之量詞，詞義虛化後適用範圍擴展至其他衣物，如衽、幘等。

給 用作紡織品的個體量詞，相當於"根"或"條"。僅見於睡虎地秦簡，如《秦律雜抄》17—18："省殿，貲工師一甲，丞及曹長一盾，徒絡組廿給。省三歲比殿，貲工師二甲，丞、曹長一甲，徒絡組五十給。"④ "徒"即"眾"，此指一般工人。絡組，指穿聯甲劄的條帶。

整理者注："給，疑讀爲緝。《釋名·釋衣服》：'緝，即今人謂之綆也。'"即"條帶""繩索"義。但前文已言及"絡組"，如"給"釋作名詞則行文複重。從文意看，"給"正處於量詞的語法位置上，故王鍈先生認爲"給"當是"根""條"之義⑤。從字形看，"給"從"糸"，用作絲織品的個體量詞正合。

---

① 按，"陽"或讀爲"煬"，裘錫圭主編《馬王堆漢墓簡帛集成》第 5 函："劉欣（2010：40）：'陽'假爲'煬'，《説文》：'煬，炙燥也。'《廣雅·釋詁》：'煬，曝也。'"中華書局 2014 年版，第 232 頁。
② 李均明、何雙全編：《散見簡牘合輯》，文物出版社 1990 年版。
③ 唐長孺主編：《吐魯番出土文書》（壹），文物出版社 1992 年版。
④ 睡虎地秦墓竹簡整理小組編：《睡虎地秦墓竹簡》，文物出版社 1990 年版。
⑤ 王鍈：《近代漢語詞彙語法散論》，商務印書館 2004 年版，第 124 頁。

秝　集合量詞，相當於"束"或"捆"。多見於馬王堆醫書，《五十二病方》182："取蠃牛二七，薤一折（秝），並以酒煮而飲之。"《養生方》85："桂尺者五廷（梃）□□□□之菩（倍）半□□者一折（秝）。"《説文·束部》："秝，小束也。從束，开聲。"故可引申爲量詞義。

《漢語大字典·干部》："量詞。禾十把。《玉篇·干部》：'秝，禾十把也。'"對此當説明兩點：一是"禾十把"義至今未得文獻用例，簡帛用例亦與此義無涉；二是《漢語大字典》引《玉篇》有誤，核《宋本玉篇》"秝"字在《束部》，而非《干部》，原文爲："秝，小束也。或作秭，禾十把也。"

捼　指兩手相捧的數量，僅見於馬王堆帛書《五十二病方》簡266："治之以柳蕈一捼、艾二，凡二物。"柳蕈，寄生於柳樹上的菌蕈；一捼，即一捧。《説文·手部》："捼，推也。從手，委聲。一曰兩手相切摩也。"兩手相切摩則會兩手相對，則自然會引申出兩手相捧及其量詞義①。

偶　表示成對物品的量詞，多見於戰國楚簡，《仰天湖楚簡》5："巽醬一壘（偶）。"又，簡12："羽醬一壘（偶）。"②商承祚注："一壘，一對也。"《五里牌楚簡》14："也（匜）一禺（偶）。"《説文·人部》："偶，桐人也。"其本義是泥塑或木雕的人像，輾轉引申而有"匹配"之義，《字彙·人部》："偶，伉儷也。"由此語法化爲表示成對物品的量詞。

衣　用於衣物，如《尹灣漢簡》M6D12正："皂丸大絝一衣，衣。"③前一個"衣"是量詞，稱量"皂丸大絝"，後一個則是動詞，"穿"義。又，同簡："青綺複襦一領，衣。""領"和前例的"衣"處在同樣的語法位置上，亦可證二者均爲量詞。"衣"用作量詞，無論傳世文獻還是出土文獻均不常見，但在量詞史上是出現過的。

---

①　按，裘錫圭主編《馬王堆漢墓簡帛集成》第5函："赤崛、山田（1985：236）認爲本句應句讀爲：'柳蕈一，捼艾二。'云：（捼艾）當是用手搓揉的艾草。"中華書局2014年版，第265頁。

②　仰天湖楚簡、五里牌楚簡、信陽楚簡均據商承祚編：《戰國楚竹簡彙編》，齊魯書社1995年版。

③　連雲港市博物館等編：《尹灣漢墓簡牘》，中華書局1997年版。

來 度量衡量詞，僅見於楚系簡帛，如《九店56號墓楚簡》1："甾二秭又五來，敔秭之五檐（擔）。"簡4："甾五秭又六來。"① 具體所量及其制度均未詳，但從簡文看當用作度量衡量詞。

赤 度量衡量詞，僅見於楚系簡帛，如《九店56號墓楚簡》4："［甾十］檐（擔）又三檐（擔）三赤二篅。"《新蔡楚簡》甲三203："吳熹受一臣、二赤，弇☐。"② "赤"爲楚量制量詞。

臣 度量衡量詞，《新蔡楚簡》多見，如甲三90："八十臣又三臣，又一朋，籿、顏首。"《正字通·匚部》："臣，同医。見古鐘鼎文。"医即簠，古代食器或祭器。但從《新蔡楚簡》用例看，並非容器，而是度量衡量詞，其進制與"鈞""赤"等度量衡量詞有關，但具體制度未詳③。

此外，簡帛文獻中的拷貝型動量詞"課"傳世文獻亦未見，但其動詞性還較強，還不是典型的動量詞；量制單位"大石""小石""大斛"諸語文辭書亦未收，此不贅述。

二　簡帛文獻中的量詞新義項

有些量詞傳世文獻雖然可見，但祇能用作某一類量詞，而在簡帛文獻中往往還可以用作另一類量詞，如"町"作爲面積量詞傳世文獻可見，而簡帛文獻中還用作個體量詞④；"秉"用作度量衡量詞多見，但簡帛文獻還用作稱量"箭矢"的集合量詞；諸辭書如《漢語大字典》《漢語大詞典》等亦僅收傳世文獻所見之量詞義。廣義地說，這類量詞也是漢語量詞系統的新成員。

町 用作土地面積量詞先秦兩漢傳世文獻可見，而《走馬樓三國吳簡》中還可用作稱量土地的個體量詞，如《嘉禾吏民田家莂》4.38："佃

---

① 湖北省文物考古研究所、北京大學中文系編：《九店楚簡》，中華書局2000年版。
② 河南省文物考古研究所編：《新蔡葛陵楚墓》，大象出版社2003年版。
③ 按，楚系量制單位具體制度情況可參禤健聰《楚簡所見量制單位輯證》，《中原文物》2008年第2期；董珊《楚簡簿記與楚國量制研究》，《考古學報》2010年第2期。
④ 按，《漢語大詞典》《漢語大字典》"町"條都收入了"古代地積單位"義項，但該義項還有爭議。

畝二町，凡廿五畝。"簡4.44："佃畝二町，凡卅八畝。"簡4.46："佃畝三町，凡卅五畝。"簡4.71："佃畝三町，凡廿五畝。"① 吳簡用例中町數相同者其畝數卻並不等，故可知"町"不是面積量詞，而是個體量詞，相當於"處"。吳簡同樣語法位置正可用"處"，如簡4.32："佃田五處，合五十五畝。"簡4.108："佃田一處，合六畝。""町"用作個體量詞，目前所見材料僅限於吳簡②，魏晉六朝以後並沒有得到繼承，諸辭書均未收，前人及時賢亦未論及。

秉 用作度量衡量詞常見，《集韻·梗韻》："或曰粟十六斛爲秉。"簡帛文獻中還可用作稱量"箭矢"的集合量詞，見於《曾侯乙墓簡》，凡21例，如簡5："用矢，箙五秉。"簡43："矢二秉又六。"簡46："矢五秉。"簡60、簡70二簡言及"九矢"，是以一"秉"的數量不能低於十，故矢一"秉"當即箭十支，"矢，箙五秉"就是說一個箭箙裡裝有五十支箭，《荀子·議兵》"負服矢五十個"，與此數目正合。

刀 用作稱量"紙張"的集合量詞傳世文獻多見，現代漢語仍在使用。簡帛文獻還可用作容器量詞，多見於漢代醫簡，如《武威醫簡》13："曾青一分，長石二分，凡二物，皆冶，合和，溫酒飲一刀，日三，創立不愈。"③ 一刀，即一刀圭之省。本是用以量藥的量具之名，爲一方寸匕的十分之一，用於量散劑。《本草綱目·序例》引南朝梁陶弘景《名醫別錄·合藥分劑法則》："凡散云刀圭者，十分方寸匕之一，准如梧桐子大也。"

參 傳世先秦文獻多用作衡制量詞，《禮記·檀弓上》"請班諸兄弟之貧者"孔疏："凡十黍爲一參，十參爲一銖，二十四銖爲一兩，故錢邊作五銖字也。"簡帛文獻中還可以用作容量量詞，如馬王堆帛書《五十二病方》181："以水一斗煮膠一參、米一升，孰（熟）而啜之，夕毋食。"港大漢簡《奴婢廩食粟出入簿》151："在禀大石五石，爲小石八石三斗

---

① 長沙市文物考古研究所等編：《長沙走馬樓三國吳紀年簡牘——嘉禾吏民田家莂》，文物出版社1999年版。

② 按，《龍崗秦簡》簡126、簡127、簡133、簡136 中有4例，但因簡文殘缺，語義不明，不能確定其所指，有待進一步考察。

③ 甘肅省博物館、武威縣文化館編：《武威漢代醫簡》，文物出版社1975年版。

一參,已。"① 據港大漢簡中大小石比率的關係推算,"一參"爲三分之一斗,大致相當於大石的二升。

格 傳世文獻中多用作個體量詞,相當於"塊";現代漢語中相當於"項"。簡帛文獻還可用於長條型物體,如《包山楚簡》269:"一翏(格)車戟,戠羽。"整理者注:"一格車戟即一件長柄車戟,出土實物中有長柄戟。"《説文·木部》:"格,木長皃。"由此語法化作表示長條型物體的個體量詞也是合情合理的,但後世没有得到繼承,漢魏六朝簡帛文獻及傳世文獻均未見用例。

三 簡帛文獻中的量詞初始例

歷史詞彙學研究的其中一個重要内容,就是要盡可能地確定每一個詞語、詞義産生的時間。前人及時賢都十分重視追溯詞語語義的源頭,並做了大量的工作,這項工作的成果主要體現在辭書編纂上。很多量詞在簡帛文獻中的用例是目前所見最早用例,對於探討其語源及辭書編纂自然具有重要意義。很多量詞在簡帛文獻中的用例比《漢語大詞典》《漢語大字典》所引始見書甚至早一千多年,如:

卷 用於成卷事物,《漢語大字典·卩部》無書證,《漢語大詞典·卩部》初始例爲《紅樓夢》第一〇五卷。按,漢代簡牘文獻已見,如《羅泊灣漢簡·從器志》:"布十七卷。"②

節 用作部分量詞,《漢語大詞典·竹部》初始例爲《紅樓夢》第五二回,《漢語大字典·竹部》則爲《淮南子·説林》:"一節見而百節知也。"按,《淮南子》用例中"節"並非量詞,意義相當於"端"或"方面";量詞"節"簡帛文獻已見,馬王堆帛書《五十二病方》365:"取桐本一節所。"又,《養生方》114:"竹緩節者一節。"

裁 用於稱量衣服、布匹,《漢語大詞典·衣部》《漢語大字典·衣

---

① 陳松長編:《香港中文大學文物館藏簡牘》,香港中文大學文物館2001年版。
② 李均明、何雙全:《廣州貴縣羅伯灣1號漢墓木牘、木簡、封檢》,《散見簡牘合輯》,文物出版社1990年版。

部》初始例均爲《新唐書·歸崇敬傳》。按，漢初簡牘文獻已見，《張家山漢簡·算數書》36："狐皮卅五戈（裁）、貍皮廿五戈（裁）、犬皮十二戈（裁）偕出關，關並租廿五錢，問各出幾何？"①

騎 用於稱量"馬"，《漢語大詞典·馬部》《漢語大字典·馬部》初始例均引《水滸傳》第五十回。按，漢簡已見，《居延漢簡》55A："到第五隧北里所見馬跡入河，馬可二十餘騎。"

輩 用於稱量"人"，《漢語大詞典·車部》《漢語大字典·車部》初始例均爲《新唐書》。按，漢簡已見，《居延新簡》EPF16.44："見塞外虜十餘輩，從西方來入第十一隧天田屯。"

顆 用於小而圓的事物，《漢語大詞典·頁部》《漢語大字典·頁部》初始例均爲唐人詩。按，漢代簡帛已多見，均書作"果"，馬王堆帛書《雜療方》62："每朝啜韰（蒜）二三果（顆）。"還可用於其他形狀物，《漢語大詞典》書證爲《水滸傳》第三九回，《漢語大字典》爲《顏氏家訓》，漢代亦可見，如帛書《五十二病方》249："乾薑二果（顆）。"

積 集合量詞，《漢語大詞典·禾部》初始例爲《新五代史·宦者傳·張承業》，《漢語大字典·禾部》爲《太平廣記》卷三百九十四引《錄異記》。按，睡虎地秦簡已多見，《秦律十八種·倉律》26："櫟陽二萬石一積，咸陽十萬一積。"

合 用於成對或成套物品，《漢語大字典·口部》失收，《漢語大詞典·口部》初始例引《封氏聞見記·大魚鰓》。按，《睡虎地秦簡已見》，《封診式》19："及新錢百一十錢，容（鎔）二合。""鎔二合"意即"錢範兩套。"漢初簡帛就很常見了，如《鳳凰山8號墓漢簡》694："大盛二合。"又，簡705："黑中脯檢一合。"

分 後作"份"，《漢語大詞典·刀部》初始例爲《水滸傳》第五三回，《漢語大字典·刀部》爲《兒女英雄傳》第十回。按，漢代簡帛文獻已見，馬王堆帛書《五十二病方》48—49："小嬰兒以水〔半〕斗，大者以一斗，三分和，取一分置水中，撓，以浴之。"

---

① 張家山二四七號漢墓竹簡整理小組編：《張家山漢墓竹簡》〔二四七號墓〕，文物出版社 2001 年版。

畚　借用量詞，《漢語大詞典·田部》書證爲韓愈《嘲鼾睡》詩，《漢語大字典·田部》失收。按，《睡虎地秦簡》已見，如《秦律十八種·金布律》64："官府受錢者，千錢一畚，以丞、令印印。"

瓶　借用量詞，《漢語大詞典·瓦部》《漢語大字典·瓦部》均引白居易《湖上招客送酒泛舟》詩。按，先秦簡牘文獻已見，如《信陽楚簡》17："一塍（瓶）食醬，一塍（瓶）某醬。"商承祚注："塍、塀，未見於字書，實即後世瓶字。

甌　借用量詞，《漢語大詞典·瓦部》書證引宋邵雍《安樂窩中吟》詩，《漢語大字典·瓦部》失收。按，漢初簡帛文獻已見，如馬王堆帛書《五十二病方》18："□者二甌，即並煎□孰（熟）。"

石　土地面積量詞，《漢語大詞典·石部》《漢語大字典·石部》書證均爲周立波《山鄉巨變》。按，漢代已見，《東牌樓漢簡》5："母妵有田十三石，前置三歲，田稅禾當爲百二下石。"①

周　動量詞，相當於"匝""回"，《漢語大詞典·口部》書證爲康有爲《大同書》乙部第四章，《漢語大字典·口部》失收。按，典型的動量詞"周"漢簡已見，《居延新簡》EPT59.137："畫地三周，宿其中。"

把　用於一手握持的數量，《漢語大詞典·手部》初始例爲漢劉向《新序·雜事一》，《漢語大字典·手部》爲唐杜甫《玉華宮》詩。按，漢代簡帛文獻已見，如馬王堆帛書《五十二病方》43："傷脛（痙）者，擇薤一把。"

艘　稱量船的個體量詞，《漢語大詞典·舟部》初始例爲三國魏曹丕《浮淮賦》，《漢語大字典·舟部》爲漢末王粲《從軍詩五首》之四。按，用作量詞漢初簡牘文獻已見，如《鳳凰山8號墓漢簡》683："船一榝（艘）。"³《字彙·木部》："榝，同艘。"《漢語大字典·木部》"榝"條引該文，《漢語大詞典·木部》未收該字。

所　用於稱量建築物，《漢語大詞典·户部》《漢語大字典·户部》爲初始例均爲漢班固《西都賦》。按，西漢簡牘文獻已見，《定州漢簡·

---

① 長沙市文物考古研究所、中國文物研究所編：《長沙東牌樓東漢簡牘》，文物出版社2006年版。

六韜》0972:"□七十三所,大宫。"① 該篇可能在戰國時代已經成書。

丸 用於小而圓事物的個體量詞,《漢語大詞典・丿部》《漢語大字典・丿部》初始例爲三國魏曹植《善哉行》。按,漢初簡帛文獻已見,如馬王堆帛書《五十二病方》2:"(將丸藥)毀一垸(丸)桮(杯)酒中,飲之。"

梃 用作稱量竿狀物的個體量詞,《漢語大詞典・木部》《漢語大字典・木部》初始例皆爲《魏書・李孝伯傳》。按,漢初簡帛文獻已見,馬王堆帛書《五十二病方》17:"獨□長支(枝)者二廷(梃),黃芩二梃。"

封 用作稱量封緘物的個體量詞,《漢語大詞典・寸部》初始例爲《漢書・游俠傳・陳遵》,《漢語大字典・寸部》爲《史記・越王勾踐世家》。按,秦簡已見,如《睡虎地秦簡・封診式》48:"令吏徒將傳及恒書一封詣令史。"

隻 用作稱量動物或器物的個體量詞,《漢語大詞典・隹部》初始例爲《後漢書・方術傳上・王喬》;《漢語大字典・隹部》用於動物例爲《世說新語・德行》:"至,便問徐孺子所在,欲先看之。"南朝梁劉孝標注引謝承《後漢書》。用於器物亦引《後漢書・方術傳上・王喬》文②。按,西漢早期簡牘文獻已見,如《鳳凰山169號墓漢簡》44:"木壺一隻,盛醪。"③

件 用於稱量事物的個體量詞,《漢語大詞典・人部》初始例爲南朝梁僧祐《略成實論記》,《漢語大字典・人部》爲《舊唐書・刑法志》。按,漢代簡牘文獻已見,如《居延新簡》EPT40.6A:"茭七百束,又從卒利親貸平二件。"

---

① 河北省文物研究所定州漢墓竹簡整理小組編:《定州西漢中山懷王墓竹簡〈六韜〉釋文及校注》,《文物》2001年第5期。

② 按,《後漢書・方術傳上・王喬》:"於是候鳧至,舉羅張之,但得一隻舄焉。"從出土文獻看,漢代"雙"往往省作"隻",結合上文及全文文意來看,疑該文中"一隻舄"當爲"一雙舄"之省。

③ 李均明、何雙全:《湖北江陵鳳凰山169號漢墓竹簡》,《散見簡牘合輯》,文物出版社1990年版。

種 表示種類的量詞，《漢語大詞典・禾部》《漢語大字典・禾部》初始例均爲《漢書・藝文志》。按，漢初簡牘文獻已見，如《張家山漢簡・二年律令》526："律令二十九（？）種。"

具 用於稱量完整事物的量詞，《漢語大詞典・八部》《漢語大字典・八部》初始例均爲《史記・貨殖列傳》。按，時代稍早的簡帛文獻已見，如馬王堆三號墓《遣策》34："角弩一具。"

椑 借用量詞，《漢語大詞典・木部》借用量詞引清袁枚《隨園隨筆・名數字義》，《漢語大詞典・木部》爲《太平御覽》卷七百六十一引謝承《後漢書》例。按，西漢簡牘文獻已見，如《張家山漢簡・遣策》19："介（芥）一椑。"

囊 借用量詞，《漢語大詞典・口部》初始例爲《隋書・禮儀志四》，《漢語大字典・口部》未收量詞義。按，漢初簡帛文獻已見，馬王堆一號墓《遣策》32："白粟一囊，一笥。"

合 量制單位量詞，《漢語大詞典・口部》《漢語大字典・口部》皆引《孫子算經》卷上："十抄爲一勺，十勺爲一合，十合爲一升。"漢劉向《説苑・辨物》："千二百黍爲一龠，十龠爲一合，十合爲一升。"按，實際使用的用例漢初帛書已見，如馬王堆帛書《五十二病方》350："冶烏豙（喙）、黎（藜）盧、蜀叔（菽）、庶、蜀椒、桂各一合，並和。"

勺 用作量制單位量詞，《漢語大詞典・勺部》引《孫子算經》卷上及李時珍《〈本草綱目〉序例》引南朝梁陶弘景《名醫別録合藥分劑法則》闡明其制度，無實際使用書證；《漢語大字典・勺部》引《孫子算經》後，又引明沈榜《宛署雜記》卷七。按，走馬樓三國吳簡多見，如《嘉禾吏民田家莂》4.488："准入米三斗二升七合五勺。"

器 用作量詞，泛指各種容器，《漢語大字典・口部》初始例引東漢《鄐君開褒斜道摩崖刻石》，《漢語大詞典・口部》未收量詞義。按，漢初簡帛文獻已見，如馬王堆一號墓《遣策》203："漆畫盛六合，盛黄白粱稻食、麥食各二器。"

首 用於稱量被子等的個體量詞，相當於"幅"。《漢語大詞典・首部》初始例爲《陳書・宣帝紀》，《漢語大字典・首部》爲《西遊補》第十五回。按，晉代簡牘文獻已見，如《南昌晉牘》第二欄："故白練被一首。"①

紐 用於稱量印章等的個體量詞，《漢語大詞典·糸部》初始例爲唐令狐德棻等《周書·文帝紀上》，《漢語大字典·糸部》爲唐房玄齡等《晉書·元帝紀》。按，晉代簡牘文獻已見，如《旱灘坡晉牘》："故駙馬都尉青銀印一紐。故奮節將軍長史金印一紐。"又，晉簡中"紐"還可以計量"帳"，《南昌晉牘》："故白絹帳一紐。"此用法傳世文獻未見。

要 後作"腰"，用作稱量衣物的個體量詞，《漢語大詞典·襾部》初始例引唐令狐德棻《周書·李賢傳》，《漢語大字典·襾部》失收量詞義。按晉代簡牘已見，如《南昌晉牘》第一欄："故白練長裙二要。故白練複兩當一要。"

下 《漢語大詞典·一部》動量詞初始例引舊題漢東方朔《海內十洲記·炎州》，但該書當爲漢末或六朝方士僞作；《漢語大字典·一部》則引《敦煌變文集·孔子項託相問書》。漢代簡牘文獻已見，如《居延漢簡》123.58："敞辭曰：初欲言，候擊敞數十下，脅痛，不耐言。"

刀圭 《漢語大詞典·刀部》初始例引晉葛洪《抱樸子·金丹》。漢簡已見，如《武威醫簡》44—45："旦飲藥一刀圭。"

以上對簡帛文獻新興量詞的論述，已足以説明其研究價值，其實除此以外還表現在諸多方面，如可以訂補傳統訓釋，如"大斗""小斗"原來認爲是和標準量相比較大或較小的"斗"，但從《居延漢簡》《港大漢簡》看，二者是有定制的，一小斗爲 0.6 大斗；可以補缺量詞用例，有些量詞僅見載於辭書，而未見文獻用例，如"絜"，《説文·糸部》："麻一耑也。"諸辭書均無書證，但簡帛文獻中卻可以找到用例，如《鳳凰山10號墓漢簡》924："枲四絜。"《爾雅·釋草》："枲，麻也。"又如部分借用量詞諸辭書未收量詞義，如"莆""筥"等，如《張家山漢簡·遣策》16："鹽一莆（筥）。"簡 19："醬一莆（筥）。"《大墳頭漢簡》1：

---

① 李均明、何雙全：《江西南昌東湖區永外正街 1 號晉墓木刺、木牘》，《散見簡牘合輯》，文物出版社 1990 年版。

"李一笸。"① 綜上可見，簡帛量詞無論是在量詞斷代史的研究上，還是在漢語詞彙史研究上，都具有重要學術價值。簡帛量詞的探討也啟示我們，應當充分重視簡帛文獻的語言研究，尤其是其中口語性文獻、應用性文獻的研究，方利於漢語詞彙史的完善。

---

① 李均明、何雙全：《湖北雲夢大墳頭1號漢墓木牘》，《散見簡牘合輯》，文物出版社1990年版。

從楚秦簡帛文獻看先秦漢語數量詞發展的地域特徵*

量詞豐富是漢語及漢藏語系諸語言的一大特點，但漢語量詞系統並非先在的，而是經歷了一個長期而複雜的語法化過程。在量詞語法化的進程中，不同地域的發展速度並不是均衡的，與量詞關係密切的數詞的發展也是如此。汪維輝說："揭示詞的時代性與地域性是詞彙史學科的重要任務之一"，"論證詞的時代性和地域性都是難度很大的工作，地域性比時代性更難"[①]。先秦漢語發展的地域性由於傳世先秦文獻寫成時代與地域的不確定性以及輾轉傳抄而難以定論。正如王國維所言"古來新學問起，大都由於新發見"[②]，近年來大量出土並整理公佈的先秦兩漢簡帛文獻由於出土地及寫成時代的相對確定性，為上古漢語發展史的地域性研究提供了嶄新的"同時資料"或"准同時資料"，使得該研究在一定程度上具備了可能性與可行性。

已公佈先秦簡帛文獻中，除曾侯乙墓墓葬時代為戰國早期外，其他楚秦簡帛文獻均寫成於戰國中期至秦代。本文對19種楚簡帛和9種秦簡的數量詞狀況進行全面整理研究，發現楚秦兩地簡帛文獻數量詞的發展

---

* 本文原刊於《廣西社會科學》2010年第2期；為國家社會科學基金項目"簡帛量詞研究"（2005BYY003）；教育部人文社科項目"戰國秦漢簡牘虛詞研究"（08JC740030）階段性成果。本文曾在重慶市語言年會（重慶師範大學，2009）宣讀，與會專家多予指正，謹致謝！

① 汪維輝：《論詞的時代性和地域性》，《語言研究》2006年第6期。

② 王國維：《最近二三十年中中國新發見之學問》，《王國維文集》第4卷，中國文史出版社1997年版，第33頁。

體現出鮮明的地域特徵。

一　連接成分發展的地域性

　　王力説："漢語的數詞屬於基本詞彙之列，所以幾千年來很少變化。但是也不能説是一成不變的。有些數詞和稱數法曾經起過變化。"① 戰國至秦是漢語數詞迅速發展變化的時期，數詞從甲骨文、金文的簡單形式逐漸變得豐富多采，其發展情況在楚秦兩地也體現出不同地域特徵。

　　甲骨文中，下位數和上位數之間的連接方式有兩種：一是兩位數直接拼合，如"二千六百五十"（《合》7771）；二是兩位數之間加連接成分"又（有）"，如"百又九十又九"（《合》10407 正）。郭錫良認爲："在甲骨文中兩種方式已經難分伯仲，處在新舊混用的過程之中。"② 王力指出："到了《書經》裡更爲嚴格了，'十'和零數之間必須加上'有'字，全書没有例外。""到了春秋、戰國時代，雖然也有人沿用'有'字，但是在同一部書裡，也有不依據此法則的，可見當時已不用'有'字了。"③

　　從傳世先秦文獻來看，《尚書》整數與零數結合共 14 例，均使用連接詞，如《堯典》："三百有六旬有六日。"按郭錫良考察："戰國以後的典籍相反，一般是不加'有'字連接。""《荀子》有整數帶零數的用例 17 次，加'有'連接的僅 3 次；《韓非子》有用例 26 次，加'有'連接的僅 7 次；《吕氏春秋》有用例 40 次，加'有'連接的僅 3 次；《戰國策》有用例 32 次，更無一例加'有'連接的。"④ 按劉利統計，用"又（有）"的情形，《左傳》7 例，《莊子》5 例，《荀子》3 例，《論語》1

---

　　① 王力：《中國語法理論》，商務印書館 1947 年版，第 82 頁。
　　② 郭錫良：《先秦稱數法的發展》，《漢語史論集》（增補本），商務印書館 2005 年版，第 311—324 頁。
　　③ 王力：《漢語史稿》，中華書局 1980 年版，第 254 頁。
　　④ 郭錫良：《先秦稱數法的發展》，《漢語史論集》（增補本），商務印書館 2005 年版，第 311—324 頁。

例，《孟子》10 例，《韓非子》11 例①，並認爲在戰國實際口語中，整數與零數直接結合已處於絕對優勢②。向熹也認爲："兩位數之間加一個'有'字，頗不簡便。晚周作品中這種記數方式逐漸少用，到了兩漢，就基本上不用了。"③

然而，從出土文獻來看，僅僅通過對傳世文獻的考察來斷定連接成分在先秦的發展趨勢是遠遠不夠的，因爲這些文獻經過 2000 多年的流傳轉抄，往往有不同程度的失真。秦簡和楚簡帛中連接成分的發展體現出強烈的地域差異，秦簡中連接成分已經徹底消失，199 例中無一例外；而楚簡帛中連接成分卻很常見，甚至仍占據優勢地位，字均書作"又"。根據數詞同名詞或量詞結合的情況，楚簡帛中整數帶零數的用例可分爲兩種樣式。

第一種樣式爲："上位數（+又）+下位數"同"名詞/量詞"直接結合。楚簡帛中此種樣式凡 24 例，其中使用連接詞"又"的 20 例，占 83%，如：

(1) 大凡卒（六十）又三（四）真。（《曾侯乙墓簡》140）
(2) 鐘小大十又三、□小大十又九。（《信陽楚簡·遣策》6）
(3) □□□筲罕（四十）又四，小筲十又二。（《信陽楚簡·遣策》27）
(4) 其□十又二。（《郭店楚簡·六德》45）
(5) 十又九年；卅又七年。（《上博簡·容成氏》5）

上位數和下位數直接拼合，不用連接詞"又"的情形計 4 例，僅占 17%，如：

(6) 廿二足桱。（《信陽楚簡·遣策》8）

---

① 按，《韓非子》中使用連接詞"有"總計 11 例，其中引《老子》文 4 例，故當從郭錫良説爲 7 例。
② 劉利：《〈國語〉稱數法研究》，《徐州師範學院學報》1993 年第 4 期。
③ 向熹：《簡明漢語史》，高等教育出版社 1998 年版，第 35 頁。

(7) 青幬廿二。(《望山楚簡·遣策》1)
(8) □凡二百人十一人。(《包山楚簡》137)
(9) 干（一十）二笲。(《仰天湖簡》32)

可見楚簡帛中用"上位數（+又）+下位數"同"名詞/量詞"直接結合表量時，使用連接成分占絕對優勢。但連接成分的使用並非十分嚴格，部分簡文中有時用，有時不用，如信陽楚簡《遣策》9 例使用連接詞，1 例不用；甚至同一支簡中，用與不用也可以並存，如：

(10) 青幬廿二，莒十又二，皆紡□。(《望山楚簡·遣策》1)

不用連接成分的用例中除包山楚簡中的 1 例上位詞爲"十"，省略了系數詞"一"以外，其餘 3 例上位詞均爲合文。由此我們可以推測，該樣式中連接成分的消失可能首先開始於上位詞是合文的情況，因爲合文的使用與省略連接成分的目的同樣是使行文更爲簡潔。

第二種樣式爲：數詞+量詞/名詞（+又）+數詞（+量詞/名詞）。楚簡帛凡 29 例，使用連接詞"又"的 11 例，占 37.9%，如：

(11) 矢二秉又六。(《曾侯乙墓簡》43)
(12) ☑□所造卅鴎（四）之甲，大凡傘（八十）馬甲又六馬之甲。(《曾侯乙墓簡》141)
(13) 金十兩又一兩。(《包山楚簡》145 反)

不使用連接詞的 18 例，占 62.1%，如：

(14) 貸邶異之黃金卅益二益以翟種。(《包山楚簡》107)
(15) 敚拥之十櫓（擔）一櫓（擔）。䈞六稷，敚拥之十櫓（擔）二櫓（擔）。(《九店楚簡》3)
(16) 䈞十櫓（擔）又三櫓（擔）三赤二箟。(《九店楚簡》4)

可見，楚簡帛中使用"數詞＋量詞/名詞（＋又）＋數詞（＋量詞/名詞）"樣式表量時，連接成分是可用可不用的，其中不用的情況稍多。從歷時的角度來看，戰國早期的曾侯乙墓簡中連接成分是普遍使用的，凡6例，無一例外；而戰國中晚期的包山楚簡則僅1例使用了連接詞，其餘10例都不用，戰國晚期早段的九店楚簡一般也是不用的，12例中8例不用、4例用。可見，自戰國中期開始，使用"數詞＋量詞/名詞（＋又）＋數詞（＋量詞/名詞）"樣式表量時，對連接成分的使用逐漸減少。第二種樣式連接成分先於第一種樣式消失的原因，在於整數和零數之間既有量詞或名詞又有連接成分的稱數方法頗不簡便，語言經濟原則要求省略連接成分。

可見，楚簡帛中連接成分沒有同傳世文獻一樣在春秋戰國之際便逐漸少用，整個戰國時代連接成分可用可不用，而以用爲常。楚簡帛的性質多有遣策、劄記等當時人記當時事的文獻，與傳世的經書、子書相比更爲口語化，顯然無法用"仿古"或者"殘存"來解釋。戰國中期以後，連接成分逐漸少用，首先始於上述兩種樣式中上位數爲合文的情況。

二　稱數樣式發展的地域性

就楚簡帛和秦簡中的稱數樣式來看，由於楚簡帛多遣策類文獻，而秦簡多法律文書，因此前者總體數量多於後者。值得注意的是，"數＋量＋名"結構的發展體現出了鮮明的地域差異。在稱數法的歷時發展中，"數＋量＋名"結構的產生是一種很重要的轉變，王力說："因爲當數詞和單位詞放在普通名詞後面的時候，它們之間的關係是不夠密切的（左傳：'馬牛各十匹'，'各'字可以把單位詞和名詞隔開）；後來單位詞移到了名詞前面，它和名詞的關係就密切起來，漸漸成爲一種語法範疇。"[①]

[①] 王力：《漢語史稿》，中華書局1980年版，第240頁。

表1　　　　　　　先秦簡帛文獻物量表示法對照表

	Num + N	N + Num	Num + Adj	Num	Num + Cl	N + Num + Cl	Num + Cl + N	Cl	Cl + N	總計
楚簡帛	1095	67	21	3	24	192	62	0	23	1487
秦簡	328	62	5	38	273	106	2	29	7	850

　　從傳世先秦文獻來看，"數+量+名"結構非常罕見，因此王力曾指出："先秦祇説'馬三百匹'，不説'三百匹馬'。""但同時我們也注意到，就在先秦時代，容量單位詞已經可以用於名詞前面了。""到了漢代，不但度量衡單位可以放在名詞的前面，連天然單位詞也可以放在名詞的前面。"① 但從出土文獻來看，楚簡帛中"數+量+名"結構用例已經比較多見，凡62例，其中度量衡量詞僅1例，信陽楚簡《遣策》29："八益□，益一朱。"借用量詞7例，如包山楚簡256："四筲飯。"《信陽楚簡·遣策》17："一瓶食醬，一瓶某（梅）醬。"自然量詞最爲常見，總計54例，其中個體量詞44例，集合量詞10例，略舉數例，如：

　　（17）三匹駒騮。（《曾侯乙墓簡》148）

　　（18）三騳（匹馬）畫甲。（《曾侯乙墓簡》131）

　　（19）一格車戟。（《包山楚簡》269）

　　（20）一枚韋之趕，有二環。（《仰天湖楚簡·遣策》15）

　　（21）二真楚甲，素。（《曾侯乙墓簡》122）

　　（22）陽城君三迻（路）車，鄴君一乘，旅公三乘迻（路）車。（《曾侯乙墓簡》119）

　　（23）太子帑三乘迻（路）車，其一乘駟，其二乘皆麗。（《曾侯乙墓簡》190）

　　（24）一兩緣繹屨；一兩絲紝屨；一兩鄴緹屨；一兩誼屨；一兩緅帛屨。（《信陽楚簡·遣策》2）

　　（25）一乘絑迻（路）。（《新蔡葛陵楚簡·甲三》79）

---

① 王力：《漢語語法史》，《王力文集》第11卷，山東教育出版社1990年版，第42頁。

秦簡中"數+量+名"結構卻僅有2例：

(27) 十斗粲，毇米六斗大半斗。（《睡虎地秦簡·秦律十八種》43）①

(28) 六寸符皆傳□□□□□□□□☒（《龍崗秦簡》14）

但是此二例都是度量衡量詞，自然量詞用於"數+量+名"結構的秦簡未見，體現了楚、秦兩地稱數樣式發展的不平衡。"數+量+名"結構的產生，標誌着量詞範疇的初步形成，因爲在此結構中量詞同名詞的語法功能、語法作用都有了明顯的區別，量詞已經從名詞中分化出來了。這一結構在先秦簡帛物量表示法中僅占2.74%，且基本限於楚地，這都表明"數+量+名"結構在先秦仍處於萌芽階段。而漢承秦制，漢代簡帛中稱數樣式沒有繼承楚地簡帛中大量的"數+量+名"結構，而是同秦簡一樣多爲"名+數+量"結構。

"數+量+名"結構的來源仍聚訟紛紜，有學者認爲"西漢前後，'數詞+單位詞（+之）+名詞'中屬格標記'之'的脫落誘發'數詞+單位詞+名詞'獲得實際計量的的功能。""漢代出現的'數詞+個體量詞+名詞'格式，是仿照'數詞+單位詞+名詞'格式類推而來。"②但從戰國楚簡看，此結構早在屬格標記"之"脫落前已經大量出現。貝羅貝則認爲"名+數+量"結構進入句子後導致了重新分析，即主謂結構被重新分析爲"中心詞+修飾語"結構，在漢語修中結構影響下換位調整爲"數+量+名"結構③。但楚簡中"數+量+名"結構多見於遣策，獨立成句，沒有重新分析的動因。因此，可以推測漢語中的"數+量+名"結構同"名+數+量"結構都是自源的，在量詞產生初始階段

---

① 按，睡虎地秦簡《秦律十八種》簡43或可句讀爲："十斗，粲毇米六斗大半斗。"則非"數+量+名"結構，有待進一步考察。

② 吳福祥、馮勝利、黃正德：《漢語"數+量+名"格式的來源》，《中國語文》2006年第5期。

③ 貝羅貝：《上古、中古漢語量詞的歷史發展》，《語言學論叢》第21輯，商務印書館1998年版，第99—122頁。

就產生了，名詞和數量結構結合獨立成句，而且存在地域差異。由於量詞最早應用於計數，因此在使用量詞的稱數結構中"名+數+量"結構占據了絕對優勢地位。

三　量詞系統發展的地域性

楚簡帛中有量詞42個，秦簡中有量詞46個，數量雖然接近，但其發展也體現出了各自清晰的地域特色。

首先，楚簡帛中祇有物量詞，沒有動量詞；而秦簡中動量詞已經開始萌芽，有"步""課"兩個，如《周家臺秦簡》326："見東陳垣，禹步三步。"禹步，是巫師作法時的一種行步方法，按《玉函秘典》："禹步法，閉氣先前左足，次前右足，以左足並右足，爲三步也。"可見，"步"在這裡強調的並非距離，而是動作，因此"禹步三步"相當於"禹步三次"，其中的"步"當爲動量詞。又，《睡虎地秦簡·秦律十八種》19："今課縣、都官公服牛各一課。"其中後一個"課"也可以分析爲動量詞。但"步""課"作爲動量詞顯然還不典型，和前面的動詞是同形的，語法化程度很低。從傳世文獻看，確切的動量詞先秦未見，學界一般認爲動量詞產生於西漢[1]，上引秦簡用例雖然還不典型，但動量詞早在先秦時期已經萌芽。

其次，秦簡中度量衡量詞總計19個，度制量詞、衡制量詞、量制量詞、面積量詞等系統齊備，制度趨於規範，秦代統一度量衡後，漢代繼承了其度量衡制度，這些量詞在兩漢簡帛中仍廣泛使用。楚簡帛中的度量衡量詞總計11個，除了和秦地相同的兩、鈞、鎰、銖、里5個量詞外，檐、韌、稯、來、赤、篙等6個量詞後世文獻均未見，而且由於文獻不足其具體制度仍待考證[2]。

---

[1]　楊劍橋：《漢語動量詞不產生於先秦説》，《語言研究》2009年第4期。
[2]　李建平、張顯成：《先秦兩漢魏晉簡帛量詞析論》，《中華文化論壇》2009年第4期。

表2　　　　　　　　　先秦簡帛文獻物量詞對照表①

個體量詞	楚地	13	乘$_1$ 兩$_1$（輛）枚環真匹夫人成格章斷條
	秦地	16	乘$_1$ 等封給合級 兩$_1$（輛）匹所口牒錢布人木歲$_1$
集合量詞	楚地	9	秉 兩$_2$ 乘$_2$ 偶雙會稱家軍
	秦地	5	積 兩$_2$ 束户撮
借用量詞	楚地	9	笥瓶筐籃筭箄箕磓垢
	秦地	4	壺畚匕杯
度量衡量詞	楚地	11	兩$_3$ 鈞鎰銖檐䅘秭來赤篇里
	秦地	19	丈尺寸圍里步升斗桶石鈞斤 兩$_3$ 錘銖頃畝堵町

最後，從量詞的語法功能來看，劉世儒認爲"量+名"式複合詞"到了南北朝纔更通行起來"②。其實，《睡虎地秦簡》中這種複合詞已很常見，如《睡虎地秦簡·秦律十八種》1："雨爲澍，及誘（秀）粟，輒以書言澍稼、誘（秀）粟及垦（墾）田暘毋（無）稼者頃數。稼已生後而雨，亦輒言雨少多，所利頃數。旱〈旱〉及暴風雨、水潦、螽、群它物傷稼者，亦輒言其頃數。"又，《效律》24："禾粟雖敗而尚可食殹，程之，以其中耗石數論負之。"雖然該結構多限於"量詞+數"，情況比較單一，但楚簡帛中此類複合詞還沒有出現。

以上擇要從三方面探討了楚秦兩地簡帛文獻數量詞發展的地域特徵，而並未涵括所有的地域特征，如數詞書寫形式上鮮明的地域特徵，例如"四"在楚簡帛中多書做積畫的"亖"，而秦簡書作"四"，亦可作"𦉭"；又如，在序數表示法中，表序數的"第"在楚簡帛中未見，而岳麓書院藏秦簡中的"内史郡二千石官共令"簡共8枚，分别標注了干支編序，字均書作"苐"，即"苐甲"（簡0355）至"苐庚"（簡0617）③。序數詞"第"是由名詞"次第"語法化而來的，潘允中認爲："來源很

---

① 按，表中量詞"乘"，既可以用作個體量詞，稱量"車"；也可以用作集合量詞，稱量"馬"。量詞"兩"，既可以用作個體量詞，稱量"車"，後加形符作"輛"；也可以用作集合量詞，表雙數；還可以用作度量衡量詞。
② 劉世儒：《魏晉南北朝量詞研究》，中華書局1965年版，第17頁。
③ 陳松長：《岳麓書院所藏秦簡綜述》，《湖南大學學報》2009年第3期。

古，如《論語》的編排'學而第一''爲證第二''八佾第三''里仁第四'等等。"① 但王力指出："先秦諸子每篇標題，往往標爲某某第一，某某第二。這恐怕是後人所加，不足爲據。"② 定州簡《論語》均無篇名，更無次第。王力認爲："'第'字真正用作序數的詞頭，大約在晉代以後（或較早）。"向熹則認爲產生於漢代，例證一爲《史記》"位次第一"，但王力認爲仍是名詞"次第"義，例證二爲東漢中葉的《論衡》③；秦簡用例是目前所見最早用例。

---

① 潘允中：《漢語語法史概要》，中州書畫社 1982 年版，第 110 頁。
② 王力：《漢語語法史》，《王力文集》第 11 卷，山東教育出版社 1990 年版，第 29 頁。
③ 王力：《漢語語法史》，《王力文集》第 11 卷，山東教育出版社 1990 年版，第 41 頁。

從簡帛文獻看漢語量詞系統建立的時代*

量詞豐富是漢藏語系諸語言的一大特色,但量詞系統並非先在的,而是經歷了一個長期而複雜的語法化過程。漢語量詞系統建立的時代及其動因,是漢語史研究的重要問題之一。但正如劉世儒所言:"漢語量詞,歷史悠久,材料浩繁……衹有把量詞的各個歷史橫斷面都研究好了,漢語的整套的系統的量詞史纔有可能建立起來。"① 量詞的斷代研究,劉先生導夫先路,對魏晉南北朝量詞進行了系統考察,但目前量詞斷代研究做的還很不夠,對於量詞起源的動因、量詞系統建立的時代、"數+量+名"結構的來源等諸多問題仍聚訟紛紜。

一 量詞系統建立的判定標準

對於漢語量詞系統建立的時代問題,主要有兩種觀點:一是魏晉南北朝時期,劉世儒對魏晉南北朝量詞進行了斷代研究,提出這一時期量詞體系完備,標誌着漢語量詞系統的正式建立。郭錫良也認爲:"漢代以後,數+(量)+名的結構開始産生。但是漢代數詞一般還是直接與名詞結合……魏晉以後,單位詞纔完成了分化的過程,形成了一個獨立的

---

* 本文原刊於《古籍整理研究學刊》2011 年第 1 期;人大複印報刊資料《語言文字學》2011 年第 7 期全文轉載;作者爲李建平、張顯成;爲國家社科基金項目"簡帛量詞研究"(05BYY003)階段性成果。

① 劉世儒:《魏晉南北朝量詞研究》,中華書局 1965 年版,第 3 頁。

量詞範疇。"① 二是宋元時期,石毓智認爲:"漢語的個體量詞,萌芽於兩漢,産生於魏晉,穩步發展於唐宋,牢固建立於宋元之際。"② 即宋元之際,"數+量+名"結構在語言中占據了優勢,標誌着漢語量詞範疇的最後確立。

傳世文獻的量詞研究,往往特別强調"數+量+名"結構在量詞發展史中的地位,如王力説:"這是很重要的轉變,可以説是一種飛躍……因爲當數詞和單位詞放在普通名詞後面的時候,他們之間的關係是不夠密切的;後來單位詞移到了名詞前面,它和名詞的關係就密切起來,漸漸成爲一種語法範疇。"③ "魏晉六朝説"和"宋元説"都以此爲標準來判斷量詞系統建立的時代,本文認爲"數+量+名"結構的産生誠然在量詞語法化過程中具有重要地位,但並不是量詞範疇建立的唯一標準:首先,早在戰國楚簡中"數+量+名"結構就出現了,達到 62 例之多,但先秦顯然祇是量詞的萌芽期④;其次,當漢代簿籍類文獻中量詞使用占據絶對優勢地位時,數詞不再與名詞直接結合,而是要同量詞組成數量結構纔能充當句子成分,即"名+數+量"結構在數量表示法中占據了優勢地位,而"數+量+名"結構仍很罕見;再次,從其他量詞語言來看,藏緬語族中的彝語支、緬語支、羌語支和克倫語支量詞都比較豐富,但卻多採用"名+數+量"語序,顯然不能因爲這些語言中没有"數+量+名"結構而否認其量詞範疇的存在。

因此,本文認爲"數+量+名"結構的産生與發展是判斷漢語量詞範疇發達程度的重要標誌之一,但並不是唯一標準,還應當綜合考察量詞内部類系的發展、量詞數量的擴張(尤其是個體量詞數量的擴張)、量詞在數量表示法中的使用頻率、量詞的語法功能、量詞的語法化程度等各個方面。尤其是當使用量詞在數量表示法中占據優勢,數詞在計數時不再和名詞直接結合,而是首先和量詞組成數量結構共同充當句子成分

---

① 郭錫良:《從單位名詞到量詞》,《漢語史論集》,商務印書館 2006 年版,第 38 頁。
② 石毓智:《語法化的動因與機制》,北京大學出版社 2006 年版,第 196 頁。
③ 王力:《漢語史稿》,中華書局 1980 年版,第 240 頁。
④ 李建平:《戰國楚簡中的量詞及其語法化》,《簡帛語言文字研究》第 3 輯,巴蜀書社 2008 年版,第 42—64 頁。

時，即使量詞沒有出現在"數＋量＋名"結構之中，其語義及語法功能和名詞無疑有了明顯的區別，量詞範疇就已經建立起來。

二　從簡帛文獻看漢代量詞的發展

簡帛文獻的出土，尤其是大量遣策類、簿籍類等文獻的出土，爲漢語量詞史研究提供了大量寶貴的"同時資料"或"准同時資料"①，我們對已公佈的 78 種出土先秦兩漢魏晉簡帛文獻中的量詞系統做了窮盡性的整理研究，認爲兩漢時期漢語量詞範疇已經建立起來，主要體現在四個方面。

（一）量詞部類發展完備，數量豐富

一是動量詞已經産生，量詞兩大類系齊備。從傳世文獻來看，對於先秦動量詞傅銘第舉出"周""匝"兩個②，但仍可視爲名量詞；楊伯峻、何樂士二先生又舉出"巡""成"2 個，③ 但仍可視爲動詞。確切無疑的動量詞先秦未見，即使到西漢也仍然罕見④；但從簡帛文獻看，動量詞萌芽於先秦，兩漢時期獲得了發展。

從出土文獻看，秦簡有"步""課"兩個仍處在萌芽期的動量詞。動量詞"步"凡 6 例，如《周家臺秦簡》326："見東陳垣，禹步三步。"又 332："見車，禹步三步。"禹步，是古代巫師作法時的一種行步方法，按《玉函秘典》："禹步法，閉氣先前左足，次前右足，以左足並右足，爲三步也。""步"強調的並非距離，而是動作，"禹步三步"意爲"禹步三次"；則"步"爲動量詞。動量詞"課"僅 1 例，《睡虎地秦簡·秦律十八種》19："今課縣、都官公服牛各一課。"課，即考核；一課，即考核一次。二者均從動詞義借用而來，即"同源動量"。

兩漢簡帛中動量詞獲得了初步發展，有"通""發""輩""伐"

---

① 太田辰夫：《中國語歷史文法》，北京大學出版社 1987 年版，第 81 頁。
② 傅銘第：《關於動量詞"匝"和"周"》，《中國語文》1965 年第 1 期。
③ 楊伯峻、何樂士：《古漢語語法及其發展》，語文出版社 1992 年版，第 204 頁。
④ 楊劍橋：《漢語動量詞不産生於先秦說》，《語言研究》2009 年第 4 期。

"下""周""反"7個,如:

(1) 出堠二苣火一通。(《居延漢簡》486.49)

(2) 第八隧攻侯障君,與主官譚等格射各十餘發。(《居延漢簡》EPF16.47)

(3) 䟆主新黔首籍,三輩戰北,皆並居中一笥中,未有以別智(知)當捕者。(《張家山漢簡·奏讞書》140)

(4) 銚即碟治(笞)講北(背)可十餘伐。(《張家山漢簡·奏讞書》107)

(5) 敢辭曰:初欲言,候擊敢數十下,脅痛,不耐言。(《居延漢簡》123.58)

(6) 畫地三周,宿其中。(《居延新簡》EPT59.137)

(7) 三人負麻,人反十八束,反復卅里。人再反,六十里。(《敦煌漢簡》1650)

其中,動量詞"通"在漢代使用頻率已經很高,如《居延漢簡》24例,《居延新簡》6例,《敦煌漢簡》10例。"下"和"伐"均是稱量"打擊"義動詞的,二者很快合流。"通""發""輩""下""周""反"6個,均沿用到魏晉六朝以後。

二是量詞數量豐富。甲骨文量詞不到10個①,金文發展到40多個②。先秦簡帛文獻中量詞79個,其中個體量詞僅25個;《左傳》量詞60個,但多度量衡和編制量詞,個體量詞僅12個③;《戰國策》量詞39個,個體量詞僅7個,均為物量詞;《論衡》中量詞43個,個體量詞僅16個。而兩漢簡帛文獻中,物量詞總數達到130個,其中自然量詞69個,而語

---

① 李若暉:《殷代量詞初探》,《古漢語研究》2000年第2期。
② 黃載君:《從甲文、金文量詞的應用,考察漢語量詞的起源與發展》,《中國語文》1964年第6期。
③ 何樂士:《〈左傳〉的數量詞》,《古漢語語法研究論文集》,商務印書館2000年版,第318—351頁。

法化程度最高的個體量詞則達到46個之多①；簡帛量詞使用如此廣泛，應當與簡帛文獻多帳簿、遣策類文獻，從而真實地反映了當時的數量表示法之面貌有關。

表1　　　　　　　　　　　兩漢簡帛物量詞總表

量詞類別	數量	量詞
個體量詞	46	枚、個、乘$_1$、兩$_1$（輛）、艘、口、頭、匹、騎、所、處、區、領、衣、裁、編、篇、章、卷、牒、等、級、石、條、緱、發、節、成、顆、丸、梃、人、輩、封、通、合、張、物、事、本、歲、算、隻、件、種、函
集合量詞	23	乘$_2$、兩$_2$、雙、偶、純、把、束、絜、緐、具、堵、積、駐、齊（劑）、分$_1$、撮、三指撮、户、家、室、秫、稷、升
借用量詞	27	笥、籃、笭（落）、筲、筥、篋、籠、篔、橐、杯、椑、柘、笭、埒、培、罂、刀圭、刀、匕、方寸匕、器、盛、鼎、盂、囊、橐、車
度量衡量詞	34	分$_2$、寸、尺、丈、尋、匹、幅、步、里、圍、石$_2$、斛、斗、參、升、合$_2$、龠、卷、石$_3$、鈞、斤、兩、銖、分$_3$、頃、畝、石$_4$、畦、步、版、錢、布、金、分$_4$

三是量詞的分工進一步發展。量詞在語法化的初期總是有很多兼職，隨着量詞的日趨豐富，其分工也逐漸明晰，到兩漢簡帛中量詞的分工已經相當細密，如就物體而言，粒狀或圓形物一般用"顆"，藥物則用"丸"，條形物則用"梃"；就交通工具而言，船用"艘"，車用"兩"或"乘"，而"乘"多量"馬車"，"兩"多量"牛車"，也有分工的趨勢；就有生之物而言，人用"口"，魚、牛、羊用"頭"，馬用"匹"，一人一馬則用"騎"；例不贅列。

---

① 李建平、張顯成：《先秦兩漢魏晉簡帛量詞析論》，《中華文化論壇》2009年第4期。

（二）使用頻率高，使用量詞在稱數法中占據優勢地位

劉世儒認爲："在上古數名組合須要通過量詞介紹這一規範還没有形成（兩漢）或者根本就不存在（先秦）。"① 而從簡帛文獻來看，這一規範其實始於先秦，形成於兩漢。

從先秦簡帛看，27 種文獻中物量表示法總計 2337 例，使用量詞的 718 例，占 30.7%。從傳世兩漢文獻看，量詞的使用頻率仍不高，我們統計了《禮記》《論衡》《公羊傳》《穀梁傳》《鹽鐵論》五種文獻，其中物量表示法凡 2070 例，使用量詞 448 例，僅占 21.6%。但從兩漢簡帛看，我們選取寫成時代明確的 24 種漢簡中的物量表示法進行了全面統計。②

表 2　　　　　　　　　　兩漢簡牘物量表示法簡表

稱數樣式	Num + N	N + Num	Num	Num + Cl	N + Num + Cl	Num + Cl + N	Cl	總計
頻率	231	484	83	130	777	9	5	1719
總計	798			921			1719	
比例	46.4%			53.6%			100%	

量詞的使用占物量表示法的 53.6%。《居延新簡》物量表示法總計 4280 例，使用量詞的達到 2746 例，占 64.2%③。尤其在準確計量的遣策類文獻中，量詞的使用更是必不可少，如漢初的馬王堆 3 號墓遣策，數量結構總計 524 例，"名 + 數 + 量"結構 314 例，占 59.9%；鳳凰山 167 號墓遣策稱數結構 81 例，"名 + 數 + 量"結構 71 例，占 87.7%。由於書

---

① 劉世儒：《魏晉南北朝量詞研究》，中華書局 1965 年版，第 32 頁。
② 24 種漢簡爲：焦山漢簡、蕭家草場簡、未央宮漢簡、清水溝漢簡、高臺漢牘、古人堤漢簡、甘谷漢簡、邗江漢簡、平山漢楬、花果山漢簡、海州漢牘、胥浦漢簡、東牌樓漢簡、羅泊灣漢簡、大墳頭漢簡、孫家寨漢簡、孔家坡漢簡、鳳凰山 8 號墓漢簡、鳳凰山 9 號墓漢簡、鳳凰山 10 號墓漢簡、鳳凰山 168 號墓漢簡、鳳凰山 167 號墓漢簡、鳳凰山 169 號墓漢簡、馬王堆 3 號墓漢簡。
③ 陳近朱：《〈居延新簡〉中物量詞和稱數法探析》，碩士學位論文，華東師範大學，2004年，第 40 頁。

面語言的滯後性，可以推測當時口語中量詞的使用頻率應當更高。如此高的使用頻率，無論是先秦還是兩漢，都是傳世文獻量詞研究所未知的。可見，使用量詞在漢代無疑已經開始成爲一種規範。

（三）量詞語法化的進一步發展

一是泛指量詞的成熟。泛指量詞是量詞系統中最爲特殊的一類，其源詞義幾乎完全消失，語法化程度最高，漢語史上泛指量詞有"枚""個"兩個。從傳世文獻看，"枚"在《史記》《春秋繁露》《淮南子》《説苑》《新書》《新序》《鹽鐵論》《法言》《新語》9種西漢文獻中僅6例，而西漢簡帛則很常見，僅寫成於文帝至景帝的《鳳凰山167號墓簡》中即有37例之多，而《鳳凰山8號墓簡》中則可以稱量有生之物"魚"等。時代稍後的《居延漢簡》（包括《新簡》）179例，《敦煌漢簡》15例，《敦煌懸泉漢簡釋粹》21例，其適用範圍非常廣泛，可以自由應用於無生、有生之物，無生之物包括各種器皿、席子、皮革、木製品、錢幣、兵器、衣物、封簽、繩索等，有生之物既包括樹木等植物，也包括狗、雞、魚等動物。無生之物用例傳世文獻常見，此不贅列；有生之物用例，如：

（8）不移轉牛凡三百廿九枚，見二百枚不付。（《敦煌漢簡》1168）

（9）出魚卅枚。（《居延漢簡》274.26A）

（10）入狗一枚。（《居延漢簡》5.12）

（11）出雞一枚，以食使者王君，一食，東。（《懸泉漢簡》121）

可見，泛指量詞"枚"在漢初已廣泛應用，漢代中期臻於成熟，到漢末三國時期的吳高榮墓《遣策》木牘（寫成時代在公元232—238年之間）中，所計量事物幾乎全部用量詞"枚"來稱量：

（12）故練祿一枚；故絹祿一枚；故絹祿一枚；故練祿一枚；故

練襦一枚；故練複裙一枚；故絹複襮一枚；故練兩襠一枚；故練單襦一枚。故絹單襮一枚；故半䋲複縛一枚；故半䋲複縛一枚；故練複縛一枚；故練複縛一枚；故練小縛一枚；故練複襦二枚。（東吳高榮墓《遣策》木牘）

該木牘79個稱數結構中，使用量詞"枚"達到了75例之多，占總數的95%。量詞系統中語法化程度最高的泛指量詞的成熟，也說明了當時量詞系統的發達程度①。

二是"數+量+名"結構的產生。王力說："當數詞和單位詞放在普通名詞後面的時候，它們之間的關係是不夠密切的；後來單位詞移到了名詞前面，它和名詞的關係就密切起來，漸漸成爲一種語法範疇。"② 傳世先秦文獻中"數+量+名"結構罕見，尤其自然量詞的用例，貝羅貝等認爲這一結構是晚至漢代纔出現的③。從先秦簡帛文獻用例看，"數+量+名"結構已較多見，而且其發展體現出了強烈的地域性。楚簡帛凡62例，其中度量衡量詞1例，借用量詞7例，個體量詞44例，集合量詞10例；如：

(13) 三匹駒䮻。（《曾侯乙墓簡》148）

(14) 二真楚甲，素。（《曾侯乙墓簡》122）

(15) 陽城君三逴（路）車，鄒君一乘，旅公三乘逴（路）車。（《曾侯乙墓簡》119）

(16) 一兩緣𩎢屨；一兩絲紝屨；一兩郛緹屨；一兩詎屨；一兩緅屨。（《信陽楚簡·遣策》2）

數量結構作定語有時候可以加"之"，如《上博簡·容成氏》44：

---

① 李建平、張顯成：《泛指性量詞"枚/個"的興替及其動因》，《古漢語研究》2009年第4期。

② 王力：《漢語史稿》，中華書局1980年版，第240頁。

③ 貝羅貝：《上古、中古漢語量詞的歷史發展》，《語言學論叢》第21輯，商務印書館1998年版，第99—122頁。

"是乎作爲九成之台。"楚簡帛此類結構多見於遣策類文獻，而時代稍晚的秦簡中卻僅2例，且均爲度量衡量詞。兩漢簡帛也很少見，且限於度量衡和借用量詞，所調查的24種漢簡中僅9例，均爲度量衡量詞，這可能與楚簡帛多簿籍類文獻有關。兩漢時期，"數+量+名"結構在數量表示法中雖然比例還很小，但在大量文獻中，其總數已經很多，正如潘允中所言："在漢代的文學語言裏，已經把這種語法形式鞏固下來，無論自然單位的量詞也好，度量衡的量詞也好，都已經直接接在名詞的前面了。"① 如：

(17) 烏孫以千匹馬聘漢女。(《史記·大宛傳》)

(18) 其富人至有四五千匹馬。(《史記·大宛傳》)

(19) 母見其上若一匹練狀。(《論衡·吉驗》)

（四）量詞的語法功能進一步拓展

一是詞綴化構詞法的形成。"名+量"構成新詞，量詞失去了表量功能，成爲詞綴，王力認爲："這種結構是相當後起的……直到宋元時代，單位詞纔用作詞尾。"② 劉世儒認爲產生於南北朝："在這個時代以前，這種構詞法一般説還没有形成。偶然出現幾個零星的例子，也祇能説還是一種'萌芽'，因爲數量太少，又多有問題，還不能形成一種範疇。"③ 但從兩漢簡帛來看，"名+量"結構的雙音詞已經產生，而且數量也很不少，如：

(20) 告尉謂第廿三候長建國受轉穀到，☐言車兩（輛）石斗數。(《居延漢簡》145.2)

(21) 倉穀車兩（輛）名籍。(《居延新簡》EPT52.548)

(22) 陽朔二年正月盡十二月吏病及視事書卷。(《居延漢簡》

---

① 潘允中：《漢語語法史概要》，中州書畫社1982年版，第119頁。
② 王力：《漢語史稿》，中華書局1980年版，第244頁。
③ 劉世儒：《魏晉南北朝量詞研究》，中華書局1965年版，第16頁。

8.1A）

（23）建武柒年四月以來，府往來書卷。（《居延新簡》EPT22.409）

"兩（輛）""卷"用作量詞在兩漢簡帛已很普遍，因此在這一時代"車兩（輛）""書卷"爲雙音複合詞是毫無疑問的。從文意及所處的語法位置來看，也無疑義。

二是偏正式複合詞"量+名"構詞方式的產生。劉世儒認爲："到了南北朝纔更通行起來。"① 其實在《睡虎地秦簡》中就已經很常見，如：

（24）雨爲澍，及誘（秀）粟，輒以書言澍稼、誘（秀）粟及狠（墾）田賜毋（無）稼者頃數。稼已生後而雨，亦輒言雨少多，所利頃數。早〈旱〉及暴風雨、水潦、螽、群它物傷稼者，亦輒言其頃數。（《睡虎地秦簡·秦律十八種》1—2）

（25）禾粟雖敗而尚可食殹，程之，以其中耗石數論負之。（《睡虎地秦簡·效律》24）

"頃數""石數"爲"量+名"式複合詞無疑，到了漢簡就非常普遍了，如：

（26）直（置）所得米升數以爲法，有（又）值（置）一石米粟升數而以秏（耗）米升數乘之［以爲實］，如法得一升。（《張家山漢簡·算數書》49）

（27）亦以一尺寸數爲法，以所得寸數乘一尺賈錢數爲實，實如法得一錢。（《張家山漢簡·算數書》63）

僅《算數書》中"量+名"偏正式名詞就甚多，如"步數"達12例，"錢數"8例，"升數"5例，說明"量+名"構詞形式在兩漢已經

---

① 劉世儒：《魏晉南北朝量詞研究》，中華書局1965年版，第17頁。

獲得了一定程度的發展。

三是組合能力的發展。量詞一般同數詞組合共同充當句子成分，古今皆然。兩漢時代量詞已經可以同疑問代詞、形容詞等其他詞類組合，如：

（28）今織有攻（功）五十尺，問各受幾何尺。（《張家山漢簡·算術書》54）

（29）今誤券三斗一升，問幾何步一斗。（《張家山漢簡·算術書》68）

（30）取弱（溺）五斗，以煮青蒿大把二、鮒（鯽）魚如手者七，冶桂六寸。（《馬王堆帛書·五十二病方》248）

量詞單獨使用時，劉世儒提出在魏晉南北朝可以充當定語、主語、狀語三種句法成分，實際上早在秦簡中就已常見，兩漢簡帛獲得了進一步發展。僅以《睡虎地秦簡》爲例：

（31）賜田嗇夫壺酒束脯。（《睡虎地秦簡·秦律十八種》13）

（32）頃入芻三石、蒿二石。（《睡虎地秦簡·秦律十八種》8）

（33）其以牛田，牛減絜，治（笞）主者寸十。（《睡虎地秦簡·秦律十八種》14）

三　小結

從出土簡帛文獻來看，兩漢時期量詞系統已經建立起來，體系完備，數量豐富，分工較爲細密，尤其是數量表示法中使用量詞的觀念已經牢固地建立起來，數詞一般先同量詞組合爲數量短語纔能共同充當句子成分；量詞的各類語法功能均已經產生，祇是在初期使用頻率較低，但在語法功能上已經和源名詞或動詞有了很大差別；語法化程度最高的泛指性量詞"枚"獲得了廣泛而高頻率的使用，語法化程度很低的拷貝型量詞則已完全消失，量詞的語法化獲得了相當程度的發展。

漢語量詞系統發展的框架在兩漢已經構建起來，魏晉以後量詞在這一框架中進一步充實、發展，直到宋元之際"數+量+名"結構占據絕對優勢地位，量詞系統臻於完善，纔同現代漢語没有太多差别了。

先秦兩漢糧食容量制度單位量詞考*

度量衡制度單位量詞是一種包含有進位制的人工制度單位量詞，大多有嚴格的法定規約。度量衡量詞歷代沿革，各有不同，特別容易造成誤解，如吳承洛言："考古之學，最要有二端：一須有史籍之記載，然後始能根據，求有所得；二須有實物之佐證，然後考據之功，始有把握。究研中國度量衡史，於此二端，均有困難。"[①]

近年來大量出土先秦兩漢文獻及相關出土量器實物的公佈，尤其是其中大量簿籍類文獻，爲度量衡制度發展史研究提供了嶄新的資料。先秦兩漢時期，糧食容量制度單位與後世制度多有不同，因此往往以訛傳訛，甚至權威辭書如《漢語大詞典》《漢語大字典》《辭源》中的釋義也多有偏誤，茲綜合傳世文獻記載與出土文獻使用情況及相關出土量器實物，將相關糧食容量量詞分類逐一詳作考釋，以就正於方家。

一　訂補容量制度

石、斗、斛、升是上古文獻常見的稱量糧食的容量量詞，其制度較爲固定，但上古文獻中四者均有大小之別，由於傳世文獻少見，傳統解釋多有不確，其制度可以根據出土文獻記載加以修正。《史記·田敬仲完

---

* 本文原刊於《農業考古》2014 年第 4 期；人大複印報刊資料《經濟史》2014 年第 6 期全文轉載；爲教育部人文社科基金項目 "先秦兩漢量詞發展史研究"（12YJC740045）、第 52 批博士後基金資助項目 "隋唐五代量詞發展史研究"（2012M521370）階段性成果。

① 吳承洛：《中國度量衡史》，商務印書館 1993 年版，第 1 頁。

世家》:"田氂子乞事齊景公爲大夫,其收賦税於民以小斗受之,其稟予民以大斗,行陰德於民。"《漢書·貨殖傳》"黍千大斗"顏師古注:"大斗者,異於量米粟之斗也。今俗猶有大量。"顧炎武《日知録》卷十一"大斗大兩"條:"是漢時已有大斗,但用之量粗貨耳。"《漢語大詞典·斗部》"大斗"條採用此觀點:"容量較大的斗。"又,"小斗"條:"容量小於標準量的斗。"《辭源》未收"小斗"一詞,其"大斗"條與此類似:"超過標準的特别量器。"其實從出土簡帛文獻來看,石、斗、斛、升均有大小兩個量制系統,起源於粟與米的比例,粟舂爲米容量餘十分之六,則二者的比例是10∶6,而不是大於或小於正常量的非標準量;上述量制單位單用時容易混淆,則應根據實際使用情況具體分析。"大石""小石""大斛"等詞出土文獻常見,且制度明確,而《漢語大詞典》《辭源》等權威辭書均未收録,當據簡帛用例補入。

石/大石/小石 《正字通·石部》:"石,量名。《漢志》:'十斗曰石。'"石,本爲衡制量詞,四鈞爲石,但往往用來代量制單位"斛"。陳夢家認爲:"《史記·滑稽列傳》述淳于髡之語曰'臣飲一斗亦醉,一石亦醉',審其下文,一石即十斗,是以重量之石代容量之'斛',由來已久。漢簡記廩食,亦往往以石代斛。"① 其實這種用法早在戰國已見,如《管子·揆度》:"脯二束,酒一石,以賜之。"而且從出土文獻來看,戰國至秦的秦簡中衹用"石",而不用"斛"。

兩漢時期"石"稱量糧食時有"大石""小石"之别,"石"單獨使用時則既可指"大石",也可指"小石",需要據語境分析判斷。"大石""小石"二量傳世先秦兩漢文獻未見,而兩漢簡帛文獻常見,而且簡帛文獻中提供了二者换算的大量資料,二者的比例爲10∶6,如《香港中文大學藏漢簡·奴婢廩食粟出入簿》131正面:"利家大奴一人,大婢一人,小婢一人,稟大石四石五斗,爲小石七石五斗,十月食。"又如:"用粟大石九石,爲小石十五石。"大石和小石的比例正好都是10∶6。陳夢家認爲"大小石之稱起於粟米的比率",按《説文·禾部》:"秏,百二十斤也。稻一秏爲粟二十升,禾黍一秏爲粟十六升大半升。"《米部》又云:

---

① 陳夢家:《關於大小石、斛》,《漢簡綴述》,中華書局1980年版,第149頁。

"糲，粟重一秅十六斗大半斗，舂爲米一斛曰糲。"二者的比例正爲10∶6。

當"石"單獨使用時，陳直認爲："居延簡凡未注明大小石者，以余考之，則皆爲小石。吏卒每人每月口糧發三石三斗三升少，恰合大石爲二石。據劉復氏推測，漢代一石，等於現今二斗，則每月總數爲四斗，此西漢屯戍吏士食量定量之可考者。""家屬之食糧，未注明大石、小石者，以理度之，亦皆爲小石。"① 而陳夢家則認爲："至於大小石，在漢簡中除分別指明大小石的外，其泛稱'石'的可以指大石，也可以指小石。"隨着諸多新材料的公佈，本文對兩漢文獻眾多用例逐一分析發現，單用"石"稱量糧食時一般指"小石"，但有時也會指"大石"，前者爲常例，後者爲例外。如《居延漢簡》27.10："十二月食三石三斗三升少。"《居延新簡》EPT5.2："第三隧卒王譚，十月食三石三斗三升少。"《額濟納漢簡》2000ES7SF1：10："令史王宗十一月食三石三斗三升少。"如陳先生所言，小石的"三石三斗三升少"是當時屯戍吏士食量之定量。又如《居延漢簡》27.4："制虜隧卒周賢：妻大女，止氏，年廿六，用穀二石一斗六升大。子使女，捐之，年八，用穀一石六斗六升大。子使男，並，年七，用穀二石一斗六升大。凡用穀六石。"家屬的定量應當少於吏卒，則顯然均爲"小石"無疑。但也有指"大石"者，但很少見，如《居延漢簡》177.10："出粟二石，虜夷胡隧長朱處六月食。"又，簡177.13："出粟二石，虜侯長楊禹六月食。"又，簡177.11："右吏八人，用粟十六石。"作爲隧長、侯長、吏卒，其定量爲"大石"之二石，即小石的三石三斗三升少。但總體來看，這種用例兩漢文獻中很罕見。

字或可書作"檐"。《呂氏春秋·異寶》："荊國之法，得五員者，爵執圭，祿萬檐，金千鎰。"高誘注："萬檐，萬石也。"畢沅校："檐與儋古通用，今作擔。"又，《九店56號墓楚簡》1："䕄二秅，䭈拚之四檐（擔）。䕄二秅又五來，䭈拚之五檐（擔）。䕄三秅，䭈拚之六檐（擔）。""檐（擔）"，楚簡中制度不詳，一說同"石"，則爲量制量詞。

"大石""小石"二詞，《漢語大詞典》《辭源》未收，當據出土文獻

---

① 陳直：《居延漢簡研究》，天津古籍出版社1986年版，第23頁。

用例補入，其來源與具體制度也應説明爲好。

斗/大斗/小斗　《説文·斗部》："斗，十升也。"但歷代計量標準不同，其具體數值也有差異。先秦文獻常見，如《莊子·胠篋》："掊斗折衡，而民不爭。"漢代"斗"也有"大斗""小斗"之别，分别與"大石""小石"配合使用，其制度也是 10∶6。如《居延漢簡》308.11："〔小〕斗五斗二升，爲大斗。"又，簡 148.17："大斗三斗三斗一升二分。"按，"小斗五斗二升"，恰好"爲大斗三斗一升二分"。《居延漢簡》273.4："餘穀小斗二斗二升。"又，簡 273.25："餘有小斗二斗。"

但與"大石""小石"不同的是，明確説明爲大小斗的用例並不多見，而是與"石"配合使用，如港大漢簡《奴婢廩食粟出入簿》131 正："君告根稟得家大奴一人，大婢一人，小婢一人，凡三人，用粟大石四石五斗，爲小石七石五斗，九月食。"顯然，前一個"斗"和"大石"配合使用則爲"大斗"，後一個"斗"和"小石"配合使用則爲"小斗"。

可見，"大斗""小斗"並非與標準量不同的"斗"，而是有具體制度的，《漢語大詞典》《辭源》等辭書中的釋義應當據以修正。

斛/大斛　《説文·斗部》："斛，十斗也。"一般用於稱量糧食。《儀禮·聘禮》："十斗曰斛。"傳世先秦文獻已常見，如《莊子·胠篋》："爲之斗斛以量之，則並與斗斛而竊之。"《韓非子·二柄》："故田常上請爵祿而行之群臣，下大斗斛而施於百姓。"但其用於實際計量的用例卻是非常罕見的，而且出土秦簡中祇用"石"，而不用"斛"。到兩漢簡帛中纔二者並行，如《居延漢簡補編》231.63："第二隊（隧）長史臨十一月食三斛。"《史記·彭越列傳》："彭越復下昌邑旁二十餘城，得穀十餘萬斛。"《漢書·高祖本紀》："關中大饑，米斛萬錢。"

按《居延漢簡》306.2："凡大斛二百五十六斛。"又，簡 77.24："爲大斛二斗六升。"可見，同量制單位"石""斗"一樣，"斛"也有大小之分，但無論出土文獻還是傳世文獻，均未見"小斛"一詞，疑"斛"單用則指"小斛"而言，故不必直言。至於其具體制度，我們推測可能和前文所述"石""斗"的大小比例一致，大斛和小斛的比例也是 10 比 6。

"觓"，斛的俗字。《龍龕手鑒·魚部》："觓，俗，正作斛。"《漢語大詞典》《辭源》未收該字,《漢語大字典・魚部》據《龍龕手鑒》收錄該字,但沒有找到書證。1951—1952 年湖南省長沙市北郊伍家嶺 201 號漢墓出土西漢晚期封檢 9 枚,其中 8 枚字跡模糊,1 枚墨書作:"魚鮓一魝。"似乎是"魚鮓"一類與"魚"相關食物的專用量制單位,故用"魚"作爲其形符,後來逐漸泛用於其他事物,而此例正可補辭書書證之闕如。

"大斛"一詞傳世文獻未見,《漢語大詞典》《辭源》均未收,當據《居延漢簡》補入。

升 《説文・斗部》:"斗,十升也。"《廣雅・釋器》:"合十曰升。"故一升爲十合,十分之一斗。傳世先秦文獻常見,如《黃帝內經・靈樞》:"以水一斗六升煮之,竭爲取三升。"《墨子・魯問》:"籍而以爲得一升粟。"出土文獻更爲常見,如《張家山漢簡・算數書》115:"以米求粟因而五之,三成一,今有米七分升六,當爲粟幾何?曰:爲粟一升七分升三。"

按,無論出土文獻還是傳世文獻,均未見大升、小升之説,但是從簡牘文獻來看,與大小石、大小斗配套使用的升,必然也是有大小量之分的。如《香港中文大學藏漢簡・奴婢廩食粟出入簿》136:"用粟大石六石二斗五升,爲小石十石四斗半象〈參〉。"簡 142:"根已稟小石卅八石三斗一參,少二百一十一石六斗,京中少大石五石八升,少半升,爲小石八石四斗七升半參。"顯然和"大石"配合使用的"升"和"小石"配合使用的"升"也是有大小之別的,二者之間的比例同樣爲 10∶6。

權威辭書《漢語大字典》《漢語大詞典》《辭源》均未分別"升"的大小制度,可據簡牘用例補入。

二 補充文獻用例

由於上古文獻資料的缺乏,尤其有關度量衡單位的文獻特別缺乏,很多度量衡單位往往衹是出現於古代字書、韻書或者文獻中的相關介紹,卻很少能夠看到實際使用的用例。秉、庾、籔三量傳世文獻可見用例,但和其他量制配合使用的情況太少,因此其具體容量制度仍有爭議;參、合、撮、㮯、龠等量傳世文獻用例罕見，權威辭書《漢語大詞典》《漢語大字典》《辭源》等往往也沒有書證，從出土文獻中可找到實際用例，從而爲辭書編纂提供確切的文獻資料作爲書證。

秉 一般認爲十六斛爲秉，合一百六十斗。《集韻·梗韻》："秉，或曰粟十六斛爲秉。"《儀禮·聘禮》："十斗曰斛，十六斗曰籔，十籔曰秉。"《論語·雍也》："冉子與之粟五秉。"何晏集解："馬曰：十六斛曰秉，五秉合爲八十斛。"又如《儀禮·聘禮》："車秉有五籔。"則一車合"二百四十斗"。

或說六斛爲秉。《周禮·考工記·陶人》："庾實二鬴。"孫詒讓《周禮正義》引孔廣森說："三斗爲鬴，六斗爲庾，十庾爲秉。秉六斛，二百四十斤。"孫詒讓認爲"孔參綜《異義》《說文》……其說甚塙"，"則一秉爲庾者十，爲斛者六，爲鬴者二十也"。

由於文獻用例少見，而且未見和其他量制單位配合使用的情況，因此其具體制度仍有待考證。若十六斛爲"秉"，則是目前所見先秦兩漢實際使用中最大的容量單位，但這個容量計量單位可能實在太大了，並不便於實際計量，因此無論在先秦兩漢出土文獻還是傳世文獻中均很罕見，如兩漢簿籍類簡帛、《走馬樓三國吳簡》都涉及到大量糧食的計量，但都沒有使用。

庾 一說二斗四升爲庾。《周禮·考工記·陶人》："庾實二鬴，厚半寸，脣寸。"孫詒讓正義注引戴震曰："量之數，斗二升曰鬴，十斗曰斛，二斗四升曰庾，十六斗曰籔。"

一說十六斗爲庾，《左傳·昭公二十六年》："粟五千庾。"杜預注："庾，十六斗，凡八千斛。"先秦兩漢傳世文獻可見，《論語·雍也》："子曰：'與之釜。'請益。曰：'與之庾。'"何晏注："包曰：十六斗曰庾。"《史記·魯世家》："申豐、汝賈許齊臣高齕、子將粟五千庾。"

一說六斗爲庾。孫詒讓《周禮正義》引孔廣森："三斗爲鬴，六斗爲庾，十庾爲秉。"

從先秦兩漢簡帛文獻中計量糧食的大量實際使用情況來看未見用"庾"，由於用例較少，而且沒有和其他量制單位配合使用的換算，因此兩說孰是孰非仍有待新材料的發現。

籔　一般認爲十六斗爲籔，《玉篇·竹部》："十六斗曰籔。"《儀禮·聘禮》："十斗曰斛，十六斗曰籔。"實際用例罕見，《儀禮·聘禮》："門外米三十車，車秉有五籔。"則一車合"二百四十斗"。籔、秉上古均屬侯部，戴震云："庾與籔，音聲相邇，傳注往往訛混。"

由於十進制的"石""斛"的通行，十六進制的"籔"無論在出土文獻還是傳世文獻中實際使用的用例均很罕見。

參　《廣雅·釋言》："參，三也。"後作"三"，上古亦往往用作分數，指"三分之一"，如《左傳·隱公元年》："大都不過參國之一。"杜預注："三分國城之一。"在秦簡中"參"已成爲固定量制單位，指"三分之一斗"，如《睡虎地秦簡·倉律》55—56："城旦之垣及它事而勞與垣等者，旦半夕參；其守署及爲它事者，參食之。"又，《司空》133："居官府公食者，男子參，女子馴（四）。"同"半石""半斗"一樣都有量具，如《睡虎地秦簡·效律》6—7："參不正，六分升一以上……貲各一盾。"

漢承秦制，量詞"參"在漢代仍然沿用。兩漢出土文獻中往往是將大石換算成小石後的餘數單位，爲三分之一斗，相當於大石的二升，如《奴婢廩食粟出入簿》151："在稟大石五石，爲小石八石三斗一參，已。"又，簡173正："服稟大石二石五斗，爲小石四石一斗二參。"據此類簡文驗算，漢代大石與小石的比例爲10∶6，一小石爲10小斗，則一大石爲16又三分之二小斗，即16小斗又二參。字亦訛作"彖"，如簡136正："三月食，用粟大石三石五斗，爲小石五石八斗一彖〈參〉。"《居延漢簡》《馬王堆帛書》中亦可見①。

但在《香港中文大學藏漢簡》中也有例外，《奴婢廩食粟出入簿》142正："根已稟小石卌八石三斗一參，少二百一十一石六斗；京中少大石五石八升少半升，爲小石八石四斗七升半參。"第一個"參"與"斗"配合使用，顯然是三分之一斗；而後一個"參"與"升"配合，則當爲三分之一升。大石五石八升少半升，即5.083大石，正合8.47165小石，可見"參"作爲量制單位所指取決於和它相配合的上位量制單位。

---

① 李建平：《秦漢簡帛中的度量衡單位"參"》，《敦煌研究》2011年第1期。

"參"作爲量制單位既有固定量制，也有量器，而權威辭書《漢語大詞典》《漢語大字典》《辭源》均未收其量制用法，當據簡牘用例補入。

合 《孫子算經》卷上："十抄爲一勺，十勺爲一合，十合爲一升。"可見一"合"爲一升的十分之一。先秦兩漢文獻多見，如劉向《説苑·辨物》："千二百黍爲一龠，十龠爲一合，十合爲一升。"《難經·四十二難》："深三寸半，大容五合。"

"合"在先秦兩漢時期是基本的量制單位，如陳夢家所言，大石、小石、大斗、小斗，都是一"合"的倍數①。到《走馬樓三國吳簡》中，"合"作爲基本量單位，用來稱量"米"等糧食作物非常常見，如《吳簡壹》1780："定領雜米一萬一千四百八十五斛八斗四升五合。"又，簡2179："其十九斛九斗二升四合嘉禾元年粢租米。"

撮 "撮"本指"三指撮"，起初多用於量中醫藥劑，後成爲固定量制單位，而且有了標準之量器。《説文·手部》："撮，四圭也。"《漢書·律曆志》"量多少者不失圭撮"顏師古注引應劭言："四圭曰撮，三指撮之也。"從出土量器來看，新莽始建國銅撮銘文"容四圭"，合今 2.07 毫升；陝西旬陽新莽銅圭正容 0.5 毫升；均與《説文》合。一説十圭爲撮。《孫子算經》上："十圭爲一撮。"而《隋書·律曆志》上引作："六粟爲圭，十圭爲秒，十秒爲撮。"

然而，先秦兩漢文獻未見實際用例，到《走馬樓三國吳簡》中用來計量"米"等糧食作物而廣泛使用，如《竹簡貳》3451："吳平斛三萬二千八百卅五斛五斗一升□合一勺二撮。"又，簡7211："集凡承餘及新入雜吳平斛米三萬三千八斛一斗五升二合八勺二撮。"斛、斗、升、合、勺均爲十進制，則勺、撮二者的進制也應當是《孫子算經》的十進制，而不是《隋書·律曆志》的百進制，且"百分之一勺"米不合情理，可見《隋書·律曆志》當爲傳抄之誤。

權威辭書《漢語大詞典》《漢語大字典》《辭源》量詞"撮"均無書證，可據吳簡補入。

帣（卷/券） 《説文·巾部》："帣，囊也。今鹽官三斛爲一帣。"

---

① 陳夢家：《關於大小石、斛》，《漢簡綴述》，中華書局1980年版，第151頁。

《集韻·僊韻》："囊有底曰桮。"可見"桮"本爲有底的囊，後借用爲量制單位，三斛爲一桮。《居延漢簡》57.20："士吏尹忠，糜一桮三斗三升，自取。又二月食糜一桮三斗三升，卒陳襄取。"按，吏卒定量爲小石之三石三斗三升，則這裡的"桮"爲三"小石（斛）"。

字或書作"卷""券"，如《居延漢簡》57.19："卒陳偃，粟一卷（桮）三斗三升。"《敦煌漢簡》1227："入粟小石二百五十石，多券（桮）八十三枚者，一石。十二月庚戌，使敦煌倉長就車六兩。"何雙全《敦煌新出簡牘輯録》中據圖版改釋作："入粟小石二百五十石，爲券八十三枚奇一石。十二月庚戌，受敦煌倉長都車六兩。"①"入粟小石二百五十石，爲券八十三枚奇一石"意爲："收入粟小石二百五十石，裝爲八十三桮，還多出一石。"②

值得注意的是，漢代還有容"五石"之"桮"，如《居延新簡》EPT53.144："五石券卌二券；三石券十四券。"這是以前傳世文獻研究所未見的，而且容"五石"之"桮"簡帛文獻中也很罕見，先秦兩漢魏晉簡帛文獻僅此一例而已。

權威辭書《漢語大詞典》《漢語大字典》《辭源》都衹引《説文》，而無書證，且無容"五石"之制度，可據漢簡用例補。

龠　《廣雅·釋器》："龠二曰合，合十曰升。"則一"龠"爲二分之一合，二十分之一升。劉向《説苑·辨物》云："千二百黍爲一龠，十龠爲一合。"向宗魯校證認爲："'十'字誤。《漢志》'合龠爲合。'《廣雅·釋器》：'二龠爲合。'則合龠者，合二龠也。《漢志》'合龠'，亦或誤爲'十龠'。"

由於"龠"在傳世文獻中罕見用例，以致吳承洛認爲："龠之名衹有其制，並不見於實用。"③ 其實，在兩漢簡帛文獻中，經常可以看到實際使用的例子，如《居延漢簡》268.12："出鹽二升九龠。"又，簡146.56："升二龠。"又如《居延新簡》EPT50.29："永始三年，計餘鹽

---

① 何雙全：《敦煌新出簡牘輯録》，《簡帛研究》第1輯，法律出版社1993年版，第221—235頁。
② 李建平：《漢代"桮"之制度補正》，《農業考古》2010年第1期。
③ 吳承洛：《中國度量衡史》，商務印書館1993年版，第103頁。

五千四百一石四斗三龠。"從出土實物來看，有西漢有"大半龠"銅量，且自銘"大半龠"；按《漢書·律曆志》載新莽銅嘉量"右耳爲合、龠"；東漢容"一龠"量器多見，惜未見自銘。然而即使兩漢簡帛文獻亦很罕見，《走馬樓三國吳簡》大量糧食計量記錄亦未見使用。

從漢簡中的用例來看，"龠"一般並非稱量糧食，而是用來量"鹽"的，我們推測與秦漢食鹽定量制度有關，按《張家山漢簡·二年律令》233："車大夫醬四分升一，鹽及從者人各廿二分升一。"二十二分之一升，約爲一龠。又，《睡虎地秦簡·秦律十八種》182："上造以下到官佐、史毋爵者，及卜、史、司御、寺（侍）、府，精（糲）米一斗，有采（菜）羹，鹽廿二分升二。""廿二分升二"約爲兩龠，但秦簡中未見用"龠"稱量者，而是見於漢簡。

權威辭書《漢語大詞典》《漢語大字典》《辭源》均無書證，當據漢簡用例補入。

盆 容十二斗八升。《周禮·考工記·陶人》："盆，實二鬴。"鄭玄注："量六斗四升曰鬴。"則一盆當爲十二斗八升。《荀子·富國》："瓜桃棗李，一本數以盆鼓。"楊倞注："鼓，量也。數以盆鼓，謂數度以盆量之也。"又如《墨子·貴義》："曰：'待女以千盆。授我五百盆，故去之也。'子墨子曰：'授子過千盆，則子去之乎？'"

也有學者以爲這裡的"盆"都祇是容器名，並非嚴格的量制單位，我們認爲"盆"作爲衡量俸禄的單位，應當是有固定的量器和量制的。

三 增補實際用例

由於先秦兩漢文獻資料的缺乏，很多量制單位祇在辭書或律曆志等文獻有相關制度介紹，甚至有出土量器實物，而很少看到實際使用的用例，因此其具體制度的考證也更爲困難些。

桶（甬） 爲一種方形斛，《廣雅·釋器》："方斛謂之桶。"《逸周書·月令》："日夜分，則同度量，鈞衡石，角斗桶，正權概。"《史記·商鞅列傳》："平斗桶，權衡丈尺。"字或作"甬"，《睡虎地秦簡·效律》3—4："甬（桶）不正，二升以上，貲一甲；不盈二升到一升，貲一盾。"

整理者認爲每桶合"十斗，一百升"。《禮記·月令》"角斗甬"鄭玄注："甬，今斛也。"清顧炎武《日知錄》卷十一："歐陽公《集古錄》有'谷口銅甬'，始元四年左馮翊造。其銘曰：'谷口銅甬，容十斗，重四十斤。'以今權量校之，容三斗，重十五斤。"宋代三斗，正合漢代十斗。

一説合"六斗"。《説文·木部》："桶，木方，受六升。"段玉裁注："疑當作方斛，受六斗。"按段注，每桶當爲六十升。從《睡虎地秦簡》用例來看，若一"桶"容量爲"六升"，則其作爲量器製作之時的誤差不可能有"二升"之多，故段玉裁説無疑是正確的。

按，雖然文獻實際使用用例罕見，但"桶（甬）"容量與"斛（石）"同，而"斛（石）"有大小之別，我們推測可能"桶（甬）"也有大小之別，"大桶（甬）"合十斗，"小桶（甬）"合六斗。鄭玄注所言爲"大桶（甬）"，而《説文》爲"小桶（甬）"。權威辭書《漢語大詞典》《漢語大字典》《辭源》均未説明其具體大小制度，可據之補入。

筲 一斗二升爲筲，或説容一斗，或説容五升，或説容三升。《儀禮·既夕禮》："苞二筲三。"鄭玄注："筲，畚種類，其容蓋與篚同，一穀也。"賈公彦疏："穀受斗二升。"《論語·子路》："斗筲之人，何足算也。"何晏集解引漢鄭玄曰："筲，竹器，容斗二升。"《漢書》"斗筲之人"顏師古注："筲，竹器也，容一斗。"吕忱《字林》説容五升，而《續漢書·禮儀志》："筲八盛，容三升。"各家之説皆有別，可能是因爲不同時代不同地域其制度不同。

"斗筲"一詞，後世常用，然而先秦兩漢文獻中卻未見"筲"作爲容量單位實際使用的用例，亦未見相關出土實物及其銘文證明。

圭 《説文·手部》："撮，四圭也。"《漢書·律曆志》："量多少者不失圭撮。"顏師古注引應劭曰："四圭曰撮，三指撮之也。"新莽始建國銅撮自銘"容四圭"，容2.07毫升；陝西旬陽新莽銅圭容0.5毫升；皆與《説文》合。但《孫子算經》云："六粟爲一圭，十圭爲一撮。"則一圭爲一撮的十分之一。然而先秦兩漢罕見實際用例。而"圭"又可用作衡制量詞，爲二百四十分之一兩，《後漢書·律曆志上》"量有輕重"李賢注引《説苑》："十粟重一圭，十圭重一銖，二十四銖重一兩。"

鬲 古代量器，容一斗二升。《説文·鬲部》："鬲，鼎屬。實五觳，斗二升曰䴼。"又,《周禮·考工記·瓬人》:"瓬人爲簋,實一䴼,崇尺,厚半寸,唇寸。豆,實三而成䴼,崇尺。"按,四升爲豆,三豆爲䴼,則一䴼爲一斗二升,與《説文》所言一致。又,《陶人》:"鬲,實五䴼,厚半寸,唇寸。庾,實二䴼,厚半寸,唇寸。"

按,"䴼"之制度本無疑,然而權威辭書釋義卻有分歧。《漢語大字典》認爲容"一斗二升",而《漢語大詞典》《辭源》則認爲通"斛",則容"十斗"。細審文獻,後者均爲採用了鄭玄《周禮注》引鄭司農(筆者按:鄭眾)説。《周禮·陶人》"鬲實五䴼"鄭玄注:"鄭司農云:'䴼讀爲斛'。"楊樹達《積微居小學述林·説文讀若探源》:"《説文》鬲字下云:'斗二升曰䴼',此亦假䴼爲斛。蓋以音讀相同,漢世尚通作也。"而《辭源》又誤以鄭眾説爲鄭玄説。其實,鄭玄已經指出鄭眾注的問題:"玄謂豆實三而成䴼,則䴼受斗二升。"而段玉裁則認爲鄭眾説:"似傳寫之誤,'讀爲斛'當本是'或爲斛'。"孫詒讓正義:"段校是也。此疊異文,非改讀其字也。""䴼"與"斛"雖然讀音相同,但是其容量制度並不相同,一䴼爲一斗二升,而一斛爲十斗,相差甚遠。而且從漢代文獻來看,無論在傳世文獻還是出土文獻中,"䴼"的實際使用用例很罕見,漢代二者也並非如楊樹達所説可以通用。可見,《漢語大詞典》《辭源》釋義當據孫詒讓正義修正之。

缶 作爲容量單位,合四斛,即四十斗。《國語·魯語下》:"其歲收,田一井出稷禾、秉芻、缶米,不是過也。"《小爾雅·廣量》:"釜二有半謂之籔,籔二有半謂之缶,缶二謂之鐘。"宋咸注:"缶,四斛也。"一釜爲六斗四升,則一缶合四十斗,即四斛。

一説爲三十二斗。此説基於對《小爾雅》此文的理解有異,胡承珙義證:"此'有半'二字疑衍。十六斗曰籔,二籔爲三斛有二斗,二缶則六斛有四斗,正與鐘數合……《御覽》八百三十引作'籔二謂之缶'是也。"胡氏認爲若一缶爲四斛,則一鐘爲八斛,與一鐘合六斛四斗的制度不合,故認爲"有半"爲衍文。但是王煦疏中已經指出:"是鐘爲八斛,據齊之新量而言也。蓋舉舊量而不舉新量則義有未備,新舊兼舉則文複太繁,故於豆、區、釜存舊量之數,於鐘別新量之數,錯舉以見義也。"楊琳今注:"胡氏所引《御覽》不知爲何版本,中華書局 1960 年影印影宋本作'籔謂之缶'。"而且"宋咸注缶爲'四斛也',知宋咸所見本即作'籔二有半謂之缶','有半'非衍文。"① 可見,三十二斗説在没有足夠的文獻材料支持的情況下逕改《小爾雅》文,並不合理。

一説爲十六斗。《國語》韋昭注:"缶,庾也。《聘禮》曰:'十六斗曰庾。'"清代學者孫詒讓已經指出韋昭注混淆了缶、庾,"殆必不可通"。宋翔鳳訓纂云:"況一井八百畝之田,而僅出米十六斗,亦太少,當以四斛爲是。"②

按,今權威辭書《漢語大字典》存十六斗、三十二斗兩説;《漢語大詞典》僅三十二斗一説;《辭源》則認爲:"等於十六斗;一説等於四斛。"十六斗之説,古今學者多以爲不通,辭書不當收入;三十二斗説雖基於改字,亦可備一説;四斛説有《小爾雅》記載,最爲可信。

四 待考特殊量詞

豆、區、釜、鐘四量,按《左傳·昭公三年》:"齊舊四量,豆、區、釜、鐘。四升爲豆,各自其四,以登於釜,釜十則鐘。"均爲姜齊所用之量,後田氏家量改制,《左傳》晏子語:"陳氏三量皆登一焉,鐘乃大矣。"然而,改制後在四量中哪三量"登一",則仍有爭議。限於篇幅,對其發展與具體容量制度,筆者將另文專論,本文暫不展開。

豆 四升爲一豆,《儀禮·士喪禮》:"稻米一豆實於筐。"鄭玄注:"豆,四升。"按,豆本爲古代食器,《説文·豆部》:"豆,古食肉器也。"後來借用爲容量單位,《小爾雅·度量》:"一手之盛謂之溢,兩手謂之掬,掬四謂之豆,豆四謂之區。"

區 四豆爲一區,合十六升。如《韓非子·外儲説右上》:"夫田成氏甚得齊民,其於民也,上之請爵禄行諸大臣,下之私大斗斛區釜以出貸,小斗斛區釜以收之。"

釜/鬴 四區爲一釜,合六斗四升。《左傳》杜預注:"四區爲釜,釜

---

① 楊琳:《小爾雅今注》,漢語大詞典出版社2002年版,第259頁。
② 楊琳:《小爾雅今注》,漢語大詞典出版社2002年版,第259頁。

六斗四升。"按國家博物館藏戰國齊子禾子銅釜容20460毫升，上海博物館藏戰國齊陳純銅釜容20580毫升。① 《論語·雍也》："子華使於齊，冉子爲其母請粟。子曰：'與之釜。'"

字或作"鬴"，《周禮·考工記·㮚氏》："量之以爲鬴，深尺，內方尺，而圜其外，其實一鬴。"鄭玄注："以其容爲之名也……鬴，六斗四升也。"

鐘 六斛四斗爲鐘，亦有合"八斛"或"十斛"之制度。《左傳》杜預注："（鐘）六斛四斗。"先秦文獻多指俸祿，如《戰國策·齊策四》："今先生設爲不宦，訾養千鐘。"《莊子·寓言》："後仕，三千鐘不洎。"《晏子春秋·內篇諫上》："景公燕賞於國內，萬鐘者三，千鐘者五。""鐘"稱量俸祿多爲虛指，秦漢簡帛文獻計量吏卒食糧時也是基本不用的。

按，《左傳》晏子説田氏家量豆、區、釜各登其一仍有爭議②，杜預注："以五升爲豆，四斗爲區，四區爲釜，則區二斗，釜八斗，鐘八斛。"孫詒讓《左傳新舊量義》："當以四升爲豆不加，而加五豆爲區，則二斗，五區爲釜，則一斛，積至鐘則十斛，所謂'三量皆登一'者，謂四量唯豆不加，故登者至三量，而鐘亦在三量中也。"又，權威辭書《漢語大詞典》《漢語大字典》《辭源》僅收録"姜齊"舊量，忽略了"田齊"新量，當收入更爲全面。

此外，上古時期容器在製作的時候往往有一定的大小制度，因此也可以借來表示容量，如"匜"，《説文》："匜甌，器也。"而《玉篇》："匜，器，受十六斗。"但是文獻中並未見實際用例。也有出土的一些出土量器，如齊國的"鉶"（容十升）、楚國的"筲"（容五升）等，無論傳世文獻還是出土文獻均未見實際實用的情況，此不贅述。

正如吳承洛所言："量制之興爲最早，量法之名亦最爲複雜。"③ 近年來大量出土先秦兩漢文獻的陸續出土並公佈，爲上古歷史、語言、文化的研究提供了大量嶄新的資料，綜合利用出土文獻與傳世文獻的"二重證據法"，方有助於諸學科研究的進一步拓展與深入。

---

① 國家計量總局、中國歷史博物館編：《中國古代度量衡圖集》，文物出版社1984年版，第41頁。

② 邱光明：《中國歷代度量衡考》，科學出版社1992年版，第139頁。

③ 吳承洛：《中國度量衡史》，商務印書館1993年版，第100頁。

漢語量詞史料補研究

漢語詞彙史視域的大型辭書量詞斠議*

量詞豐富是漢語乃至漢藏語系、南亞語系諸多量詞語言的重要特點，因此，量詞研究一直是漢語研究的重點和熱點課題之一。對於漢語量詞發展史研究來說，厘清每一個量詞產生的時代和語源對於漢語歷史詞彙學研究具有重要學術價值和意義，既是進一步語法化動因與機制研究的基礎，也可以爲權威辭書的編纂和修訂提供借鑒。《漢語大詞典》與《漢語大字典》（第二版）都是集國內諸多語言學和辭書學學者多年之力編纂而成①，全面搜集整理古今文獻資料，源流並重，對字詞的起源、發展和演變作了全面科學的歷史總結，反映了當前大型辭書編纂的最高水準。但正如著名辭書學家趙振鐸先生所言："大型字典在編纂完成以後都應考慮它的修訂工作。修訂工作可使字典能夠在使用過程中不斷發現不足，不斷改進內容，以更臻完善。這也就是有些字典有生命力的原因。"② 基於漢語量詞發展史的研究，對於大型辭書可以訂補量詞釋義、增補量詞義項、提前量詞始見書等，從而進一步提高辭書釋義的準確性和科學性。

---

* 本文原刊於《現代語文》2021年第2期。爲國家社科基金冷門絕學專項項目"走馬樓三國吳簡匯校集釋、字詞全編與數據庫建設"（20VJXG045）、山東省社科規劃重點項目"現代漢語量詞系統的生成、演化及其當代發展新趨勢研究"（20BYYJ03）、山東省青創科技團隊支持項目"出土文獻與古文字研究創新團隊"（2020RWC003）、山東省研究生教改項目"語言文獻類研究生課程思政建設研究（SDYJG21102）"階段性成果之一。曲阜師範大學劉富偉先生校讀全文，多予指正，謹致謝忱。

① 羅竹風：《漢語大詞典》，漢語大詞典出版社1990—1993年；漢語大字典編纂委員會：《漢語大字典》（第二版），四川辭書出版社，崇文書局，2010年。辭書所有引文均出部首，不出頁碼。

② 趙振鐸：《字典論》，上海辭書出版社2012年版，第236頁。

一　訂補量詞釋義

　　大型辭書的編纂和修訂，是一個長期的艱巨工作。"準確性是語文詞典釋義的基本要求和核心要素"①，由於諸多方面的原因，大型權威辭書對部分量詞的釋義還存在一些不盡妥帖之處，需要進一步修訂或補充說明以增強其準確性和科學性；在漢語量詞史的研究中，可以發現諸多此類的問題。

　　1. 輪

　　《漢語大詞典·車部》："量詞。輛。用以計車數。"《漢語大字典·車部》："量詞。輛。"書證均引《南史·賊臣傳》："景造諸攻具及飛樓、橦車、登城車、鉤堞車、階道車、火車，並高數丈，車至二十輪，陳於陣前。"

　　按：細審文意，其實"車二十輪"並非車十輛，而是一輛車達到二十個輪子，形容車之大，《梁書·侯景傳》中則明確有數詞"一"作"一車至二十輪"，文意甚明。

　　2. 屬

　　《漢語大詞典·尸部》《漢語大字典·尸部》："量詞。特指成套的鎧甲。"書證引《周禮·考工記·函人》："函人爲甲，犀甲七屬，兕甲六屬，合甲五屬。"又，《漢書·刑法志》："魏氏武卒，衣三屬之甲。"

　　按："屬"並非量詞，二辭書所引《周禮·考工記·函人》鄭玄注已闡明："屬……謂上旅下旅札續之數也。"如此解釋可能將"旅"誤解爲軍隊編制單位，其實這裡的"旅"即鎧甲之義，如"上旅"可以指鎧甲的上衣，《周禮·考工記·函人》："凡爲甲，必先爲容，然後制革。權其上旅與其下旅，而重若一。"漢鄭玄注引鄭眾曰："上旅謂要（腰）以上，下旅謂要（腰）以下。"唐賈公彥疏曰："上旅，腰以上，謂衣也。下旅，腰以下，謂裳也。"而"屬"爲連綴之義，《説文·尾部》："屬，連也。"犀甲七屬，指的是"甲的上衣、下裳（即上旅、下旅）均由七札甲片連

---

① 朱城：《〈漢語大字典〉釋義論稿》，暨南大學出版社2015年版，第31頁。

綴而成",甲片越少越堅固,因此《周禮·考工記·函人》下文有:"犀甲壽百年,兕甲壽二百年,合甲壽三百年。"但所謂積非成是,隋唐以後文獻反而偶見"屬"用作量詞者。

3. 闔

《漢語大字典·門部》:"量詞。層(用於花)。"書證爲《齊民要術·芭蕉》引《南方異物志》文:"(甘蕉)實隨華長,每華一闔,各有六子。"

按:其他文獻未見此量詞用例。今本《南方草木狀·卷上·甘蕉》:"甘蕉……實隨華長,每華一闔,各有六子,先後相次。子不俱生,花不俱落。"石聲漢譯注未對此詞進行解釋,但將此翻譯爲:"每一層花,都有六個果實,先後依次序開放。"①《漢語大字典》釋義或據石先生注而來;細審文意,"闔"應當是其常用義動詞"閉合","每華一闔"意思是"每一花閉合後",清李調元《南越筆記》卷十四"芭蕉"記載:"每一花開,必三四月乃闔。一花闔,成十餘子,十花則成百餘子。大小各爲房,隨花而長,長至五六寸許。先後相次,兩兩相抱。其子不俱生,花不俱落。""每一花開"與"一花闔"相對而言,則"闔"顯然爲動詞"閉合",與動詞"開"相對。

4. 角

《漢語大詞典·角部》:"量詞。牛一頭稱一角。明宋濂《鳳陽單氏先塋碑銘》:'上閔其勞,從之,贈田三千畝,牛七十角。'"

按:一牛有兩角,"牛七十角"當指三十五頭牛。而且量詞"角"隋唐五代已見,如元稹《田家詞》:"歸來攸得牛兩角,重鑄鋤犁作斤劚。"牛兩角,即牛一頭,而非牛兩頭。《漢語大字典·角部》該條未收個體量詞的用法,其實唐代以後文獻較爲多見,當補。

《漢語大字典·角部》:"量詞。飲料或土地的計量單位。"書證爲司空圖《力疾山下吳村看杏花十九首》之十一:"客來須共醒醒看,碾盡明昌幾角茶。"

按:"角"並非用於飲料,是一種貯茶器,而不是飲茶器。又,"文

---

① 賈思勰著,石聲漢譯注:《齊民要術》,中華書局 2015 年版,第 1282 頁。

書的件數"義項始見書引《紅樓夢》和《官場現形記》，時代過晚；其實隋唐五代文獻該用法已見，如段成式《與溫庭筠雲藍紙絕句（並序）》："予有雜箋數角，多抽揀與人，既玩之輕明，復用殊麻滑。"

5. 科

《漢語大詞典・禾部》："用同'棵'。量詞。用於植物。"書證引北魏賈思勰《齊民要術・種穀》："凡五穀唯小鋤爲良，良田，率一尺留一科。"

按：量詞"科"爲叢簇狀量詞，用於稱量草本植物，相當於"棄"或"叢"；而量詞"棵"則不同，多用於木本植物；而且，魏晉南北朝時期個體量詞"棵"還未產生。

6. 楹

《漢語大字典・木部》"楹"量詞義引《正字通・木部》："楹，量度屋數亦曰楹，一列爲一楹。"《漢語大詞典・木部》亦本此義，但略有變通："量詞。房屋計量單位。屋一列或一間爲一楹。"書證均引《新唐書・隱逸傳・陸龜蒙》："（陸龜蒙）有田數百畝，屋三十楹。"

按：《新唐書・隱逸傳・陸龜蒙》下文爲："田苦下，雨潦則與江通，故常苦饑。"細審文意，是指其經濟條件之差，其中的"屋三十楹"顯然當指房子三十間，而非三十列。

7. 枝

《漢語大字典・木部》："用於帶枝、杆之物。"《漢語大字典・木部》："用於竹木、花草的枝條。"南朝梁費昶《華光省中夜聞城外擣衣詩》："衣熏百和屑，鬢插九枝花。"

按："九枝花"的所指可能還有爭議，《漢語大詞典》"九枝花"條釋義："古代婦女的一種頭飾。"書證亦引此例，周錫保認爲："描述插金釵之多，也是這時插帶的特點。"[①] "九枝"在魏晉南北朝時期多指一幹九枝的燈，或泛指一幹多枝的燈，如南朝梁沈約《傷美人賦》："拂螭雲之高帳，陳九枝之華燭。"因此在該時期"枝"應當是名詞，如魏繆襲《神芝贊》："別爲三幹，分爲九枝。"

---

① 周錫保：《中國古代服飾史》，中央編譯出版社2011年版，第166頁。

8. 帙

《漢語大詞典·巾部》"帙"條："量詞。多用於裝套的線裝書。"書證爲《南史·隱逸傳上·孔淳之》："茅屋蓬户，庭草蕪徑，唯床上有數帙書。"

按：《漢語大詞典》特別強調"線裝書"之函套，不知何據；線裝書的產生當晚至宋代（或說唐末），而量詞"帙"早在魏晉南北朝時期已經產生，顯然《漢語大詞典》釋義所言不確。

9. 幢

該字有兩讀，《廣韻》一爲直絳切，可以用作稱量建築物或其它矗立事物的量詞，現代漢語仍常見；一爲宅江切，《漢語大詞典·巾部》："軍隊編制名。參見'幢校''幢將'。"《漢語大字典·巾部》："古代軍隊編制單位。百人爲幢。《資治通鑒·宋文帝元嘉七年》：'加散騎常侍、右衛將軍，領内都幢將。'胡三省注：'百人爲幢，幢有帥。'"

按：幢本是一種旌旗，古代常常用於軍事指揮、儀仗行列、舞蹈表演等，因古代軍營中皆有主帥之旗，故南北朝武將又有"幢主""幢將"之稱，後來成爲武官職位名，負責宿衛或統兵，如《宋書·竟陵王誕傳》："誕幢主公孫安期率兵隊出降。"因此可以用於稱量軍營的量詞，其編制是不固定的，如《宋書·索虜傳》："城内有虜一幢，馬步可五百，登城望知泰之無後繼，又有別帥巨鹿公余嵩自虎牢至，因引出擊泰之。"其中"一幢"包括步兵騎兵共五百人，亦可見其編制並不是固定的。

10. 緣

《漢語大詞典·糸部》："量詞。多用於衣服、袈裟。"書證爲南朝梁簡文帝《謝敕賚納袈裟啓》之二："蒙賚鬱泥納袈裟一緣。"《漢語大字典·糸部》未收量詞義。

按：量詞"緣"並不能用於稱量普通的衣服，祇能用於袈裟，因爲普通的衣物已經有專用量詞"領"，但袈裟形制特殊，沒有領子，因此使用了新的量詞。《說文·糸部》："緣，衣純也。從糸，象聲。"清段玉裁注："緣者，沿其邊而飾之也。"本義是裝飾的衣服邊，由此語法化爲量詞，專用於量"袈裟"。

二　增補量詞新成員

通過對漢語量詞發展史的全面整理與考察，可以發現無論出土文獻還是傳世文獻中很多量詞爲此前所未見，既包括狹義上的新發現之量詞，即該詞作爲量詞此前未見，辭書無量詞義項；也包括廣義上的新發現之量詞，即該詞的某一量詞義項此前未見，辭書未收錄該用法。特別是部分量詞在漢語史中衹在特定時代的特定文獻中使用，又迅速消亡，未能獲得進一步語法化，因此没有受到學界關注，但確實在詞彙史上曾經出現。毛遠明先生説："《漢語大字典》《漢語大詞典》這樣古今兼收、源流並重的辭書，義項尤當以完備爲佳。"① 根據大型歷時辭書的收詞原則應收而失收之詞或義項，也當加强研究。

1. 幡

《漢語大詞典·巾部》《漢語大字典·巾部》均無量詞義。

按：魏晉南北朝時期"幡"可以用作稱量盾牌、席子的個體量詞，如《魏書·蠕蠕傳》："阿那瓖等拜辭，詔賜阿那瓖細明光人馬鎧二具，……赤漆盾六幡並刀，黑漆盾六幡並刀。"又，劉捐《奏劾韋朗》："風聞前廣州刺史韋朗，蒞任虐法，暴濁是彰，於州所造鏤銀鉿二枚，朱牙楯三十幡，朱畫青綾盾三十五幡，犀皮鎧六領。"量詞"幡"的語源，劉世儒認爲未詳待考，"或説就是'旛'的假借字，作爲徽號的。來源上同'幢'是一路"②，但晚至魏晉南北朝時期盾牌中少有用徽號作爲裝飾的，我們推測可能當時的"漆楯"和"幡"共同具有花紋裝飾、且有平面的特徵，因此基於隱喻而語法化爲稱量"楯"的量詞。又可用於稱量"竹席"，僅一見，東晉《潘氏衣物券》："故細笙一幡。"按何山説："細笙可能是一種小的竹席，屬於日常生活用品。"③ 雖然僅此一例，但由於出土文獻的真實性，可見量詞"幡"並非專用於"楯"。量詞"幡"產

---

①　毛遠明：《語文辭書補正》，巴蜀書社 2002 年版，第 19 頁。
②　劉世儒：《魏晉南北朝量詞研究》，中華書局 1965 年版，第 188 頁。
③　何山：《詞語劄記兩題》，《中國語文》2009 年第 5 期。

生後使用頻率很低，而且很快就消亡了，可能也與其語源不明、認知特徵無法突顯有關，後世文人作品偶爾可見用例，當爲仿古而已。

2. 梁

《漢語大詞典·木部》《漢語大字典·木部》均未收量詞義。

按：魏晉南北朝以後，可以用作稱量房子的個體量詞，相當於"間"，如《幽明錄》："從城西門入，見官府舍，有二重黑門；數十梁瓦屋，男女當五六十，主吏著皁單衫。"又："復見七八十梁間瓦屋，夾道種槐，云名'福舍'。"按鄭晚晴注所言，後兩例中的"間"當爲衍文："梁，量詞，一梁猶一棟。"①疑"間"爲抄本注文誤入正文，一梁並非一棟，而是一間；普通房子多以一梁爲一間，至今仍如此。

3. 顔

《漢語大詞典·頁部》《漢語大字典·頁部》均未收量詞義。

按：吐魯番出土文書中常常可以用作稱量帽子、面巾類事物的量詞，如吐魯番文書《高昌延昌七年（567年）牛辰英隨葬衣物疏》："右面衣一顔。"吐魯番文書《高昌延昌十六年（576年）信女某甲隨葬衣物疏》："尖一顔。"

4. 會

《漢語大詞典·日部》僅收動量詞義："猶回、遍。"《漢語大字典·日部》則未收量詞義。

按：南北朝以後可以用作稱量佛像等的集合量詞，如北齊《李磨侯造像記》："唯大齊天統三年四月十日，佛弟子李磨侯敬造鎮池寺一所，石佛象釋迦一會以報。"《廣雅·釋詁》："會，聚也。"劉世儒認爲："佛家常用來量衆多的'佛像'（佛家有時把'極樂世界'叫作'靈山會'，'會'用作量詞可能就是由此引申），這是'自然稱量法'。"② 從佛教文獻來看這種解釋似乎過於迂曲，因爲"會"在漢譯佛經中往往就是"會聚"義，如沈約《述僧設會論》："今世召請衆僧，止設一會……今之請僧一會，既可仿像行乞。"

---

① 劉義慶著，鄭晚晴輯注：《幽明錄》，北京文化藝術出版社1988年版，第172頁。
② 劉世儒：《魏晉南北朝量詞研究》，中華書局1965年版，第198頁。

5. 懸

《漢語大詞典・心部》《漢語大字典・心部》僅收個體量詞義，書證均引清王士禛《池北偶談・談故四・荷蘭貢物》："大自鳴鐘一座，大琉璃燈一圓，聚耀燭臺一懸。"

按："懸"還可以用作集合量詞，如《魏書・樂志》："一懸十九鐘，十二懸二百二十八鐘，八十四律。……漢成帝時，犍爲郡於水濱得古磬十六枚獻呈，漢以爲瑞，復依《禮圖》編懸十六。去正始中，徐州薛城送玉磬十六枚，亦是一懸之器。檢太樂所用鐘、磬，各一懸十四，不知何據。"

6. 抱

《漢語大詞典・手部》《漢語大字典・手部》均祇收錄了"兩臂合圍的度量"之量詞義。

按："抱"還可以用作集合量詞，表示雙臂合圍所抱持之量，如姚秦佛陀耶舍共竺佛念等譯《四分律》卷一："楊枝者，若一，若兩，若眾多，若一把，若一束，若一抱，若一擔。"

7. 貫

《漢語大詞典・貝部》《漢語大字典・貝部》都祇收錄"千錢一貫"的貨幣量詞用法。

按：用作稱量繩子穿連之物的不定指集合量詞，魏晉南北朝以後多見，如《魏書・趙柔傳》："柔嘗在路得人所遺金珠一貫，價直數百縑，柔呼主還之。"《齊民要術・造神麴並酒》："三七日，以麻繩穿之，五十餅爲一貫，懸着户内，開户，勿令見日。"

8. 頭

《漢語大詞典・頁部》《漢語大字典・頁部》均收錄了多種量詞用法，但無集合量詞用法。

按：南北朝以後可以用作集合量詞，《齊民要術・種紫草》："收草宜並手力，速竟爲良，遭雨則損草也。一扼隨以茅結之，擘葛彌善。四扼爲一頭，當日即斬齊，顛倒十重許爲長行，置堅平之地，以板石鎮之令扁。"按《四時纂要・三月》引《齊民要術》中"扼"即作"把"，按汪維輝説："一頭：四把集合在一起，大端在上，小端在下，紮好，是爲

'一頭'。'一把''一頭',現今還是群眾紮束收穫物的通語。"①

9. 子

《漢語大詞典·子部》收集合量詞義:"用於能用手指掐住的一束細長的東西。"《漢語大字典·子部》與之類似,書證均引《敦煌變文集·漢將王陵變》:"若借大王寶劍,卸下一子頭髮,封在書中,兒見頭髮,星夜倍程入楚救母。"

按:魏晉南北朝時期還可以用作稱量顆粒狀事物的個體量詞,《全陳文》引南朝梁毛喜文:"今奉寄箋香二片,熏陸香二斤,檳榔三百子,不能得多,示表心,勿責也。"又,晉葛洪《肘後備急方》卷五:"用真麝香一子於頭邊。"

10. 舳

《漢語大詞典·舟部》未收量詞義,《漢語大字典·舟部》:"漢朝船隻計量單位,每一方丈爲一舳艫。"

按:舳艫用作面積單位歷代文獻未見,《説文·舟部》:"舳,舳艫也。從舟,由聲。漢律名船方長爲舳艫。一曰船尾。"清段玉裁注:"長當作丈,《史》《漢》貨殖傳皆曰:'船長千丈。'注者謂總積其丈數,蓋漢時計船以丈,每方丈爲一舳艫也。此釋舳艫之謂,二字不分析者也。下文分釋謂船尾舳、謂船頭艫,此分析者也。"其實,南北朝時期往往可以用作個體量詞,稱量船隻,如南朝梁王褒《上庸公陸騰勒功碑》:"長戟萬隊,巨艦千舳。"字又可作"軸",通"舳",如南朝宋柳元景《討臧質等檄》:"八彎搖響,五牛舒斾。千乘雷動,萬軸雲回。"南朝陳徐陵《與王僧辯書》:"樓舡萬軸,還系昆明,胡馬千群,皆輸長樂。"

11. 首盧

《漢語大詞典》"首"下未收該詞。

按:"首盧"是梵語 Sloka 的音譯,又譯作首盧迦、首盧柯、輸盧迦波、室路迦、室盧迦等,是計算經論文字的專用集合量詞,三十二字爲一首盧。按《玄應音義》:"首盧,亦名室路迦;或言輸盧迦波,印度數經皆以三十二字爲一輸盧迦;或名伽陀。"東漢譯經未見用例,是魏晉南

---

① 汪維輝:《〈齊民要術〉詞彙語法研究》,上海教育出版社 2007 年版,第 126 頁。

北朝時期新興的集合量詞，如《出三藏記集·卷十》："以三月五日出，至七月十三日乃訖，胡本十二千首盧也。"東晉釋道安《摩訶缽羅若波羅蜜經鈔序》："其國師字鳩摩羅跋提，獻梵天品一部，四百二牒言二十千首盧，首盧三十二字，梵數經法也。即審數之，就十七千二百六十首盧，殘二十七字，都並五十五萬二千四百七十五字。"

三　提前量詞始見書

對於大型歷時辭書來說，探源非常重要，王力《新訓詁學》說："我們對於每一個語義，都應該研究它在何時產生，何時死亡。雖然古今書籍有限，不能十分確定某一個語義必系產生在它首次出現的書的著作時代，但至少我們可以斷定它的出世不晚於某時期。"① 但趙振鐸先生說："揭示語源，難度很大。……一個詞義到底什麼時候見於文獻，說起來簡單，要真正落實還很不容易。要從浩如煙海的文獻裡去找某個詞義的始見書，的確無異大海撈針。"② 在量詞史研究中，力圖對每一個量詞追源溯流，找到每一義項的始見書，可以爲大型辭書的編纂和修訂提供真實可靠的資料。

1. 粒

《漢語大詞典·米部》量詞義始見書引唐鄭遨《傷農》詩，《漢語大字典·米部》則引唐李紳《古風二首》之一。

按：量詞"粒"魏晉已見，如《高僧傳·義解》："（釋曇翼）刺史毛璩深重之爲設中食躬自瞻奉，見翼於飯中得一粒穀先取食之，璩密以敬異。"又，《肘後備急方》卷五："以葵菜子一粒，新汲水吞下，須臾即破。如要兩處破，服兩粒，要破處，逐粒加之，驗。"

2. 珠

《漢語大詞典·王部》量詞義書證爲郭沫若《屈原》第三幕，《漢語大字典·王部》未收量詞義。

---

① 王力：《新訓詁學》，《王力文集》第 19 卷，山東教育出版社 1990 年版，第 173 頁。
② 趙振鐸：《辭書學綱要》，四川辭書出版社 1998 年版，第 134 頁。

按：魏晉文獻已見，如《齊民要術·煮膠》："候皮爛熟，以匕瀝汁，看末後一珠，微有黏勢，膠便熟矣。"

3. 螺

《漢語大詞典·蟲部》："墨的量詞。亦代稱墨。"始見書爲《初學記》卷二一引晉陸雲《與兄書》："曹公藏石墨數十萬斤……今送二螺。"《漢語大字典·蟲部》未收量詞義。

按：該文中"螺"爲個體量詞還是借用量詞學界仍多有爭議，不宜作爲書證；可用《初學記》卷二引《婦人傳》："汲太子妻《與夫書》曰：並致上書墨十螺。"

4. 叢

《漢語大字典·又部》量詞義始見書引唐白居易《買花》；《漢語大詞典·又部》量詞義則引南朝梁陶弘景《真誥·運象篇四》："其中有石井橋，橋之北小道，直入其間，有六叢杉樹。"

按：《真誥·運象四》例並不典型，因爲杉樹並非叢生植物，祇是枝葉繁茂而具有一定的叢聚外形特徵，高大的杉樹則不用量詞"叢"。書證可用南朝宋沈約《修竹彈甘蕉文》："竊尋蘇台前甘蕉一叢，宿漸雲露，荏苒歲月，擢本盈尋，垂蔭含丈，階緣寵渥，銓衡百卉。"

5. 盆

《漢語大字典·皿部》："計算一般容器盆所盛數量的單位。"始見書引魯迅《彷徨·傷逝》；《漢語大詞典·皿部》未收量詞義。

按：魏晉南北朝已見，如《高僧傳·神異下》："須一盆水加刀其上，俄而雨大降高下皆足。"

6. 襆（幞）

《漢語大詞典·衣部》用作表示包裹、包袱的量詞，始見書引唐段成式《酉陽雜俎續集·支諾皋中》；《漢語大字典·衣部》則引唐李賀詩。

按：量詞"襆（幞）"魏晉南北朝文獻已見，如二十卷本《搜神記》卷十六："即有一人提一襆新衣。"

7. 架

《漢語大詞典·木部》量詞義"用於有支架的或支架狀的東西"，始見書引元武漢臣《玉壺春》第二折；《漢語大字典·木部》則引宋周密

《乾淳歲時記·元夕》文。

按：此前文獻已見，如《魏書·太武五王傳》："臣今據《周禮》……依十二月爲十二宮，各准辰次，當位懸設，月聲既備，隨用擊奏，則會還相爲宮之義，又得律呂相生之體。今量鐘磬之數，各以十二架爲定。"

8. 番

《漢語大詞典·田部》用於稱量紙張的量詞義始見書引《新唐書·柳公權傳》，《漢語大字典·田部》則引《新唐書·杜遷傳》。

按：魏晉南北朝文獻已見，《周氏冥通記》卷四："右從目錄，凡用墨、朱、黃三色，書大度白及細紙，合十六番。（八番白，八番色。）大凡四卷，真本。書雜色合六十五番，或真或草、行。"

9. 滴

《漢語大詞典·水部》量詞義"多用於呈顆粒狀滴下的液體"，《漢語大字典·水部》量詞義"多用於顆粒狀液體"，始見書均爲唐韋應物《詠露珠》："秋荷一滴露，清夜墜玄天。"

按：其實魏晉六朝文獻已見，《抱樸子內篇·仙藥》："望見蜜芝從石戶上墮入偃蓋中，良久，輒有一滴，有似雨後屋之餘漏，時時一落耳。"王嘉《拾遺記》："其使不食中國滋味，自齎金壺，壺中有漿，凝如脂，嘗一滴則壽千歲。"

10. 團

《漢語大詞典·口部》量詞義始見書引唐戎昱《閏春宴花溪嚴侍御莊》詩，《漢語大字典·口部》則引陸遊《歲暮二首》之四。

按：其實魏晉南北朝文獻已見，如東晉佛陀跋陀羅共法顯譯《摩訶僧祇律》卷三十三："真金百千擔，持用行布施，不如一團泥，敬心治佛塔。"南朝宋佛陀什共竺道生等譯《五分律》卷二十六："雖得閻浮檀，百千金寶利。不如一團泥，爲佛起塔廟。"

11. 股

《漢語大詞典·月部》量詞義分爲三類，一是"用於條形的東西"，書證引宋陳從古《浯溪》詩："浯溪一股寒流碧，聳起雙峰如削壁。"二是"用於氣體、氣味等"，書證引《水滸傳》第九五回："祇見兩股黑氣，在陣前左旋右轉。"三是"用於神態、勁頭、力量等"，書證引《二十年目睹之怪現狀》第一〇六回："還要寫伏辯，那股怨氣如何消得了。"《漢語大字典·月部》量詞義未分類，即"用於成條或成批的東西，也用於氣體"，書證引宋王明清《玉照新志》卷二："放窗戶間得玉釵半股，青蚨半文。"

按：量詞"股"魏晉六朝已見，多用於條形的事物，如喬道元《與天公箋》："冬則兩幅之薄被，上有牽綿與敝絮，撤以三股之絲綎，袷以四升之粗布，狹領不掩其巨形。"也可用於水流，如庾信《爲杞公讓宗師表》："況復一枝踤曲，終危九層之台；一股涔蹄，必傷千里之駕。"

12. 朵

《漢語大詞典·木部》："量詞。花朵及花朵狀物的計量單位。"始見書引唐曹松《寒食日題杜鵑花》詩；《漢語大字典·木部》釋義與《漢語大詞典》完全相同，始見書引唐杜甫《江畔獨步尋花七絕句》。

按：魏晉南北朝文獻已見，如《南方草木狀》卷中："朱槿花，莖葉皆如桑，葉光而厚……其花深紅色五出，大如蜀葵，有蕊一條，長於花葉，上綴金屑，日光所爍，疑若焰生一叢之上，日開數百朵，朝開暮落，插枝即活。"又，卷下："龍眼樹如荔枝，但枝葉稍小，殼青黃色，形圓如彈丸，核如木梡子而不堅，肉白而帶漿，其甘如蜜，一朵五六十顆，作穗如蒲萄然，荔枝過即龍眼熟。"

13. 夾

《漢語大詞典·夾部》量詞義始見書引《宋史·外國傳六·天竺》，《漢語大字典·夾部》未收量詞義。

按：魏晉南北朝已見用例，如王羲之《雜帖》："今付北方脯二夾，吳興鮓二器，蒜條四千二百。"清郝懿行《證俗文》卷七："蓋一紙箸夾持之。"又，唐段公路《北戶錄》："且前朝短書雜說，有呼食爲頭……茗爲薄爲夾。"自注："溫貢茗二百大薄，又梁科律薄茗千夾云云。"或説是起於搏茗爲薄餅，則亦可用量詞"夾"。

14. 契

《漢語大詞典·大部》："量詞。猶部或篇。"始見書引南朝梁慧皎《高僧傳·經師·釋僧辯》："辯傳《古維摩》一契、《瑞應七言偈》一契，最是命家之作。"《漢語大字典·大部》未收量詞義。

按：時代稍早的晉代文獻已有較多明確用例，如西晉安法欽譯《阿育王傳》卷五："比丘即便作三契唄而欲説法。"西晉安法欽譯《阿育王傳》卷五："時北方有一男子，念佛出家，讀誦三藏，善能説法，所到之處，三契經偈，然後説法。"量詞"契"當由其動詞"契合"義語法化而來，在兩晉漢譯佛經文獻中用於稱量偈、唄等，因爲偈、唄是契合經文内容而作的；大致相當於個體量詞"篇"。

15. 柄

《漢語大詞典·木部》："量詞。多用於某些帶把兒的東西。"始見書引唐李肇《翰林志》；《漢語大字典·木部》則引宋趙抃《和何節判觀水》。

按：南北朝已見，如南朝梁簡文帝《謝賚扇啟》："臣綱啟：傳詔饒僧明奉宣敕旨，垂賚細綾大文畫柳蟬山扇一柄，文筠析縷，香發海檀。"蕭統《謝敕賚水犀如意啟》："應敕左右伯佛掌奉宣敕旨，垂賚水犀如意一柄，式是道義所須。"

16. 房

《漢語大詞典·户部》："量詞。用於妻妾。"始見書引明末淩濛初《二刻拍案驚奇》卷十一；《漢語大字典·户部》則引明馮夢龍《古今小説·木棉庵鄭虎臣報冤》。

按：南北朝已見，如南朝梁沈約《宋書·臧質傳》："面蕃十稔，惠政蔑聞，重賕深掠，縱欲已甚，姬妾百房，尼僧千計，敗道傷俗，悖亂人神，民怨盈塗，國謗彌歲。"

17. 解

《漢語大詞典·角部》："量詞。回；次。"始見書引元馬致遠《集賢賓·思情》套曲："聽夜雨無情，哨紗窗緊慢有三千解。"《漢語大字典·角部》同此。

按：魏晉南北朝已較爲多見，如晉崔豹《古今注·音樂》："李延年因胡曲，更進新聲二十八解。"又，《南齊書·樂志》："右一曲，晉《公莫舞歌》，二十章，無定句。前是第一解，後是第十九、二十解。雜有三句，並不可曉解。"

18. 堵

《漢語大詞典·土部》："量詞。用於整段的牆。"始見書引唐張祜《遊天臺山》詩；《漢語大字典·土部》則引宋王安石《純甫僧惠崇畫要予作詩》。

按：南北朝已見，如《顏氏家訓·終制》："若懼拜掃不知兆域，當築一堵低牆於左右前後，隨爲私記耳。"

19. 尊

《漢語大詞典·寸部》："量詞。稱塑像。"始見書引《古今小説·楊思温燕山逢故人》；《漢語大字典·寸部》則引《契丹國志·歲時雜記·佛誕日》。

按：南北朝已見，如北魏《蔡氏等造像記》："東戴陽叔公得主仲練妻蔡氏修羅漢一尊。"北周天和六年六月十日《陳歲造磚像記》："時天和六季（年），歲次辛卯，六月丁丑朔，日丙戌，敬告＜造＞釋迦音像一尊，願皇帝鑒。"①

20. 捧

《漢語大詞典·手部》："量詞。用於雙手能捧起之物。"始見書引《儒林外史》第三一回；《漢語大字典·手部》則引唐柳宗元《愈膏肓疾賦》。

按：南北朝已見，庾信《答王司空餉酒》："未能扶畢卓，猶足舞王戎。仙人一捧露，判不及杯中。"

21. 料

《漢語大詞典·斗部》："量詞。指物的分劑，以一定數量的物品爲一計算單位，稱爲一料。"始見書引《朱子語類》卷八六："正如百貫錢修一料藥，與十文錢修一料藥，其不能治病一也。"《漢語大字典·斗部》未收。

按：魏晉南北朝已見，如《肘後備急方》卷三："熱當吐，冷當利，服之無不瘥者，半料合服得。"

林玉山指出"《漢語大詞典》是我國第一部大型的規範的古今兼收、

---

① 李建平：《漢語個體量詞研究出土文獻語料二題》，《中國語文》2012 年第 1 期。

源流並重的歷史語文詞典",而《漢語大字典》則是"中國迄今最完備、最大型、最先進的一部漢字字典"[1],共同在我國辭書史上寫下了光輝的一頁;但大型語文辭書的編纂和修訂不是一蹴而就的事情,"編寫大字書,雖'累世不能殫其業',一代人一輩子是做不完的"[2],隨着資料的進一步搜集和積累,漢語史研究的進步和發展,語言學和辭書學理論的建設,經過不斷修訂而必將日趨完善。

---

[1] 林玉山:《中國辭書編纂史略》,中州古籍出版社1992年版,第209—212頁。
[2] 李格非:《編者絮語》,李格非、趙振鐸主編《〈漢語大字典〉論文集》,湖北辭書出版社、四川辭書出版社1990年版,第7頁。

《辭源》(第三版)釋義斠補八題*

《辭源》是我國第一部大型現代意義的辭書，1915年正編、1921年續編、1923年合編、1986年完成修訂第二版，到2015年經過長達8年的修訂，第三版正式由商務印書館出版。一個世紀以來，《辭源》作爲"20世紀初中國文化轉型期的標誌性成果"，"它保留了中國古代文化的話語權，有利於國際對話時本國的立場"①，爲弘揚傳統文化做出了重要貢獻。但我國古代典籍浩如煙海，新出土文獻和文物也爲各學科的研究提供了大量嶄新資料，而大型辭書編纂正如《辭源》(第二版)主編吴澤炎所言"是一輩人接一輩人的事業"。本文對新版《辭源》在釋義方面存在的一些欠缺以及或可商榷之處進行斠補，略陳鄙陋，以就正於方家。

一 錢

《辭源》"錢"條："重量單位名。十錢爲兩。其制始自宋初。顧炎武以爲古演算法二十四銖爲兩，後來算家不便，乃十分其兩，而有錢之名，此字本是借用錢幣之錢，非數家正名。《唐書》武德四年，鑄開通元寶，徑八分，重二銖四絫，積十錢重一兩，得輕重大小之中。所謂二銖四絫者，即一錢之重。後人以其繁而難曉，故代以錢字。見《日知録》

---

* 本文原刊於《漢字文化》2016年第5期。國家社科基金項目"漢語量詞發展史及其語法化研究"（13CYY058）、教育部人文社科基金項目"先秦兩漢量詞發展史研究"（12YJC740045）、山東師範大學高層次引進人才項目階段性成果。

① 王寧：《百年〈辭源〉的現代意義》，《光明日報》2015年12月22日。

十一《以錢代銖》。"

按，"開通元寶"不辭，當作"開元通寶"。《辭源》認爲"十錢爲兩"之制度"始自宋初"，不知何據。唐武德四年，鑄開元通寶，十錢爲一兩，由此用作度量衡單位早在出土唐代文獻中已經使用，如法門寺地宮出土《監送真身使隨真身供養道具及金銀寶器衣物帳》："金鉢盂一枚，重十四兩三錢。""第六重素銀函一枚，重卅九兩三錢。""已上計銀一百七十六兩三錢。真金鉢盂、錫杖各一枚，共重九兩三錢。"又如唐長安城平康坊一號茶托："大中十四年八月造成渾金塗茶拓子一枚，金銀共重拾兩捌錢三字。"據王倉西考證，就目前考古資料看，"錢"的尾數沒有超過十的，從實測結果來看也是"十錢爲兩"①。

二 編

《辭源》"編"條："串聯竹簡的皮筋或繩子。《漢書》八八《儒林傳》：'（孔子）蓋晚而好《易》，讀之韋編三絶而爲之傳。'注：'編，所以聯次簡也。'後代謂一部書或書的一部分叫編。"

按，從出土 30 余萬枚簡牘實物來看，簡牘的編聯一般用麻繩，貴重的用絲線，即青絲編，絶無用所謂"皮筋"者，因此"韋編三絶"之"韋"當爲通假字，通"緯"，意爲橫編三絶，商承祚據楚地簡牘文獻情況提出"所謂韋編三絶，是指編簡的橫絲綸斷了多次，韋編非指編聯所用的物質材料"②。從字形來看，《説文・糸部》："編，次簡也。從糸，扁聲。"清段玉裁注："以絲次弟竹簡而排列之曰編。"又，本條書證引《漢書・儒林傳》，其實早見於《史記・孔子世家》："孔子晚而喜《易》，序《彖》《系》《象》《説卦》《文言》。讀《易》，韋編三絶。"

---

① 王倉西：《從法門寺地宮出土金銀器談唐代衡制》，《文博》1992 年第 1 期。
② 商承祚：《戰國楚竹簡彙編》，齊魯書社 1995 年版，"前言"第 6 頁。

三　卷

《辭源》"卷"條："古書多用卷子，故稱書爲卷。晉陶潛《陶淵明集》七《與子儼等疏》：'開卷有得，便欣然忘食。'書篇幅長的分爲若干部分，每一部分爲一卷。漢揚雄《法言·學行》：'一卷之書，不勝異説焉。'"

按，《辭源》"卷子"條："書卷或畫卷。"卷子往往指的是紙質抄本，所以該條釋義無法釐清其語源。因爲先秦兩漢書籍多用簡牘，是可以卷起來的，因此可以用作"卷"來稱量，《説文·竹部》"篇"字段玉裁注："漢人亦曰卷。卷者，縑帛可卷也。"清朱駿聲通訓定聲也説："其書於帛可卷者，謂之卷。"從出土的簡帛事物來看，簡牘數量龐大，而縑帛則數量很少，而且所見帛書如長沙子彈庫楚帛書、馬王堆漢墓大量帛書都是折疊保存的，並非如後世書畫加軸舒卷，因此段玉裁、朱駿聲認爲書於"縑帛"者其實不確，當爲"簡牘"類可卷者。如果書籍篇幅較長，一卷簡牘無法容納，自然就分成若干部分，每部分爲一卷。書證亦可大大提前，《史記·司馬相如列傳》："長卿未死時，爲一卷書，曰有使者來求書，奏之。"

四　刀筆

《辭源》"刀筆"條："刀、筆都是書寫工具。古代記事，最早是用刀刻於龜甲或竹木簡；有筆以後，用筆書寫在簡帛上，簡上有誤則用刀削去重寫，故刀筆合稱。"

按，出土簡牘文獻均用毛筆書寫，未見刻寫者；而且，毛筆的使用在中國非常早，西安半坡新石器遺址中出土的陶器花紋，就是用毛筆描繪的，可見作爲書寫工具的筆並非晚於刀纔出現。衹是由於不便保存，目前出土毛筆最早爲戰國時期的，所見出土簡牘文獻最早也是戰國早期的。

五　漆書

《辭源》"漆書"條："用漆書寫的竹簡。《後漢書》二七《杜林傳》：'林前於西州得漆書《古文尚書》一卷，常寶愛之。'"

按，"漆書"一詞又見於《東觀漢記·杜林傳》："杜林字伯山，扶風人，於河西得漆書《古文尚書經》一卷。"陳夢家提出"出土戰國至西晉木簡，地無分南北，全是墨書……凡此漆書，恐怕仍然是墨書。"① 從文獻記載以及迄今爲止出土的 30 余萬枚簡牘實物看，無論楚簡、秦簡、漢簡，還是魏晉時期的簡牘文獻，均爲墨書，沒有用漆書寫的。漆，本有黑色義，與"墨"可互相訓釋，如《周禮·春官·巾車》"漆車"鄭玄注："漆車，黑車也。"《儀禮·士昏禮》"乘墨車"鄭注則釋爲："墨車，漆車。"由此可見，在表示"黑色"義時二者是同義詞，因此"漆書"即是"墨書"。

六　層

《辭源》"層"條："量詞。重，級。《老子》：'合抱之木，生於毫末；九層之臺，起於累土。'"

按，從量詞發展史來看先秦文獻中個體量詞"層"還未產生，表"層次"義的量詞一般祇能用"成"，從出土的各種《老子》版本來看，《郭店楚簡·老子甲篇》26—27 簡、《馬王堆帛書·老子甲》57 行、《馬王堆帛書·老子乙》200 下—201 上該文均作"九成之臺"，敦煌庚本《老子》亦作"成"，可見今本作"層"者當爲後人妄改。量詞"層"初見於漢代，如《鹽鐵論·救匱》："夫九層之台一傾，公輸子不能正。"

---

① 陳夢家：《漢簡綴述》，中華書局 1980 年版，第 300 頁。

七　錙錘

　　《辭源》"錙錘"條："喻微小，微賤。《呂氏春秋·應言》：'今割國之錙錘矣，而因得大官，且何地以給之？'《淮南子·説山》：'萬乘之主冠錙錘之冠，履白金之車。'注：'六銖曰錙，八兩曰錘，言賈直少。'"

　　按，《辭源》"錘"條對這一古代重量單位提出了兩種觀點：一是八銖爲錘，《淮南子·説山》："冠錙錘之冠。"注："八銖曰錘。"二是六兩爲錙，倍錙爲錘。覆核原文可見，"錙錘"條引《淮南子》高誘注"八兩曰錘"當爲"八銖爲錘"之誤。用"錙錘"比喻微小、微賤，當取"六銖爲錙，八銖爲錘"之制度，二十四銖爲一兩，則錙錘爲一兩之四分之一到三分之一，顯然是非常微小的；若取"六兩爲錙，倍錙爲錘"説，則一錘達到十二兩，顯然不能用來比喻微小。

八　純

　　《辭源》"純"條："絲綿布帛一段曰純。《戰國策·秦一》：'革車百乘，錦繡千純，白璧百雙，黄金萬溢。'"

　　按，用作絲綿布帛量詞的"純"並非僅僅指任意一段，而是有具體制度的，可説是一個度量衡單位，按《戰國策·秦策一》："錦繡千純，白璧百雙，黄金萬溢。"鮑彪注："四端曰純。"但鮑彪注並不正確，《説文》"純"字徐灝注箋："帛兩卷謂之匹，亦謂之純，引申之，凡物之兩者皆曰純。"即布帛兩卷爲"一匹"，也就是"一純"。《周禮·地官·媒氏》："凡嫁子娶妻，入幣純帛，無過五兩。"鄭玄注："五兩，十端也。必言兩者，欲得其配合之名。……然則每端二丈。"賈公彦疏："古者二端相向卷之，共爲一兩。"《國語·晉語七》"輅車十五乘"董增齡正義："蓋一匹分兩端，相對相合，故曰兩，亦曰純。"古代布帛從兩端向中間卷起，卷至正中，兩卷相等，因此稱量布帛可以用量詞"端"，也可用量詞"兩"和"純"。《穆天子傳》卷三："錦組百純。"郭璞注："純，疋端名也。"

《兩漢時代的量詞》補正[*]

漢語物量詞萌芽於先秦，兩漢時期是漢語量詞的茁長時代。黄盛璋先生《兩漢時代的量詞》一文是最早專門對兩漢量詞的斷代研究①，也是最早對兩漢時代量詞的概括論述（本文簡稱爲"黄文"）。黄文貫徹"二重證據法"，綜合利用了傳世文獻和出土文獻，對漢語量詞史研究影響深遠，至今仍有其不可磨滅的學術價值。以中國期刊網檢索，轉引已達67次之多。但由於早期所見出土文獻字跡漫漶、圖版模糊不清等諸多原因，黄文也還存在諸多闕失，從而影響了其研究結論的科學性，所論部分量詞其實並非量詞，由此得出的漢代量詞發展的部分論斷也有待修正。由於黄文影響很廣泛，爲便於更科學、更準確地利用黄文，兹按其致誤原因補正如下，以就教於方家。

一　底本釋文之誤

黄文所引簡帛文獻均爲《居延漢簡》（引用時簡稱《居簡》），所用

---

[*] 本文原刊於《簡帛語言文字研究》第5輯，張顯成師主編，巴蜀書社2010年版，第346—353頁；國家社會科學基金項目"簡帛量詞研究"（05BYY003）階段性成果。按，林素清、劉增貴、顔世鉉、劉欣寧、邢義田等組成的史語所簡牘整理小組於2012年開始，用紅外線掃描器掃描整理收藏在史語所的一萬三千餘枚居延漢簡，重新釋讀，新釋文"改釋和補釋者頗爲不少"（《居延漢簡一·前言》），並於2014—2017年陸續全部出版了新整理的四函本（"中研院"歷史語言研究所專刊之一〇九）；因此，我們根據新的釋文，特別是新出紅外圖版對原文做了諸多修訂，並增加了部分原來無法確定的內容。

① 黄盛璋：《兩漢時代的量詞》，《中國語文》1961年第8期。

底本爲勞榦《居延漢簡考釋·釋文之部》（以下簡稱爲"商務本"）①。居延漢簡早在1930年出土後，1931年運至北平，勞榦等諸先生迅速進行了整理和考釋，至1936年將部分考釋用曬藍紙印刷成冊出版，世稱"曬藍本"，但後來書版在抗日戰爭期間毀於戰火。1941年，居延漢簡被運往美國，直到1965年纔運回中國臺灣。1943年，勞榦據反體照片寫成了《居延漢簡考釋·釋文之部》（"中研院"歷史語言研究所專刊之二十一），並在四川南溪石印出版，即"南溪石印本"；1944年出版了《居延漢簡考釋·考證之部》。1949年，勞榦將舊版釋文根據照片重新核對、校改，並在上海由商務印書館出版了鉛印本，即黃文所用之底本。勞先生既無法系統核檢出土實物，亦未見發掘報告，所以該版本釋文存在的訛誤較多。1956年，中國科學院考古研究所出版了《居延漢簡甲編》，釋文有了較大改進。1956—1958年，居延漢簡的發掘報告（貝格曼原稿）公佈。1957年，勞榦《居延漢簡·圖版之部》公佈了全部圖版，1960年又根據新出簡文照片進行了修改，出版了《居延漢簡·考釋之部》（"中研院"歷史語言研究所專刊之四十），至此居延漢簡的圖版和釋文有了比較準確的版本②。對當時已公佈的圖版和修正的釋文，黃文未予核檢，對於量詞的判定也因此而致誤。如下所示。

黃文："支：所作筆一支。（《居簡》，第393頁）"按，量詞"枝（支）"當作"枚"，商務本釋文形近而誤。核之圖版，書作"枚"，筆劃清晰，今《居延漢簡甲乙編》486.62 隸定爲"☒□所作筆一枚，☒"③"枚"在漢代作爲泛指量詞應用廣泛，《居延漢簡》（及新簡）用例達179處之多，可以自由應用於無生、有生之物，無生之物包括各種器皿、席子、皮革、木製品、錢幣、兵器、衣物、封簽、繩索等；有生之物既包括樹木等植物，也包括狗、雞、魚等動物。而量詞"枝"未見於兩漢簡帛，劉世儒認爲當始見於魏晉六朝④，諸辭書如《漢語大詞典》《漢語大字典》最早書證亦爲南北朝時。

---

① 勞榦：《居延漢簡考釋·釋文之部》，商務印書館1949年版。
② 張顯成：《簡帛文獻學》，商務印書館2004年版，第75—76頁。
③ 中國社科院考古研究所編：《居延漢簡甲乙編》，中華書局1980年版。
④ 劉世儒：《魏晉南北朝量詞研究》，中華書局1965年版，第104頁。

黄文："系：絳緱五百系……白緱五百系……（《居簡》，第314A頁）"按，"系"當作"朮"。核之圖版，字跡漫漶，書作"🉂"和"🉃"，但顯然並非"系"字，今從《居延漢簡甲乙編》隸定爲"朮"，簡262.28A："絳緱五百朮，白緱五百朮。""朮"通"襚"，絲一百六十縷爲一朮。裘錫圭認爲："在這裡是當絲縷數量的一種單位講的。《西京雜記》卷五記鄒長倩資助勉勵公孫宏（弘）的事，鄒贈物中有'素絲一襚'，鄒與公孫宏書中有'五絲爲䌰，倍䌰爲升，倍升爲䋃，倍䋃爲紀，倍紀爲緵，倍緵爲襚'之語，'朮'聲與'遂'聲古代音近相通。"① 上古音"朮"爲船母物部，"遂"爲邪母物部，聲近韻同，故可通。而"系"用作量詞，兩漢簡帛未見。

二 句讀與文意理解之誤

由於對簡牘文意的理解以及句讀有誤，黄文對部分量詞的判定也存在一些有待商榷之處，如下所示。

黄文："指：治馬頭涕出方：取戎鹽三指挾三□☒（《居簡》，563頁）"按，"指"並非量詞，而是作爲固定短語"三指撮"的組成成分，表示用藥之劑量。核之於圖版，商務本釋文隸定亦有誤，"頭"當作"欬"，"挾"當作"撖"，"撖"爲"撮"之省。今《居延漢簡甲乙編》155.8隸定作"治馬欬涕出方：取戎鹽三指撖，三□☒"爲是。"三指撮"是古代用藥的一種估量方法，表示用三個手指的前端所撮取的藥物的量，在簡帛醫學文獻中很常見，或簡稱爲"撮"，大徐本《説文·手部》："撮，四圭也。一曰兩指撮也。"段玉裁注："小徐本作'二指'，'二'疑'三'之誤。大徐本又改爲'兩'耳。"現從簡帛文獻來看，以"三指撮"爲核心的術語很常見，如《周家臺秦簡·病方及其他》312："取車前草實，以三指撮，入酒若粥中，飲之，下氣。"《武威醫簡》54："冶龍骨三指撮，以鼓〈豉〉汁飲之。"《馬王堆帛書·五十二病方》24："（各藥物）皆合撓，取三指最（撮）一，入溫酒一杯中而飲之。"又，

---

① 裘錫圭：《漢簡零拾》，《文史》1980年第12期。

《養生方》107："冶，三指最（撮）後飯。"而"二指撮"僅1例，即簡150—151："食以二指最（撮）爲後飯。"從傳世文獻來看，亦祇見有"三指撮"，如《金匱要略·風引湯》："（上十二味）取三指撮，井花水三升，煮三沸，溫服一升。"簡帛文獻中還有"三指大撮""三指小撮""三指撮至（到）節""三指一撮""三指三撮"之語，都是以"三指撮"爲核心發展而來的，均可證明"二指撮"當爲"三指撮"之誤①。

黃文："緌：堅甲一緌絶。（《居簡》，382頁）"按，"緌"不是量詞，而是名詞，這裡指編聯鎧甲的"編繩"。從簡帛文獻看，計量鎧甲楚簡多用量詞"真"，如《曾侯乙墓簡》61："二真吳甲，紫縢。"《包山楚簡》270："馭右二真象皋。"象皋，即用牛皮做的甲。秦漢簡帛則多不用量詞，如《睡虎地秦簡·秦律雜抄》21—23："采山重殿，貲嗇夫一甲，佐一盾；三歲比殿，貲嗇夫二甲而法（廢）。"《居延漢簡》14.22："革甲廿，完。"《尹灣漢簡》M6D6正："乘輿甲三百七十九。""馬甲鞮瞀五千三百卅。"也可以用量詞"領"，但很罕見，如《居延新簡》EPT59.183："白玄甲十三領。"緌，《爾雅·釋器》："綏也。"郭璞注："即佩玉之組，所以連系瑞玉者。"本指貫穿佩玉的帶子，後來泛指絲質帶子，古今皆無量詞義。黃文對文意理解有誤，該簡當標點作："堅甲一，緌絶。"意爲：一副堅甲，編繩斷了。

黃文："幣：……蘭索一幣。（《居簡》，358頁）""弩幡一幣。（《居簡》，386頁）"按，"幣"不是量詞，而是形容詞。簡文中並非讀如字，而應通"敝"，"損壞"義。王引之《經義述聞·幣餘之賦》："古敝字多通作幣，《魯語》'不腆先君之幣器'，即敝器也。"西北簡所見甚多，如《居延漢簡甲乙編》112.23："第五隧長趙延年：有方二，破；斧頭一，破；皆已易。蓬索一，幣；已易。""幣"同"破"處在同一語法位置，其詞性相同；又，物品"幣"或"破"者皆云"已易"，顯然指破損者已更換。又如，《居延新簡》EPT53.117："弩幡廿，其十，幣。蘭冠六，

---

① 按，關於"撮"及相關短語"三指撮""三指大撮""三指小撮""三指撮到節""三指一撮""三指三撮"等的討論，可詳參張顯成、李建平《簡帛量詞研究》，中華書局2017年版，第203—207頁。

完。"該簡"幣"與"完"相對而言,其"損壞"義甚明。核之圖版,黃文所引第一例,當標點作:"☐☐☐☐繩五枚;蘭負索一,幣(敝)。"第二例當標點作:"弩帾一,幣(敝)。"又,黃文:"九枚币,謹惠尉史書祿賫列靳幡詣府。"以此作爲數量詞前置的用例,該簡上端殘斷,57.11:"☐九枚幣謹遣尉史承祿賫弩靳幡詣府。"亦可句讀爲:"☐九枚,幣。謹遣尉史承祿賫弩靳幡詣府。"

黃文:"煙:晝舉亭上蓬一煙。(《居簡》,181頁)"按,"煙"不是量詞,而是名詞。該例見於《居延漢簡甲乙編》14.11,整枚簡釋文爲:"虞守亭鄣不得燔積薪,晝舉亭上蓬一煙;夜舉離合苣火。次亭燔積薪如品約。"陳夢家云:"一煙似是亭上煙突所放煙,以代燔薪。或當讀作'烽,一煙'乃分別烽與煙突之煙。"① 根據陳先生的觀點,該文當標點作:"晝舉亭上蓬、一煙。"一方面,"煙"古今漢語均無量詞用法,更未見稱量"蓬"的例證,漢簡中稱量"蓬"的專用量詞爲"通",如《居延漢簡甲乙編》13.2:"到北界,舉塢上旁蓬一通。"又,簡332.13:"下鋪時,受居延蓬一通。"又349.11:"塢上旁蓬一通,同時付並山。"另一方面,漢代烽隧制度用"烽""表""煙""積薪"和"苣火"等物配合使用來傳達敵情資訊,如《居延漢簡甲乙編》16.5:"匈奴人晝入三十井候遠隧以東,舉一蓬(烽),燔一積薪,堠上煙一;夜入,燔一積薪,舉堠上一苣火,毋絕至明。"可見,"煙"爲名詞無疑。

三 簡文殘損判斷之誤

部分簡文殘缺較多或文字漫漶不清,對於處在"名+數+量"語法框架中量詞位置上的詞是否爲量詞,黃文未能將其置於詞彙史的視野中進行考察,從而導致對相關語詞詞性判斷的問題。如下所示。

黃文:"紙:☐二紙,自取。(《居簡》,405頁)"按,核之圖版,"二"字上下兩字均漫漶不清,無法辨認,故《居延漢簡甲乙編》214.93隸定作:"☐二☐,自取。""紙"在先秦兩漢文獻未見量詞用例,因此居

---

① 陳夢家:《漢簡綴述》,中華書局1980年版,第167頁。

延漢簡中"紙"是否可以用作量詞仍可商榷。

黃文:"鉼:出錢二鉼。(《居簡》,349頁)"按,該簡爲殘片,僅存四字,且前兩字均漫漶不清。今《居延漢簡甲乙編》350.55A 隸定作:"出□二鉼。"由於上下簡文均殘缺,故無從句讀。兩漢簡帛均未見"鉼"作量詞的用例,因此該例中的"鉼"是否用作量詞仍可有待進一步考察。

黃文:"木二莖。(《居簡》,589頁)按,該簡本行漫漶不清,最新釋文38.18B 隸定爲:"[木]二[莖]。"但量詞"莖"兩漢文獻中多用作稱量草本植物,《類篇·艸部》:"艸曰莖,竹曰箇,木曰枚。"如《金匱要略·婦人雜病脈證並治》:"蔥十四莖,新絳少許。"又,竺大力共孟康譯《修行本起經》:"銀錢凡五百,請買五莖花,奉上錠光佛,求我本所願。"未見用於"木"者,當存疑爲好。

黃文:"史蠻賈石四百車輛折軸一。(《居簡》,427頁)"將其中"車輛"作爲"名+量"構詞法用例。按,其實原圖版漫漶不清,今據中研院史語所新公佈紅外圖版清晰可辨,其中"輛"作"𨊾",當隸定爲"軻"字。

對於傳世文獻中的量詞,也應當置於詞彙史的視野中予以考察,分清其古今不同的意義,如黃文:"發:矢四發。(《漢書·匈奴傳》)(口語中有弓彈多少發)"按,《漢書》中的"發"和現代漢語口語中的"發"並不是一個詞,"矢四發"之"發"是集合量詞,而"弓彈多少發"之"發"是個體量詞。上古一發爲箭十二枚,顔師古《漢書》注:"服虔曰:'發,十二矢也。'韋昭曰:'射禮三而止,每射四矢,故以十二爲一發也。'發,猶今言箭一放兩放也。今則以一矢爲一放也。"顔注正説明古代以十二矢爲"發",後來詞義演變爲一放即一發,量詞"發"於是從集合量詞演變爲個體量詞,黃文正是混淆了"發"之古義與今義。

四 定量定性判斷之誤

由於黃文未能採用數理統計的方式對漢簡量詞進行窮盡性考察,因此得出的部分結論也不合事實。如黃文認爲:"(漢代量詞)在先秦的基礎上,又有進一步的分工。""成對的用雙,不成對的用隻。"例證有三個,《史記·南粵王趙佗傳》:"……獻白璧一雙……生翠四十雙,孔雀二雙。"《居簡》362 頁:"買箸五十雙。"431 頁:"牛胯一隻,母,直六十。"按,黄文認爲兩漢"隻"與"雙"有明確分工不確。李建平、張顯成考察了已公佈的全部簡帛文獻,發現兩漢簡帛中量詞"雙"使用頻率高、範圍廣,"隻"多爲"雙"之省,如《鳳凰山 167 號墓漢簡》963:"緒卑匜一隻。"964:"食卑匜一隻。"該墓中出土絟胎漆盤兩件、盛食品的漆盤兩件,可見這裡的"隻"是"雙"的省寫形式。兩漢時代"雙"往往書作"隻",而没有造成歧義,這也説明二者在當時並没有明確分工。而且,黄文所引第二例"買箸五十雙"之"雙"商務本隸定有誤,核之圖版作"![]",清晰可辨,当隸定作"隻"。從文意看,"隻"亦當爲"雙"之省。有趣的是,兩漢簡帛中成對物品用"雙",而往往書作"隻",不成對則祗能用"枚"。在《敦煌懸泉漢簡》中有清晰體現,如《元康四年雞出入簿》Ⅰ0112③:129:"最凡雞卌四隻(雙)。正月盡十二月丁卯所受縣雞廿八隻(雙)一枚,正月盡十二月丁卯置自買雞十五隻(雙)一枚,直錢千二百一十五,唯廷給。"又《過長羅侯費用簿》Ⅰ0112③:68:"出雞十隻(雙)一枚。""隻"均爲"雙"之省,而單數則用"枚",不用"隻"。

　　黄文:"兩:平車十八兩……(《居簡》,369 頁)"按,"平車"一詞中原官話指"排子車",核之圖版,當作"牛車",簡 334.42A:"牛車一兩,弓一,矢卅。"居延漢簡中多用"兩"稱量"牛車",如簡 37.35:"牛車二兩,直四千。"

　　以上對黄文的訛誤作了一些訂補,由此可見在出土文獻的語言研究中,不僅要利用前人及時賢所作釋文,還應當重視核對圖版,關注學界新成果的公佈。對於文字漫漶不清的情況,應當結合傳世文獻,將其置於漢語史的視野下進行考察。祗有真正貫徹"二重證據法",科學的漢語史纔能真正建立起來。

漢語量詞研究綜述

嚴修《二十世紀的古漢語研究》對古代漢語語法研究史做了系統考察，提出："在上半世紀（筆者按，20世紀50年代前），古漢語語法研究的主流是泛時的'文言語法'，而下半世紀古漢語語法研究轉向以漢語語法史爲主，這個轉變是古漢語語法研究的一個重大飛躍。"① 從漢語量詞研究史來看，也是如此。20世紀50年代以前的漢語量詞研究，重點集中於對漢語量詞的定名、分類及其語法功能的研究，既有基於古代漢語語料的研究，也有基於現代漢語語料的研究，甚至往往沒有嚴格區分不同語料的時代，也沒有系統研究論文或專著，祇是在部分語法學專著的詞類系統中涉及了對量詞本體的認識與描述。因此，對量詞的研究自然也就無法深入，甚至量詞本身在詞類系統中作爲一個獨立詞類的地位都長期沒有得到確認。20世紀50年代末，劉世儒開始了對魏晉南北朝量詞的系列專題研究，並在專題研究的基礎上完成了魏晉南北朝量詞的斷代史研究，爲漢語量詞史的研究奠定了研究基礎，明確了研究方向。

20世紀70年代末80年代初以來，漢語量詞研究獲得了迅速發展，大量高質量的論文迅速湧現出來，1979—1999年的20年間發表的關於量詞的學術論文已有390多篇；2000年以來，作爲漢語重要特點之一的量詞研究逐漸成爲語言學界研究的重點和熱點，成果豐碩，20餘年來學術論文總計達到兩千餘篇之多②。由於成果數量眾多，爲便於釐清不同歷時階段量詞研究的概貌，本文首先分殷商西周、東周秦漢、魏晉南北朝、隋唐五代、宋元、明清六個歷時階段，分別介紹1949年以來漢語量詞研

---

① 嚴修：《二十世紀的古漢語研究》，書海出版社2001年版，第3頁。
② 按，以"量詞""數量""稱數法"爲關鍵詞在中國知網中檢索，並對所檢索到的所有論文進行了梳理，所統計數據已經剔除了與量詞研究無關的論文，如與數學相關的全稱量詞的研究成果等等；另外，這一數據僅限漢語量詞本體研究的論文，也排除了以教學爲主的對外漢語教學、中小學語文教學的部分論文等。限於時間與篇幅，2018年以後的相關量詞研究成果非常豐富，如王紹新的專著《隋唐五代量詞研究》（商務印書館2018年版）等，我們將專文論述。

究的情況，然後對量詞歷時興替研究、量詞語法化研究的系列成果進行考察，以利於充分借鑒學界已有研究成果，在此基礎上繼續展開更爲系統與深入的研究。

一　殷商西周量詞研究概況

殷商時期的甲骨文是最早的成系統的文字記錄，從發現以來就受到各學科研究的關注，語言學界對甲骨文的研究也獲得了豐碩的成果，特別是對語法、詞彙的研究，已經相當全面和深入，殷商甲骨文的量詞研究也是如此，諸多著名甲骨學者都關注並參與了量詞系統的考察與研究。管燮初《殷虛甲骨刻辭的語法研究》第三部分"詞類"之"4. 量詞"小節最早將量詞單獨列爲一類，探討了其中的6個量詞，列出7個例句，並借鑒當時學界郭沫若、胡厚宣的釋讀展開了初步研究[①]；此後，陳夢家《殷虛卜辭綜述》第三章"文法"之第三節"單位詞"討論了量詞的詞序問題和朋、丙、卣、斗幾個量詞，在第七節"數詞"中則詳細考察了數詞與量詞組合的情況。早期研究篳路藍縷，爲進一步研究奠定了基礎，但也往往限於舉例性質，甘露《甲骨文數量範疇研究》較早對甲骨文中的數詞、量詞及數量結構進行了全面整理研究[②]；張玉金《甲骨文語法學》一書在第一章第二節"數詞、量詞"對甲骨文的數量詞及其語法功能也進行了詳盡考察；[③] 此外，沈培《殷墟甲骨卜辭語序研究》第五章"數名結合的順序及其他"則對甲骨文中名詞、數詞、量詞的語序狀況進行了研究，特別論證了甲骨文"名＋數＋量"結構中名詞和數量結構並非修飾語在後的偏正結構，而是同位結構[④]。張玉金《甲骨文語法學》一書也有專節對"數詞、量詞"進行專門考察，逐一分析了甲骨文所見量詞及其使用情況，探討了量詞和數量結構的語法功能。

[①] 管燮初：《殷虛甲骨刻辭的語法研究》，中國科學院，1953年，第34—35頁。
[②] 甘露：《甲骨文數量範疇研究》，《語言文史論集》，西南師範大學出版社2000年版，第245—262頁。
[③] 張玉金：《甲骨文語法學》，學林出版社2001年版。
[④] 沈培：《殷墟甲骨卜辭語序研究》，文津出版社1992年版，第199—219頁。

殷商時代漢語量詞已經萌芽，雖然該時期量詞數量罕見，很多量詞的性質也仍介於其源詞類（名詞）和量詞之間，並非量詞的典型成員，但作爲量詞語法化的源頭，對這些量詞的研究對於探討量詞語法化的動因具有非常重要的研究價值，因此在量詞的語法化研究中也受到了廣泛關注，如李若暉《殷代量詞初探》對甲骨文量詞進行了分類考察，並探討了該時期量詞的特徵及其發展情況，提出量詞起源動因在於量詞"修飾"功能，提出"漢語量詞的産生是語言表達中修飾與表意要求綜合作用的結果，這導致了量詞內涵的虛實雙重性，決定了量詞每一概念外化爲詞語及每一詞語承載概念的變化"①。

殷商西周金文的語言研究，同樣受到學界的廣泛關注，也取得了豐碩的成果，基本釐清了其中量詞的狀況。管燮初《西周金文語法研究》一書率先分個體量詞、集合量詞、度量詞、臨時量詞四類，考察了西周金文出現的33個量詞的使用情況，並對量詞的使用頻率、稱數構式的頻率等都進行了全面統計，對漢語量詞史及其語法化研究具有重要研究價值②。此後，潘玉坤《西周金文語序研究》第七章"量詞與語序"專章對西周金文中的38個量詞和與量詞相關的系列稱數構式及其語序情況進行考察與分析，並與甲骨卜辭對比探討量詞系統的發展情況③。趙鵬進一步考察了西周金文量詞情況，整理出西周金文中的量詞39個，並對西周金文中與量詞相關的稱數構式進行了全面統計整理，探討了量詞的語法功能和語義特徵等問題④。林宛蓉的《殷周金文數量詞研究》則對殷周金文中的數量詞進行了全面考察，考察範圍不僅包括了西周金文，還包括了商代金文和東周金文等⑤。

此外，量詞歷時研究的很多成果也涉及到了殷商西周時期量詞的研究，如李宇明對拷貝型量詞的研究，也涉及了殷商甲骨文和西周金文所

---

① 李若暉：《殷代量詞初探》，《古漢語研究》2002年第2期。
② 管燮初：《西周金文語法研究》，中國科學院，1953年，第178—181頁。
③ 潘玉坤：《西周金文語序研究》，華東師範大學出版社2005年版，第167—199頁。
④ 趙鵬：《西周金文量詞析論》，《北方論叢》2006年第2期。
⑤ 林宛蓉：《殷周金文數量詞研究》，碩士學位論文，東吳大學，2005年。

見拷貝型量詞的研究①；姚振武的《上古漢語語法史》第三章"數詞、稱數法與量詞的發展"也考察了甲金文中的量詞使用情況②。

總體來看，殷商西周時期的量詞研究，由於研究資料範圍明確，即殷商甲骨文、商代金文和西周甲骨、西周金文，學界研究較爲深入與充分。但研究中也仍存在需要進一步解決的問題，由於此前研究缺乏對量詞使用頻率的明確統計，對殷商到西周時期量詞系統的發展，特別是量詞語法化程度的認識有待深入，如拷貝型量詞產生、發展、消亡的歷程仍缺乏清晰的認識。另一方面，殷商西周時期傳世文獻中的量詞研究，則沒有明確時代的區分，如對《詩經》量詞系統的研究沒有將西周詩和東周詩分開討論；又如《尚書》中的商書、西周書，還有《周易》古經上下篇，即六十四卦中的卦辭和爻辭等可析出殷商西周文獻的研究。總之，殷商西周時期量詞的研究仍存在諸多需要進一步研究的課題。

二　東周秦漢量詞研究概況

春秋戰國至秦，漢語名量詞獲得了迅速發展，大量名量詞產生，其中部分量詞獲得了較爲廣泛的使用；兩漢時期，動量詞正式產生，雖然使用頻率不高，語法化程度也較低，但後世常用的很多動量詞都已經萌芽了，量詞的兩大類系發展齊備。作爲量詞產生期的東周秦漢時代，量詞研究得到了學界的廣泛關注，因此研究成果最爲豐富，特別是專書研究的學術論文眾多，正如何樂士所言："專書語法研究的興起和發展是語言學史中具有里程碑意義的大事。它把語法研究由主觀取例的方法轉移到充分重視第一手資料的科學軌道上來。"③

從傳世文獻的量詞研究來看，很多經典文獻中的量詞使用情況特別得到了關注。首先是對《左傳》量詞的研究，李佐豐《〈左傳〉量詞的

---

① 李宇明：《拷貝型量詞及其在漢藏語系量詞發展中的地位》，《中國語文》2000 年第 1 期。
② 姚振武：《上古漢語語法史》，上海古籍出版社 1995 年版，第 111—170 頁。
③ 何樂士：《專書語法研究的幾點體會》，《古漢語語法研究論文集》，商務印書館 2000 年版，第 360 頁。

分類》按照形式邏輯的分類標準，採用每次分類祇使用唯一標準的方法，對《左傳》中量詞進行詳細分類，爲漢語量詞系統子類劃分的研究提供了借鑒①；何樂士的《〈左傳〉的數量詞》一文，更是成爲專書量詞研究的典範之作，何先生對《左傳》中的數詞、量詞系統進行了窮盡性描寫，詳細逐一統計量詞的使用頻率，探討了量詞的功能，客觀真實地描寫了《左傳》數詞、量詞、數量表示法的使用情況②。此外，傳世文獻的專書量詞研究還有劉利對《國語》稱數法系統的研究③，郭萬青則進一步考察了其中的名量詞系統④；劉興均對《周禮》物量詞的研究⑤；李宗澈⑥、方琴⑦對《史記》量詞的研究；滿芳⑧、江明鏡⑨對《論語》量詞的研究；于冬梅對《吕氏春秋》量詞的研究⑩；王喬對《漢書》量詞的研究⑪；吳春燕對《孟子》量詞的研究⑫；張萌萌對《鹽鐵論》量詞的研究⑬；關於出土東周金文的量詞研究，趙鵬考察了春秋戰國時期金文中量詞的使用情況，對33個量詞逐一描寫，並考察了其語法、語義特徵⑭；徐正考則考察了兩漢銅器銘文中數詞、量詞及相關稱數構式的使用情況，其中度量衡量詞最多，共16個，另有天然單位6個⑮；經過諸多學者的系列研究，對春秋、戰國直至漢代金文的量詞使用情況都有了系統認識。

東周秦漢時期，出土文獻中最爲大宗的無疑是簡帛文獻。從20世紀

---

① 李佐豐：《〈左傳〉量詞的分類》，《内蒙古大學學報》1984年第3期。
② 何樂士：《專書語法研究的幾點體會》，《古漢語語法研究論文集》，商務印書館2000年版，第360—384頁。
③ 劉利：《〈國語〉稱數法研究》，《徐州師範學院學報》1993年第4期。
④ 郭萬青：《〈國語〉中的名量詞》，《唐山師範學院學報》2009年第1期。
⑤ 劉興均：《〈周禮〉物量詞初探》，《漢語史研究集刊》第3輯，巴蜀書社2000年版，第429—441頁。
⑥ ［韓］李宗澈：《〈史記〉量詞研究》，博士學位論文，復旦大學，2004年。
⑦ 方琴：《〈史記〉量詞用法探析》，《嘉應學院學報》2005年第4期。
⑧ 滿芳：《〈論語〉量詞析論》，《山東教育學院學報》2005年第5期。
⑨ 江明鏡：《〈論語〉中的數詞與量詞》，《昌吉學院學報》2006年第1期。
⑩ 于冬梅：《〈吕氏春秋〉的量詞研究》，碩士學位論文，遼寧師範大學，2006年。
⑪ 王喬：《〈漢書〉量詞研究》，碩士學位論文，南京大學，2012年。
⑫ 吳春燕：《〈孟子〉量詞試探》，《齊魯師範學院學報》2016年第4期。
⑬ 張萌萌：《〈鹽鐵論〉量詞研究》，《雞西大學學報》2016年第10期。
⑭ 趙鵬：《春秋戰國金文量詞析論》，《漢字文化》2004年第4期。
⑮ 徐正考：《漢代銅器銘文中的數量詞》，《煙台師範學院學報》1999年第1期。

初至今出土簡帛達到三十餘萬枚之多，特別是近二十年來大量簡帛文獻資料獲得整理並公佈，爲語言研究提供了大量可靠的同時資料或準同時資料。較早出土並整理公佈的大宗材料睡虎地秦簡研究成果最多，曾仲珊①、吉仕梅②、徐莉莉③、王建民④等學者都從不同的角度對《睡虎地秦墓竹簡》中的量詞、稱數方式等進行了考察與研究。魏德勝則對《敦煌漢簡》中的量詞進行了系統研究⑤；張俊之、張顯成師對帛書《五十二病方》中的數詞、量詞和數量表示法進行了全面描寫和研究；簡帛文獻中的遣策類文獻對隨葬物品的數量往往有詳細記載，因此其中量詞使用頻率最高，相關量詞的研究也特別得到了重視，主要有王貴元《楚簡遣策中的物量表示法和量詞》⑥和《漢代簡牘遣策的物量表示法和量詞》⑦、張顯成師《馬王堆三號漢墓遣策中的量詞》⑧等。其他如張顯成師、武曉麗《漢簡三種量詞研究初探》⑨《張家山漢簡中的量詞》⑩和張顯成師《上博簡（四）中的固定稱數結構》⑪，以及筆者的系列論文《從先秦簡牘看〈漢語大詞典〉量詞釋義的闕失》⑫《從先秦簡牘看〈漢語大字典〉

---

① 曾仲珊：《〈睡虎地秦墓竹簡〉中的數詞和量詞》，《求索》1981年第2期。
② 吉仕梅：《〈睡虎地秦墓竹簡〉量詞考察》，《樂山師範專科學校學報》1996年第3期。
③ 徐莉莉：《馬王堆漢墓帛書（肆）所見稱數法考察》，《古漢語研究》1997年第1期。
④ 王建民：《〈睡虎地秦墓竹簡〉量詞研究》，《康定民族師範高等專科學校學報》2001年第3期。
⑤ 魏德勝：《〈敦煌漢簡〉中的量詞》，《古漢語研究》2000年第2期。
⑥ 王貴元：《楚簡遣策中的物量表示法和量詞》，《古漢語研究》2002年第3期。
⑦ 王貴元：《漢代簡牘遣策的物量表示法和量詞》，《簡帛語言文字研究》第1輯，巴蜀書社2002年版，第144—161頁。
⑧ 張顯成：《馬王堆三號漢墓遣策中的量詞》，《簡帛語言文字研究》第2輯，巴蜀書社2006年版，第128—141頁。
⑨ 張顯成、武曉麗：《漢簡三種量詞研究初探》，《簡帛研究2006》，廣西教育出版社2007年版，第210—232頁。
⑩ 張顯成、武曉麗：《張家山漢簡中的量詞》，《漢語史研究集刊》第10輯，巴蜀書社2007年版，第90—124頁。
⑪ 張顯成：《上博簡（四）中的固定稱數結構》，《簡帛語言文字研究》第3輯，巴蜀書社2008年版，第26—41頁。
⑫ 李建平：《從先秦簡牘看〈漢語大詞典〉量詞釋義的闕失》，《廣西社會科學》2005年第10期。

量詞釋義的闕失》①《漢代"卷"之制度補正》②《從楚秦簡帛文獻看先秦漢語數量詞的地域特徵》③《戰國楚簡中的量詞及其語法化》④，李建平、張顯成師《先秦兩漢魏晉簡帛量詞析論》⑤，等等；張顯成師與筆者在系列論文的基礎上，完成了《簡帛量詞研究》一書，詳細考察了簡帛文獻所見量詞190個，並考察了其不同歷時階段的語法功能，可以作爲目前簡帛文獻量詞研究的階段性成果⑥。

綜合利用出土文獻和傳世文獻的量詞研究，黃盛璋首先綜合利用傳世文獻和出土簡帛文獻對兩漢時期漢語特有的"性狀量詞"（筆者按，即自然量詞）展開考察，並進一步提出兩漢時期是漢語量詞的"茁長階段"，但漢代傳世文獻與出土文獻數量極其眾多，黃文所涉及的量詞僅是其中很小的一部分⑦。楊曉敏則結合殷商甲骨文、兩周金文和傳世先秦文獻語料，綜合考察了先秦時期的量詞150多個，可以說是最早的斷代的先秦漢語量詞研究成果，並進一步考察了部分量詞的歷時演變和數量表示法的發展，從而提出先秦時期仍處於漢語量詞"發生滋長"的歷時階段⑧。其他還有胡波對《九章算術》《周髀算經》和張家山漢簡《算數

---

① 李建平：《從先秦簡牘看〈漢語大字典〉量詞釋義的闕失》，《德州學院學報》2005年第3期。

② 李建平：《漢代"卷"之制度補正》，《農業考古》2010年第1期。

③ 李建平：《從楚秦簡帛文獻看先秦漢語數量詞的地域特徵》，《廣西社會科學》2010年第2期。

④ 李建平：《戰國楚簡中的量詞及其語法化》，《簡帛語言文字研究》第3輯，巴蜀書社2008年版，第42—64頁。

⑤ 李建平、張顯成：《先秦兩漢魏晉簡帛量詞析論》，《中華文化論壇》2009年第4期。

⑥ 按，由於簡帛文獻不限於東周秦漢，還包括了三國吳簡、晉簡等，但由於三國吳簡和晉簡量詞較少，因此《簡帛量詞研究》一書所討論的絕大多數量詞屬於戰國秦漢時期的，因此置於本時期來討論。參見李建平、張顯成《簡帛量詞研究》，中華書局2016年版。

⑦ 黃盛璋：《兩漢時代的量詞》，《中國語文》1961年第8期。該文作爲第一篇對兩漢量詞展開斷代研究的論文，影響深遠，被語言學者廣爲轉引，但值得注意的是限於當時客觀條件及出土文獻整理問題等原因，該文所引出土文獻用例錯訛較多，部分量詞其實並不存在，詳見李建平《〈兩漢時代的量詞〉補正》，張顯成主編《簡帛語言文字研究》第4輯，巴蜀書社2010年版，第346—353頁。

⑧ 楊曉敏：《先秦量詞及其形成與演變》，《王力先生紀念論文集》，商務印書館1990年版，第189—209頁。

書》三種上古數學文獻量詞的研究等①。

部分語法專著中往往也涉及到了該期量詞的研究，主要有姚振武《上古漢語語法史》第三章"數詞、稱數法與量詞的發展"全面考察了上古時期漢語中的個體量詞、集合量詞、臨時量詞、動量詞的使用情況，並在第三節"從'名＋數＋名（量）'到數＋量＋名'"中重點探討了"數＋量＋名"結構的來源問題②。姚振武《上古漢語名量詞地域分佈初探》則基於出土文獻與傳世文獻，對東周至西漢時期漢語中的個體量詞、集體量詞、臨時量詞及其地域分佈進行了系統考察與研究③。

三　魏晉南北朝量詞研究概況

太田辰夫認爲："中古，即魏晉南北朝，在漢語史的時代劃分中相當於第四期。這個時期是古代漢語的質變期，前已説過，這個質變可能開始於後漢時代。"④20世紀50年代末到60年代中期，劉世儒首先致力於漢語量詞的斷代史研究，並選擇了作爲漢語量詞發展關鍵期的魏晉南北朝時期作爲突破點。

1959—1962年劉世儒首先從斷代專題研究開始了其對魏晉南北朝量詞系統的研究，並先後發表了《漢語動量詞的起源》（《中國語文》1959年第6期）、《論魏晉南北朝的量詞》（《中國語文》1959年第11期）、《魏晉南北朝個體量詞研究》（《中國語文》1961年第10、11期合刊）、《魏晉南北朝稱量詞研究》（《中國語文》1962年第3期）、《魏晉南北朝動量詞研究》（《中國語文》1961年第8期）等系列論文。到1965年，劉世儒完成了第一部漢語量詞斷代史研究的專著《魏晉南北朝量詞研究》，並由中華書局出版。該書對魏晉南北朝時期的量詞系統進行了全面

---

① 胡波：《上古三種數學文獻中的量詞》，《延安大學學報》2008年第3期。
② 姚振武：《上古漢語語法史》，上海古籍出版社1995年版，第111—170頁。
③ 姚振武《上古漢語名量詞地域分佈初探》，《簡帛文獻語言研究》，社會科學文獻出版社2006年版，第3—41頁。
④ ［日］太田辰夫：《漢語史通考》，江藍生、白維國譯，重慶出版社1991年版，第10頁。

的斷代描寫，且劉先生的研究往往上貫下聯，從歷時的角度對該時期所見每一個量詞的語源、功能乃至其發展都進行了深入而全面的探討。劉先生此書既可以説是漢語量詞斷代史研究的開山之作，也是量詞研究史上的典範之作，爲後來學者的量詞研究提供了良好的範本。嚴修認爲該書"雖是斷代研究，但常窮源竟委，推究始末，廣泛聯繫前後各個時代。材料豐富，邏輯嚴謹，論證有力，是一部學術價值很高的專著"①。蔣冀騁則指出："研究漢語量詞的，誰也無法繞過劉先生的著作而能另闢蹊徑。劉先生有此一書，可以不朽。謂之大家，當亦無愧。"② 當然，限於研究資料和研究方法的局限，魏晉南北朝時期量詞研究也仍存在諸多問題，特別是基於數量統計的定量定性研究、量詞的語法化程度研究等，也仍有諸多語料有待考察，如長沙三國走馬樓吳簡、魏晉南北朝石刻文獻、諸多漢譯佛經文獻等。吳福祥則最早基於文本頻率、句法行爲和語義泛化程度等參數，對魏晉南北朝時期名量詞發展的語法化程度進行分析③。王雲路《中古漢語詞彙史》第九章第三節"中古量詞的發展"也對中古漢語量詞的概況、特點、來源和分類做了系統、深入地考察與探討④。

此外，魏晉南北朝時期的專書量詞研究也取得了很多成果，主要有賀芳芳⑤、李小平⑥對《齊民要術》量詞的研究；李莎莉⑦、鄭嬋娟⑧對《洛陽伽藍記》量詞的研究；夏宇對《華陽國志》量詞的研究⑨；周素貞對《周氏冥通記》量詞的研究⑩；王大瑩對《後漢書》量詞的研究⑪；王

---

① 嚴修：《二十世紀的古漢語研究》，書海出版社2001年版，第34頁。
② 蔣冀騁：《葉桂郴〈明代量詞研究〉序》，嶽麓書社2008年版，第1頁。
③ 吳福祥：《魏晉南北朝時期漢語名量詞範疇的語法化程度》，《語法化與語法研究》(三)，商務印書館2003年版，第246—265頁。
④ 王雲路：《中古漢語詞彙史》，商務印書館2010年版。
⑤ 賀芳芳：《〈齊民要術〉量詞研究》，碩士學位論文，山東大學，2005年。
⑥ 李小平：《〈齊民要術〉中的量詞及其特點》，《廣西社會科學》2006年第9期。
⑦ 李莎莉：《〈洛陽伽藍記〉名量詞研究》，《赤峰學院學報》2005年第5期。
⑧ 鄭嬋娟：《〈洛陽伽藍記〉量詞研究》，碩士學位論文，南京師範大學，2014年。
⑨ 夏宇：《〈華陽國志〉中的個體量詞》，《楚雄師範學院學報》2008年第10期。
⑩ 周素貞：《〈周氏冥通記〉量詞研究》，《文教資料》2009年第19期。
⑪ 王大瑩：《〈後漢書〉量詞研究》，碩士學位論文，西南大學，2010年。

曉姝對《三國志裴注》量詞的研究①；李亞茹對《鼻奈耶》量詞的研究②；陸燕婷對《幽明錄》量詞的研究③；葉桂郴對《肘後備急方》量詞的研究④；等等。可見，即使研究最爲充分的魏晉南北朝時期，漢語量詞及其語法化的研究仍有進一步細化、深化的必要性。

四　隋唐五代量詞研究概況

　　隋唐五代是漢語量詞大發展的時期，新興量詞大量產生，量詞使用頻率迅速提高，用法趨於複雜，對隋唐五代量詞的研究近年來也取得了較多成果。

　　王紹新致力於該期量詞的研究，取得了豐碩的成果，其《唐代詩文小説中的名量詞運用》考察了唐代詩文和小説等文獻中的名量詞使用情況，並從歷時的視角重點探討唐代名量詞的新發展⑤；其《從幾個例詞看唐代動量詞的發展》以《全唐詩》爲主要語料來源，對其中的動量詞進行考察，並重點分析了該時期的新興動量詞和在語法功能或適用範圍上有了明顯發展的動量詞，明確了唐代動量詞的發展概貌⑥；《隋唐五代的一組稱人名量詞》則對隋唐五代時期稱人的5個名量詞"人""口""員""輩""眾"進行共時和歷時的對比研究，既考察了這5個量詞的語源，也詳盡考察了他們在隋唐五代文獻中的使用情況⑦；對於爭議較多的量詞"人"，王先生在《試論"人"的量詞屬性》中進行了專論，明

---

①　王曉姝：《〈三國志裴注〉量詞研究》，碩士學位論文，黑龍江大學，2010年。
②　李亞茹：《〈鼻奈耶〉量詞研究》，《西南地區語言學研究生論壇論文集》，2012年。
③　陸燕婷：《〈幽明錄〉量詞研究》，碩士學位論文，揚州大學，2012年。
④　葉桂郴：《〈肘後備急方〉量詞研究》，《桂林航天工業學院學報》2013年第4期。
⑤　王紹新：《唐代詩文小説中的名量詞運用》，程湘清主編《隋唐五代漢語研究》，山東教育出版社1992年版。
⑥　王紹新：《從幾個例詞看唐代動量詞的發展》，《古漢語研究》1997年第2期。
⑦　王紹新：《隋唐五代的一組稱人名量詞》，《漢語史學報》第4輯，上海教育出版社2004年版，第61—75頁。

確了"人"在量詞史中確實出現過①；同時，《量詞"個"在唐代前後的發展》一文則在洪誠②對唐代以前泛指性量詞"個"的溯源及其歷時發展研究的基礎上，進一步考察了該量詞在隋唐五代時期的新發展③。趙中方的《唐五代個體量詞的發展》④《唐五代宋元集合量詞的發展》⑤兩文較早對唐五代時期量詞進行了考察，並將其與劉世儒對魏晉南北朝量詞研究的成果進行了歷時比較研究，探討了該時期新量詞的産生以及量詞在語法功能、適用範圍等方面的特點。此後，陳玉冬獨闢蹊徑，對隋唐五代時期漢語量詞的語義特徵進行了深入考察⑥。

另外，曲建華的《唐代動量詞探析》系統調查了《全唐詩》《全唐五代詞》《敦煌變文集》《遊仙窟》《唐語林》《大唐新語》《玄怪録》等七種傳世文獻中動量詞的使用情況，逐一統計了動量詞在這些文獻中的使用頻率，在歷時比較中探討了動量詞在唐代的新發展，主要體現在動量詞使用頻率的提高、大量新興動量詞的産生、動量詞的疊用等新用法，最後該文指出唐代文獻中不用動量詞的情況仍然大量存在，動量詞在動量表示法中顯然並非必須⑦。王向毅的《名量詞在唐代的新發展》在劉世儒對魏晉南北朝研究的基礎上，將唐代名量詞與之對比，分類考察了該時期名量詞在語法功能、適用範圍等方面新發展⑧。蘇晹⑨、王啟濤⑩則討論了量詞加詞尾結構出現時代的問題，前者指出五代可見，後者則進一步提出可上溯至唐代。

---

① 王紹新：《試論"人"的量詞屬性》，《中國語文》2005年第1期。此外，范崇高《名量詞"人"示例》一文，發現了唐代文獻中"人"用於"數+量+名"結構的典型用例，説明"人"在特定歷史階段有發展爲典型量詞的可能，《中國語文》2003年第3期。
② 洪誠：《略論量詞"個"的語源及其在唐以前的發展情況》，《南京大學學報》1963年第2期；收入《洪誠文集·維誦廬論文集》，江蘇古籍出版社2000年版，第139—149頁。
③ 王紹新：《量詞"個"在唐代前後的發展》，《語言教學與研究》1989年第2期。
④ 趙中方：《唐五代個體量詞的發展》，《揚州師範學院學報》1991年第4期。
⑤ 趙中方：《唐五代宋元集體量詞的發展》，《南京大學學報》1992年第4期。
⑥ 陳玉冬：《隋唐五代量詞的語義特徵》，《古漢語研究》1998年第2期。
⑦ 曲建華：《唐代動量詞探析》，《語文學刊》2011年第8期。
⑧ 王向毅：《名量詞在唐代的新發展》，碩士學位論文，西北大學，2007年。
⑨ 蘇晹：《量詞加詞尾五代已見》，《中國語文》2001年第1期。
⑩ 王啟濤：《量詞加詞尾不晚於唐代》，《中國語文》2003年第5期。

对隋唐五代时期一些重要文献进行专书量词研究的成果也非常多见，主要有孙艳对《入唐求法巡礼行记》名量词系统的研究，同时该文也考察了"名+数+量"结构、"数+量+名"结构、"数+名"结构、"名+数"结构等数量表示法在该文献中的使用情况，并对其中部分称数构式进行了数据统计与分析研究①；叶松华对《祖堂集》中的量词进行了分类描写，详细统计了每个量词的出现频率，考察了其适用范围，探讨了该书中量词语法功能的发展②；刘文芬对李延寿的《北史》中的量词进行了研究③；杜启朕则对张鷟《游仙窟》中的量词进行了全面研究④。

作为出土文献，敦煌文献和吐鲁番出土文书的量词研究获得了学界较多关注⑤。首先是对《敦煌变文集》中量词的研究，李日辉对《敦煌变文集》中的量词重叠进行了语法分析⑥；李思明对《敦煌变文集》中的量词作了考察⑦；周春梅对《敦煌变文集》中的数量表示法和量词都进行了全面考察和分类统计⑧；王新华则对敦煌变文中量词借作名词、"名+量"结构等进行探讨⑨。另外，诸多学者对特定类别的敦煌文献展开了研究，如苏旸对敦煌社会经济文书中的量词进行了研究⑩；王建军考察了敦煌社邑文书中的特殊量词⑪；范崇峰对敦煌医方两个特殊量词"行"和"累"进行了考证⑫；王亚丽则考察了敦煌医籍中的名量词使用情况⑬，

---

① 孙艳：《〈入唐求法巡礼行记〉的名量词》，《汉语史研究集刊》第9辑，巴蜀书社2006年版，第48—64页。
② 叶松华：《〈祖堂集〉量词研究》，硕士学位论文，上海师范大学，2006年。
③ 刘文芬：《〈北史〉量词研究》，硕士学位论文，西南大学，2012年。
④ 杜启朕：《〈游仙窟〉量词探论》，《安顺学院学报》2016年第2期。
⑤ 按，敦煌文书之主体出自甘肃敦煌莫高窟藏经洞，并非地下发掘的文献，但按照学术界惯例仍归入出土文献资料之中。
⑥ 李日辉：《〈敦煌变文集〉量词重叠的语法分析》，《延边大学学报》1982年第4期。
⑦ 李思明：《〈敦煌变文集〉中的量词》，《安庆师院学报》1983年第1期。
⑧ 周春梅：《〈敦煌变文集〉的称数法》，《新疆大学学报》1991年第1期。
⑨ 王新华：《敦煌变文中量词使用的几个特例》，《中国语文》1994年第4期。
⑩ 苏旸：《敦煌契约中的量词》，《江南大学学报》2003年第4期。
⑪ 王建军：《敦煌社邑文书中的特殊量词》，《中国语言学报》第13期，商务印书馆2008年版，第143—152页。
⑫ 范崇峰：《敦煌医方量词两则》，《中国语文》2009年第5期。
⑬ 王亚丽：《敦煌古医籍中的名量词》，《南京中医药大学学报》2010年第2期。

此後又專文考察了敦煌醫籍中的借用名量詞①；敏春芳則對敦煌文獻和吐魯番出土文書中的飲食類量詞進行了考察②；何琴考察了英藏敦煌文獻（S10—S522）中的量詞③，楊帆則對英藏敦煌契約、社邑文書中的名量詞系統做了詳細描寫④。另外，對於敦煌文獻所見的一些特殊量詞，學界也進行了廣泛討論，如關於量詞"掘"，范崇峰率先提出了談敦煌卷子中存在一個特殊量詞"掘"，並舉例分析⑤，史文磊則認爲其實漢語中並不存在量詞"掘"⑥，王亞麗則認爲雖然敦煌文獻中的用例有待商榷，但漢語中確實存在量詞"掘"⑦；又如對敦煌文獻量詞"笙"的討論，敏春芳對敦煌社邑文書類文獻中的兩個特殊量詞"事"和"笙"進行考辯⑧，趙家棟根據圖版指出該字其實是個體量詞"莖"的俗訛字，漢語史上並不存在量詞"笙"⑨，其他還有曹芳宇對敦煌文獻中疑似量詞"件"考察與辨析⑩，等等。

對於吐魯番出土文獻的量詞研究則相對成果略少，主要有廖名春對吐魯番出土文書中所見新興量詞的考釋⑪，敏春芳、馬有則考察了敦煌吐魯番文書中衣物量詞⑫。此外，鄭邵琳則對唐代石刻材料中量詞"事"的發展狀況進行了考察，指出量詞"事"在唐代纔真正確立了其量詞的屬性，是唐代新興的個體量詞，還進一步考察了該量詞被量詞"件"替換的歷程和動因⑬。

---

① 王亞麗：《敦煌醫籍中的借用名量詞》，《南京中醫藥大學學報》2011年第4期。
② 敏春芳：《敦煌吐魯番出土文書飲食量詞訓釋》，《藝術百家》2010年第4期。
③ 何琴：《英藏敦煌文獻（S10—S522）量詞研究》，碩士學位論文，西南大學，2011年。
④ 楊帆：《英藏敦煌契約、社邑文書名量詞研究》，碩士學位論文，西南大學，2012年。
⑤ 范崇峰：《談敦煌卷子中的量詞"掘"》，《中國語文》2007年第2期。
⑥ 史文磊：《漢語中真的存在量詞"掘"嗎？——〈談敦煌卷子中的量詞"掘"〉讀後》，《中國語文》2008年第3期。
⑦ 王亞麗：《漢語中存在量詞"掘"》，《現代語文》2015年第2期。
⑧ 敏春芳：《敦煌社邑文書量詞"事""笙"辨考》，《敦煌學輯刊》2005年第2期。
⑨ 趙家棟：《敦煌文獻中並不存在量詞"笙"》，《語言科學》2012年第4期。
⑩ 曹芳宇：《敦煌文獻中疑似量詞"件"辨析》，《南開語言學刊》2010年第1期。
⑪ 廖名春《吐魯番出土文書新興量詞考》，《敦煌研究》1990年第2期。
⑫ 敏春芳、馬有：《敦煌吐魯番文書中衣物量詞例釋》，《蘭州大學學報》2005年第4期。
⑬ 鄭邵琳：《從唐石刻看量詞"事"的產生及其發展演變》，《華北水利水電大學學報》2013年第1期。

對於敦煌吐魯番出土文獻進行量詞研究的代表作是洪藝芳的兩部專著《吐魯番出土文書中之量詞研究》[①] 和《敦煌社會經濟文書中之量詞研究》[②]，在這兩部著作中作者對吐魯番出土文書和敦煌社會經濟文書中的量詞及其數量表示法都進行了全面系統而深入地統計和分析，既對相關文獻中的所有量詞進行了整理，並逐一描寫，又結合學界研究成果作共時和歷時的比較分析，並對量詞與中心詞之間的雙向選擇關係，量詞書寫形式的差異及其形義關係等問題進行了考察，成爲迄今爲止對敦煌和吐魯番出土文獻量詞系統最爲全面深入的研究成果。

另外，曹芳宇的博士學位論文《唐五代量詞研究》則對世界各地所藏敦煌、吐魯番文獻中世俗文獻的量詞系統進行了全面考察與研究，同時兼及唐五代史書、詩詞、語錄、筆記小説等傳世文獻，整理出量詞349個，其中名量詞318個、動量詞31個，並進行逐一考察分析[③]。此外還有遊黎的《唐五代量詞研究》[④] 等等，此不贅述。

筆者的《隋唐五代量詞研究》則在前人與時賢研究成果的基礎上，基於《全唐文》《全唐詩》等傳世文獻和出土敦煌文獻、吐魯番文書、碑刻文獻對隋唐五代時期的量詞系統做全面系統考察，逐一描寫了該期量詞411個，其中名量詞364個，而動量詞也達到47個之多，並進一步分析了隋唐五代量詞的特點和語法化程度等問題。

總體來看，經過諸多學者長期以來的共同努力，隋唐五代時期的量詞研究已經較爲深入，但隋唐五代資料眾多，對量詞的調查研究也仍需拓展與深入。

五　宋元量詞研究概況

宋元時期，隨着社會經濟的大發展，市民文學、戲曲、話本、小説的興盛，古白話趨於成熟，大量口語性很強的文獻資料爲漢語史研究提

---

① 洪藝芳：《敦煌吐魯番文書中之量詞研究》，文津出版社2000年版。
② 洪藝芳：《敦煌社會經濟文書中之量詞研究》，文津出版社2004年版。
③ 曹芳宇：《唐五代量詞研究》，博士學位論文，南開大學，2010年。
④ 遊黎：《唐代量詞研究》，四川大學，碩士學位論文，2002年。

供了豐富的更有價值的語料。對於漢語量詞研究來說，經過隋唐五代時期量詞的大發展，宋元時期漢語量詞趨於成熟，大量量詞早在唐五代及以前就產生了，宋元以後新興並沿用到現代漢語中的常用量詞數量顯然比此前各歷時階段要少得多，因此這就導致對宋元量詞的研究，成果遠遠沒有此前豐富，如盧烈紅給金桂桃《宋元明清動量詞研究》所作的《序》中曾說："就量詞的歷時研究來說，有兩種情況值得注意：一是先秦至唐代的研究較爲充分一點，宋以後的研究則較爲薄弱；二是名量詞的研究較爲充分一些，動量詞的研究則較爲薄弱。"[①]

較早引起學界關注的仍然是個體量詞的研究，趙中方最早對宋元個體量詞進行了統計考察，初步統計了宋元個體量詞一百六十七個，並參照劉世儒《魏晉南北朝量詞研究》重點考察了該時期"有所發展變化的量詞"和"較早見於這個時期的量詞"，並提出"宋元時期個體量詞的全面分工已經完成"[②]。白冰則進一步在劉書和趙文的基礎上，考察了48個個體量詞[③]；另外，白冰還對宋元語言詞典中所漏收的量詞進行了重點考釋[④]。金桂桃考察了《清平山堂話本》中新興的和用法出現了明顯變化的個體量詞[⑤]。鄧幫雲逐一考察了13個元代個體量詞[⑥]。對集合量詞的研究則有李文澤對"雙、對""堆、團""套、副"等5組集合量詞的比較研究[⑦]。

宋元專書專題量詞研究的成果也較爲豐碩，特別是陳穎的專著《蘇軾作品量詞研究》對蘇軾作品中的名量詞、動量詞系統分別全面考察，並將其與劉世儒對魏晉南北朝量詞的研究和王紹新等對隋唐五代量詞的

---

① 金桂桃：《宋元明清動量詞研究》，武漢大學出版社2007年版，第1頁。
② 趙中方：《宋元個體量詞的發展》，《揚州師院學報》1989年第1期。
③ 白冰：《宋元時期個體量詞的變化和發展》，《山西高等學校社會科學學報》2001年第7期。
④ 白冰：《宋元兩語言詞典漏收量詞考補》，《河南師範大學學報》2002年第3期。
⑤ 金桂桃：《〈清平山堂話本〉中的個體量詞》，《嘉應大學學報》2002年第2期。
⑥ 鄧幫云：《元代個體量詞舉隅》，《漢語史研究集刊》第7輯，巴蜀書社2004年版，第319—327頁。
⑦ 李文澤：《宋代語言中的幾組集合量詞》，《宋代文化研究》第11輯，綫裝書局2002年版，第185—197頁。

研究進行對比，考察了魏晉至宋漢語量詞系統的發展變化①；官長馳、于濤、貝羅貝和林徵玲、高育花等諸多學者都對《老乞大諺解》和《朴通事諺解》中的量詞進行了考察和研究②；袁仁智考察了《元曲選》中的量詞，並與唐宋量詞系統及現代漢語量詞系統進行了歷時比較③；劉文正則對《朱子語類》中的 400 多個量詞做了全面系統的描寫與深入研究，分析了其體系完備、數量巨大、結構多樣、功能複雜、語法化程度高等方面的特點④；王遠明則考察了《五燈會元》中的量詞情況⑤；劉雙對《夷堅志》中的 256 個量詞進行了研究⑥；藍文思對《張協狀元》中的量詞進行了考察與研究⑦；杜靖華對《全宋詞》中的量詞進行了研究⑧；劉玉朝對《元刊全相平話五種》中的量詞進行了研究⑨；魏洪對《關漢卿戲劇集》中的量詞進行了研究⑩；崔麗、李建平對口語性較強的兩宋話本中的量詞進行了全面整理和研究，並基於數理統計考察了該時期量詞的語法化程度等問題⑪。陳穎在宋代語料的基礎上，探討量詞語義演變的動因、量詞的語法化途徑、量詞語法化的内部協調機制等問題⑫。

黑水城文獻的發現是繼敦煌、吐魯番文獻之後又一次重大發現，以西夏文和漢文文獻爲主，其寫成時代從唐、五代、遼、宋、西夏、金、

---

① 陳穎：《蘇軾作品量詞研究》，巴蜀書社 2003 年版。

② 官長馳：《〈老乞大諺解〉所見之元代量詞》，《内江師範學院學報》1988 年第 1 期；于濤：《〈老乞大〉和〈朴通事〉的名量詞研究》，《雲南師範大學學報》2004 年第 6 期；貝羅貝、林徵玲：《〈老乞大〉的個體量詞和語言循環現象之關係》，《漢語史學報》第 10 輯，上海教育出版社 2010 年版；高育花：《〈老乞大諺解〉〈朴通事諺解〉中的名量詞》，《泰山學院學報》2012 年第 4 期；官長馳：《〈朴通事諺解〉中的量詞》，《内江師範學院學報》1989 年第 1 期。

③ 袁仁智：《〈元曲選〉量詞系統的歷時比較》，《湘南學院學報》2005 年第 6 期。

④ 劉文正：《朱子語類量詞研究》，碩士學位論文，貴州大學，2006 年。

⑤ 王遠明：《〈五燈會元〉量詞研究》，碩士學位論文，貴州大學，2006 年。

⑥ 劉雙：《〈夷堅志〉量詞研究》，碩士學位論文，河北師範大學，2009 年。

⑦ 藍文思：《張協狀元量詞研究》，碩士學位論文，貴州師範大學，2009 年。

⑧ 杜靖華：《〈全宋詞〉量詞研究》，碩士學位論文，鄭州大學，2013 年。

⑨ 劉玉朝：《〈元刊全相平話五種〉量詞研究》，碩士學位論文，河北師範大學，2009 年。

⑩ 魏洪：《〈關漢卿戲劇集〉量詞研究》，碩士學位論文，青島大學，2012 年。

⑪ 崔麗、李建平：《兩宋話本中的量詞及其語法化研究》，《安順學院學報》2017 年第 6 期。

⑫ 陳穎：《從宋代語料看物量詞語法化中的幾個問題》，《四川師範大學學報》2011 年第 6 期。

偽齊至元，內容包括了社會經濟文獻、宗教文獻等。邵天松對該批文獻中的宋代文獻中的量詞進行了整理研究，考察了個體量詞21個[①]、度量量詞11個[②]，發現黑水城出土文獻中所有個體量詞、度量量詞均繼承自前代，但部分量詞在用法上有所拓展，個別量詞在書寫形式上也獨具特色。

此外，劉月艷選取歐陽修、李清照、蘇軾的部分詞作和歐陽修的《歸田錄》、莊綽《雞肋編》以及南戲《張協狀元》《永樂大典戲文三種校注》，以及《癸辛雜誌》《五燈會元》《朱子語類》等語料，對宋代所見名量詞進行了考察，並分析了宋代量詞的語法特徵和語義特徵，並對其語法化情況也進行了研究[③]。彭文芳在大量語料調查的基礎上，描寫了元代量詞的概貌，其中包括名量詞250多個，動量詞20多個，同時考察了名量詞兒化、名量詞的詞尾化、量詞的繁化和簡化等諸多問題[④]。鄧幫雲分類討論了元代量詞的面貌，分別考察了名量詞、動量詞的語法特徵，並結合學界研究成果，探討了元代量詞的歷時發展與變化[⑤]。

專書語法研究中往往也會對其中的量詞做系統考察與分析，如吳福祥《〈朱子語類輯略〉語法研究》（河南大學出版社2004年版）、《敦煌變文12種語法研究》（河南大學出版社2004年版）、曹廣順和梁銀峰《〈祖堂集〉語法研究》（河南大學出版社2011年版）、楊永龍和江藍生《〈劉知遠諸宮調〉語法研究》（河南大學出版社2010年版）、刁晏斌《〈三朝北盟會編〉語法研究》（河南大學出版社2007年版）、李崇興和祖生利《〈元典章·刑部〉語法研究》（河南大學出版社2011年版）、高育花《元刊〈全像評話五種〉語法研究》（河南大學出版社2007年版）等等，都涉及了相關量詞的研究。

[①] 邵天松：《黑水城出土宋代漢文社會文獻中的個體量詞》，《南京師範大學文學院學報》2015年第3期。

[②] 邵天松：《黑水城出土宋代漢文社會文獻中的度量量詞》，《寧夏社會科學》2015年第1期。

[③] 劉月艷：《宋代名量詞研究》，碩士學位論文，南京師範大學，2013年。

[④] 彭文芳：《元代量詞研究》，碩士學位論文，廣西師範大學，2001年。

[⑤] 鄧幫云：《元代量詞研究》，碩士學位論文，四川大學，2005年。

總體來看，宋元漢語量詞的斷代史研究還相對較爲薄弱，大量文獻仍未獲整理與研究，大宗文獻如《全宋文》（360 册）仍未系統考察，對《全宋詞》量詞的研究也有待細化，其他金遼文獻、元代戲曲文獻等都缺乏系統全面的整理與研究，在此後的研究中應當加強該期量詞的全面調查與研究。

六　明清量詞研究概況

量詞系統發展到明清時代，已經趨於基本完善，因此相比此前各歷時階段的量詞研究，明清量詞的研究也較爲薄弱。

葉桂郴致力於明代量詞研究，成果豐碩，其專著《明代漢語量詞研究》以明末清初毛晉選編大型戲劇作品集《六十種曲》爲主要語料來源，同時兼及明代其他文獻中的量詞使用情況，指出"戲劇作爲最貼近普通觀衆的藝術形式之一，它的語言無疑是當時最活潑的語言"，對明代口語系統中的量詞進行了綜合考察研究[①]；葉桂郴還專文討論了明代的新興量詞，逐一分析了明代新興量詞 13 個[②]。

明清時期量詞研究更多集中於專書量詞的研究上，特別是一些經典文獻，如僅《紅樓夢》量詞研究就有趙建華、黄任忠、魏麗梅、過國嬌、謝新暎、陳躍等[③]，基本釐清了《紅樓夢》量詞使用的各個方面。周建民對《金瓶梅》量詞整理研究，指出全書共用量詞 408 個，並對量詞的使用頻率進行了統計分析，如量詞"個"達到 4148 例之多[④]；此後，吕鳳嬌考察了《金瓶梅》中的名量詞[⑤]，周静怡考察了《金瓶梅》中的集合

[①] 葉桂郴：《明代漢語量詞研究》，嶽麓書社 2008 年版。
[②] 葉桂郴：《明代新生量詞考察》，《古漢語研究》2008 年第 3 期。
[③] 趙建華：《〈紅樓夢〉前八十回的名量詞》，《語言教學與研究》1985 年第 1 期；過國嬌：《〈紅樓夢〉（前 80 回）量詞研究》，碩士學位論文，上海師範大學，2005 年；魏麗梅：《〈紅樓夢〉量詞研究》，碩士學位論文，遼寧師範大學，2005 年；謝新暎：《〈紅樓夢〉量詞研究》，《福建教育學院學報》2005 年第 7 期；陳躍：《〈紅樓夢〉量詞研究》，碩士學位論文，貴州大學，2006 年。
[④] 周建民：《〈金瓶梅〉的量詞系統》，《江漢學術》1989 年第 4 期。
[⑤] 吕鳳嬌：《〈金瓶梅詞話〉名量詞研究》，碩士學位論文，重慶師範大學，2013 年。

量詞①，等等；惠紅軍對《水滸傳》量詞進行了共時和歷時的綜合分析②；徐晶晶對馮夢龍"三言"，即《喻世名言》《警世通言》《醒世恒言》中的量詞進行了分類描寫，且有詳盡數量統計，並將其與《六十種曲》和明代量詞作比較研究③。馬秀蘭④、王曉瑋⑤分別對《聊齋俚曲》中的量詞系統進行了描寫與分析研究。邵會平對《歧路燈》量詞進行分類描寫，並對名量詞、動量詞分別作歷時考察⑥。郭立建對漢譯《元朝秘史》中的49個量詞進行了考察與研究，並分析了其量詞使用的獨特之處⑦。高月瑩對《十二樓》所見量詞162個進行分析，特別考察了其中的46個形狀量詞，並分析了其積極修辭方面的特色⑧。還有栗君華對《兒女英雄傳》量詞的研究⑨，顧亞芹對《本草綱目》量詞的研究⑩，丁敏對《醒世姻緣傳》量詞的研究⑪，王陽對《二十年目睹之怪現狀》量詞的研究⑫，方義祥對《老殘遊記》量詞的研究⑬，陳媛茜⑭、李洪琳⑮對《型世言》量詞的研究，張雅雯⑯、杜環環⑰對《鏡花緣》量詞的研究，等等。

專書語法研究往往也會對其中的量詞做系統考察與分析，如馮春田《〈聊齋俚曲〉語法研究》（河南大學出版社2003年版）、許仰民《〈金瓶梅詞話〉語法研究》（中華書局2006年版）等。

---

① 周靜怡：《〈金瓶梅〉集合量詞研究》，碩士學位論文，華東師範大學，2014年。
② 惠紅軍：《〈水滸傳〉量詞研究》，碩士學位論文，貴州大學，2006年。
③ 徐晶晶：《〈三言〉量詞研究》，碩士學位論文，華東師範大學，2008年。
④ 馬秀蘭：《〈聊齋俚曲〉量詞研究》，碩士學位論文，山東大學，2009年。
⑤ 王曉瑋：《〈聊齋俚曲〉量詞研究》，碩士學位論文，青島大學，2010年。
⑥ 邵會平：《〈歧路燈〉量詞研究》，碩士學位論文，湘潭大學，2010年。
⑦ 郭立建：《漢譯〈元朝秘史〉量詞研究》，碩士學位論文，西南大學，2013年。
⑧ 高月瑩：《〈十二樓〉量詞研究》，碩士學位論文，牡丹江師範學院，2015年。
⑨ 栗君華：《〈兒女英雄傳〉量詞研究》，碩士學位論文，信陽師範學院，2010年。
⑩ 顧亞芹：《〈本草綱目〉量詞研究》，碩士學位論文，南京師範大學，2011年。
⑪ 丁敏：《〈醒世姻緣傳〉量詞研究》，碩士學位論文，南京師範大學，2012年。
⑫ 王陽：《〈二十年目睹之怪現狀〉量詞研究》，碩士學位論文，河北大學，2014年。
⑬ 方義祥：《〈老殘遊記〉量詞研究》，碩士學位論文，重慶師範大學，2014年。
⑭ 陳媛茜：《〈型世言〉量詞研究》，碩士學位論文，華中科技大學，2015年。
⑮ 李洪琳：《〈型世言〉量詞研究》，碩士學位論文，重慶師範大學，2015年。
⑯ 杜環環：《〈鏡花緣〉量詞研究》，碩士學位論文，遼寧大學，2015年。
⑰ 張雅雯：《〈鏡花緣〉的量詞研究》，碩士學位論文，西南大學，2015年。

與此前的歷時階段相比，明清時期文獻更爲眾多，量詞的用法也更爲複雜，目前研究仍祇是其中很小的一部分，更全面的研究顯然還有待展開。

七　量詞個案與興替研究概況

漢語量詞系統雖然紛繁複雜，但終究是由一個個獨立又互相關聯的量詞組成的，對漢語量詞史的研究必然要對每一個量詞的語源、歷時發展及其興替進行歷時考察，近年來漢語量詞個案的歷時研究也成爲漢語史研究的一個熱點，取得了豐碩成果。

泛指量詞（或稱爲"通用量詞""共性量詞"），由於其特殊性質及其在現代漢語中的廣泛使用，較早受到學界關注，洪誠早在1963年就對量詞"個"的語源及其在唐以前的發展情況進行考察，提出"介"與"个"的聯繫①；遊汝傑則考察了泛指量詞"個"的語源，認爲"量詞'个'不可能從形容詞'介'演變而來，也不可能是'偏'義的'个'演變而來"，並提出"在漢語史本身我們還沒有找到量詞'個'的語源，這在漢語量詞發展史上是一個例外"②；王紹新在洪誠文的基礎上，對泛指量詞"個"在唐代前後的發展變化情況展開了探討；王彤偉也對量詞"個"及其字形"个、箇、個"的歷時演變進行了考察與研究③。除了量詞"個"外，漢語史還有一個常見的泛指量詞"枚"，張萬起首先從歷時的角度，考察了量詞"枚"的語源、產生時代及其歷史演變④；此後，張瑩也對量詞"枚"的歷時演變進行了分析⑤。

對其他量詞個案研究的成果也很豐富，多爲學術論文的形式，部分

---

① 洪誠：《略論量詞"個"的語源及其在唐以前的發展情況》，《南京大學學報》1963年第2期；收入《洪誠文集·雜誦廬論文集》，江蘇古籍出版社2000年版，第139—149頁。
② 遊汝傑：《漢語量詞"個"語源辨析》，《語文研究》1985年第4期。
③ 王彤偉：《量詞"個"及其字形"个、箇、個"的歷時演變》，《陝西理工學院學報》2017年第1期。
④ 張萬起：《量詞"枚"的產生及其歷史演變》，《中國語文》1988年第3期。
⑤ 張瑩：《量詞"枚"的歷時演變二題》，《漢語史學報》第16輯，上海教育出版社2016年版，第313—316頁。

學者開始致力於量詞研究，取得了系列成果。孟繁傑先後對一系列形狀量詞的語法化歷程和歷史演變做了考察，如對量詞"條"的產生及其歷史演變的研究①，對量詞"面"語法化歷程的考察②，對量詞"幅"的歷時考察③，對量詞"根"的歷時考察④，對量詞"片"的語法化研究⑤；還有孟繁傑、李如龍對量詞"張"的產生及其歷史演變的研究⑥等；以及孟繁傑、李焱對量詞"塊"的產生及其發展演變的研究⑦，對量詞"道"的歷時考察⑧。葉桂郴在量詞個案研究中也多有創獲，如考察了量詞"頭"的歷史演變及其他稱量動物的量詞⑨。筆者先後考察了漢代量制量詞"桊"的制度⑩，基於簡帛文獻考察了量詞"參"的制度問題⑪，基於出土文獻和傳世文獻綜合考察了動量詞"行"的語源和產生時代⑫，基於對語料的細緻區分探討了動量詞"頓"的語源及其產生時代⑬等；金桂桃則考察了唐代及唐以前量詞"件"的產生、發展和流變⑭；魏兆惠、華學誠對量詞"通"的語源和歷時演變進行了考察與探究⑮；彭慧對量詞"輪"的歷時發展及其認知機制的研究⑯；王毅力對動量詞"頓"的語

---

① 孟繁傑：《量詞"條"的產生及其歷史演變》，《寧夏大學學報》2009年第1期。
② 孟繁傑：《量詞"面"的語法化》，《海外華文教育》2009年第3期。
③ 孟繁傑：《從歷時角度看量詞"幅"屬性的演變》，《漢字文化》2010年第2期。
④ 孟繁傑：《論量詞"根"的演變》，《國際漢語學報》2011年第2期。
⑤ 孟繁傑：《量詞"片"的語法化》，《語言研究》2011年第3期。
⑥ 孟繁傑、李如龍：《量詞"張"的產生及其歷史演變》，《中國語文》2010年第5期。
⑦ 孟繁傑、李焱：《量詞"塊"的產生及其發展演變》，《寧夏大學學報》2014年第3期。
⑧ 孟繁傑、李焱：《量詞"道"的歷時演變考察》，《寧夏大學學報》2015年第2期。
⑨ 葉桂郴：《量詞"頭"的歷史考察及其他稱量動物的量詞》，《古漢語研究》2004年第3期。
⑩ 李建平：《漢代"桊"之制度補正》，《農業考古》2010年第1期。
⑪ 李建平：《秦漢簡帛中的度量衡單位"參"》，《敦煌研究》2010年第2期。
⑫ 李建平：《動量詞"行"產生的時代及其來源——兼論"大小行"的語源》，《中國語文》2011年第2期。
⑬ 李建平：《也談動量詞"頓"產生的時代及其語源——兼與王毅力先生商榷》，《語言研究》2013年第1期。
⑭ 金桂桃：《唐至清的量詞"件"》，《長江學術》2006年第1期。
⑮ 魏兆惠、華學城：《量詞"通"的歷史發展》，《漢語學報》2008年第1期。
⑯ 彭慧：《量詞"輪"的歷時發展及其認知機制》，《廣西社會科學》2012年第9期。

源、產生及其發展的探討①；伍翠婷、羅智豐對量詞"把"的歷時考察②；萬久富對量詞"位"的歷時考察③；王彤偉對量詞"把"也作了歷時考察④；馮赫則對量詞"所"的歷時演變作了考察和分析⑤，等等。

也有學者對專書中的部分特殊量詞進行研究，範圍固定而更易於定量定性分析，有助於對量詞研究的細化與深入分析，如李薛妃考察了《朱子語類》中量詞"等"，並分析了其歷時發展⑥；李小平對《齊民要術》指稱植物的量詞"科"進行考察，並對其演變展開歷時研究⑦。

漢語量詞在歷時發展的過程中，隨着量詞分工的發展，量詞也存在數量眾多的興替現象，量詞的興替也引起學界廣泛的研究興趣。受到最多關注的仍是泛指量詞，在此前泛指量詞個案研究的基礎上，陳紱首先對泛指量詞"枚"和"個"興替進行了考察⑧，筆者與張顯成師基於學界已有的研究成果，綜合利用傳世文獻與簡帛、碑刻、敦煌吐魯番文書等出土文獻語料，進一步考察了泛指量詞"枚"的語源與發展，闡明泛指量詞"枚"源自其引申義"算籌"義，而非其本義"樹幹"義；同時，考察了泛指量詞"個"的三種不同書寫形式"个""箇""個"的語源、發展及其流變；最後，對泛指量詞"枚"與"個"興替的時代及其動因進行了探究。

郭秀梅等考察了古代中醫文獻中最常見的稱量藥物的量詞"物"和"味"的興替，從出土文獻來看漢魏南北朝時期醫方中稱量藥物類別的量詞一以貫之均用"物"，但從唐代開始量詞"味"逐漸成爲稱量藥物的唯

---

① 王毅力：《動量詞"頓"的產生及其發展》，《語言研究》2011年第3期。
② 伍翠婷、羅智豐：《量詞"把"的產生及其歷時演變》，《桂林航天工業學院學報》2012年第4期。
③ 萬久富：《量詞"位"的歷時考察》，《常州大學學報》2013年第2期。
④ 王彤偉：《量詞"把"的歷時考察》，《漢語史研究集刊》2015年第2期。
⑤ 馮赫：《論名量詞"所"的歷時演變》，《東岳論叢》2017年第12期。
⑥ 李薛妃：《〈朱子語類〉中量詞"等"》，《內蒙古農業大學學報》2009年第3期。
⑦ 李小平：《〈齊民要術〉指稱植物的量詞"科"及其演變》，《衡陽師範學院學報》2011年第4期。
⑧ 陳紱：《從"枚"與"個"看漢語泛指性量詞的演變》，《語文研究》2002年第1期。

一量詞,其興替的動因在於語音的發展變化①。牛太清則考察了古代表示"層次"義的一對量詞"重"和"層"的歷時演變與興替,並對其應用情況進行統計與分析,提出其嬗變發生在魏晉南北朝時期②。葉桂郴考察了一組表示事物切分結果的量詞"枚"與"個"、"條"與"根"、"隻"與"頭"的歷時興替過程,認爲三組量詞興替的動因在於表形需要催生了個體量詞的産生,而表形的特質卻制約了某些量詞的進一步發展③。王秀玲考察了量詞"領"與"件"的替換,提出其興替發生於明代,動因在於量詞"件"的泛化④。

要建立完整的漢語量詞發展史,必然要釐清每一個量詞的發展史;量詞的發展不是孤立的,而是和其他量詞存在着競爭與合作的關係,因此量詞適用範圍的交叉和量詞的興替在量詞發展史中變得更爲複雜。祇有釐清每一個量詞的發展和興替,科學系統的漢語量詞發展史纔能真正建立起來。迄今爲止,量詞個案研究雖然取得了豐碩成果,但所涉及的量詞顯然還祇是量詞大家庭中的很少一部分,而且即使是已經獲得了廣泛關注的特定量詞,也仍存在諸多有待解決的問題,可見漢語量詞的個案研究仍任重道遠,有待學界進一步拓展與深化。

八 量詞專題研究與量詞語法化研究概況

漢語量詞數量眾多,子類也紛紜複雜,因此對量詞的某一子類或某一專題的研究也成爲學界關注的重點之一,如對名量詞(或稱爲"物量詞")、動量詞等大類,或者對名量詞中的個體量詞、形狀量詞、拷貝型量詞等特殊子類,或者對動量詞中的同形動量詞等特殊子類的專題研

---

① 郭秀梅、崔为、[日]冈田研吉、[日]加藤久幸:《中藥量詞從"物"到"味"的演變》,《醫古文知識》2000年第2期。
② 牛太清:《量詞"重/層"歷時更替小考》,《古漢語研究》2001年第2期。
③ 葉桂郴:《一組表示事物切分結果的量詞"段""節""截"的歷時考察》,《桂林航天工業專科學校學報》2008年第1期。
④ 王秀玲:《談量詞"領"的起源和發展——兼論"領"和"件"的歷時替換》,《廣州大學學報》2009年第3期。

究等。

关于汉语史中的个体量词，麻爱民的专著《汉语个体量词的产生和发展》对其历时发展做了宏观梳理，并对"只""条""头""张"四个量词做个案考察，对数量结构的发展、量词重叠式的历时发展、大型辞书量词编纂中的问题、量词的词尾化问题、量词研究的语料问题等都有深入考察，成果斐然①。关于个体量词中的形状量词，学界多有研究，孟繁杰的专著《现代汉语形状量词的来源及其演变研究》对现代汉语常见的点状、线状、面状、体状4大类21个形状量词的产生和历时演变过程进行考察，并归纳了其演变特点；从语义搭配的角度，将其分为兴起、发展、完善、定型、规范五个阶段，并考察了"虚化—泛化—逆泛化"的过程，并从认知的角度提出认知敏感度中的"线状＞面状＞体状＞点状"的顺序，认为这是汉民族的认知特点②。此外，石毓智也对形状量词系统的认知基础进行了探讨，虽然该文的考察范围仅限于现代汉语用例，但对量词史的研究也多有启发③。另外，高佳对汉语中与服装相关的量词的形成及其演变进行了系统研究④，李小平则对《齐民要术》中"升、斗"类量制量词的称量对象和成因进行了考察⑤，笔者还考察了先秦两汉时期的粮食容量量词，并对诸多传统训释根据出土文献和出土量器实物进行了辨正⑥。综上可见，量词的专题研究也获得了很多成果，但相对于汉语量词富有特色的诸多专题而言，还有更多相关专题有待展开研究。

汉语乃至汉藏语系中其他量词发达语言的量词都不是先在的，都是由名词、动词等其他词类语法化而来，因此对量词语法化动因与机制的研究、对量词语法化的历时发展的考察，是汉语量词发展史研究中的重

---

① 麻爱民：《汉语个体量词的产生和发展》，中国社会科学出版社2015年版。
② 孟繁杰：《现代汉语形状量词的来源及其演变研究》，政大出版社2012年版。
③ 石毓智：《表物体形状的量词的认知基础》，《语法的认知语义基础》，江西教育出版社2000年版，第119—132页。
④ 高佳：《汉语服装量词的形成及演变研究》，博士学位论文，四川大学，2007年。
⑤ 李小平：《〈齐民要术〉"升""斗"类量词称量对象及成因》，《云梦学刊》2011年第6期。
⑥ 李建平：《先秦两汉粮食容量制度单位量词考》，《农业考古》2014年第4期；人大复印报刊资料《经济史》2014年第6期全文转载。

要課題，也是量詞發展史研究中的一大難點。從量詞研究初期開始，諸多學者就關注到量詞語法化的動因問題，並提出了各自的推測和假設。如早在20世紀60年代黃載君就率先展開了探討，提出："個體量詞的產生，可能起於表貨幣單位。"①認爲漢語量詞語法化的動因在於其表量功能；橋本萬太郎則認爲清晰表意是漢語量詞語法化的動因②；Erbaugh 提出了範疇化動因，但又認爲漢語與台語的語言接觸是漢語量詞語法化的動因③；大河內康憲④、戴浩一⑤則提出了個體標記功能的動因；李訥、石毓智提出句子中心動詞及賓語後謂詞性成分的變遷是量詞語法化的動因⑥；金福芬、陳國華⑦以及張赬⑧則認爲"個體標記"是漢語量詞存在的根本原因；李若暉則強調了修飾功能的動因⑨；戴慶厦⑩、筆者和張顯成師則基於類型學的視野下對漢藏語系、南亞語系量詞語言的調查，強調量詞語法化中的雙音化動因⑪。

在量詞語法化的歷程中，"數+量+名"結構的產生和在數量表示法中逐步占據優勢地位具有重要意義，因此學者也往往從這一結構產生與發展的角度來探討漢語量詞語法化的歷程及其動因等問題。對於"數+

---

① 黃載君：《從甲文、金文量詞的應用，考察漢語量詞的起源與發展》，《中國語文》1964年第6期。

② ［日］橋本萬太郎：《語言類型地理學》，余志鴻譯，北京大學出版社1985年版，第90頁。

③ M. Erbaugh, "Taking Stock: The Development of Chinese Noun Classifiers Historically and in Young Children", C. Craig, ed., *Noun Classes and Nominalization*, Amsterdam: John Benjamins Publishing Company, 1986, pp. 399–435.

④ ［日］大河內康憲：《量詞的個體化功能》，《日本近現代漢語研究論文選》，北京語言學院出版社1993年版，第426頁。

⑤ 戴浩一：《概念結構與非自主性語法：漢語語法概念系統初探》，《當代語言學》2002年第1期。

⑥ 李訥、石毓智：《句子中心動詞及其賓語之後謂詞性成分的變遷與量詞語法化的動因》，《語言研究》1998年第1期。

⑦ 金福芬、陳國華：《漢語量詞的語法化》，《清華大學學報》2002年第S1期。

⑧ 張赬：《類型學視野的漢語名量詞演變史》，北京大學出版社2012年版，第55頁。

⑨ 李若暉：《殷代量詞初探》，《古漢語研究》2000年第2期。

⑩ 戴慶厦：《藏緬語族個體量詞研究》，《彝緬語研究》，四川民族出版社1997年版，第60頁。

⑪ 李建平、張顯成：《漢語量詞語法化動因研究》，《西南大學學報》2016年第5期。

量+名"結構的來源，劉世儒最早提出了"移位說"，認爲該結構是由"名+數+量"結構中數量結構移位而來，並闡述了這一移位的優點①；此後，貝羅貝更爲詳細地論證了這一移位過程並加以論證②；"移位說"在學界獲得了較爲廣泛的認可，洪藝芳、李宇明、蔣穎等都讚同這種觀點。但對該問題的研究仍多有爭議，郭攀提出"數+量+名"結構是自源的③；Drocourt、譚慧敏則認爲漢語史上並不存在數量短語的移位過程，"數+量+名"結構其實來自"數+名"結構④，即"插入說"，邵永海、張赬等學者多讚同該說；吳福祥、馮勝利、黃正德指出"移位說"仍存在諸多問題，提出西漢前後"數詞+單位詞（+之）+名詞"結構中屬格標記"之"的脫落誘發了"數詞+單位詞+名詞"結構獲得實際計量的功能，因此漢代出現的"數詞+個體量詞+名詞"構式是仿照"數詞+單位詞+名詞"構式類推而來的；張延俊認爲該構式是在"名詞+數詞+量詞"格式的省略轉化形式——"量詞+名詞"式的基礎上擴展而來的，而不是在"數詞+量詞"的基礎上添加"名詞"而成的⑤；麻愛民反對"類推說"，又認爲"移位說"和"插入說"各持一端，提出是二者的共同作用成就了"數+量+名"結構的優勢地位⑥；吳雅雲則提出漢語數量表示法經歷了"名+數→名₁+[數+名₂]→名+[數+量]→數+量+名"的歷時形成過程，計數結構的演變和個體量詞的語法化是同步進行的，前者爲後者提供了語法化環境，後者的語法化對前者的語序變化起到了助推作用⑦。

　　早期的漢語量詞發展史研究，側重於量詞的語源及其與名詞之間雙

---

① 劉世儒：《魏晉南北朝量詞研究》，中華書局1965年版，第46頁。
② [法] 貝羅貝：《上古、中古漢語量詞的歷史發展》，《語言學論叢》第21輯，商務印書館1998年版，第99—122頁。
③ 郭攀：《古漢語"數（量）·名"形式二論》，《古漢語研究》2001年第3期。
④ 轉引自吳福祥、馮勝利、黃正德《漢語"數+量+名"格式的來源》，《中國語文》2006年第5期。
⑤ 張延俊：《也論漢語"數·量·名"形式的産生》，《古漢語研究》2002年第2期；《再談"數詞+量詞+名詞"格式的來源問題》，《殷都學刊》2015年第3期。
⑥ 麻愛民：《試論"數+量+名"結構的來源》，《東北師大學報》2011年第3期。
⑦ [新加坡] 吳雅雲：《漢語個體量詞"數+量+名"結構的歷時形成過程》，《漢語學報》2013年第3期。

向選擇關係的研究，而缺少對量詞語法化程度的考察，特別是對於某一歷時階段其語法化的程度分析，部分研究涉及了這方面的研究，但缺乏統一的判定標準，從而影響了結論的科學性和準確性。吳福祥最早對魏晉南北朝時期名量詞發展的語法化程度進行分析，首次明確提出了判斷量詞語法化程度的三個參數：文本頻率、句法行爲和語義泛化程度；並基於大規模文本統計，指出魏晉南北朝並非如劉世儒所説漢語量詞已經"開始邁入完全成熟的時期"，而是"整體上還顯示較低的語法化程度"，而"量詞範疇的完全成熟應該是在唐代以後"，基於上述三個參數的數理統計分析所得出的結論，顯然更爲科學合理，也改變了此前量詞語法化研究缺乏定量定性統計研究而導致的問題，爲此後的漢語量詞語法化研究提供了重要的方法和借鑒[1]。

　　無論量詞的語法化研究，還是基於類型學視野的量詞起源動因的分析，一般都是以名量詞爲主的，對動量詞語法化動因及其時代的關注較少，正如邵敬敏所説："其實，動量詞自成一個系統，内部形成幾個不同的層面，並顯示出各自不同的個性，它與動詞的選擇組合涉及各種因素，很值得深入地進行研究。"[2] 對動量詞發展史的研究主要集中在其産生時代、語源等問題上，劉世儒、洪誠、傅銘第、潘允中、王力、吳伯芳、楊伯峻、何樂士、葉桂郴、羅智豐諸先生先後提出動量詞早在先秦時期已經産生，並相繼舉例論證；但楊劍橋、魏兆惠、冷月等則對先秦時期等諸多用例提出了質疑，認爲這些用例仍然存在問題，典型的動量詞的産生是在西漢及以後；另外，鄭樺《動量詞的來源》和《動量詞的流變》兩文則對諸多動量詞的語源和發展進行了一些探討。動量詞的語源及其語法化時代與動因是量詞史研究中的重要課題之一，如果没有弄清楚動量詞産生的時代及其語源，進一步的語法化動因與機制研究就會成爲無源之水、無本之木，筆者與張顯成師在前人與時賢研究成果的基礎上，綜合出土文獻和傳世文獻資料，對先秦兩漢時期的動量詞做了系統考察，

---

[1] 吳福祥：《魏晉南北朝時期漢語名量詞範疇的語法化程度》，《語法化與語法研究》（三），商務印書館2003年版，第246—265頁。

[2] 邵敬敏：《動量詞的語義分析及其與動詞的選擇關係》，《中國語文》1996年第2期。

明確了動量詞的判定標準，特別是逐一分析了秦及以前文獻中出現疑似的動量詞，認爲典型的漢語動量詞先秦未見，其語法化開始於兩漢時期①。

同其他語法化現象一致，量詞的語法化是從名詞、動詞等實詞由實而虛的演變，具有"單向性"。李宗江則指出了漢語量詞語法化中的"逆語法化"這一特殊現象，如量詞"件""個"等部分個體量詞的實義化，並分析了"逆語法化"的條件，當然作者同時也指出這種情況是否屬於嚴格意義上的量詞語法化單向性的反例也還存在爭議，而且即使是部分反例的存在也不能否定語法化的基本規律是單向性的②。量詞及量詞結構在量詞發展史中的實義化這一現象較爲常見，但關注度較低，在此後的研究中應當提起注意。

近年來隨着學術研究的拓展，越來越多學者開始在類型學視野下考察漢語量詞的諸多問題，如李宇明考察了漢藏語系中的拷貝型量詞（或稱爲"反響型量詞""反身量詞"），並進一步構擬了漢藏語系個體量詞發展的歷程，基於類型學考察明確提出："量詞的產生和發展是一個語法化過程，拷貝型量詞是最原始的個體量詞，是量詞語法化的第一步。"③戴慶廈、蔣穎考察了藏緬語反響型量詞的特點：能產性、語法功能超過語義功能、中介性④；蔣穎從類型學的角度探討了漢藏語名量詞起源的動因，包括語言類型的動因、韻律的動因、語言接觸的動因⑤；李計偉的專著《類型學視野下漢語名量詞形成機制研究》將漢語名量詞的來源分爲三大類十小類，並考察了其"轉喻生成與隱喻—轉喻擴展"的形成機制⑥。

---

① 詳參李建平、張顯成《漢語動量詞系統產生的時代及其語法化動因》，《漢語史研究集刊》第 21 輯，巴蜀書社 2016 年版，第 53—69 頁。
② 李宗江：《語法化的逆過程——漢語量詞的實義化》，《古漢語研究》2004 年第 4 期。
③ 李宇明：《拷貝型量詞及其在漢藏語系量詞發展中的地位》，《中國語文》2000 年第 1 期。
④ 戴慶廈、蔣穎：《論藏緬語的反響型名量詞》，《中央民族大學學報》2005 年第 2 期。
⑤ 蔣穎：《漢藏語名量詞起源的類型學分析》，《中央民族大學學報》2007 年第 2 期。
⑥ 李計偉：《類型學視野下漢語名量詞形成機制研究》，商務印書館 2017 年版。

九　結語

　　自馬建忠《馬氏文通》(1898) 迄今的百餘年來，漢語量詞發展史的研究在諸多學者的努力下取得了豐碩的成果，既有數以千計的學術論文發表，也有十餘部量詞研究的專著先後問世，特別是進入 21 世紀以來，漢語量詞發展史研究全面展開，研究者的學術視野進一步拓展。但總體來看，無論從宏觀還是微觀的角度，目前漢語量詞發展史的研究也仍存在諸多問題。其一，從宏觀的角度來看，系統的斷代史研究仍然缺乏，雖然專書專題的量詞研究成果頗豐，但對某一歷時階段量詞狀況的全面調查仍較爲少見，很多斷代史研究往往也祇是選取了部分有代表性的語料，而缺乏系統的、窮盡性的大規模語料基礎，因此對於各歷時階段有哪些量詞、量詞的語法化程度如何仍知之甚少；其二，從微觀的角度來看，量詞個案的歷時研究也仍然不夠，量詞的個案研究雖然已經取得了豐碩成果，但往往集中於泛指量詞、形狀量詞等特定幾個量詞上，相對於龐大的漢語量詞系統來説僅僅是很小的一部分，更多量詞的歷時考察有待展開；其三，語料使用的全面性有待提高，近年來出土文獻的量詞研究受到了廣泛關注，但出土文獻和傳世文獻資料結合的全面系統研究還不夠；其四，語料真僞和寫成時代的辨析有待加強，不僅要考察某一文獻整體的真僞與時代，其内部篇目的真僞與時代也要細緻考察，如《尚書》《墨子》諸篇的真僞和寫成時代問題、《肘後備急方》葛洪原本和後世增補醫方情況、部分石刻文獻中的後世補刻語料等；其五，量詞語法化研究還有待拓展，正由於量詞斷代史研究和個案研究的缺乏，量詞語法化研究缺乏大規模調查語料基礎，研究者每一歷時階段選取少數幾種文獻爲代表的研究方法，往往也會影響結論的準確性，同時基於文本頻率、句法行爲、語義泛化程度等參數的量詞語法化程度研究還不夠；其六，類型學視野的漢語量詞史研究有待加強，將漢語量詞置於漢藏語系乃至世界語言的宏觀視野中，將漢語量詞同其他量詞語言相比較，可以發現更多漢語量詞本身的特點，可以加深對漢語量詞發展史的理解。

　　如沈家煊所説："不管是研究語言中的哪一種現象，研究者都有以描寫爲目標或以解釋爲目標的自由，但是解釋語言現象應該是語言研究的'最終目的'……我們也不能等到把所有的語言現象完全描寫清楚了再去作解釋，因爲語言現象的描寫是無止境的。"① 從甲骨文中量詞的萌芽，到現代漢語量詞使用的紛繁複雜，量詞的發展有三千年以上的歷史，在這漫長的歷史發展過程中量詞與名詞的雙向選擇關係、量詞的語法功能等都是不斷地發展變化的，因此在研究中必須貫徹歷時發展的原則，將共時研究與歷時研究結合起來，對每一種文獻、每一歷時階段量詞的描寫是量詞史研究的基礎，而對誘發量詞語法化的動因及其機制的研究也應當全面展開。

---

① 沈家煊：《不對稱和標記論》，江西教育出版社1999年版，第6頁。